La Bhagavadgītā

Traducción del sánscrito, introducción
y glosa de Òscar Pujol

editorial Kairós

Fotocomposición: Moelmo, S.C.P. 08012 Barcelona
Diseño cubierta: Editorial Kairós
Imagen cubierta: Krishna y Arjuna. Pintura del siglo XIX. Rajastán, India
Impresión y encuadernación: Romanyà Valls. 08786 Capellades

Primera edición: Abril 2023
ISBN: 978-84-1121-132-1
Depósito legal: B 1.058-2023

Para Sergi Arrufat, informático, sabio
y persona humana que ha llegado ya a la otra orilla

Sumario

Abreviaturas

AGAS	Abhinavagupta, *Gītārthasaṃgraha*
BhG	*Bhagavadgītā*, Vyāsa
BU	*Bṛhadāraṇyaka Upaniṣad*
DRAE	Diccionario de la Real Academia Española
GAD	*Gūḍhārthadīpikā*, Madhusūdana Sarasvatī
GAS	*Gītārthasaṃgraha*, Yāmunamuni
MBh	*Mahābhārata*, Vyāsa
R	*Śrī Rāmānuja Gītā Bhāṣya*
Ś	*Śrī Śaṃkara Gītā Bhāṣya*
ŚDh	*Śrīdharī*, Śrīdhara

Guía para la pronunciación de las palabras sánscritas

Ofrecemos a continuación una descripción muy sucinta y aproximada de la pronunciación de las letras sánscritas.

a	como la *u* inglesa en *but* o la a neutra catalana.
i, u	como en español, pero siempre breves.
e, o	como en español, pero siempre largas.
ā, ī, ū	como en español, pero siempre largas.
ṛ	como la *ri* de *Cristo*, esbozando apenas la *i*.
ṝ	como la *ri* de *crin*, esbozando apenas la i.
ḷ	como la *li* de *clip*, esbozando apenas la i.
k, t, d, n, p, m, l, s	como en español.
g	es siempre velar y sonora, como en *gamo*.
ṅ	como la *n* de *ganga*.
c	como la *ch* española.
j	como la *j* catalana o inglesa.
ñ	como la *n* de *ancho*.

ṭ, ḍ, ṇ, ṣ	como las correspondientes dentales, escritas sin diacríticos, con la salvedad de que la punta de la lengua toca el punto más elevado del paladar.
y	como en español.
v	al inicio de palabra o entre vocales entre la *v* y la *w* inglesa; al final de un grupo consonántico, como una *u*.
ś	como la *sh* inglesa, la *ch* francesa o la *x* catalana.
h	como la *h* inglesa.
kh, gh, jh, ṭh, ḍh th, dh, ph, bh	como las correspondientes no aspiradas (escritas sin la hache), pero con una marcada espiración.

Parte I

INTRODUCCIÓN

Propósito de la obra y aclaraciones

El primer objetivo de este libro es ofrecer una traducción fiel de la *Bhagavadgītā* al lector no especializado; una traducción fluida, sin notas, que no se aparte del original, y que al mismo tiempo haga justicia a la lengua castellana. Somos conscientes de que a menudo las traducciones de la Gītā ofrecen divergencias tan notables que el lector se acaba preguntando cuál es la acertada. Por lo tanto, el segundo objetivo del libro es ofrecer una herramienta para que el lector pueda comparar las traducciones con el original sánscrito. Para ello se ha incluido el texto original con una traducción literal palabra por palabra. Aunque no se han incluido notas gramaticales, el lector podrá hacer una lectura literal del texto a través de las glosas, apreciar el orden de las palabras en los versos sánscritos, ver las opciones que se han escogido en esta traducción y ponderar sobre su acierto o fracaso. Nuestro objetivo es acortar la distancia entre la lengua sánscrita y el lector hispánico, para que este, aunque no tenga conocimientos previos de sánscrito, pueda por lo menos reconocer los términos originales de la Gītā.

Ciertamente, no hay traducciones definitivas y el traductor tiene varias opciones, muchas de ellas válidas, a la hora de traducir una palabra. Por otro lado, los comentaristas tradicionales han ofrecido interpretaciones diversas de la misma palabra u oración. Nuestra primera intención era ofrecer un glosario con las distintas interpretaciones de las palabras por parte de los comentaristas tradicionales. Sin embargo, la extensión del glosario ha ido creciendo tanto a lo largo de su redacción que no parece adecuado imprimirlo en un solo volumen dedicado al lector no especializado y preferimos publicar el glosario en un volumen independiente.

El contexto

La Gītā es un texto unitario de setecientas estrofas que forma parte del libro sexto del *Mahābhārata*. La Gītā se sitúa en el inicio de una guerra civil, de una batalla entre los primos de dos familias de un mismo clan: los kaúrava y los pā́ṇḍava. Los kaúrava han usado varias estratagemas para oprimir, robar y finalmente exiliar a los pā́ṇḍava. Cuando estos regresan de su largo exilio de trece años y reclaman la parte del territorio que les corresponde, sus malvados primos kaúrava se niegan a entregarles ni una pulgada de terreno, por lo que la guerra se vuelve inevitable. Al inicio del combate, con ambos ejércitos cara a cara y dispuestos para la batalla, después de que el fragor de los cuernos, timbales y atabales haya hecho resonar el cielo, Arjuna, el héroe de los pā́ṇḍava, pide a Kṛṣṇa, su carrocero, que coloque su carro de combate delante del ejército enemigo, pues quiere contemplar a los que están a punto de luchar. En ese momento, al lanzar su mirada sobre el ejército enemigo, un escalofrío recorre su cuerpo, pues descubre que los que están allí son sus padres y abuelos, maestros, tíos, hermanos, hijos, nietos, suegros, parientes y amigos. Invadido por una pena inmensa decide no luchar, pues no ve bien alguno en matar a su propia gente. A partir de aquí, Kṛṣṇa enunciará la Gītā para hacer que Arjuna cambie de opinión y decida emprender la batalla. La Gītā sostiene que el rechazo de Arjuna al combate no se debe a un sentimiento noble, a una magnánima generosidad, sino a un sentimentalismo equivocado que le impide ejecutar un deber desagradable, pero necesario, como es frenar el tiránico avance de los kaúrava. El afecto que siente por sus familiares le impide acometer su deber guerrero y vencer al enemigo opresor en una noble lucha. La renuncia de Arjuna es, pues, vista como una forma de escapismo, de abandono del deber, y no como el encomiable gesto de un pacifista. Arjuna, ciertamente, nunca ha sido un pacifista, pues hasta la fecha no ha tenido empacho en tomar las armas y luchar contra sus enemigos.

La Gītā es una elaborada respuesta al desaliento y a la indecisión de Arjuna. Una respuesta tan elaborada que contiene en sí misma un sistema filosófico y abre las puertas a un nuevo modo de entender la espiritualidad, un modo personificado en la figura del karma yogui entregado a la vida activa, eficiente en sus obras, inasequible al desaliento, ecuánime ante el éxito y el fracaso, con su mente concentrada por la meditación y la práctica del yoga, lleno de pasión y del entusiasmo propio de una exaltada devoción (*bhakti*). El karma yogui de la Gītā es al mismo tiempo un padre de familia y un monje, un yogui y un guerrero, un hombre de acción y contemplación y sobre todo un devoto. En ese elaborada respuesta, la Gītā efectúa una síntesis de la tripe vía: la de la acción, la del conocimiento y la de la devoción, inaugurando el camino de esa espiritualidad devocional que tanta importancia tendrá en la India de los siglos posteriores.

La importancia de la Gītā

Nadie puede negar la inmensa popularidad de la Gītā. Si hay algún libro que pueda ser considerado como la Biblia, o mejor el Evangelio, del hinduismo es la Gītā. Incluso se ha utilizado como libro sagrado para solemnizar juramentos. La importancia de la Gītā no puede ser exagerada y rebasa las fronteras de la India. Basta mencionar los nombres de Aldous Huxley, Henry David Thoreau, J. Robert Oppenheimer, Ralph Waldo Emerson, Carl Jung, Herman Hesse para hacernos una idea de su popularidad en Occidente. Incluso Francisco Madero, el artífice de la Revolución mexicana, era un ávido lector de la Gītā y escribió un comentario sobre ella con el seudónimo de Bhima. Madero se llamaba a sí mismo Arjuna, el Arjuna de México, y como Arjuna fue un hombre de acción. De hecho, según Manuel Guerra, Madero se inspiró en la Gītā para poner en marcha la Revolución mexicana.

La Gītā ha sido comentada por muchos grandes maestros hindúes tradicionales: Śáṃkara, Rāmānuja, Abhinavagupta, Madhva, Madhusūdana Sarasvatī, Jnaneshwar, etc. Pero también ha sido libro de cabecera de los grandes líderes de la India contemporánea como Vivekananda, Aurobindo, Tilak, Gandhi, Vinoba, Radhakrishnan. Lo más curioso es que tanto Gandhi como su asesino, Nathuram Godse, eran ávidos lectores de la Gītā, y aún es más inquietante que el siniestro Himmler fuese un gran devoto de la Gītā, que llevaba siempre consigo, según dicen, para mitigar el sentimiento de culpa por la solución final.

La pregunta pertinente sería: ¿por qué la Gītā se ha convertido en un libro tan popular? Podemos, al respecto, aventurar diez causas distintas:

1. En primer lugar, la Gītā es un libro redondo ni muy largo ni excesivamente breve, setecientas estrofas, y a pesar de lo que ha argumentado una parte del mundo académico, la Gītā es un texto unitario que se expone para disipar las dudas de Arjuna y que solo termina cuando este se libra de ellas:

   Dijo Arjuna:

   Por tu gracia, Imperecedero, se ha disipado
   la ilusión y he recobrado la conciencia.
   Estoy a punto. Se han esfumado mis dudas.
   Me comportaré como tú has dicho. 18.73

2. En segundo lugar, la Gītā cuenta con dos personajes fascinantes, Arjuna y Kṛṣṇa, cuya relación se produce a múltiples niveles. Para empezar, son amigos de infancia y por lo tanto tenemos una relación de amistad, pero también son dis-

cípulo y maestro. Arjuna es aquí un símbolo de la condición humana. Encarna al hombre común con el que nos podemos identificar fácilmente, ya que se encuentra atrapado en una de las múltiples encrucijadas de la vida. En este caso Kṛṣṇa no es solo el maestro, sino el ser liberado, que nos muestra con su ejemplo el camino a seguir. Los múltiples niveles de la relación se van revelando a lo largo del libro hasta que en el capítulo once queda claro que Kṛṣṇa no es solo el amigo sabio de Arjuna, sino el mismo Dios del universo. Se produce en ese momento una paradoja maravillosa, pues Arjuna descubre que su compañero de infancia es Dios mismo. Imaginemos por un momento su sorpresa al ver que su amigo de toda la vida es Dios en persona. Esta sorpresa se manifiesta en un par de estrofas en las que Arjuna pide perdón a Dios por las ofensas que haya podido causarle:

Pensando que eras mi amigo, cualquier cosa
que bruscamente te dijese por descuido o
familiaridad excesiva: ¡Bah, Kṛṣṇa! ¡Bah, Yā́dava!
¡Bah, amigo!, sin conocer esta, tu grandeza, 11.41

o si a modo de burla te he humillado
en el juego, en el descanso, sentados o en la comida
estando solos, Acyuta, o en compañía
te pido perdón, a ti el Inescrutable. 11.42

3. La Gītā forma parte de la épica nacional de la India, el *Mahābhārata*, concretamente se encuentra incrustada en el libro sexto, donde se narra el inicio de la batalla y la muerte de Bhīṣma. Por otro lado, es desde el *Mahābhārata* donde mejor se puede entender la Gītā. Hay otras partes del *Mahābhārata* que hacen referencia a la Gītā, proponiendo un nuevo culto, centrado en la devoción, la religión de los *ekāntin* o *ekāntika* (MBh 12.336.8). Queda todavía por hacer una lectura completa de la Gītā desde el mismo *Mahābhārata*, teniendo en cuenta el significado de las palabras en el contexto de la épica, lo que constituiría en sí mismo un comentario a la Gītā. Su inclusión en el *Mahābhārata* asegura que la Gītā forma parte del imaginario colectivo indio y se entronca en los textos fundacionales de su civilización.

4. La Gītā está escrita con un estilo sencillo, didáctico y en ocasiones poético, aunque desigual, presentado como un diálogo, aunque también se ha dicho que es un monólogo en forma de diálogo. El verso utilizado es el más popular de la literatura sánscrita, el *anuṣṭubh*, basado en cuartos de ocho sílabas, en el cual está compuesto la mayor parte del *Mahābhārata*, el *Rāmāyaṇa*, los *purāṇa* y una buena parte de la literatura sánscrita. El *anuṣṭubh* o *śloka* consiste en una estrofa de cuatro cuartos de ocho sílabas cada uno, en total treinta y dos sílabas, divididas en dos versos de dieciséis sílabas. Para la popularidad de los versos octosílabos, véase el romance español basado en rimas asonánticas en versos de ocho sílabas.

5. El libro es una síntesis de diferentes doctrinas, pero forma un todo coherente, aunque se habla a menudo de las contradicciones de la Gītā. En ella podemos encontrar influencias de las *upaniṣad*, del *vedānta*, del *sāṃkhya*, del budismo y de la doctrina de una nueva escuela/religión: el *ekāntika* dharma o el culto devocional desarrollado en el *Mahābhārata* y que prefigura el movimiento devocional posterior. La Gītā representa una clara formulación de una nueva vía de realización espiritual basada en la acción y la devoción, pero fundamentada también en el conocimiento, lo que produce una síntesis de las tendencias prevalecientes en un momento histórico determinado.

6. Como hemos apuntado en el párrafo anterior, la Gītā ofrece un nuevo principio original, el karma yoga, que junto con la *bhakti* conforma una vía nueva que invierte el significado de karma, pues en lugar de ser causa de atadura, se convierte en motivo de liberación. Esta reformulación del karma, junto con la introducción de un Dios personal, objeto de culto, crea la figura del nuevo karma yogui: participando activamente en los asuntos mundanos, consagrado a la acción y realizándola con eficiencia, pero internamente desapegado del resultado, ecuánime ante el éxito y el fracaso, pero no por ello inactivo, sino todo lo contrario: diligente, lleno de energía y con una devoción inquebrantable hacia el Señor.

7. La Gītā es un libro eminente práctico. No es un libro de filosofía teórica ni de metafísica ni de ética, aunque contiene filosofía, metafísica y ética. La Gītā es un libro de yoga. Es un libro que enseña una técnica para liberarse de las ataduras del mundo sin tener que renunciar al mundo. La importancia de la palabra *yoga* en el texto y los múltiples tipos de yoga que se ofrecen son un buen índice de la importancia del yoga en la Gītā. Ello está en consonancia con la reformulación del concepto de acción del que hemos hablado anteriormente. La nueva acción desinteresada y liberadora, el karma yoga, se equipara no solo con el yoga, sino también con el *yajña*, el sacrificio. Así pues, karma, yoga y *yajña* se convierten en diferentes formas de referirse a una misma técnica, a un mismo yoga, que es la novedad que presenta la Gītā.

8. La Gītā ofrece una gran variedad de temas en un texto relativamente breve. Desde el consuelo emocional hasta un alegato en defensa de la inmortalidad del alma. Desde cuestiones metafísicas y ontológicas hasta una descripción de los distintos tipos de comida o de la forma de ofrecer un regalo. Encontramos la descripción de Dios en todo su esplendor y también la del yogui solitario entregado a la meditación. Encontramos un conjunto de yogas para mejorar la condición humana y asimismo un análisis de los cinco factores de la acción, etc. La lista se podría alargar. Lo importante del libro es que no es un manual de la renuncia, un tratado de la

acción o un estudio de la meditación, sino una mirada sintética sobre la liberación del alma, teniendo en cuenta precisamente las múltiples condiciones y circunstancias del mundo y al mismo tiempo las innumerables trampas que la condición humana ofrece. Nos da lecciones de teología, pero también consejos de autoayuda: no cedas al deseo y la aversión, pues son los grandes enemigos. En consecuencia, no estamos ante un tratado de una escuela filosófica, sino un manual de vida, que reconoce del predicamento humano y ofrece varias soluciones al respecto.

9. No es un libro dogmático y está abierto a múltiples interpretaciones. Aunque la Gītā es un texto unitario que presenta una nueva doctrina con su propio contenido y coherencia, no por ello forma un sistema filosófico cerrado que excluya espacios de ambigüedad abiertos a la interpretación. Buena prueba de ello son las divergencias en la tradición comentarial, donde cada escuela filosófica quiere encontrar en la Gītā la justificación de su propia doctrina. Tilak y Gandhi la interpretaron también en sentidos opuestos: el primero sostenía que permite la violencia para causas justas, mientras que el segundo hizo de ella un arma de combate de la no violencia.

10. La Gītā es un libro que respira tolerancia. Basten unas cuantas citas para demostrarlo:

Cualquier forma que cualquier
devoto desee con fe adorar, yo le
otorgo una fe inquebrantable
en esa forma en particular. 7.21

Imbuido de esa fe, se dispone
a rendir culto a esa forma.
Los deseos que consiga
han sido dispuestos por mí. 7.22

Por otro lado, aquellos devotos que llenos
de fe sacrifican a otros dioses, ellos también,
Kaunteya, a mí solo ofrecen su sacrificio,
aunque sea de una forma no prescrita. 9.23

Tal y como me buscan,
así me muestro ante ellos.
¡Pārtha! Las gentes siguen
mi camino en todo punto. 4.11

Podemos argumentar que, más que tolerancia, lo que el libro respira es inclusivismo; es decir, la idea de domesticar al otro incluyéndolo con un rango inferior dentro de nuestro propio sistema. Ciertamente, hay dos formas de inclusivismo. Una en la que se otorga el mismo valor al otro y otra en la que se le asigna un valor inferior. La primera se produce cuando reconocemos que el objetivo común de todas las religiones es un estado de liberación o salvación equivalente. La segunda se produce cuando aceptamos el valor de la religión ajena, pero consideramos que solo lleva a un grado determinado de salvación sin alcanzar la liberación suprema que solo puede ser obtenida practicando nuestro propio método. Creo que la Gītā contiene los dos tipos de inclusivismo y en todo caso es siempre mejor ser un inclusivista, que valora, aunque sea parcialmente, la verdad de las ideologías ajenas, que un absolutista, que considera la doctrina del otro como errónea, falsa, hereje y, por lo tanto, exterminable.

Hay además otro tipo de tolerancia expresada en la Gītā y que tiene que ver con el autocontrol y la moderación entre extremos. La práctica del yoga de la Gītā no exige tanto un esfuerzo descomunal como una actitud inteligente, resoluta y atenta con una firme determinación (*vyavasāyātmikā buddhiḥ*) a no apegarse al resultado de las acciones. Hay que tener en cuenta que todos somos deudores de nuestra naturaleza y que llevamos a cuestas una herencia determinada por el karma y las energías (*guṇa*). Hay que actuar conforme a la naturaleza, sabiendo al mismo tiempo que los verdaderos enemigos son la pasión y la aversión, hijas de esa misma naturaleza.

> Incluso el sabio actúa
> conforme a su naturaleza.
> Los seres siguen su naturaleza.
> ¿De qué sirve la represión? 3.33

Por otro lado, hay que ser pacientes también con los ignorantes y no confundirlos aún más con la idea de la renuncia, pues la acción es superior a la inacción, aunque sea inferior a la no acción.

El sabio no sembrará dudas en la mente
de los ignorantes apegados a la acción.
Al contrario, los animará a actuar, ejecutando
con dedicación todas las acciones. 3.26

Los comentaristas

No queremos registrar aquí nuestra opinión personal sobre la Gītā. Nuestro enfoque es tradicional, sin por ello renunciar completamente al poder explicativo de la historia. Nuestra intención es leer la Gītā en su contexto, y ya hemos dicho que no hay mejor manera de interpretar el léxico de la Gītā que desde el *Mahābhā́rata*, que es su lugar natural del cual forma parte. Los comentaristas asimismo son importantes, aunque sorprende lo tardíos que son si tenemos en cuenta que la Gītā se fecha en torno al inicio de la era cristiana y que el primer comentario que conservamos es el de Śaṃkarācārya (680-720). Śáṃkara se refiere a comentarios anteriores, pero no tenemos constancia de que hayan sobrevivido.

De hecho, hay un comentario, el de Hanumán en lengua *paiśāca*, que en ciertos medios tradicionales se considera como el primer comentario de la Gītā. La leyenda dice que fue Hanumán, el dios mono encargado de portar el estandarte de Arjuna, el primero en escuchar las enseñanzas de la Gītā en el mismo campo de batalla. Cuando al acabar su discurso, Kṛṣṇa se dio cuenta de que Hanumán había memorizado la Gītā entera, le pidió que no revelase su contenido. Hanumán solicitó a Kṛṣṇa que le dejase divulgar el mensaje de la Gītā, ya que ello redundaría en beneficio de la humanidad. Kṛṣṇa arguyó que podía hacerlo, pero no en su cuerpo presente. Hanumán adoptó el cuerpo de un *piśāca* (diablillo) y escribió su comentario en la lengua de los *piśāca*. Sin embargo, la lectura de este comentario revela que sigue muy de cerca el *advaita vedānta* de Śáṃkara, y que debe ser posterior a este. La mayoría de los estudiosos consideran que Hanumán es el nombre de un pándit posterior a Śáṃkara que escribió el comentario en lengua *piśāca*, pero que en la actualidad solo conservamos la versión sánscrita del mismo. En realidad, uno de los comentarios más antiguos después del de Śáṃkara es el de Bhāskara (siglos VIII-IX), representante de la escuela vedántica de la Diferencia y la No Diferencia, *bhedābheda*. Bhāskara es muy crítico con los postulados de Śáṃkara.

La tradición de comentarios sánscritos a la Gītā empieza con una bifurcación entre los comentaristas que siguen a Śáṃkara y los que siguen a Rāmānuja (1017-1137). Entre los que siguen a Śáṃkara, hay que empezar por Ānandagiri (siglo XIII), que escribió una glosa (*vyākhyā*) al comentario de Śáṃkara. Esta glosa tendrá una gran influencia en los comentaristas posteriores, especialmente en Madhusūdana Sarasvatī. Interesante también es el extenso y erudito comentario de Śaṃkarānanda Sarasvatī (1280-1320), la *Gītātātparyabodhinī*, que, aunque sigue a Śáṃkara, contiene aportaciones nuevas. Vale la pena mencionar el comentario de Śrīdhara (1380-1420), un autor *advaita*, pero con fuertes tendencias devocionales, lo que atempera el fervor no dualista y hace que su comentario se adecue más al espíritu de la Gītā. Sin duda alguna, dentro del *advaita*, uno de los comentaristas que goza de mayor prestigio es el de Madhusūdana Sarasvatī (1540-1640), el conocido autor de la *Advaitasiddhi*, cuya *Gūḍhārthadīpikā* es uno de los comentarios más completos que existen sobre la Gītā. Al igual que Śrīdhara, se trata de un autor con fuertes tendencias devocionales. De hecho, Madhusūdana es un gran devoto de Kṛṣṇa, al que considera la forma suprema de *brahman*, por lo cual se acerca a la posición de la Gītā. El comentario de Madhusūdana no solo testimonia la influencia de Ānandagiri, sino que contiene además glosas muy completas de numerosos aforismos de Patañjali, lo que constituye un comentario en sí mimo a los *Yogasūtra* y muestra un vez más la estrecha conexión entre la Gītā y Patañjali.

Ya en el campo de Rāmānuja, en el no dualismo cualificado o *viśiṣṭādvaita*, el primer comentario que hay que mencionar es el de su maestro Yāmunamuni o Yāmunācārya (917-1042), el *Gītārthasaṃgraha*. Se trata, seguramente, de unos de los comentarios más breves a la Gītā, pues solo consta de treinta y dos estrofas. Es, sin embargo, un comentario importante, que tendrá gran influencia en Rāmānuja y los autores posteriores. Vedāntadeśika (1268-1369) escribió un comentario a la *Gītārthasaṃgraha*, la *Gītārthasaṃgraharakṣā*, y la lectura de ambos es considerada necesaria para entender el comentario de Rāmānuja a la *Bhagavadgītā*. También hay que mencionar el extenso comentario de Vedāntadeśika, la *Tātparyacandrikā*, al comentario de Rāmānuja.

Vistas las divergencias entre las interpretaciones de Śáṃkara y Rāmānuja, la lectura de ambos comentarios es imprescindible para tener una visión completa de la interpretación tradicional de la Gītā. Más allá de estas dos grandes escuelas, cabe mencionar el comentario del dualista de Madhva y el de Vallabha dentro del no dualismo puro (*śuddhādvaita*). Muy interesante es el comentario de Abhinavagupta (950-1016), ya que nos ofrece una interpretación de la Gītā no desde el punto de vista del viṣṇuismo, sino del śivaismo. Abhinavagupta, además, no quiere ofrecer un comentario exhaustivo, sino solo elucidar la esencia de sus enseñanzas, que para él coinciden con los principios del śivaismo tántrico de Cachemira.

Muchos son los comentaristas que nos hemos dejado en el tintero, aquí solo nos gustaría mencionar la *Brahmānandagirivyākhyā* de Śrī Veṅkanātha (siglo XVII), un comentario único que examina críticamente las tres doctrinas de Śáṃkara, Rāmānuja y Madhva. El comentario revela la influencia de Madhusūdana Sarasvatī y, aunque en general sigue a Śáṃkara y a Ānandagiri, en más de una ocasión difiere de ambos. Se trata de un comentarista original, que incluso propone una reordenación de la Gītā del capítulo sexto según los *Yogasūtra* de Patañjali.

Por último, mencionar la *Avigītā*, que más que un comentario, es un conjunto de notas en sánscrito elaboradas por el pándit Shastri Annant Yagneshwara Dhupkara. Estas notas son extraordinariamente útiles y no solo demuestran la gran erudición de su autor, sino que también contienen una apreciación crítica de las diferentes interpretaciones de la Gītā. Las notas incorporan también fragmentos traducidos al sánscrito del famoso comentario en lengua maratí de Gyaneshwara y de Vāmana, así como abundantes citas del comentario de Abhinavagupta.

El *vedānta* de Śáṃkara y el *vedānta* de Rāmānuja

Como acabamos de ver, Śáṃkara y Rāmānuja inician dos grandes líneas interpretativas de la Gītā que serán dominantes en la tradición sánscrita. Deberíamos, pues, conocer, aunque sea someramente, las diferencias entre estas dos escuelas del *vedānta*.

Śáṃkara, seguramente el filósofo hindú más valorado, defiende un no dualismo radical que considera que el mundo es tan solo una proyección ilusoria. El ejemplo clásico para ilustrar esto es el de la cuerda y la serpiente. Una persona percibe en la semioscuridad una cuerda y cree erróneamente que es una serpiente. La serpiente es irreal, pero produce efectos reales en la persona que cree verla: siente miedo, el pulso se le acelera, emprende la retirada, etc. Del mismo modo, el mundo es una proyección de la ignorancia que revela un espejismo irreal, pero que existe en cuanto espejismo y produce sus efectos.

De hecho, el *vedānta* reconoce tres niveles de realidad: la realidad absoluta (*paramārthika*), que es el mismo *brahman*, lo único que existe de verdad; la realidad relativa o práctica (*vyāvahārika*), que es el mundo ilusorio en el que nos movemos y que es solo real de una forma relativa, y la totalmente ilusoria (*prātibhāsika*), como los sueños o las alucinaciones. Para Śáṃkara, lo único verdaderamente real es *brahman*. El nivel práctico y el alucinatorio no son reales, pero existen, ya que pueden ser percibidos, del mismo modo que un sueño no es real, pero existe como sueño y recordamos su contenido al despertar. Śáṃkara profesa el acosmismo; es decir, la creencia de que el mundo nunca fue creado, ya que se trata de una ilusión. El objetivo de la vida humana es disipar la ilusión de un mundo y una individual irreales y darse cuenta de que el núcleo de nuestra identidad, el *ātman*, es el mismo *brahman* no dual, siempre consciente y liberado.

Rāmānuja cree en la realidad del mundo y del alma encarnada como entidades que depende de *brahman*, pero que son distintas en sí mismas. Admite que existen tres grandes principios: el *brahman*, el alma consciente (*cid*) y el mundo inconsciente (*jaḍa*). El alma y el mundo no son en realidad diferentes del *brahman*. Rāmānuja afirma que son el cuerpo de *brahman* y, por lo tanto, inseparables. Esto evidentemente tiene varias consecuencias. En primer lugar, el *brahman* de Śáṃkara es un *brahman* neutro sin atributos, mientras que el *brahman* de Rāmānuja sí tiene atributos y puede ser identificado como un Dios personal, como Kṛṣṇa. Para Śáṃkara, cuando se produce la liberación el alma individual, esta se funde con el *brahman* y deja de existir. El alma individual recobra su verdadera identidad y se hace una con la consciencia universal de *brahman*. En el caso de Rāmānuja, el alma conserva su identidad individual, ingresa en el paraíso del Vaikuṇṭha y disfruta de la compañía del Señor. Para Śáṃkara, la única vía para la liberación es el conocimiento. La liberación no se puede conseguir mediante la acción, ya que los resultados de la acción son siempre transitorios y la liberación es eterna. Para Rāmānuja, en cambio, la liberación se produce mediante una combinación de acción y conocimiento. De hecho, para Śáṃkara la acción, el ritual y el culto son subsidiarios del conocimiento. Para Rāmānuja, en cambio, la acción, el ritual, el conocimiento, el culto, el yoga y cualquier otra práctica son subsidiarios de la devoción, que es la vía suprema para obtener la liberación.

En líneas generales, la filosofía de la Gītā está más cerca de Rāmānuja que de Śáṃkara. La Gītā cree en tres principios: el Señor, la naturaleza inconsciente y la naturaleza consciente, que se acercan mucho a los tres principios de Rāmānuja. Aunque queda espacio para la ambigüedad, la Gītā no parece negar ni la realidad del mundo ni la del alma individual. También está claro que la acción, junto con el conocimiento y la devoción, es esencial para la liberación, lo que de nuevo la acerca más a Rāmānuja. Sin embargo, la Gītā no es un manual sistemático de filosofía y, por lo tanto, queda un espacio muy amplio para la interpretación, lo que permite a Śáṃkara, y a otros filósofos, encontrar en ella la confirmación de sus sistemas. El comentario de Śáṃkara, por lo tanto, junto con el de Rāmānuja, es también fundamental no solo porque surge de una de las plumas más brillantes de la India, sino también porque sus comentarios muy a menudo dan en el clavo, aunque en ocasiones tenga que hacer un verdadero contorsionismo argumental para justificar sus posiciones.

Para entender la *Bhagavadgītā*: el contexto histórico y filosófico

Para entender a grandes rasgos lo que supone la Gītā en el panorama del pensamiento indio, serán necesarias unas grandes pinceladas del contexto religioso en el cual se inscribe. No es casualidad que la Gītā haga tanto hincapié en la triple vía de la acción (*karma*), el conocimiento (*jñāna*) y la devoción (*bhakti*). En estos tres conceptos encontramos resumidos tres grandes tendencias de la práctica religiosa en la India que corresponden a diferentes períodos de su historia.

La vía de la acción

La primera vía es la de la acción; es decir, la del sacrificio védico, que encontramos ampliamente documentada en los Vedas y sobre todo en los *brāhmaṇa*. Se trata, en este caso, de una religión afirmativa centrada en el sacrificio para conseguir la prosperidad en este mundo y el cielo en el más allá. En términos tradicionales, esto se llama *pravṛtti*, que es lo opuesto a la renuncia o retirada del mundo o *nivṛtti*, propia de la vía del conocimiento. La prosperidad en este mundo consiste en tener buenos rebaños de vacas, una vida holgada con una abundante familia y descendencia y verse libre de los enemigos más insidiosos. Para practicar esta religión, es necesario casarse y tener hijos, que proporcionan una forma de inmortalidad en este mundo. Por este motivo, la presencia de la esposa es imprescindible para celebrar los sacrificios, cuyos frutos son la prosperidad y el cielo. El cielo es la mansión del gozo y la ausencia de dolor donde se saborean los placeres dignos de los dioses. La importancia de la acción sacrificial es absoluta para conseguir este doble objetivo y, por lo tanto, estamos ante una religión centrada en la acción sacrificial. Deberemos esperar a las *upaniṣad* para oír los primeros cantos de renuncia al placer y a la acción, que serán tan importantes en la vía del conocimiento.

La vía del conocimiento

Si fechamos el período védico centrado en la vía de la acción en torno al 1500 a.C., el inicio de la vía del conocimiento debería seguramente situarse alrededor del 900 a.C. con las primeras alusiones en los *brāhmaṇa* e incluso en el mismo *Ṛgveda*. Un representante famoso de la vía del conocimiento es naturalmente el Buda. Hay que tener en cuenta que en la época del Buda un gran número de maestros de todo tipo predicaban sus recién descubiertas verdades en las prósperas ciudades de la cuenca gangética. Baste recordar a Mahāvīra, el fundador del jainismo, pero también a muchos otros maestros de los cuales encontramos amplio testimonio en las fuentes budistas, hindúes y jainistas.

Lo sorprendente es que la vía del conocimiento produce una auténtica inversión de los valores de la época anterior. Si antes se buscaba la prosperidad en este mundo y el cielo en el más allá, ahora la prosperidad mundana es considerada transitoria y engañosa, una vanidad de vanidades. La verdadera riqueza reside en el conocimiento de sí, en el conocimiento de uno mismo y de *brahman*. Para conseguir este conocimiento, es necesario renunciar al mundo, al poder y los placeres. Los sacrificios son ahora vistos como ataduras que nos encadenan con sus deseos. El mundo se convierte en una ilusoria telaraña de dolor y, para escapar de ella, solo sirve el conocimiento. El mundo incluye desde el más elevado de los dioses sentado en su empíreo supremo hasta la brizna más diminuta de hierba, el grano más minúsculo de arena o el más profundo de los infiernos. Por este motivo, los dioses son meros componentes de este mundo, de este *saṃsāra* que no es sino una rueda de dolor. La existencia mundana es sinónimo de sufrimiento, y el cielo, en el más allá, un paraíso temporal que debe ser superado. Todo lo que hay en el mundo es un compuesto de las tres energías o *guṇa*, los tres constituyentes básicos del universo (véase «Los *guṇa*», pág. 75). Los mismos dioses están sujetos a estos *guṇa*, pero la esencia del ser humano no está compuesta por los tres *guṇa*. El ser humano pasa así a ocupar una situación privilegiada, pues su capacidad de conocimiento le sitúa incluso por encima de los dioses. De aquí, las imágenes de los dioses celebrando al hombre de conocimiento, pues ni el destino ni el karma ni los dioses son capaces de restringir la libertad del sabio.

La religión que propone la vía del conocimiento no depende de los sacerdotes ni de las creencias del grupo social, sino que se convierte en una cuestión de introspección; es decir, en una cuestión de yoga. Se trata, como hemos explicado muchas veces, de descubrir lo que en verdad somos, de hallar la esencia del ser humano. Para ello se van descartando todos los elementos periféricos de la individualidad, en un proceso gradual de desidentificación. No somos el cuerpo. No somos los sentidos. No somos la mente. No somos el intelecto. No somos el Yo, contingente que nace y que muere y con el cual nos identificamos. Lo que queda tras esta desidentificación es el núcleo de la consciencia. Del mismo modo que se produce una deconstrucción de la individualidad humana, se produce una deconstrucción de la multiplicidad del universo que acaba reducida a un solo principio, un solo Dios, *brahman*, el absoluto, la consciencia no dual que coincide con la consciencia individual, el *ātman*, en una realidad no dual que es pura existencia, consciencia y gozo. El descubrimiento de la identidad entre el *ātman* y el *brahman*, entre lo particular y lo absoluto, se convierte en la meta del conocimiento. Para ello, no es necesario el sacrificio material védico, sino el sacrificio del conocimiento propio de las *upaniṣad* y que también es alabado en la Gītā: «El sacrificio del conocimiento es mejor que el sacrificio material» 4.33.

Ahora el ideal es el asceta solitario o el monje en su congregación, como en el budismo. El celibato se convierte en una virtud y no hay necesidad de casarse y tener hijos, como antes. Se establece también un contraste entre la aldea y el bosque, entre el ciudadano y el ermitaño. La crítica a la vida familiar, por un lado, y al ritual védico empieza ya en las *upaniṣad*. En la BU 4.4.22, por ejemplo, se afirma:

> ¿Qué vamos a hacer con la descendencia nosotros que ya tenemos al *ātman* como mundo? Verdaderamente, renunciando al deseo de hijos, al deseo de propiedades, al deseo de mundos, adoptan la vida mendicante. Porque, en verdad, desear hijos es desear propiedades, y desear propiedades es desear mundos, pues ambas cosas son, en realidad, meramente deseos.

Esta actitud se refleja, además, con mucha claridad en la Gītā, que no tiene empacho en criticar duramente a los seguidores del Veda:

> ¡Hijo de Pṛthā! Los ignorantes,
> entregados a la doctrina del Veda,
> lanzan floridos discursos, afirmando
> que no hay nada más allá [del paraíso]. 2.42

Están llenos de deseo. Son adictos
al cielo y a sus innumerables ritos,
cuyo karma es la reencarnación,
y su objetivo, el poder y los placeres. 2.43

Aferrados al poder y los placeres,
con la mente arrebatada por esos discursos,
no consiguen el pensamiento resuelto
que conduce a la contemplación (*samādhi*). 2.44

El Veda tienen por objeto los tres *guṇa*. ¡Arjuna!
Libérate de estos tres y, más allá de la dualidad,
firme en la pureza del intelecto, siendo dueño
de ti mismo, abandona el deseo de adquirir y poseer. 2.45

Para un brahmán iluminado,
el Veda tienen el mismo sentido
que una alberca de agua en un
lugar completamente inundado. 2.46

Hay que hacer notar que el texto declara ignorantes a los seguidores del Veda y las considera personas cuyos objetivos son el poder y los placeres, adictas al cielo y sujetas al ciclo de la reencarnación. Al final, en un tono más condescendiente afirma que el Veda es como una alberca en un lugar inundado, lo que quiere decir que el Veda no es ni bueno ni malo, ya que, como la alberca, no hacen ningún servicio en medio del diluvio, pero tampoco «molesta» por decirlo de alguna manera, ya que se integra en la normalidad del lugar inundado.

Esto no es sorprendente en una tradición que considera que para el hombre de conocimiento los Vedas dejan de ser los Vedas. No deja de ser curioso que una buena parte del éxito que las religiones orientales han tenido en Occidente se debe a que, para los occidentales, hijos de la Ilustración y herederos del pensamiento crítico, la vía del conocimiento es mucho más atractiva que la vía devocional. La vía del conocimiento, con sus técnicas de yoga, meditación e introspección o con el cuestionamiento budista del alma, del yo y de Dios, ofrece un abanico de técnicas para el conocimiento de uno mismo, lo que constituye el objetivo último de cierto tipo de filosofía.

La vía de la devoción

Sin embargo, la vía del conocimiento tiene un grave inconveniente: es ardua de recorrer. El peso del conocimiento y la enorme responsabilidad del individuo, practicando en solitario la meditación para liberarse de las impurezas de la ignorancia y el karma, puede producir una gran presión en la mente del practicante. La Gītā se hace eco de las dificultades de la vía del conocimiento, que no se apoya en un Dios personal, sino en el aspecto no manifiesto de la divinidad:

Tanto la renuncia como el karma
yoga conducen al bien supremo.
De entre ambos sobresale el karma yoga
por encima de la renuncia a la acción. 5.2

Sin el yoga, ¡oh, tú de poderosos brazos!,
la renuncia es difícil de alcanzar,
El sabio, consagrado al yoga,
en poco tiempo alcanza el *brahman.* 5.6

La dificultad es mucho mayor para quienes
ponen su mente en lo no manifiesto,
pues el camino de lo no manifiesto es
arduo de transitar para los seres corporales. 12.5

La magnitud de la tarea que supone el dominio de la mente, difícil de domar como el viento, más la dificultad de alcanzar el conocimiento metafísico de la realidad, hace que sea necesaria una nueva vía, la de la devoción (*bhakti-yoga*). La vía devocional ofrece una novedad: un Dios personal que puede ser invocado para que interceda a favor del devoto manifestando su gracia gratuita, sin esfuerzo, sin soledad, sin la angustia de si se hace bien o mal. La vía devocional tiene cuatro características que contribuyen a su gran popularidad: la facilidad, la accesibilidad, el espíritu comunitario y la inmediatez del resultado.

La vía del conocimiento puede producir un ensanchamiento del ego y una carencia emotiva. El peligro de la vía devocional es el tribalismo espiritual que se manifiesta en intolerancia y fanatismo por los propios dioses y el desprecio por los dioses ajenos. Otro peligro de la vía devocional es la erosión de la facultad crítica y la posibilidad de caer en un sentimentalismo superficial que nada tiene que ver con la ciencia del espíritu. Dios, en el sentido de un Dios personal y salvífico, llega tarde a la India, después del ritual védico y del conocimiento, ejemplificado en las *upaniṣad*, el jainismo, el budismo, el yoga, la meditación, etc. Llega tarde, pero llega para quedarse y ocupar una posición central en la religiosidad india del segundo milenio.

La síntesis de la Gītā

La Gītā aparece, pues, justo en el momento en que la vía del conocimiento empieza a mostrar sus carencias y surge una nueva religión devocional centrada en torno a la figura de Vāsudeva o Nārāyaṇa. Los primeros indicios de la vía devocional se encuentran ya en la *Śvetāśvatara Upaniṣad*, un texto que, junto con la *Kaṭha Upaniṣad*, ha sido a menudo comparado con la Gītā. Estas *upaniṣad*, junto con la *Īśā* y la *Muṇḍaka*, que también muestran tendencias teísticas, han sido fechadas en torno a los últimos siglos antes de la era cristiana y, por lo tanto, son cercanas en el tiempo a la *Bhagavadgītā*, que ha sido fechada entre el período que va del siglo II a.C. al siglo II d.C.

Si la vía de la devoción empieza a apuntar maneras en los siglos anteriores al nacimiento de Cristo, va cobrando consistencia en el *Mahābhārata*, especialmente con la *Bhagavadgītā*, con la sección de Nārāyaṇa (MBh 12.321-339) y con el desarrollo de la filosofía del Pāñcarātra. La irrupción inequívoca de la vía devocional se produce a partir del siglo V con la aparición de los santos Alvar, del sur de la India, y luego con la composición del *Bhāgavata Purāṇa* (siglo VIII), la gran obra devocional en torno a Kṛṣṇa, que tendrá una enorme influencia en el desarrollo del viṣṇuismo. Con la llegada de Rāmānuja, la vía devocional se afianza y a partir del segundo milenio incluso los no dualistas más recalcitrantes deberán hacer un lugar para acomodar la vía devocional y la figura de Dios dentro de sus sistemas.

Más que por prefigurar el ascenso de la *bhakti*, la Gītā es importante por su novedosa síntesis de las vías de la acción, el conocimiento y la devoción. La Gītā consigue esta síntesis reformulando en primer lugar el concepto de acción y, por lo tanto, la vía misma del karma, convirtiendo el antiguo ritual y el sacrificio en el karma yoga. El sacrificio se convierte en una forma de yoga, y el yoga se convierte en un sacrificio interior en el que los objetos de los sentidos, como ofrendas, se ofrecen en el fuego sacrificial de los sentidos 4.26.

No hay que pensar que la Gītā sustituya el rito védico por el karma yoga, ya que la Gītā, y el movimiento devocional en el que se inscribe, recomienda y favorece la ejecución del ritual clásico. El karma yoga no es un sustituto del ritual védico, sino una técnica, es decir, un yoga, para liberarse de la atadura del deseo sin necesidad de renunciar al mundo. El karma yoga supone una reformulación del concepto de acción en el que la intencionalidad pasa a desempeñar un papel clave. Renunciar al resultado de la acción mientras se ejecuta la acción con el mismo entusiasmo que si le fuese la vida a uno es el secreto del karma yoga, una disciplina que exige eficiencia, ecuanimidad, determinación y desapego.

Como a menudo han notado los comentaristas, para ser capaz de actuar sin esperar el resultado de la acción, hay que tener una actitud mental especial, que es una forma de conocimiento, por eso al empezar a hablar del karma yoga se introduce la noción de que para el yoga es necesario un intelecto resoluto (*vyavasāyātmikā buddhir* 2.41), una mente decidida, y por lo tanto concentrada, que sabe lo que quiere y no se aparta del su objetivo. Se trata de una actitud mental totalmente dedicada, llena de resolución o determinación (*vyavasāya*), que conduce a la contemplación o *samādhi*, mostrando por ahí la cualidad eminentemente yóguica de esta actitud mental.

El karma yogui es al mismo tiempo un asceta entregado a la meditación, un hombre de acción envuelto en la trama mundana y un devoto que ofrece todas sus acciones a la divinidad. Para la práctica del karma yoga, es necesario un nivel de conocimiento elevado. Al mismo tiempo, la ecuanimidad mental del karma yoga favorece la aparición del conocimiento. Hay una relación de dependencia muta entre el conocimiento y el karma yoga y por eso el yoga del intelecto resoluto o *buddhi-yoga* es la primera herramienta para la práctica del karma yoga que ofrece la Gītā. Además, el sentimiento devocional permite con más facilidad la renuncia a los frutos de la acción, que es la esencia del karma yoga, lo que al mismo tiempo allana el camino para la iluminación. Al fin y al cabo, esta es la gran intuición de la Gītā: las tres vías están tan imbricadas unas con otras que no se pueden practicar por separado, sino que se integran en un nuevo yoga, revelado ahora por Kṛṣṇa a Arjuna y que con mucho menos esfuerzo que la antigua vía del conocimiento permite la realización espiritual. En realidad, según la misma Gītā, este yoga no es nuevo, ya que se trata de una sabiduría ancestral que se perdió con el tiempo, pero que ahora ha sido restaurada por Kṛṣṇa 4.1-3.

El karma yoga o la vía renovada de la acción

La gran novedad de la Gītā es el karma yoga. La verdadera renunciación no es la renunciación externa de las cosas, sino la renunciación interna. Necesitamos de la comida, de la ropa, de las medicinas, necesitamos de la riqueza para completar el viaje del cuerpo (*śarīra-yātrā*), el viaje de la vida. El cuerpo es la ventana del alma y el objetivo de este viaje corporal es justamente el conocimiento de nuestra divinidad interior, pero este conocimiento solo se puede conseguir a través de nuestro cuerpo y de nuestra mente, aunque al final este conocimiento acaba trascendiendo tanto los límites del cuerpo como los de la mente.

La Gītā empieza con el dilema de Arjuna que lo coloca en un callejón sin salida: haga lo que haga, siempre pierde. Si lucha, matará a sus parientes, y si no lucha, no cumplirá su deber como guerrero y traicionará a sus hermanos.

> ¿Cómo en la batalla arrojaré
> mis flechas sobre Bhīṣma y Droṇa,
> ambos dignos de adoración? 2.4

Antes que matar a los magnánimos maestros,
es mejor en este mundo alimentarse de limosnas.
Si los matase, pensando que son codiciosos,
solo gozaría de placeres manchados de sangre. 2.5

No sabemos cuál es la mejor opción:
si vencer o que ellos prevalezcan.
Aquí están ante nosotros los hijos de Dhṛtarāṣṭra.
Si los matamos, perderemos el deseo de vivir. 2.6

La Gītā propone un cambio de actitud ante las cosas. Este cambio de actitud permite encontrar la salida y plantear opciones ganadoras. Este cambio de actitud para saber escoger las opciones vencedoras es una de las grandes enseñanzas de la Gītā:

Si mueres, alcanzarás el cielo.
Si vences, disfrutarás la Tierra.
Levántate, pues, ¡Kaunteya!,
y disponte para la lucha. 2.37

Ecuánime ante el placer y el dolor,
la ganancia y la pérdida,
la victoria y la derrota.
Apréstate para la lucha
y no incurrirás en falta alguna. 2.38

En este caso, ningún esfuerzo es vano.
Tampoco se producen efectos contrarios.
Basta un poco de este dharma
para salvarte de un gran temor. 2.40

Un único pensamiento, lleno de resolución,
alberga [esta sabiduría]. ¡Kurunándana!,
infinitos son los pensamientos de los indecisos
y en muchas direcciones se ramifican. 2.41

Si en su desaliento Arjuna llega a la conclusión de que, haga lo que haga, siempre pierde, ahora Kṛṣṇa le plantea que si emprende la lucha, aunque gane o pierda en la batalla, siempre saldrá vencedor. Con esta técnica, ningún esfuerzo cae en saco roto. Lo importante en este caso es cumplir el deber con ecuanimidad ante el éxito y el fracaso, y con un pensamiento resoluto que no vacila. Los resultados no son tan importantes como la ejecución desinteresada de la acción, el yoga de la acción ejecutado con ecuanimidad y desprendimiento.

Ejecuta tus acciones asentado en el yoga,
desechando el apego, ¡Dhanáñjaya!
ecuánime ante el éxito y el fracaso:
la ecuanimidad es sinónimo de yoga. 2.48

La clave del karma yoga está expuesta en cuatro estrofas del capítulo tercero:

Con solo renunciar a la acción
no se alcanza la no acción,
ni se obtiene la perfección
con la mera renunciación. 3.4

En realidad, nadie puede, ni por un momento,
permanecer inactivo. Una actividad continua
está siendo inevitablemente ejecutada
por las energías de la naturaleza primordial. 3.5

Aquel que controlando los sentidos de la acción
se sienta [a meditar] recreando en su mente
los objetos de los sentidos es un hipócrita
que se engaña a sí mismo. 3.6

Sin embargo, Arjuna, sobresale la persona desapegada
que con la mente controla los sentidos
y al mismo tiempo emprende, con los órganos
de la acción, la práctica del karma yoga. 3.7

Primero, vale la pena señalar la fina observación de que nadie puede permanecer inactivo ni por un segundo. Incluso cuando estamos quietos sentados, estamos realizando acciones con nuestro pensamiento, sin contar con todos los procesos corporales que tienen lugar. Por lo tanto, la renuncia verdadera es interna, es mental, y alguien que finge meditar, pero en realidad se está recreando mentalmente en los objetos de los sentidos, es un hipócrita. La receta para el karma yoga es controlar con la mente los cinco sentidos, mientras se emprende con los órganos de la acción (los pies, las manos, el habla, los órganos de evacuación y procreación) la práctica del yoga. Control interior, movimiento exterior de una mente desapegada que se aplica a la acción sin pensar en los resultados.

La estructura de la *Bhagavadgītā*

La tradición sánscrita divide los dieciocho capítulos de la Gītā en tres sextetos de seis capítulos cada uno (1-6, 7-12 y 13-18). A mi entender, el primero en proponer esta división es Yāmunācārya en su *Gītārthasaṃgraha*. Su influyente discípulo, Rāmānuja, la elaborará y será también comentada por Vedāntadeśika en su *Gītārthasaṃgraharakṣā*. Śaṃkarācārya no hace mención a esta triple división; por lo tanto, la distinción es propia del no dualismo cualificado y no del *advaita vedānta* de Śáṃkara. Posteriormente, quizás debido al éxito de esta propuesta, el *advaita vedānta* adoptará también esta clasificación que se encontrará plenamente articulada en Madhusūdana. De hecho, esta triple división de la Gītā ha sido incluso adoptada por un indólogo como John Brockington.

Para el *advaita vedānta*, las tres secciones de la Gītā representan las tres palabras de la gran sentencia o *mahāvākya*: *tat tvam asi* («tú eres eso»). Así, la primera sección que abarca los seis primeros capítulos se refiere al *tvam* («tú»), la segunda al *tat* («eso») y la tercera al *asi* («eres»); es decir, a la relación que se da entre el tú y el eso. Los primeros seis capítulos se ocupan, pues, del Tú, es decir, del *ātman*, y también del hombre de conocimiento, el practicante de yoga, en pos de conocer tanto el *ātman* inmortal, como el *tat*, el Eso, el *brahman* absoluto que, según la Gītā, se manifiesta como un Dios personal: Kṛṣṇa. Los seis capítulos siguientes, del séptimo al duodécimo, se ocuparan justamente del Eso, del Dios absoluto, al mismo tiempo remoto y personal, omnipotente e inmanente. Si en el primer sexteto se describe la inmortalidad del alma y la importancia de la práctica del yoga, tanto del yoga del conocimiento como del karma yoga, el segundo sexteto se ocupará del yoga de la devoción o *bhakti* yoga, que es el medio natural para alcanzar al Dios personal, Kṛṣṇa.

Sobre esta triple división, vale la pena citar a Madhusūdana:

> El propósito de la ciencia de la Gītā consiste en el bien supremo, caracterizado por la completa extinción del flujo del devenir (el *saṃsāra*), junto con su causa (la ignorancia). [Este bien supremo] es el estado más elevado de Viṣṇu, que es plena existencia, conciencia y gozo. Para alcanzar este estado, se han compuesto los Vedas que constan de tres partes: la acción ritual, el conocimiento y el culto. La Gītā con sus dieciocho capítulos, en conformidad con esto, se divide también en tres partes. Cada uno de las sextetos [de la Gītā] se refiere, pues, a una de estas tres partes [de los Vedas]. La acción y el conocimiento se tratan en las secciones primera y última respectivamente. Puesto que no se puede combinar la acción con el conocimiento, ya que son contradictorios, la sección central versa sobre la devoción al Señor. De he-

> cho, la devoción, que elimina todos los obstáculos, es intrínseca a ambos (a la acción y al conocimiento). [La devoción] es de tres tipos: pura, mezclada con la acción y mezclada con el conocimiento. En la primera sección [de la Gītā, los capítulos del uno al seis], se define argumentativamente el significado de la palabra *tvam* («tú»), el *ātman* puro, haciendo hincapié en el camino de la acción y su renuncia. En la sección segunda [capítulos del siete al doce] se determina el significado de la palabra *tat*, el Señor mismo cuya esencia es el gozo supremo, mediante la descripción del sendero de la devoción divina. En la última sección se describe claramente la unidad de ambos (el Tú y el Eso). Así pues, hay una conexión entre las tres partes. GAD, estrofas introductorias 2-10.

Madhusūdana reinterpreta aquí la distinción original del *vedānta*, cualificado en un no dualismo más comprometido al introducir el *mahāvākya 'tat tvam asi'* como eje estructural de la Gītā y al mismo tiempo respeta la propuesta original al conceder una gran importancia a la devoción, ausente en las formas más antiguas del no dualismo vedántico. Veamos ahora la formulación original de esta triple distinción en palabras de Yāmunācārya:

> En el tratado de la Gītā se habla de Nārāyaṇa, el *brahman* supremo, que solo puede ser alcanzado mediante una devoción que surge de la práctica del propio dharma, el conocimiento y el desapego. En el primer sexteto se recomienda la vía del conocimiento y de la acción, practicadas con esmero con el objeto del

yoga, para conseguir la experiencia de uno mismo (*ātmānubhūti*). En el sexteto central se habla del yoga de la devoción, que se logra con el conocimiento y la acción, y que proporciona el conocimiento preciso de la esencia del Señor. En la última sección, subordinada a las dos anteriores, se discute la materia primera, el espíritu, la manifestación material y el Señor del Universo. GAS, 1-4.

El cosmos de la *Bhagavadgītā*

A diferencia del *sāṃkhya*, en el que la materia (*prakṛti*) y el espíritu (*puruṣa*) son totalmente diferentes, en la Gītā ambos tienen un origen común en el Señor, el supremo no manifiesto. Hay dos principios no manifiestos; es decir, dos principios que no son perceptibles. Uno es la naturaleza primordial antes de la creación del mundo, cuando reposa en un estado de equilibrio y no produce nada. Nada existe todavía. Estamos ante la nada que precede a la creación, en la oscuridad anterior a la emisión del universo. En realidad, los seres existen en un estado latente dentro de esta naturaleza primordial, pero todavía no se han manifestado. Este estado no manifiesto de la naturaleza es también llamado el estado de sueño de Brahmā o Prajāpati, el demiurgo creador del mundo.

Brahman

Hay otro principio no manifiesto, que es el origen de esta naturaleza primordial, que es Dios mismo en su estado más remoto, en su trascendencia más elevada. Así afirma la Gītā:

Más allá de lo no manifiesto,
hay otra entidad no manifiesta
perdurable, que no perece cuando
se destruyen todos los seres. 8.20

Se la llama lo eterno no manifiesto.
Se afirma que es el objetivo supremo.
Tras alcanzarlo, nadie regresa,
pues es mi morada suprema. 8.21

Este Dios más elevado, no es sino el *brahman* supremo, origen del ser y del no ser y que se manifiesta en el mundo creado en formas aparentemente contradictorias:

Te hablaré de aquello que hay que conocer.
Conociéndolo, se alcanza la inmortalidad.
Eso es el *brahman* supremo, sin principio.
Se dice que no es el ser ni el no ser. 13.12

Tiene pies y manos por todos lados;
por todos lados, ojos, cabezas y bocas.
En este mundo tiene oídos en todas partes.
Envolviéndolo todo, permanece inamovible. 13.13

Desprovisto de cualquier sentido,
refleja las cualidades de todos los sentidos.
Desasido, es el que sustenta a todos los seres.
Sin atributos, es el que disfruta de los atributos. 13.14

Está dentro y fuera de los seres.
Es inmóvil, pero también se mueve.
Es incomprensible debido a su sutileza.
Estando lejos, está cerca. 13.15

Aunque es indivisible, parece como
si estuviese dividido entre los seres.
Hay que conocerlo como quien sustenta
a las criaturas, pero también las devora y las origina. 13.16

Es la luz de luces, y se dice que
está más allá de la oscuridad.
Es el conocimiento, lo cognoscible
y lo que se alcanza con el conocimiento.
Reside de forma especial en el corazón de los seres. 13.17

La descripción de este *brahman* supremo se hace en términos muy similares a los de las *upaniṣad* en la que las contradicciones de la dualidad se resuelven en esa unidad que, al ser el origen del ser y del no ser, abarca en sí mismo todas las polaridades. En su inmanencia está presente en todo el mundo, pero no comparte la mutabilidad y la transitoriedad de las cosas, pues no es solo inmanente, sino también trascendente. Por eso se dice que «envolviéndolo todo, permanece inamovible», aunque tenga pies y manos por todas partes. Por su inmanencia, está dentro de los seres; por su trascendencia, está fuera, y «aunque es indivisible, parece como si estuviese dividido entre los seres».

La creación

La creación no se produce a partir del *brahman* supremo, sino del otro principio no manifiesto: la naturaleza primordial, todavía en estado latente. Esta naturaleza no manifiesta depende del Dios supremo que no es sino el mismo *brahman* personificado en Kṛṣṇa.

La creación es cíclica y se produce con la llegada del día de Brahmā. No debemos confundir Brahmā con *brahman*. Brahmā es solo el demiurgo, una manifestación inferior del *brahman* supremo. Cuando Brahmā, el Dios creador, despierta, se crea el mundo, y cuando Brahmā duerme, todos los seres vuelven a la noche cósmica de la aniquilación. Este proceso es infinito y produce un eterno retorno de los seres, aunque los hechos no sean nunca los mismos.

> Los que saben que el día de Brahmā
> dura mil ciclos cósmicos y que
> mil ciclos cósmicos dura su noche
> son los conocedores del día y la noche. 8.17
>
> Con la llegada del día, todo lo
> manifiesto surge de lo no manifiesto.
> Con la llegada de la noche, todo se
> reabsorbe en lo no manifiesto. 8.18
>
> Este mismo tropel de seres, ¡hijo de Pṛthā!,
> surgiendo una y otra vez, se disuelve

sin remedio al llegar la noche y,
al despuntar el día, vuelve a nacer. 8.19

Dios crea el mundo a través de su naturaleza y, aunque esta naturaleza está supervisada por Dios, Dios en realidad permanece aparte de la creación y no se implica en ella.

Al final de un ciclo cósmico,
¡Kaunteya!, todos los seres se absorben
en mi naturaleza y, al inicio
de un ciclo, los emito de nuevo. 9.7

Recurriendo a mi naturaleza, emito
una y otra vez todo este conjunto
de seres, sin que lo puedan remediar,
pues están bajo el control de la naturaleza. 9.8

Y estas acciones no me encadenan,
¡Dhanañjaya!, pues permanezco
como si fuese un espectador
indiferente, sin implicarme en ellas. 9.9

Bajo mi supervisión, la naturaleza
engendra a los seres animados
e inanimados. Por este motivo,
Kaunteya, el mundo se transforma. 9.10

No podemos culpar al Señor de las acciones de los seres, ya que es la propia naturaleza, autónoma en sus propias leyes, la que opera:

El Señor no determina ni la agencia
ni las acciones de la gente. Tampoco
la conexión entre la acción y su resultado.
Es la propia naturaleza la que opera. 5.14

El Señor a nadie asigna
ni pecado ni virtud.
El conocimiento está cubierto por la ignorancia.
Por eso, se confunden los seres. 5.15

La óctuple naturaleza: el mundo externo y el mental

A la hora de crear el mundo, el Señor recurre a la naturaleza, en la que deposita su semilla como en una gran matriz. A partir de ahí surgen todos los seres 14.3. En otro sitio se habla de la doble naturaleza del Señor, compuesta por los cinco elementos (tierra, agua, fuego, aire y espacio) y los tres componentes del órgano interno (mente, intelecto y sentido del yo 7.4). Esto corresponde en cierta medida al clásico esquema *sāṃkhya* que divide la creación en dos ramas paralelas.

Por un lado, un mundo externo formado por los elementos materiales y, por otro lado, un mundo interno, mental, formado por el órgano interno, lo que nosotros llamamos *mente* y que incluye el *sentido del yo* (*ahaṃkāra*), que dota de identidad al sujeto de la experiencia; el *intelecto* (*buddhi*), que es la facultad capaz de discernimiento; la *mente* (*manas*), como función específica del órgano interno que se ocupa, entre otras cosas, de ordenar los datos de los sentidos y presentarlos al intelecto y al sentido del yo. Por lo tanto, esta óctuple naturaleza proporciona los mimbres materiales para la creación del individuo dotado de mente y cuerpo. No debemos olvidar que la mente es también material, aunque está formada por materia sutil. Por lo tanto, el mundo mental no es espiritual, sino material, y brilla en realidad con la luz reflejada de la consciencia. Por este motivo, tanto el mundo externo como el aparato mental derivan de una misma fuente común: la naturaleza inferior. Falta ahora la chispa que pondrá en marcha todo este mecanismo y que no es sino la naturaleza superior, hecha de vida y con la cual se sustenta este mundo 7.5.

Todos los seres poseen esta doble naturaleza como matriz. Rāmānuja afirma claramente que la naturaleza inferior es inconsciente y en cierta forma subordinada a la naturaleza superior como su objeto de consumo (*bhogya*). La naturaleza superior, al contrario, es consciente y es el sujeto que percibe a la naturaleza inferior como objeto de la experiencia. Śāṃkara lo interpreta en términos más dramáticos afirmando que la naturaleza inferior es impura y es la causa de la atadura al *saṃsāra*.

En todo caso, esta naturaleza superior, consciente y hecha de vida, es entendida tanto en forma individual, como alma, y en forma universal, como una especie de conciencia colectiva que impregna y sostiene el mundo material. No hay que entender esta doble naturaleza como algo ajeno a Dios, sino que forma parte consubstancial del mismo. Ya que, como principio y fin, no hay nada más allá del Señor, en el cual todas las cosas están ensartadas como perlas en un collar.

Yoga-māyā: la magia creativa

Ahora bien, la condición humana es tal que, apenas nace, el individuo se olvida de su origen divino y cae en una gran confusión 7.27. Se olvida tanto del dispensador de la semilla como de la matriz que acoge e incuba la semilla. El motivo de la confusión es que esta naturaleza inferior está básicamente compuesta por los tres *guṇa* o energías 7.13, que tienen un enorme poder de transformación y hacen que la naturaleza de las cosas se vuelva ilusoria.

La Gītā afirma que Māyā es una diosa formada por los tres *guṇa*, es decir, hecha de energía, y que es extraordinariamente difícil de superar 7.14, pues utiliza el poder transformador de las energías para trocar la apariencia de las cosas. El Señor está sentado en el corazón de todos los seres y con su Māyā los hace girar como si estuviesen montados en una noria 18.61. De hecho, el Señor, velado por la ilusión cósmica (*yoga-māyā*), no es visible para todos 7.25. Este parece ser el punto de partida natural. La condición humana dicta que al nacer el ser humano se olvide de su origen. Māyā está en la base de este olvido, y esta es, en cierta forma, su función. Más adelante, el *vedānta* hablará del doble poder de Māyā: el poder de encubrimiento (*āvaraṇa-śakti*) y el poder de proyección (*vikṣepa-śakti*). El primero oculta el origen y el segundo proyecta un mundo insustancial e imperecedero, un mundo fugaz e infeliz 9.33, aunque en la Gītā no se menciona este doble poder de Māyā.

Sin embargo, encontramos en ella el concepto de *yoga-māyā*, que hemos traducido como «ilusión cósmica» y que ha de entenderse como una especie de magia creativa que hace posible lo imposible. A mi entender, la primera aparición de la palabra *yoga-māyā* es en la Gītā y curiosamente la palabra no se encuentra en ninguna otra sección del *Mahābhārata*. Posteriormente, la palabra significará «magia» en la literatura narrativa, pero en los tratados religiosos conservará su sentido de poder creativo de la divinidad. En el *Bhāgavata-pūraṇa*, la palabra significa el «poder mágico de la meditación». De hecho, como veremos en varias ocasiones en la Gītā, la palabra *yoga* tiene el sentido de «poder creativo», y en ocasiones se convierte en sinónimo de *yoga-māyā* (9.5, 10.7, 10.18 y 11.8).

Yoga-māyā es, pues, la ilusión cósmica, la Māyā del yoga, la voluntad divina de ocultación. Podemos recurrir a los comentaristas para arrojar un poco de luz sobre el concepto. Śáṃkara considera que *yoga* es la combinación, conjunción, acoplamiento, unión, organización o coordinación de los tres *guṇa* en su actividad creativa. Esta coordinación de los *guṇa* es la misma Māyā (*yogamāyāsamāvṛto yogo guṇānāṃ yuktir ghaṭanaṃ saiva māyā yogamāyā* Ś 7.25), y en consecuencia podemos hablar de *yoga-māyā* como de una energía creadora que forma el mundo. Para Rāmānuja, esta *yoga-māyā* es lo que hace que el avatar de la divinidad, en este caso Kṛṣṇa, no sea reconocido como Dios, ya que en apariencia reviste una forma humana (*kṣetrajñāsādhāraṇamanuṣya-tvādisaṃsthānayogākhyamāyayā samāvṛto 'haṃ na sarvasya prakāśaḥ* R 7.25). Para Madhusūdana, *yoga-māyā* es la intención o voluntad divina que no quiere manifestarse ante los que no son devotos del Señor y les oculta su verdadera identidad (*yogo mama saṃkalpas tadvaśavartinī māyā yoga māyā tathāyam abhakto jano māṃ svarūpeṇa na jānātv iti saṃkalpānuvidhāyinyā māyayā samyag āvṛtaḥ saty api jñānakāraṇe jñānaviṣayatvāyogyaḥ kṛtaḥ* GAD 7.25).

Volvemos a lo anterior. La palabra *yoga* en las instancias mencionadas anteriormente (9.5, 10.7, 10.18 y 11.8) tiene el sentido de «poder» y concretamente del «poder creativo de la divinidad». Śáṃkara afirma además que este poder creativo es la esencia de la divinidad. La divinidad es creativa de una forma natural. La creación emana de ella espontáneamente. Como dice Abhinavagupta, el poder creativo de la divinidad es su absoluta libertad de actuar que forma parte de su gloria divina (*yogaḥ śaktir yujymānatvāt / etad eva mamaiśvaryaṃ niratiśayādbhutavṛttisvātantryam ity arthaḥ* AGAS 9.5). La palabra *yukti* utilizada por Śáṃkara en su glosa tiene también el sentido de «ardid, estratagema», por lo tanto, el poder creativo tiene algo de ardid divino propio de Māyā. Śrīdhara, Madhusūdana y Venkaṭanātha corroboran esta lectura e identifican este yoga con *yoga-māyā* o el poder creativo de Māyā, como hemos mencionado. Según Śrīdhara, el poder creativo de *yoga-māyā* es capaz de crear lo imposible y supera todas las contradicciones (*me mama aiśvaryam asādhāraṇaṃ yogaṃ yuktim aghaṭanaghaṭanācāturyaṃ paśya / madīyayogamāyāvaibhavasyāvirtarkyatvān na kiñcid viruddham ity arthaḥ* ŚDh 9.5). Madhusūdana afirma que el yoga divino es la habilidad de crear lo imposible, como el poder de un mago (*me yogaṃ prabhāvam aiśvaram aghaṭanaghaṭanācāturyaṃ māyāvina iva mamāvalokayety arthaḥ* GAD 9.5). Rāmānuja corrobora también esta interpretación y considera el yoga divino como algo único y maravilloso, propio de la divinidad y que no se encuentra en ningún otro sitio (*paśya mamāiśvaraṃ yogam anyatra kutracid asaṃbhāvanīyaṃ madasādhāraṇam āścaryaṃ yogaṃ paśya* R 9.5).

De hecho, nos interesa la idea de que el mundo creado por Māyā es un mundo imposible, contradictorio, dominado por las parejas de opuestos (*dvaṃdva*: bueno/malo, frío/calor, alto/bajo, éxito/fracaso, placer/dolor, etc.). Aunque la contradicción sea la esencia de la realidad, los contrarios se necesitan para configurar la polaridad imposible que es la misma vida. La Māyā divina justamente hace posible lo imposible: convertir un mundo contrario en un mundo habitable, en una especie de coincidencia de los opuestos. Ciertamente, la mente (*manas*) no rebasa el principio de contradicción y no puede, por lo tanto, armonizar los contrarios. Sin embargo, el intelecto (*buddhi*) sí que puede aprehender los contrarios y superarlos en una visión más amplia de la realidad. La Gītā lo dice en un par de ocasiones:

> ¡Descendiente de Bhárata! ¡Azote de los enemigos!
> A causa del espejismo de los contrarios,
> producido por el deseo y el odio, todos los seres
> al nacer caen en una gran confusión. 7.27
>
> Sin embargo, aquellos de nobles obras
> que han agotado sus faltas, libres
> del espejismo de los contrarios, firmes
> en sus votos, se hacen partícipes de mí. 7.28

Vencer el poder de *yoga-māyā* es uno de los grandes objetivos de la vida humana. El significado de la existencia parecer resumirse en esta idea: nacemos en la ilusión y la ignorancia, pero nuestra naturaleza humana hace posible que rompamos el velo de Māyā y podamos ver más allá. Se precisan, pues, personas de nobles obras, que hayan agotado sus faltas y se liberen del espejismo de los contrarios, especialmente del deseo (*rāga*) y el odio (*dveṣa*), los dos grandes motores de la actividad humana. De hecho, la atracción y la repulsión, el gusto y el disgusto anidan en los objetos de los sentidos y no debemos someternos a ellos, pues son los verdaderos enemigos (3.34; véase también 2.64 y 18.51).

Los *guṇa*

En esta ceremonia de la confusión que es la vida, las energías de la naturaleza o *guṇa* tienen un papel primordial. La palabra *guṇa* quiere decir primariamente «hilo», «cuerda» y es muy bonito decir que los tres *guṇa*, que componen la naturaleza primordial, son los tres hilos que trenzan la cuerda del universo. Sin embargo, nunca he encontrado esta explicación en los textos sánscritos, explicación repetida una y otra vez por los indólogos occidentales. Los significados más habituales de la palabra *guṇa* en la literatura filosófica son «elemento secundario o subordinado», «componente» y también «cualidad o propiedad», ya que habitualmente se entiende que las cualidades están subordinadas a la sustancia. En este caso la traducción de *guṇa* como «cualidad» no sería pertinente, ya que los *guṇa* no son solo cualidades, sino componentes esenciales de la naturaleza primordial. Por este motivo, la palabra *guṇa* se traduce comúnmente por «constituyente», ya que los tres *guṇa* forman o constituyen la naturaleza. He optado en la traducción por la palabra *energía*, ya que los *guṇa* son realmente energías dinámicas que hacen funcionar el universo. En la creación, los *guṇa* están en constante movimiento (*calam guṇavṛttam*) y por eso no son solo materia, sino materia y energía al mismo tiempo. En este caso, materia y energía serían aspectos diferentes de una misma realidad: la naturaleza en su triple configuración. Por otro lado, Māyā está hecha por los tres guṇa (*guṇa-mayī* 7.15), lo que confirma que los *guṇa* son energía o *śakti*.

Los rudimentos de la triple configuración de la naturaleza se encuentran ya en la *Chāndogya Upaniṣad*, en donde se plantea la necesidad de reducir el mundo a sus elementos más básicos. Esta búsqueda de los componentes esenciales del universo lleva al descubrimiento de tres principios, con cuyo conocimiento se conoce todo el mundo. En la *Chāndogya Upaniṣad*, estos tres principios son: el calor, el agua y la comida, que corresponderían respectivamente a *rajas*, *sattva* y *tamas*.

En la teoría clásica del *sāṃkhya*, durante la disolución del universo, estas tres energías se encuentran en estado de equilibrio, en reposo, y por lo tanto no hay creación. Estamos ante la nada antes del mundo, que existe solo en forma latente. Se trata de la naturaleza no manifiesta, no revelada, a la que hemos aludido anteriormente. Al inicio de la creación, el estado de equilibrio se rompe y los *guṇa*, impulsados por la ley del karma, se activan y empiezan a crear el universo en combinaciones infinitas.

El *guṇa sattva* es de color blanco y tiene las cualidades de la ligereza, la claridad, la luminosidad, el movimiento ascendente, el conocimiento, la felicidad, la paz, la salud, la bondad, la concentración mental, la compasión, etc. El *guṇa rajas* es de color rojo y tiene las cualidades de la actividad, el movimiento horizontal, la fuerza, el esfuerzo, la furia, la pasión, la codicia, el deseo, la enfermedad, etc. El *guṇa tamas* es de color negro y tiene las cualidades de la pesadez, el movimiento descendente, la solidez, la ocultación, la apatía, la confusión, la ignorancia, el sueño, el estupor, la embriaguez, etc.

Podemos observar que las propiedades de los *guṇa* son tanto físicas como psíquicas. Ello se debe a que, como hemos mencionado anteriormente, la creación se bifurca en las dos vías paralelas del mundo físico y del mundo mental. Por lo tanto, la materia prima del universo, los tres *guṇa*, componen tanto su aspecto físico como mental.

Sattva, *rajas* y *tamas*, estas son
las energías (*guṇa*) que nacen de la materia.
Encadenan el alma imperecedera
al cuerpo, ¡oh, tú de poderosos brazos! 14.5

Sattva por su pureza
es iluminador y saludable.
Ata mediante el apego a la felicidad
y al conocimiento. ¡Impoluto! 14.6

Rajas está caracterizado por la pasión
y nace del deseo y del apego.
Encadena al alma, Kaunteya,
mediante el apego a la acción. 14.7

Tamas nace de la ignorancia
que confunde a todos los seres.
Encadena [al alma], Bhārata, mediante
el descuido, la pereza y la somnolencia. 14.8

Sattva surge para la felicidad;
rajas, Bhārata, para la acción.
El *tamas*, cubriendo el conocimiento,
surge para la inadvertencia. 14.9

Podemos entender fácilmente el aspecto mental de estos *guṇa* con el ejemplo de un estudiante en vísperas de un examen. Si está concentrado, preparando el examen con dedicación y sin distracciones, con la mente clara y entendiéndolo todo, casi disfrutando, entonces en su mente predomina el *sattva*. Si, por el contrario, está estudiando, pero se siente inquieto, se levanta continuamente y debe hacer un gran esfuerzo para concentrarse, en su mente predomina el *rajas*. Si no entiende nada, tiene la mente embotada o se adormece, entonces en su mente predomina *tamas*. Véase:

Cuando en todas las puertas del cuerpo
se enciende la luz del conocimiento,
entiende entonces que
sattva está en ascendente. 14.11

La codicia, la actividad,
la iniciativa a ejecutar acciones,
la inquietud, el anhelo, Bharatárṣabha,
surgen cuando *rajas* está en ascendente. 14.12

La oscuridad, la inactividad,
la negligencia y la confusión,
¡hijo de Kuru!, surgen cuando
tamas está en ascendente. 14.13

Este tipo de descripción sobre los efectos de los *guṇa* es frecuente en tres capítulos de la Gītā (14, 17 y 18). Se describen las diferentes cualidades de las cosas cuando predomina uno u otro *guṇa*. Los tres *guṇa* están siempre presentes en todas las circunstancias. Ahora bien, cuando un *guṇa* predomina, puede llegar a anular efectos de los otros *guṇa* 14.10.

Veamos el ejemplo de la entrega de un regalo según la predominancia de uno u otro *guṇa*. El regalo entregado de una forma desinteresada, sin esperar nada a cambio, solo porque apetece hacerlo y porque esa persona lo merece será un regalo sáttvico. El regalo por obligación, para corresponder o buscando un beneficio ulterior será rajásico. Finalmente, el regalo inapropiado a la persona equivocada y en el momento inadecuado será tamásico 17, 20-22.

Los *guṇa* ocupan un papel muy relevante en la Gītā. En primer lugar, son los que ejecutan las acciones y, cuando uno distingue la verdadera naturaleza de las acciones, se da cuenta de que son solo los *guṇa* actuando sobre los *guṇa*; es decir, las energías actuando sobre las energías. No hay nada más detrás de este proceso impersonal. Se abandona entonces el apego a la acción 3.28. Los *guṇa*, sin embargo, tienen la capacidad de confundir, lo que causa una visión parcial de la realidad y un apego ciego a las acciones y a las energías 3.29. De hecho, la confusión es una función primordial de los *guṇa* que hace que el mundo entero no vea más allá de la materialidad y no perciba al Dios oculto:

Considera que todas las cosas,
sean sáttvicas, rajásicas o tamásicas,
salen de mí, pero yo no resido en ellas.
Ellas sí residen en mí. 7.12

El mundo entero, confundido por
las cosas compuestas por las
tres energías, no sabe que yo, el
imperecedero, estoy más allá de ellas. 7.13

Esta es mi Māyā divina, hecha
de energía, difícil de superar.
Los que me alcanzan
trascienden también esta Māyā. 7.14

La gente necia, mezquina
y malvada no me alcanza, pues
con el entendimiento ofuscado por Māyā
asumen una naturaleza demoníaca. 7.15

Aquí encontramos de nuevo la identificación de los *guṇa* con Māyā y su insistencia en el poder de ofuscación. Como se ha dicho, el poder creativo de Dios es un velo que se interpone entre el alma individual y la divinidad. Este poder creativo, que es Māyā, se identifica también con los *guṇa*.

El campo y el conocedor del campo: *kṣetra* y *kṣetra-jña*

Para describir la relación entre el individuo y la consciencia, la Gītā utiliza una metáfora que aparece por primera vez en la *Śvetāśvatara Upaniṣad.* Es la metáfora del campo y el conocedor del campo. El campo es el cuerpo y el conocedor del campo es la consciencia interior que puede observar todo lo que acontece en el cuerpo 13.1. Aquí, el cuerpo incluye tanto el cuerpo como la mente. La etimología tradicional afirma que el campo es el cuerpo, ya que el cuerpo es como un campo de cultivo. El labrador es la consciencia, el espíritu, que cultiva el cuerpo para obtener resultados. Estos resultados son los frutos del karma (*kṣetravat vāsmin karmaphalaniṣpatteḥ kṣetram* Ś 13.1). El cuerpo está compuesto por los cinco elementos toscos: espacio, aire, fuego, tierra y agua, que constituyen el cuerpo físico. A este sustrato corporal se le añade el sentido del yo, que hace que ese cuerpo esté dotado de identidad propia y pueda referir todo lo que le pasa a esa identidad. Posee además el intelecto, que es la capacidad de discernir y que tanto puede determinar la naturaleza de los objetos materiales formulando un juicio («esto es una mesa») como facilitar la aparición del conocimiento más elevado que libera de las ataduras del karma.

El cuerpo es una evolución de la naturaleza primordial y, por lo tanto, está formado también por el principio no manifiesto de esta naturaleza, que son los mismos *guṇa*. El campo está formado asimismo por los diez sentidos. Es decir, los cinco sentidos de percepción: oído, tacto, vista, gusto y olfato, y los cinco sentidos o facultades de la acción: la facultad del habla, de aprehender o agarrar, de moverse, de evacuar y de procrear. Posee además la mente, que, como hemos dicho, es una función específica del órgano interno. La Gītā menciona también el deseo y la aversión, que ya hemos señalado que son el motor de la actividad humana y cuyo resultado son el placer y el dolor. El cuerpo incluye también los cinco objetos de los sentidos que aquí se refieren a las cualidades de esos objetos: el sonido, el tacto, la forma, el gusto y el olor.

> Los elementos toscos, el sentido del yo,
> el intelecto y también lo no manifiesto,
> los diez sentidos más uno, [la mente],
> y los cinco objetos de los sentidos, 13.5
>
> el deseo y la aversión, el placer y el dolor,
> el conglomerado [del cuerpo y los sentidos],
> como base del ser consciente,
> esto es el campo, brevemente enumerado
> junto con sus modificaciones. 13.6

Esta es, pues, una somera descripción del campo y de sus modificaciones. El conocedor del campo, al contrario, es el testigo inmutable de esas modificaciones. La luz de la conciencia que alumbra todas nuestras percepciones y pensamientos y que lo observa todo sin apegarse a ello, como un espectador indiferente. Esta conciencia testimonial, el vidente interno, es tanto individual como universal. Es el mismo Dios que, morando en el interior de los seres, contempla las transformaciones del cuerpo y de la mente. Por eso Kṛṣṇa afirma que él mismo es el conocedor del campo en todos los campos. Es decir, que se encuentra presente en el corazón de cada individuo como el testigo de todos los actos (*hṛdi sthitaḥ karmasākṣī kṣetrajñaḥ* MBh 1.68.30).

Algunas palabras clave

Dharma/svadharma

Se ha preferido no traducir la palabra *dharma*, no solo porque ninguna traducción es del todo satisfactoria, sino también porque su uso está cada vez más extendido en español. Etimológicamente, la palabra *dharma* viene de la raíz *dhṛ*, que significa «sostener, aguantar» y está emparentada con el término latino *firmus* («firme»). La etimología tradicional afirma que «*dharma* es aquello que sostiene una cosa» (*anena dhṛyata iti dharmaḥ*); es decir, lo que hace que una cosa sea lo que es. Jugando con el parentesco latino, podríamos decir que el *dharma* es la *firmeza* de una cosa, lo que hace que esa cosa perdure y se comporte como tal. El *dharma* del tigre será cazar; el de la oveja, pacer, y el del guerrero, como Arjuna, luchar en la batalla. El *adharma* sería, pues, la disfuncionalidad de una cosa, como una enfermedad que, de perdurar, destruirá finalmente el cuerpo que la padece. El concepto se puede aplicar a muchos niveles: cosmológico, moral, biológico, teológico, etc. Aunque hayamos optado por no traducir la palabra, eso no quiere decir que según el contexto no se pueda traducir. Así, la palabra se acostumbra a traducir, según los contextos, como «deber, justicia, ley», «principio, naturaleza, esencia», «costumbre, usanza, tradición», «virtud, bien, mérito moral», «práctica, disciplina, yoga». Tanto en el budismo como en los *Yogasūtra*, tiene también el significado de «propiedad, cualidad, atributo». Todas estas traducciones son correctas en su contexto determinado. En la Gītā, la palabra aparece al menos con ocho significados diferentes: «virtud, bien, mérito moral» 1.1, 9.31; «costumbre, usanza, tradición» 1.40; «ley, principio» 1.43, 1.44; «deber» 2.7, 2.31; «práctica, disciplina, yoga» 2.40, 18.66; «orden moral» 4.7, 4.8, 11.18, 18.31, 18.32; «escrituras, tratados de ética» 7.11; «conocimiento, enseñanza, sabiduría, doctrina, religión» 9.3, 9.21, 14.27.

Junto con dharma, aparece el concepto de *svadharma* o el deber personal, propio o específico a uno mismo. *Svadharma* es una palabra que aparece a menudo en el *Mahābhārata*, en donde se dice, por ejemplo, que Yudhiṣṭhira, ni por deseo, miedo o codicia, se apartaba de su propio deber MBh 3.12.23. El *svadharma* se ha de entender en relación con las castas o estamentos. El *svadharma* del guerrero será luchar; el del brahman, la entrega al conocimiento; el del comerciante, el comercio, y el del sirviente, el servicio. Es mejor seguir el propio deber, exento de virtud, que el deber ajeno, aunque esté bien ejecutado. Mejor la muerte en el ejercicio del propio deber, ya que el deber ajeno está fraguado de peligros 3.35. En este sentido, la Gītā, pasando por alto el criterio de eficiencia, ofrece una opinión conservadora de acuerdo con la ideología de los estamentos y los períodos de vida (*varṇāśramāvasthā*). No le importan los resultados, lo que cuenta es ejecutar el deber social prescrito, ya que se supone que ello está conforme con nuestra naturaleza 4.13, aunque la ejecución resulte en el fracaso o la muerte 3.35. No olvidemos que los seres actúan según su naturaleza. Incluso el sabio actúa en consonancia con su carácter 3.33. No se debe abandonar el deber inherente, aunque sea imperfecto. Al fin y al cabo, todas las tareas están envueltas por algún tipo de imperfección, como el fuego por el humo 18.48.

Los maestros actuales afirman que podemos entender la cuestión del *svadharma* desde una forma más personal, no tanto como el deber dictado por la sociedad, sino como la vocación propia, que emana de nuestra propia naturaleza, del color de nuestros *guṇa*, y cuya ejecución nos llevará a la autorrealización. La vocación estaría en consonancia con nuestro carácter, y descubrir el *svadharma* equivaldría a encontrar aquello que a uno le hace feliz en la vida y en cuyo ejercicio excele. Así, hay gente con cualidades para el deporte, la escritura, la música, la gestión, etc. Nuestra naturaleza o carácter viene dado por la composición de nuestras energías, los *guṇa*, tal y como dice la Gītā, pero esta vez no viene justificado tanto por el nacimiento en un grupo social, como por la naturaleza que tiene uno al nacer, por su bagaje hereditario.

Ātman/brahman/puruṣa

Ātman, palabra de importancia upaniṣádica, es un sustantivo que significa «alma, aliento, principio vital», y está relacionado con la raíz sánscrita *an* («respirar»), con la que se forman palabras como *prāṇa* («respiración, aliento, aire vital») y otras como *apāna*, *udāna*, etc. Paralelamente, en griego encontramos *ánemos* («viento») y en latín *anima* («aliento»). A partir de aquí, la palabra asume ya en el *Ṛgveda* el significado de «esencia, naturaleza, carácter» y, posteriormente, «persona, individuo, cuerpo». La palabra hace fortuna como pronombre reflexivo singular y también personal, indicando a uno mismo, a la propia persona.

Esto nos ayuda a entender los cuatro significados comunes de la palabra: cuerpo, mente, alma y espíritu. Todas estas palabras se refieren a uno mismo. Uno puede identificarse con el cuerpo (*śarīra*), la mente (*citta*), el alma (*jīvātman*) o con el espíritu (*ātman*). La mente es el órgano interno (*antaḥkaraṇa*), el alma (*jīva*) es la parte del cuerpo sutil que transmigra y el espíritu es la consciencia pura que forma la base de nuestras percepciones y se manifiesta en su luminosidad. Esta consciencia es el *ātman*, y el *ātman* es nuestra propia esencia 8.3. El *ātman* es nuestra auténtica identidad, lo que somos en realidad; es decir, *nosotros mismos*.

El *ātman*, el espíritu interno, no es sino el sí mismo de cada uno. Por eso en la traducción a veces hemos dejado la palabra *ātman* sin traducir y a veces hemos preferido conservar el sabor pronominal de «sí mismo», «uno mismo», etc. Así, cuando dice: «Unos, gracias a la meditación, contemplan el sí mismo en sí mismo por sí mismos» 13.14, podríamos, en su lugar, haber dicho: «Unos, gracias a la meditación, contemplan el *ātman* en el *ātman* con el *ātman»* 13.14. Y cuando dice: «Quien en el *ātman* encuentra su deleite, la persona que en el *ātman* se complace, a ese que solo se satisface en el *ātman*, no le queda por hacer tarea alguna» 3.17, podría haber dicho: «Quien en sí mismo encuentra su deleite, la persona que en sí mismo se complace, a ese que solo se satisface en el sí mismo, no le queda por hacer tarea alguna» 3.17. Ahora bien, aquí el «sí mismo» no es la pequeña identidad del alma, de la mente o del cuerpo, sino el principio imperecedero del *ātman*.

De hecho, este *ātman* es solo un fragmento eterno de Kṛṣṇa que se convierte en el alma encarnada (*jīva*). Este fragmento atrae hacia sí los sentidos junto con la mente, que forman parte de la naturaleza, y asume un cuerpo. Entonces, la mente recurriendo a los sentidos disfruta de los objetos sensoriales 15.7-9. Los ignorantes no se dan cuenta de la presencia de este fragmento divino en el ser humano, pero los yoguis esforzándose lo contemplan dentro de sí mismos. Sin embargo, los que no tienen dominio de sí, aunque se esfuercen, no llegan nunca a contemplarlo 15.11. Hay que entender que la persona divina ilumina el mundo entero con su resplandor. La luz que está en el Sol, en la Luna y en el fuego es la luz de la persona divina 15.12. Esta Persona Suprema sustenta a los seres con su energía y convertido en savia nutre a las plantas 15.13. Se convierte en Vaiśvānara, lo que es común a todos los hombres, la consciencia humana, y se aposenta en el cuerpo de los seres y, dotado de respiración, es capaz de digerir la comida 15.14.

La Gītā reconoce tres tipos de personas: la perecedera, la imperecedera y la suprema 15, 16 y 17. La perecedera es la suma de todos los seres que nacen y mueren. La imperecedera es, según Śáṃkara, la misma Māyā, la energía de Dios, y la semilla de todos los seres perecederos. Finalmente, la Persona Suprema, excelsa, por encima de la persona imperecedera, que es la misma Māyā, es el Señor, el dueño de Māyā, cuyo poder esgrime en la creación. Este Persona Suprema también es llamada el *ātman* supremo, ya que, como hemos visto, un fragmento de este *ātman* supremo se convierte en el alma encarnada.

Rāmānuja, como era de esperar, difiere de la interpretación de Śáṃkara y considera que la persona perecedera es el conjunto de las almas no liberadas, que se apegan a la materia. La persona imperecedera es el conjunto de las almas liberadas que, por lo tanto, no están circunscritas por la materia y se encuentran en la cúspide (*kūṭa-stha*), más allá del reino material, y son, por lo tanto, trascendentales (*kūṭa-stha*). Por otro lado, la Persona Suprema representa una categoría totalmente distinta. Primero, su función es gobernar y sostener los tres mundos y luego, a diferencia de las almas liberadas, nunca ha estado en contacto con la materia.

Por lo tanto, la Gītā recoge el concepto de *ātman* de las *upaniṣad* como centro de la consciencia humana y lo amplia para reconocer la existencia de un *ātman* supremo que es idéntico a Dios, la persona divina. Esta persona divina ocupa el lugar más alto y, por lo tanto, corresponde al *brahman* de las *upaniṣad* con la diferencia de que este *brahman* está personalizado y puede ser objeto de culto. Se obtiene así la síntesis tan deseada por la Gītā, en la que el principio supremo deja de ser un concepto neutro, abstracto y sin atributos para convertirse en una divinidad con forma y atributos, que puede ser alcanzada mediante la devoción. Una vez más, la concordancia con Rāmānuja es evidente. La idea es que un principio neutro y sin atributos es difícilmente comprensible para los seres corporales como los humanos y, por lo tanto, es necesaria la representación de una divinidad con cuerpo, encarnada, con nombre y forma. Esta identificación del *brahman* con un Dios personal es explícita en la Gītā:

Dijo Arjuna:

Tú eres el *brahman* supremo,
la luz suprema, el purificador supremo,
la Persona Eterna, luminosa, el Dios
primordial, no nacido, que todo lo impregna. 10.12

Tú mismo a ti mismo por ti mismo
te conoces, Persona Suprema,
productor de seres, Señor de los Seres,
Dios de dioses, soberano de los mundos. 10.15

Por un lado, la figura védica del *puruṣa*, el hombre universal, el universo personificado en un cuerpo humano gigantesco, cuyo sacrificio y descuartizamiento produce la multiplicidad de la creación, es un precursor del Dios personal. Además del *puruṣa*, el eslabón entre el *brahman* neutro de las *upaniṣad* más antiguas y el Dios personalizado de la Gītā se encuentra en la *Śvetāśvatara Upaniṣad*, donde se nos presenta a un Dios objeto de la devoción y cuyo conocimiento proporciona la liberación. El texto y el tono de la *Śvetāśvatara* recuerdan en muchos puntos a los de la Gītā por su insistencia en el yoga y en un Dios absoluto, más allá de toda diferenciación, pero que al mismo tiempo está presente en el mundo, gobernándolo, impregnando todas las cosas y morando en el corazón de los seres. Ahora bien, el grado de personalización del Dios de la *Śvetāśvatara* no ha llegado todavía a la particularidad del Dios encarnado que representa Kṛṣṇa.

Yoga/yukta

Yoga es una de las palabras más frecuentes en la Gītā, y ello parece natural ya que es ante todo un libro de yoga, un yoga ciertamente distinto del yoga postural moderno. Mejor dicho, la Gītā es un libro de múltiples yogas, ya que la variedad de tipos de yoga que aparecen en él es considerable. De una forma casual, hemos podido contar más de quince tipos distintos. Aquí la palabra *yoga* quiere decir «técnica, práctica, disciplina, ejercicio». Un tipo determinado de yoga puede formar parte de un yoga más amplio, como por ejemplo el *buddhi-yoga*, el yoga del intelecto resoluto, que es un requisito esencial para la práctica del karma yoga. En todo caso, un yoga es siempre un método, un recurso, un procedimiento para conseguir un objetivo determinado. En el caso del karma yoga, el objetivo es la renuncia a los frutos de la acción. En la tradición de la Gītā, incluso el desconsuelo de Arjuna es un método para iniciar la búsqueda del conocimiento. Yoga puede ser también una actitud o disposición mental como la ecuanimidad (*samatva*). La ecuanimidad es sinónimo de yoga dice la Gītā 2.48 y la ecuanimidad es ampliamente encomiada en la Gītā como un parte integral de la práctica del karma yoga. Tanto el *jñāna* yogui como el karma yogui son ecuánimes por naturaleza.

El yoga es también la eficiencia (*kauśala*) en la acción 2.50, aunque aquí la palabra *kauśala* puede ser también traducida por «felicidad» en su acepción de «ausencia de inconvenientes o tropiezos» (DRAE). Yoga es, pues, felicidad en la acción; es decir, una facilidad y espontaneidad de actuación que hace que la acción sea ejecutada con una ausencia total de inconvenientes o tropiezos. Esta es ciertamente la interpretación que hace Śáṃkara en 2.50. *Kauśala* es el estado de felicidad en el sentido de algo propicio o venturoso; es decir, la bondad o la felicidad de una forma de actuar que evita los malos resultados en forma de *bandha* o atadura al resultado de la acción. Como dice Madhusū́dana, la felicidad en la acción se debe a que las acciones dejan de encadenarnos a sus resultados. La naturaleza de la acción es justamente la atadura que crea en el alma a través de la expectativa, experiencia o consecuencia de los resultados. La acción feliz es aquella que no deja atadura en el alma. Las acciones abandonan su naturaleza opresora. Para que esta acción feliz se produzca, es necesario ejecutarla con un espíritu ecuánime: *tad dhi kauśalaṃ yad bandhanasvabhāvāny api karmāṇi samatva buddhyā svabhāvān nivartante* GAD 2.48. Para Rāmānuja, en cambio, *kauśala* es una gran capacidad o eficiencia (*atisāmarthya*). Esta es la traducción más frecuente: el yoga como eficiencia en la acción. Sin embargo, en nuestra versión hemos preferido conservar la interpretación de Śáṃkara y entender el yoga como felicidad en la acción. Quizás, también, porque se puede ser eficiente en la acción y al mismo tiempo estar terriblemente apegado a su resultado.

A lo largo de la Gītā encontraremos numerosos matices en torno al significado de la palabra *yoga*, aunque sus acepciones como karma yoga y *jñāna* yoga son frecuentes. En varias partes, *yoga* significa también «renuncia» (*saṃnyāsa*) y en el verso 6.2 la misma Gītā lo afirma: lo que llaman renuncia eso es el yoga, ya que no hay ningún yogui que no haya renunciado a sus intenciones. Rāmānuja glosa a menudo la palabra *yoga* como la contemplación del *ātman* (*ātmāvalokana*).

Śáṃkara considera que el yoga es la renuncia, *saṃnyāsa*, basada en el conocimiento. El conocimiento, por otro lado, puede ser alcanzado mediante el karma yoga. Este yoga de la renuncia es considerado la culminación de la enseñanza védica en su doble vertiente como vía contemplativa (*nivṛtti*) y vía activa (*pravṛtti; yo 'yaṃ yogo 'dhyāyadvayenokto jñānaniṣṭhā-lakṣaṇaḥ sa sannyāsaḥ karmayogopāyaḥ / yasmin vedārthaḥ parisamāptaḥ pravṛttilakṣaṇo nivṛttilakṣaṇaś ca gītāsu ca sarvāsv ayam eva yogo vivakṣito bhagavatā* Ś 4.1). Por lo tanto, en el esquema de Śáṃkara se produce una interconexión entre los diferentes tipos de yoga. La renuncia es el objetivo del yoga que se consigue mediante el conocimiento, mientras que el yoga del conocimiento se alcanza mediante la práctica del karma yoga.

Para Rāmānuja, por el contrario, en consonancia con BhG 5.2, el karma yoga es superior al yoga del conocimiento (*jñāna-yoga*). Para practicar el yoga del conocimiento es necesario purificar las emociones y controlar los instintos. Una persona, cuyos impulsos naturales sean todavía muy fuertes, no estará capacitada para la práctica del yoga del conocimiento y deberá primero practicar el karma yoga para efectuar una purificación de las emociones. Por otro lado, aunque esté capacitado, el ejercicio del karma yoga incluye también el conocimiento y, por lo tanto, es la disciplina completa porque sirve para purificar las pasiones y al mismo tiempo, en su modo más elevado, implica un pleno conocimiento (*tṛtīye 'dhyāye prakṛtisaṃsṛṣṭasya mumukṣoḥ sahasā jñānayoge 'nadhikārāt karmayoga eva kāryaḥ, jñānayogādhikāriṇo 'py akartṛtvānusandhāna-pūrvakakarmayoga eva śreyān iti sahetukam uktam* R 5.2).

Otra acepción de la palabra *yoga* en la Gītā hace referencia a un tipo de yoga similar al de Patañjali que describe al meditante sentado en postura yóguica y concentrando la mente en un solo punto. De hecho, a lo largo del pasaje 6.10-32, Kṛṣṇa utiliza términos técnicos que luego aparecen en los *Yogasūtra* como *abhyāsa* y *vairagya*, «la práctica» y «el desapego», los dos pilares del yoga de Patañjali. Véase más abajo el resumen del capítulo sexto para la similitudes entre la Gītā y el yoga de Patañjali.

El yoga agónico

Un tipo de yoga especial que encontramos en la Gītā y que tiene sus antecedentes en las *Upaniṣad* es lo que podríamos llamar el yoga del moribundo, o el yoga agónico, que permite al agonizante alcanzar la liberación en el momento de la muerte. La primera referencia es en 2.72, al final del segundo capítulo, cuando Kṛṣṇa se refiere a la condición de *brahman.* Quien alcanza esta condición de *brahman* consigue llegar al nirvana de *brahman*, incluso en el momento de la muerte. Encontramos otra referencia a la posibilidad de conocer a Kṛṣṇa en el momento de la muerte en 7.30, pero es en el capítulo octavo (8.5-16) donde encontraremos una descripción más detallada de este yoga agónico. Lo primero que Kṛṣṇa afirma es que quien muere pensando solo en Kṛṣṇa a Kṛṣṇa alcanza en el momento de la muerte 8.5. Ello es debido a que nos convertimos en aquello en lo que pensamos en el último instante 8.6. Por lo tanto, conviene pensar constantemente en Kṛṣṇa y emprender la lucha colocando a Kṛṣṇa en nuestra mente e intelecto 8.7. En 8.9-10 y 8.12-13 se describe el método de este yoga agónico:

> Aquel que, en el momento de la muerte, con la mente
> imperturbable, lleno de fe y con el poder del yoga,
> coloca con cuidado el *prāṇa* en medio de las cejas,
> pensando constantemente en el sabio omnisciente,
> primordial, rector [del universo], más sutil que lo sutil,
> el dispensador de todo, de inconcebible forma,
> del color del Sol, más allá de la oscuridad,
> ese alcanza la Persona Suprema y resplandeciente. 8.9-10.

> Controlando todas las puertas [de los sentidos],
> aquietando la mente en el corazón,
> fijando el *prāṇa* en la cabeza, pronunciando
> el *brahman* como el monosílabo *Om*,
> pensando constantemente en mí,
> entregado a la concentración yóguica,
> aquel que, abandonando el cuerpo emprende
> la partida, alcanza el objetivo supremo. 8.12-13

El método propuesto exige una mente imperturbable y llena de fe. Mediante el poder del yoga, es decir, de la concentración, se coloca en primer lugar el *prāṇa* entre las cejas, lo que hace referencia al *ājñā* chakra, mientras se piensa constantemente en el sabio omnisciente, el mismo Kṛṣṇa. A continuación, se describe aún con más detalle todo el proceso. En primer lugar, se controlan las puertas de los sentidos, se aquieta la mente en el corazón, lo que quiere decir que se detienen todos los procesos mentales, tanto externos como internos (*bāhyendriyanirodhe 'pi manasaḥ pracāraḥ syād ity ata āha mano hṛdi nirudhya ca, abhyāsa vairāgyābhyāṃ ṣaṣṭhe vyākhyātābhyāṃ hṛdayadeśe mano nirudhya nirvṛttikatām āpādya ca, antar api viṣaya cintām akurvann ity arthaḥ* GAD 8.12). Madhusūdana afirma que, una vez que se controlan las puertas de la percepción, la mente y los sentidos, es posible controlar la puerta de la acción, el mismo *prāṇa* (*evaṃ bahir antar upalabdhi dvārāṇi sarvāṇi saṃniru-dhya kriyā dvāraṃ prāṇam api sarvato nigṛhya* GAD 8.12). Esta vez, a diferencia de la anterior, se fija el *prāṇa* en la cabeza, es decir, en el orificio de *brahman* o *brahma-randhra*, por donde sale el alma liberada en el momento de la muerte. Según los comentaristas, esto indica que el *prāṇa* va ascendiendo a través del conducto central, la *suṣumnā*, pasando por los chakras *anāhata*, *viśuddha* y *ājñā* hasta llegar al orificio de *brahman* (*evaṃ suṣumnayā saṃyojya viśuddhacakram anāhatacakram ājñācakram cātikramya prāṇaṃ murdhni brahmrandhre dvādaśānte ṣoḍaśānte cādhāya yogadhāraṇāṃ* GTB 8.12). La fijación del *prāṇa* va acompañada por la recitación del monosílabo OM y la concentración yóguica adecuada, que permite pensar constantemente en el Señor. A notar, sin embargo, que la Gītā no menciona los chakras, los comentaristas sí, ya que la teoría de los chakras no se conocía en la época de la Gītā.

La idea de que nos convertimos en aquello que pensamos en el momento de la muerte está muy extendida no solo en las religiones índicas como el hinduismo, el jainismo y el budismo, sino también en el cristianismo, donde el pecador consigue redimir su vida entera si en el último instante se acuerda de Dios. La teoría que explica esto es la teoría de las impresiones latentes. La última impresión latente del alma del agonizante determinará la futura reencarnación de una forma causal, condicionando la materia sutil que forma el alma a partir de la última forma asumida.

En este sentido, es interesante la observación de Abhinavagupta, que toma en cuenta el caso de un santo que muera en la inconsciencia debido a una enfermedad y que, por lo tanto, renazca bajo la influencia del *guṇa tamas* (*evaṃ hi sati jñānino 'pi yāvac charīrabhāvidhātudoṣavikalitacittavṛtter jaḍatāṃ prāptasya tāmasy eva gatiḥ syāt* AGAS 8.7). Lo mismo puede suceder si alguien muere de accidente y un último pensamiento fortuito y circunstancial es el que determina su futuro nacimiento. Parecería entonces que la búsqueda de la sabiduría es una empresa fútil, ya que puede quedar desbaratada en el último minuto por la contundente ironía de la muerte. Abhinavagupta mantiene que en realidad en el momento de la muerte pensamos de forma automática en el pensamiento que ha dominado en nuestra vida (*yenaiva vastunā sadā bhāvitāntakaraṇaḥ, tad eva maraṇasamaye smaryate, tadbhāva eva ca prāpyata iti sarvathā matparam eva matpresuḥ syād ity atra tātparyam* AGAS 8.7). Lo que aflora es nuestro tenor mental, la constitución firme y estable de la mente, nuestro deseo principal, la obsesión predominante. Por este motivo, hay que recordar a Dios cuando estamos bien de salud y no solo durante la enfermedad. La misma Gītā lo dice: «Piensa en mí en todo momento» 8.7. ¿Cómo puede uno pensar en Dios en el momento de la muerte cuando los sentidos dejan de funcionar correctamente?, se pregunta con razón Abhinavagupta (*kathaṃ cāsvasthāvasthāvasthāyāṃ vinivṛttasakalindriyacestasya bhagavān smṛtipathaṃ upeyāt* AGAS 8.7). La cuestión es que al morir uno se convierte en el pensamiento predominante de su vida, ya que el recuerdo de este pensamiento emerge justo en el momento del tránsito. Abhivanagupta distingue entre el último pensamiento consciente que tenga el moribundo y el último pensamiento verdadero que se produce justamente en el tránsito. Así, si al morir se acuerda de su hijo, de su mujer o del agua fresca que le gustaba, eso no quiere decir que se vaya a convertir en el hijo, la mujer o el agua fresca. Si en ese momento se acuerda de eso, es que todavía está muy vivo, presente en el cuerpo y que no ha llegado el último momento (*nanu putrakalatrabandhubhṛteḥ śiśirodakapānāder vāntye kṣaṇe dṛṣṭaṃ smaraṇaṃ iti tadbhāvāpattiḥ syāt, maivam / na hi so 'ntyaḥ kṣaṇaḥ sphuṭadehāvasthānāt* AGAS 8.7)

Yukta

En la Gītā, otra palabra fundamental relacionada con el yoga es *yukta*, cuyo significado primario es «uncido, unido, fijado, conectado», y en un sentido secundario significa: «ocupado en, entregado a, dedicado a»; «dotado de, provisto de». *Yukta* también significa «concentrado», y se aplica al hecho de fijar la mente en un punto determinado. La palabra, al igual que *yoga*, viene de la raíz *yuj* («uncir»; «unir, juntar, conectar»; «preparar, disponer»; «utilizar»; «fijar, colocar»; «dirigir a, centrar en, fijar en»; «concentrar»; «meditar»; «practicar el yoga». La raíz latina equivalente es *iungere* relacionada con el español «juntar» y con palabras como «yugo, cón-yuge, co-yun-tura, a-yunta-miento, junto, con-jug-ar, sub-yug-ar», etc.

En la Gītā, *yukta* es, pues, el yogui concentrado, entregado a la práctica del yoga. De hecho, el libro eleva la condición del *yukta* a una categoría propia: la del yogui avanzado de mente ecuánime y sentidos domeñados:

> El yogui que contempla por igual un terrón de arcilla
> una piedra o un lingote de oro, cuya mente se satisface
> con el conocimiento y la experiencia, que permanece en la
> cúspide y ha domeñado sus sentidos, es llamado *yukta*. 6.8

La palabra aparece muchas veces en la Gītā, sola o en compuesto, y la hemos traducido de diversas maneras según el contexto como «uncido» 1.14; «dotado, equipado» 2.39, 2.50, 2.51, 7.22, 8.10, 18.51; «concentrado, avanzado en el yoga» 2.61, 3.26, 4.18, 5.8, 5.12, 5.23, 6.8. 6.14, 6.18, 8.14, 8.27, 9.14, 10.10, 12.21, 12.22, 17.17; «consagrado, dedicado» 5.6, 5.7, 5.21. 6.29, 6.47, 7.17, 7.18, 7.30, 8.8, 9.28; «regulado» 6.17. A veces, los significados de «concentrado» y «consagrado» se solapan como en *yoga-yukta*, que puede traducirse como «concentrado en el yoga» o como «dedicado al yoga». También tenemos el adjetivo contrario *ayukta*, que se puede traducir como «[la persona] no concentrada o que no practica el yoga» 2.66, 5.12, 18.28.

Yajña/deva/asura

La palabra *yajña* («sacrificio») tiene también una notable importancia en la Gītā, ya que, como hemos visto, el karma yoga es la nueva forma de sacrificio que propone. Hay que ejecutar cada acción como si fuese un sacrificio, ya que la acción sacrificial es la única que no encadena al mundo 3.9. Todo tipo de prácticas son identificadas con el sacrificio: el sacrificio material, el del ascetismo, el del yoga, el sacrificio del estudio y la recitación, el sacrificio del conocimiento, etc. El sacrificio es también el principio de intercambio que gobierna el mundo y que hace posible las transacciones entre los seres y la prosperidad del mundo.

Al inicio de la creación, Prajāpati crea a los seres junto con el sacrificio. El sacrificio permite que los seres se multipliquen y es fuente de toda prosperidad. Es llamado literalmente la vaca lechera que concede todos los deseos 3.10. Hay una relación entre los dioses y los hombres a través del sacrificio. Los hombres propician a los dioses con el sacrificio y a su vez los dioses favorecen a los hombres. Aquí la tradición ofrece además una interpretación internalizada de los dioses en que se convierten en sentidos en el microcosmos del cuerpo. La palabra *deva*, que significa «dios», puede también significar «sentido», recurriendo a la etimología de la raíz *div*, que significa «iluminar», de donde procede la palabra *deva*. Así, se llaman *sentidos* (*deva*) porque iluminan (*div*) el cuerpo y la mente a través de sus percepciones, al igual que los dioses iluminan el mundo con su resplandor. En la anatomía sagrada del cuerpo, los sentidos corresponden en sentido microcósmico a los dioses del universo, siendo el *ātman* el Dios supremo y la mente y el intelecto sus dioses principales.

Por lo tanto, hay aquí un juego a diferentes niveles. A nivel externo, los hombres propician a los dioses con las ofrendas sacrificiales, y a su vez los dioses conceden sus bienes a los hombres en forma de lluvia y otros favores. Los dioses, propiciados por el sacrificio, otorgan todos los placeres deseados, pero quien disfruta de los bienes concedidos y no devuelve nada a cambio, es decir, no celebra el sacrificio, rompe la cadena sacrificial basada en el beneficio mutuo y se convierte en un ladrón 3.1. De hecho, los que toman las sobras del sacrificio se liberan de todas las faltas, pero los desalmados que solo cocinan para sí, comen solo pecado 3.13. La acción sacrificial es necesaria para el mantenimiento del mundo en la visión védica: los hombres dependen del alimento, el alimento depende de la lluvia, la lluvia depende de los dioses y los dioses dependen del sacrifico, que a su vez depende de los hombres. Se cierra así el ciclo y lo interesante es que la acción humana está en el centro de la rueda que permite la sostenibilidad de la Tierra. Se trata, pues, de una rueda antropocénica que reconoce la incidencia de la acción humana en la conservación del medio ambiente. En la literatura védica abundan estas ruedas antropocénicas, con diferentes variantes, y la Gītā ofrece su propia versión en el capítulo tercero.

Debemos, sin embargo, desechar de la palabra *sacrificio* cualquier matiz negativo de autosacrificio, renuncia, resignación o abnegación que pueda tener en nuestro idioma. Aquí hablar de *espíritu de sacrificio* no significa tanto estar dispuesto a sacrificarse por lo otros, sino más bien al espíritu de acción solidaria y comprometida que mantiene girando en equilibrio la rueda del mundo. A nivel individual, los sentidos, las divinidades del cuerpo, son propiciados por la razón (*buddhi*), rectora del entendimiento y núcleo del alma, lo que hace que funcionen mejor y favorezcan a su vez al alma con una mejor percepción y experiencia. Los sentidos controlados son verdaderos dioses para el cuerpo, la mente y el espíritu, mientras que los sentidos desenfrenados serán auténticos demonios. Como hemos visto, la doble disposición divina y demoníaca tiene también mucho que ver con la internalización de las mejores y peores cualidades de dioses (*deva*) y demonios (*asura*). En el caso de la palabra *asura* («demonio»), no vamos a seguir aquí la etimología filológica, sino la derivación hermenéutica tradicional (*nirukti*). La palabra *asura* («demonio») significa: «aquel que se deleita (*ra*) en los sentidos (*asu*)», incidiendo así en el carácter materialista y hedonista de la disposición demoníaca, como se ve claramente en el capítulo decimosexto cuando describe al hombre con tendencias demoníacas como un ser entregado a un ansia infinita que solo termina con la muerte; un ser que está plenamente convencido de que el objetivo supremo de la vida es el disfrute de los placeres y nada más 16.11.

Resumen de los capítulos de la Gītā

Capítulo primero

Según Yāmunamuni, el objetivo de este capítulo es introducir las enseñanzas de la Gītā dirigidas a Arjuna, que ha buscado refugio en Kṛṣṇa y que está confundido en cuanto al dharma, ya que tanto su afectividad como su sentido de la compasión están fuera de lugar. Rāmānuja añade que Kṛṣṇa considera que la confusión de Arjuna no se va a disipar hasta que tenga pleno conocimiento de la naturaleza del *ātman*. El capítulo empieza, pues, con la famosa descripción del contexto de la acción en Kurukṣetra, que es también Dharmakṣetra.

Tras la descripción de los principales guerreros y después de que hagan sonar sus caracolas, Arjuna hace que Kṛṣṇa coloque la carroza en medio de ambos ejércitos, en una tierra de nadie donde se va a desarrollar la enseñanza de la Gītā 1.20-27. Es desde esta tierra de nadie, desde este lugar neutral, donde en cierta manera Arjuna deja de ser el guerrero de un bando para convertirse en el hombre universal que prefigura la condición humana. Arjuna, ante la perspectiva de tener que matar a sus propios parientes, se siente invadido por una pena inmensa y lanza su famoso discurso, el yoga del desaliento de Arjuna, que concluye con la decisión de abstenerse de la lucha.

Capítulo segundo

A menudo se considera que la Gītā empieza en realidad en el verso onceavo del segundo capítulo, pues es aquí, después de la descripción de los guerreros y de la pena de Arjuna, donde se inicia el discurso filosófico. El capítulo segundo es de crucial importancia para entender la Gītā, pues aquí se ponen los cimientos del yoga del conocimiento (*jñāna-yoga*) y del karma yoga y se establece el fundamento doctrinal de la inmortalidad del alma, principio troncal del edificio de la Gītā. Según Yāmunācārya, en este capítulo se elucida la doctrina del *sāṃkhya*, que tiene por objeto al alma inmortal, y el yoga, que tiene por objeto la acción desinteresada que conduce al estado del sabio de mente constante (*stitha-prajña*). El capítulo se abre con la interpelación de Kṛṣṇa a un Arjuna decaído. Arjuna ha aprovechado su pesimismo para lanzar un alegato contra la guerra. A partir de aquí, Kṛṣṇa, esbozando una ligera sonrisa, empieza su exposición sobre la inmortalidad del alma (2.11-30), lo que le coloca ya en modo de disertación, lo que, es una constante de la Gītā. En 2.31 hay un cambio de registro, ya que se va a hablar desde un punto de visto mundano, y no metafísico como en el párrafo anterior. En ocho estrofas, Kṛṣṇa (2.31-38) utilizará la razón práctica para convencer a Arjuna de que debe luchar. En 2.39 se produce un cambio de rumbo y se habla de un yoga, contrapuesto al *sāṃkhya*, que es propiamente el karma yoga. En los siguientes versos, Kṛṣṇa pondrá las bases intelectuales del karma yoga, cuyo modo de operación, se describirá en el próximo capítulo. Por bases intelectuales entendemos el *buddhi-yoga*: un estado mental resoluto que prefigura la práctica del karma yoga, de modo que el *buddhi-yoga* se convierte en un instrumento del karma yoga. De hecho, podríamos decir que *buddhi* aquí es la actitud mental desinteresada para la ejecución del karma yoga. No hay que confundir el *buddhi-yoga* con el *jñāna-yoga*, que es propiamente el *sāṃkhya-yoga*. Un único pensamiento, lleno de resolución, alberga el karma yoga (2.41): una determinación infalible para la ejecución de un acto sin esperar nada a cambio. Concentración pura en la ejecución. Absorción en la actividad presente. Se produce a continuación, en cinco estrofas, la crítica del Veda que desemboca en el yoga de la ecuanimidad (2.47-53), fruto del pensamiento resuelto que abandona el apego al resultado de la acción. Después empieza la sección del sabio de mente constante (2.54-61). Se menciona repetidamente lo importante que es apartar la mente de los objetos de los sentidos para conseguir esa codiciada estabilidad mental. Por lo tanto, si examinamos la relación entre los objetos, los sentidos y la mente, la destrucción del individuo acontece cuando los objetos controlan a los sentidos y los sentidos a la mente. El control de los sentidos, sin embargo, produce la paz mental indispensable para la práctica del yoga. La mente es como una nave llevada a la deriva por el viento tormentoso de los sentidos. El capítulo concluye con la necesidad de apartar los sentidos de los objetos y entrar en la noche contemplativa del sabio que se controla a sí mismo y es como un océano inmutable donde confluyen todos los deseos. Se concluye el capítulo con una referencia a la paz del nirvana de *brahman*.

Capítulo tercero

Para Yāmunamuni, el capítulo tercero trata sobre la necesidad de ejecutar la acción de una forma desapegada, con el objeto del bien común, atribuyendo la agencia a los *guṇa* y dedicando las acciones al Señor. Este es el capítulo del karma yoga, que ha sido ya introducido en el capítulo anterior. Empieza con las dudas de Arjuna, que cobran más sentido si tenemos en cuenta que en el capítulo anterior Kṛṣṇa ha introducido la noción del *buddhi-yoga*, un yoga que, como hemos visto, aunque sea de apariencia intelectual, acaba siendo una disposición mental para la práctica del karma yoga. Kṛṣṇa habla de dos vías, la del conocimiento y la del yoga, y propone una definición del karma yoga como la actividad de los órganos de la acción mientras que con la mente se controlan los sentidos de la percepción; es decir, los cinco sentidos. Hay una interesante analogía entre la acción y el sacrificio, siendo la acción desapegada una forma de sacrificio, ya que todas las acciones encadenan el alma al mundo, exceptuando la acción sacrificial o hecha con espíritu de sacrificio. Deberíamos, sin embargo, vaciar la palabra sacrificio de todo sentido de mortificación o renuncia y entenderla más bien como un sacrohacer, que eleva la acción más allá de la esfera del interés para convertirla en un acto integral, pleno en sí mismo, completo en su misma ejecución y que no necesita del resultado como motivo. Se describe a continuación, la rueda antropocénica del mundo, en cuyo centro está la acción humana, imprescindible para el mantenimiento del universo. Solo el que está satisfecho con el *ātman* se libera de toda tarea. La importancia de la acción consiste en que sostiene el mundo. Hasta Dios se ve impelido a la acción, ya que sino los hombres seguirían su ejemplo y se produciría una gran confusión. Los sabios, en cierto modo, comparten el modo de acción divino, en el sentido de que sus acciones son desinteresadas y solo actúan impulsados por el bien común. El sabio debe actuar con el mismo celo y entusiasmo que el ignorante, pero sin estar apegado a la acción y sobre todo no desanimará a los ignorantes, ya que es mejor actuar que caer en el quietismo. A continuación, se habla de la naturaleza y del propio dharma. Incluso los sabios se conforman a su propia naturaleza y por eso es tan importante seguir el propio dharma. Aunque la represión no sirve para nada, debemos siempre resistir y vencer a esos enemigos íntimos que son el deseo y la aversión. El capítulo se cierra con una pregunta de Arjuna: ¿qué es lo que impele al hombre a cometer malas acciones, incluso en contra de su voluntad? Es el deseo con su concomitante cólera, nacidos del *guṇa rajas*. El deseo infinito vela por el conocimiento como el humo cubre el fuego. El secreto para vencer el deseo es respetar la gradación o jerarquía de la experiencia: los sentidos son superiores a los objetos, la mente es superior a los sentidos, el intelecto es superior a la mente y el *ātman* es superior al intelecto.

Capítulo cuarto

Este realmente es el capítulo del elogio del conocimiento. Empieza con la recuperación de la transmisión del yoga ancestral, que no es sino el karma yoga, del que tratan los capítulos segundos y tercero. Esta recuperación del yoga ancestral es posible gracias a la divinidad que imparte el secreto supremo a Arjuna, devoto y amigo. Este Dios señorial, dueño de Māyā, posibilitador de mundos, es accesible al ser humano mediante la acción, pero no mediante una acción cualquiera, sino mediante la acción sacrificial o la acción purificada por el conocimiento; es decir, el mismo karma yoga. La acción sacrificial se convierte en acción yóguica. Esta acción es la misma acción divina, pues el karma yogui imita el modo de actuar de la divinidad (4.14, 15), que es además como actuaron los antiguos. Hay una reflexión sobre la acción humana, que es de cuatro tipos: acción, mala acción, inacción y no acción. Quien conoce la naturaleza de la acción es un sabio y un yogui de acción completa, un páṇḍita. La acción es el mismo sacrificio, mediante el cual se alcanza al *brahman*. Se nos habla de once tipos distintos de sacrificio, entre los cuales excele el del conocimiento. El capítulo termina con un encendido elogio del conocimiento.

Capítulo quinto

El capítulo quinto parece dedicado principalmente a la descripción de la persona entregada al yoga o *yoga-yukta*. Para empezar, se establece la supremacía del karma yoga sobre la renuncia, *saṃnyāsa*. Al mismo tiempo se afirma la unidad esencial del *sāṃkhya* y el yoga. A continuación, se describen las virtudes del sabio, libre de ataduras, desapegado, renunciando mentalmente a las acciones y actuando solo con el cuerpo. El Señor de toda agencia, ya que toda acción está ejecutada por la naturaleza, para luego seguir con el elogio del sabio ecuánime que alcanza el nirvana de *brahman*, encontrando la felicidad en sí mismo, una felicidad propia del conocimiento y reconociendo, finalmente, la presencia del Gran Señor de todos los mundos y amigo de todos los seres. Un capítulo de transición, donde se prepara la entrada de la figura del practicante de yoga del próximo capítulo.

Capítulo sexto

Este es el capítulo del yoga de Patañjali o, mejor aún, del yogui de Patañjali, pues encontramos aquí una descripción de lo que debería ser un yogui, que para mí coincide con el ideal de Patañjali. El texto incluso se refiere a la práctica (*abhyāsa*) y al desapego (*vairāgya*) como los dos pilares de un yoga mental que aspira al dominio de sí. La común adopción de estos términos en la Gītā y los *Yogasūtra* no puede ser fortuita y apunta a una conexión entre ambos textos. El capítulo está plagado de similitudes con los *Yogasūtra*, tanto en el contenido como en el vocabulario. Desde la necesidad de la calma mental como requisito al *samādhi*, la descripción precisa de varios elementos (*aṅga*) del yoga: *āsana*, *dhāraṇā*, *dhyāna*, *īśvarapranidhāna* o la necesidad de una mente detenida, *niruddha*, para alcanzar el estado más elevado. El capítulo empieza identificando al yogui con el renunciante y la renuncia con el yoga. Encontramos también la famosa referencia a uno mismo como el mejor amigo y el peor enemigo. Se detiene un momento para enfatizar la importancia del yoga de la ecuanimidad, para luego desembocar en la parte más importante del capítulo: la descripción del yogui. Esta descripción incluye no solo la descripción del proceso de meditación, sino también la elección del lugar, la postura, los diferentes procesos de la práctica de la meditación (la concentración, la detención de la mente, el control de los sentidos, la extinción del deseo, el apaciguamiento mental, la práctica de la fijación repetida de la mente en un punto, *dhāraṇā*, o la absorción propia del *samādhi*). El objetivo de este yogui es la obtención del nirvana de *brahman*, mencionado en varios versos de la Gītā. El capítulo termina con la interpelación de Arjuna, que considera que este yoga de la ecuanimidad mental es imposible de alcanzar. Kṛṣṇa le aclara todas las dudas y el texto también se preocupa del destino del yogui fracasado, cuyo esfuerzo no se pierde en el transcurso de las reencarnaciones. Podríamos concluir diciendo, como ya hemos señalado, que el yogui de la Gītā no es simplemente un asceta, sino un karma yogui, imbuido de resolución, que practica la meditación y al mismo tiempo es un devoto integral.

Capítulo séptimo

La interpretación tradicional de la Gītā afirma que los primeros seis capítulos se ocupan del *tvam*, del Tú, es decir del *ātman* y propiamente del hombre de conocimiento, practicante de yoga, en pos de conocer el *tat*, el Eso, el *brahman* absoluto que, según la Gītā, se manifiesta como un Dios personal: Kṛṣṇa. Los seis capítulos siguientes se ocupan justamente del Eso, del Dios absoluto, al mismo tiempo remoto y personal, omnipotente e inmanente. El capítulo siete, fiel a esta interpretación, empezará cambiando el centro de la atención del practicante de yoga a la divinidad. El capítulo comienza con Kṛṣṇa indicando a Arjuna que le impartirá el conocimiento y la experiencia necesaria para que entienda plenamente a la divinidad. Tras apuntar una doble esencia divina como naturaleza y alma o principio vital, a continuación, ofrece una serie de identificaciones de la divinidad con aspectos de la naturaleza y el alma. Se trata propiamente de las *vibhūti* o manifestaciones divinas en el seno de la creación que nos ayuda a ver a la divinidad en el mundo. A continuación, expone la sutil relación entre la divinidad y el mundo compuesto de *guṇa*, y como estos *guṇa*, que forman la materia prima de Māyā, oscurecen la visión de la divinidad. Hace un pequeño inciso para describir los cuatro tipos de devotos, reconociendo la primacía del hombre de conocimiento. Después de tratar el tema del culto a otros dioses, culto aceptable pero limitado, ya que no consigue resultados duraderos. Retoma luego la cuestión de la ilusión cósmica y cómo a través del espejismo de los contrarios, el deseo y la aversión, confunde a todos los seres. El capítulo concluye planteando siete temas que desarrollarán en el capítulo siguiente: el *brahman*, la esfera del *ātman*, el karma, la esfera divina, material y sacrificial y el conocimiento de Dios en el momento de la muerte. Para Rāmānuja, los cinco grandes temas del capítulo son: 1) la naturaleza de la divinidad, 2) su ocultación por la naturaleza, 3) la entrega al Señor para superar esta ocultación, 4) los diferentes tipos de devotos, y 5) la superioridad del hombre de conocimiento.

Capítulo octavo

Este capítulo comienza donde termina el anterior, en el cual se expone cómo la divinidad queda oculta para el hombre mundano que, atrapado en el espejismo de los contrarios, el deseo y la aversión, es incapaz de conocer a la divinidad. En cambio, los que se liberan del espejismo de los contrarios y se entregan al Señor pueden conocer los siete temas mencionados al final del capítulo anterior. Lo que podríamos llamar el yoga agónico, el yoga del agonizante ocupa la mayor parte de este capítulo. Se trata de un viaje sin retorno, solo de ida, y en este sentido es importante conocer el tiempo del retorno y del no retorno más allá de los resultados transitorios de los Vedas en la condición suprema del origen. Se menciona la importancia de una devoción exclusiva para alcanzar el lugar de no retorno.

Capítulo noveno

El capítulo noveno introduce el yoga de la devoción (*bhakti-yoga*) y nos habla de un conocimiento que es el mayor secreto y la reina de la sabiduría. Śáṃkara y los comentaristas que le siguen afirman que este conocimiento es un conocimiento directo de la divinidad, a diferencia del conocimiento indirecto del capítulo anterior, propio de la liberación gradual. Según Madhusū́dana, en el capítulo octavo se habla de los que practican la meditación sobre el *brahman* y del *brahman* como objeto de la meditación. En el noveno, en cambio, se habla del hombre de conocimiento que entiende el *brahman* como lo que debe ser conocido y experimentado gracias a un conocimiento empapado de experiencia.

Para Rāmānuja y sus seguidores, este es el capítulo del *bhakti-yoga*, que no es sino una forma superior de culto o *upāsanā*. Por lo tanto, según Rāmānuja, este capítulo tratará de la grandeza del objeto de culto, la persona divina, del conocimiento especial de aquellas almas para las cuales Dios no está oculto y de cómo este conocimiento se consigue a través de la devoción. Para Rāmānuja y los suyos, *vijñāna* no es «experiencia» como en Śáṃkara, sino el conocimiento específico de ese método de culto que es la *bhakti*.

El capítulo empieza, pues, con el anuncio de este conocimiento secreto, directamente comprensible, fácil de realizar y de resultados duraderos. En tres estrofas examina la peculiar relación que existe entre Dios y sus criaturas y prosigue con el tema de la emisión y la absorción de los seres en el proceso cíclico de creación y destrucción. A continuación, señala que los hombres apenas nacidos se olvidan de su origen divino y asumen una naturaleza demoníaca, exceptuando aquellas nobles almas que reconocen a Dios y actúan en consecuencia. Divinidad ignorada, divinidad reconocida a través de dos caminos: la devoción o el conocimiento. Encontramos cuatro estrofas (9.16-19) de identificaciones divinas o *vibhūti* y luego tres estrofas en las que se critica de nuevo a los adictos al cielo y a la ciencia védica. A continuación, se establece la supremacía, aun indirectamente, de Kṛṣṇa como objeto de culto. El capítulo concluye describiendo la vía devocional y como esta devoción exclusiva es tan poderosa que redime incluso al más malvado, a las mujeres, a los comerciantes y a los siervos. Hay que adorar a la divinidad, pues, no hay consuelo en un mundo que es fugaz e infeliz.

Capítulo décimo

Este capítulo es un claro canto de alabanza a las manifestaciones divinas en el seno de la creación. Empieza con una declaración de Dios sin principio como origen de toda la creación. Se menciona de nuevo al yoga del intelecto resoluto como medio de alcanzar al Señor. Encontramos a un Arjuna que ya hace confesión de su aquiescencia y afirma que «tengo por verdad todo cuanto dices». Arjuna, en el capítulo octavo, ya había aparecido bastante convencido y preguntando con interés por el antiguo yoga rescatado por Kṛṣṇa. Sin embargo, en el capítulo sexto todavía teníamos a un Arjuna dubitativo que encontraba inconsistencias en el yoga de la ecuanimidad mental. Ahora tenemos a un Arjuna entregado, que así lo reconoce. Su solicitud da pie a una larga descripción de las manifestaciones divinas de Kṛṣṇa (18.19-41). Exaltación, pues, del *Tat*. Yāmunamuni afirma que el capítulo versa sobre las infinitas cualidades del Señor y la subordinación de todo el universo al Señor, con el objeto de hacer nacer y fortalecer la devoción.

Capítulo undécimo

Según Yāmunamuni, en el capítulo undécimo se concede la visión divina que permite la contemplación directa de la grandeza del Señor. Se muestra, además, que solo puede ser conocido y contemplado mediante la devoción. Arjuna empieza con una declaración de su convencimiento. Sus dudas se han disipado y pide ver la forma divina, ya que se siente cualificado para esa visión. Kṛṣṇa le concede la visión divina y en un primer momento Arjuna hace patente su admiración ante la maravillosa forma universal del Señor que permite ver el universo entero en un solo punto. Sin embargo, de repente, y de una forma en cierto modo natural, los mismos mundos, los dioses y los sabios manifiestan su espanto ante ese forma maravillosa, sí, pero también terrible de la divinidad, capaz de destruir los tres mundos y de tragarse a todos los seres. No deja de ser curiosa y significativa esta descripción de la divinidad terrible, incomprensible, como si fuese la encarnación de todo mal. Arjuna pregunta por la identidad de este dios terrible. Kṛṣṇa contesta que es el Tiempo, el destructor de mundos, que ha llegado a la sazón para aniquilar el universo y todos los guerreros presentes. Después de esta impresionante despliegue de poder, Arjuna, aterrorizado, le pide a Kṛṣṇa que vuelva a mostrar su cara amable. Para ello, se prostrará por todos lados ante la divinidad y de repente, en dos estrofas deliciosas, se da cuenta de que su amigo de infancia, su compañero de juego, es el mismo Dios, gracioso y colérico a la vez, todopoderoso y compasivo. Arjuna no puede sino pedir perdón por cualquier desliz que haya cometido en sus juegos de infancia. A continuación, Kṛṣṇa se le muestra en su forma apacible, pues es la única manera en que Arjuna puede recobrar el ánimo, ya que se encontraba completamente trastornado por la visión de la divinidad terrible. Finalmente, se insiste en un par de estrofas en que ni con los *Vedas* ni con los sacrificios ni con las donaciones ni el ascetismo se pueden ver estas formas de Dios. Solo son visibles mediante una devoción exclusiva.

Capítulo duodécimo

Llegamos finalmente al capítulo duodécimo que culmina el segundo sexteto dedicado a la descripción del *Tat* y del *bhakti-yoga*. Según Yāmunamuni, los cinco temas de este capítulo son: 1) la superioridad de la devoción (*bhakti*) sobre el culto a lo no manifiesto, 2) el modo de operación de la *bhakti* (12.9-11), 3) el hecho de alcanzar solo el *ātman* individual en el caso de los que no sienten devoción, 4) la descripción de las cualidades del devoto, y 5) el amor especial que el Señor siente hacia sus devotos. Según Rāmānuja, hay cuatro temas principales: 1) la *bhakti* como medio para alcanzar el Señor, 2) su superioridad respecto al *ātman* individual, 3) la facilidad de ejecución, y 4) los medios de ejecución.

El capítulo empieza con una encendida alabanza del *bhakta* yogui, mientras que los que meditan en el imperecedero tienen un camino mucho más arduo que implica el control de los sentidos, la ecuanimidad y pensar en el bien común. La corporeidad es además un grave impedimento en el culto a lo no manifiesto. A continuación, encontramos en tres estrofas la descripción del *ananya-yoga*, el yoga exclusivo, propio del devoto. Acto seguido, en tres estrofas, se menciona la gradación en la dificultad de los medios desde la concentración (*samādhāna*), la práctica (*abhyāsa*), la consagración de los actos a Dios (*mat-karma-parama*) y la renuncia a los resultados de la acción (*phala-tyāga*). Hay un verso añadido con la valoración de los cuatro medios en orden ascendente: la práctica (*abhyāsa*), el conocimiento (*jñāna*), la meditación (*dhyāna*) y la renuncia a los resultados (*phala-tyāga*). El capítulo continúa con siete estrofas dedicadas a describir las cualidades del *bhakta* yogui como la ecuanimidad, la entrega al Señor, la compasión, el contentamiento, la no posesividad, la competencia, la independencia, la falta de temor, la ausencia de odio, la estabilidad mental, la pureza, la falta de objetivos propios y la no intencionalidad. El capítulo se cierra con un verso que alaba al devoto como al más querido (*atiprītir bhakte*).

Capítulo decimotercero

Entramos ahora en el último sexteto, que, según Rāmānuja, sirve para reexaminar temas de los dos capítulos anteriores, como la naturaleza (*prakṛti*) y el espíritu (*puruṣa*), el universo que nace a raíz de su contacto, la naturaleza del Señor, gobernante del mundo, la naturaleza de las vías de la acción, el conocimiento y la devoción y los medios para alcanzar esas vías. Para Rāmānuja, expandiendo lo dicho por Yāmunamuni, en este capítulo se tratan los siguientes temas: 1) la naturaleza del cuerpo y el *ātman*, 2) la valoración de la verdadera naturaleza del cuerpo, 3) los medios para alcanzar el *ātman* incorpóreo 13.7, 4) la investigación sobre la naturaleza del *ātman* incorpóreo 13.13, 5) la causa de la relación del *ātman* con la materia, y 6) el discernimiento entre el cuerpo y el *ātman*.

El gran tema de este capítulo es el discernimiento entre el campo y el conocedor del campo. No hay que olvidar que el campo es el cuerpo más los sentidos, la mente y el intelecto. Es decir, el campo es el cuerpo y la mente, tanto el cuerpo tosco como el cuerpo sutil. El capítulo empieza, pues, con una descripción del cuerpo y su conocedor. A señalar, que Kṛṣṇa se define a sí mismo como el conocedor del campo en todos los campos. Es decir, Kṛṣṇa está presente en cada uno de nosotros como el testigo de todos nuestros estados corporales y mentales. A continuación, se explican las cualidades del conocimiento como medio de alcanzar el *ātman* y, acto seguido, se expone lo cognoscible o, mejor, lo que hay que conocer, es decir, el mismo *ātman*/*brahman* descrito con atributos contradictorios que indican tanto su naturaleza trascendente como inmanente. La reflexión continúa sobre la naturaleza (*prakṛti*) y el espíritu (*puruṣa*), sobre sus diferencias y sobre cómo el apego del espíritu hacia las energías de la naturaleza es la causa del nacimiento. El discernimiento entre el espíritu y sus energías; es decir, entre el campo y el conocedor del campo es la causa principal de la liberación.

Capítulo decimocuarto

Según Śáṃkara, este capítulo trata sobre cómo se produce el apego hacia un *guṇa* determinado. ¿Qué son los *guṇa*? ¿Cómo atan al alma? ¿Cómo es posible liberarse de ellos? ¿Cuáles son las características del ser liberado? Para Yāmunamuni, el capítulo trata sobre el modo en que los *guṇa* atan al alma, la funcionalidad de los *guṇa*, su cesación y el hecho de ser el fundamento de *brahman*, el dharma y la felicidad. Este capítulo se titula «El yoga de la triple distinción de las energías», o *guṇa*. Se inicia con una proclamación del saber de los saberes que concede la comunión y la más alta perfección. Dos estrofas nos hablan de la matriz del mundo: el gran sustentador o *brahman*. Acto seguido, empieza el modo en que los *guṇa* atan al alma (*guṇa-bandha-vidhā*) en cuatro estrofas, seguido de la funcionalidad de los *guṇa*, en diez estrofas, que culminan con el triple destino (*gati-traya*) según la influencia de un *guṇa* determinado. A continuación, en dos estrofas, la trascendencia de los *guṇa*, y después, hasta la penúltima estrofa, las características del ser liberado. Se menciona el yoga de la devoción inquebrantable como medio para trascender los *guṇa*. El último verso nos habla del triple fundamento del *brahman*, el dharma y la felicidad.

Capítulo decimoquinto

Este capítulo empieza con la célebre descripción de la higuera sagrada que se encuentra también en la *Kaṭha Upaniṣad* y en el *Mahābhārata*. La higuera representa el *saṃsāra* y el apego al mundo. Sus ramas son las energías; sus brotes verdes, los objetos de los sentidos, y las raíces, las causas de las acciones humanas. Hay que cortarla con la espada del desapego. Cuando se abate el árbol del *saṃsāra*, aparece el estado supremo, el ámbito del imperecedero, el lugar de no retorno, donde no brilla ni el Sol ni la Luna ni las estrellas. A continuación, Kṛṣṇa afirma que solo un fragmento de su ser se convierte en el alma encarnada, alma que solo es reconocida en su divinidad por los que ven con el ojo del conocimiento. Acto seguido, en cuatro estrofas, se habla de la inmanencia de la Persona (*puruṣa*) en el seno de la creación, penetrando la tierra y las plantas. Aposentándose en el cuerpo y dotado de respiración, digiere la comida. Mora en el corazón de todas las criaturas en forma de conocimiento. El capítulo termina con la descripción de las dos personas: la perecedera y la imperecedera. La Persona Suprema está por encima de estas dos personas. Rāmānuja entiende que la persona perecedera es el alma encadenada y la imperecedera la liberada. La Persona Suprema, en cambio, es el mismo Dios. Śáṃkara considera que lo perecedero es el conjunto de todas las cosas mutables, mientras que lo imperecedero es la misma Māyā.

Capítulo decimosexto

Rāmānuja, siguiendo a Yāmunamuni, afirma que el objetivo de este capítulo es mostrar que las gentes que no siguen los preceptos de las escrituras son personas de tendencias demoníacas, mientras que las que siguen los preceptos son de tendencias divinas. Como dice el colofón, el capítulo está dedicado a la distinción entre las tendencias divinas y las demoníacas. El capítulo se abre con tres estrofas que describen las treinta cualidades de las tendencias divinas. Se afirma que en este mundo la creación de los seres es de dos tipos: divino y demoníaco. Las tendencias divinas conducen a la liberación; las demoníacas, a la esclavitud. De hecho, el resto del capítulo está dedicado a la descripción de la persona demoníaca: materialista, dominadora, emprendedora, que sostiene que el mundo no tiene fundamento, que es fruto del azar y que en él impera solo la ley del deseo y del más fuerte. La persona demoníaca es adicta al placer y adoradora del poder y el dinero. Su objetivo es hacerse rica y poderosa y está llena de arrogancia, orgullo y furia. Estas gentes se hacen fuertes para la destrucción del mundo, pero al final perecen y caen en un deleznable infierno. Descienden al más bajo nivel, atravesando la triple puerta del infierno que las conduce a la autodestrucción. Es curioso que esta triple puerta sea el deseo (*kāma*), la cólera (*krodha*) y la codicia (*lobha*), en lugar de la tríada clásica de la codicia/deseo (*lobha*), la cólera (*krodha*) y la ilusión (*moha*). En este caso, *kāma* y *lobha* parecen denotar lo mismo, aunque quizás podríamos entender *kāma* como una forma de *moha*. Finalmente, se afirma la necesidad de seguir las escrituras a la hora de ejecutar acciones.

Capítulo decimoséptimo

Según Yāmunamuni, el carácter demoníaco no sigue las escrituras y, por lo tanto, sus acciones no producen los resultados esperados. Los tratados nos hablarán de tres tipos de acciones según la predominancia de los *guṇa* y también de *Om*, *Tat*, *Sat* como la triple denominación del *brahman*. Este capítulo empieza con la fe y termina con la fe, categorizando sus cualidades según los tres *guṇa*. Lo que se hace sin fe no sirve de nada, pero lo que se hace con fe sin seguir las prescripciones de las escrituras produce resultados tamásicos que también son demoníacos. Por lo tanto, la conclusión parece ser que tanto la fe como el cumplimiento de las escrituras son necesarios para la disposición divina. A la luz de los *guṇa*, se examinarán los siguientes temas: la fe, la austeridad, la comida, los sacrificios, los tres tipos de austeridades (*tapas*) –corporal, de palabra y mental–, los tres tipos de donaciones y la triple denominación del *brahman*.

Capítulo decimoctavo

Este capítulo es realmente un compendio de diferentes temas que se han tratado a lo largo de la Gītā y presenta la conclusión de las enseñanzas. Según Rāmānuja, siguiendo a Yāmunamuni, el capítulo versa sobre: 1) la unidad de la renuncia (*saṃnyāsa*) y el abandono (*tyāga*), 2) la esencia de la renuncia, 3) el hecho de reconocer la agencia del Señor en todos los actos, 4) la necesidad de potenciar el *guṇa sattva*, 5) la consecución de la Persona Suprema mediante la ejecución de obras apropiadas al estamento social, y 6) la proclamación del *bhakti-yoga* como la esencia de la enseñanza de la Gītā.

El capítulo empieza con una aparente distinción entre renuncia (*saṃnyāsa*) y abandono (*tyāga*). Parece ser que esta distinción es solo aparente, ya que, como ha demostrado Rāmānuja, ambas palabras son intercambiables en la Gītā con el mismo significado. El mensaje parece ser que, sea cual sea la naturaleza de la renuncia, siempre ha de conllevar el abandono de los frutos de la acción, de lo contrario no es una verdadera renuncia. Para la Gītā, no hay que renunciar a los sacrificios, a las donaciones y a la austeridades, pero hay que ejecutarlos desechando previamente el resultado de la acción. De hecho, la Gītā insiste en que el ser encarnado no puede renunciar plenamente a la acción y que el verdadero renunciante es el que abandona el fruto de la acción 18.11.

A lo largo del capítulo se procederá a examinar diferentes temas a la luz de la triple distinción de las energías o *guṇa*, tan utilizada también en el capítulo anterior. Así, se examinan los tres tipos de abandono y, tras afirmar que el verdadero renunciante es el que abandona el fruto de la acción, se procede a un examen de la acción con sus cinco fundamentos (el sustrato, el agente, el instrumento, el esfuerzo y el destino), los tres tipos de impulsos y el instrumento, el objeto y el agente de la acción. A continuación, se examinan el conocimiento, la acción, el agente, el intelecto, la firmeza y el placer desde el punto de vista de los *guṇa*. Se menciona la influencia de los *guṇa* a la hora de determinar los deberes de los cuatro estamentos. El deleite en el cumplimiento del deber lleva a la consecución del éxito y, aunque todas las acciones están envueltas en la imperfección, se alcanza la perfección consagrando todas las acciones al Señor. A continuación, en siete estrofas se describirá al renunciante perfecto. No se trata aquí del karma yogui, sino más bien del renunciante alejado del mundanal ruido, como en el capítulo sexto, que vive solo, come poco y medita mucho. Este ser se convierte en *brahman*, aunque no pueda llevar una vida retirada y se vea inmerso en el mundo de la acción secular. A continuación, se examina la fuerza de la naturaleza que no es sino el juego de Māyā, que solo puede ser ganado buscando refugio en el Señor. Esta sabiduría misteriosa, el más secreto de los secretos, que permite ganar la partida en el juego de Māyā ha sido el objeto de la Gītā. Sin embargo, esta enseñanza no puede ser expuesta a todo el mundo, aunque sí necesariamente a los devotos. Se insiste, pues, en el estudio de la Gītā, un diálogo sobre el dharma, que constituye un auténtico sacrificio de conocimiento. El objetivo de la Gītā se ha cumplido, pues Arjuna declara que se encuentra libre de dudas. El libro acaba con un elogio del maravilloso diálogo de la Gītā y de sus dos protagonistas, Kṛṣṇa y Arjuna, y concluye con el vaticinio de su victoria.

Òscar Pujol Riembau
Jueves, 8 de diciembre de 2022
Nueva Delhi

Parte II

La *Bhagavadgītā*

Capítulo primero: El yoga del desconsuelo de Arjuna

Dijo Sáṃjaya:

El campo del dharma

Reunidos en Kurukṣetra, el campo
del dharma, deseosos de luchar,
¿qué hicieron los míos y
los pāṇḍavas? ¡Oh, Sáṃjaya! 1.1

Viendo al ejército pā́ṇḍava
en formación de batalla,
el rey Duryódhana se acercó
a su maestro y le dijo estas palabras. 1.2

«Contempla, maestro, la gran
tropa de los hijos de Pāṇḍu,
dispuestos para la batalla por el hijo
de Drupada, tu sabio discípulo. 1.3

Los héroes

He aquí a estos héroes, excelentes
arqueros, iguales en el combate
a Bhīma y Arjuna: Yuyudhāna,
Virāṭa, Drupada, guerrero excelso, 1.4

Dhṛṣṭaketu, Cekitāna,
el energético rey de Kāśi,
Purujit, Kuntibhoja, Śaibya,
el mejor de los hombres, 1.5

el valeroso Yudhāmanyu,
el esforzado Uttamaujas,
el hijo de Subhadrā y los hijos de Draupadī,
todos ellos excelsos guerreros. 1.6

¡Tú, el mejor de los dos veces nacidos!
Debes conocer a los generales
más distinguidos de nuestro ejército.
Ahora te los nombro para tu conocimiento: 1.7

tú mismo, Bhīṣma, Karṇa,
Kṛpa, victorioso en la batalla,
Aśvatthāman, Vikarṇa
y también el hijo de Somadatta 1.8

y muchos otros paladines
dispuestos a sacrificar su vida por mí
blandiendo diversas espadas y lanzas,
todos ellos diestros en la batalla. 1.9

Ilimitado es nuestro ejército
protegido por Bhīṣma,
pero el suyo, protegido por Bhīma,
es, en verdad, limitado. 1.10

Todos vosotros, apostados
según corresponde en cada
una de vuestras posiciones,
proteged sobre todo a Bhīṣma». 1.11

Las caracolas

Para levantar su ánimo, el valeroso
abuelo [Bhīṣma], el mayor de los
kurus, lanzando un profundo
rugido de león, sopló la caracola. 1.12

Entonces, de repente, caracolas,
timbales, tamboriles, atabales
y cuernos sonaron al unísono
y se alzó un fragor tumultuoso. 1.13

Kṛṣṇa y el hijo de Pāṇḍu,
de pie en su gran carroza
uncida con blancos corceles,
soplaron sus divinas caracolas. 1.14

Hṛṣīkeśa [hizo sonar la caracola]
Pāñcajanya; Dhanáñjaya, la Devadatta.
Bhīma, de terribles actos y vientre
de lobo, sopló la gran caracola Pauṇḍra. 1.15

El rey Yudhíṣṭhira, hijo de Kunti,
[hizo sonar la caracola] Anantavijaya;
Nakula y Sahadeva [las caracolas]
Sughoṣa y Maṇipúṣpaka. 1.16

El rey de Kāśi, gran arquero,
y Śikhaṇḍin, guerrero excelso,
Dhṛṣṭadyumna, Virāṭa y el
invencible Sā́tyaki, 1.17

Drupada, los hijos de Draupadī́,
y Saubhadra, de poderosos brazos,
todos ellos, ¡oh, príncipe de la Tierra!,
soplaron sendas caracolas. 1.18

Su estruendo taladró los
corazones de los hijos de
Dhṛtarāṣṭra y el fragor hizo
retumbar el cielo y la tierra. 1.19

La visión de Arjuna

Arjuna, el del estandarte del mono,
viendo en posición a los hijos
de Dhṛtarāṣṭra, a punto de iniciarse
el choque de armas, alzando el arco, 1.20

¡oh, soberano de la Tierra!, dijo estas
palabras al Señor de los Sentidos:
«¡Acyuta!, coloca el carro de combate
en medio de ambos ejércitos 1.21

para que pueda observar a los que
están aquí formados, deseosos de luchar.
¿Con quién debo combatir
en la inminente batalla? 1.22

Quiero ver a quienes, aquí reunidos,
están dispuestos a luchar,
para complacer en el combate
al perverso hijo de Dhṛtarāṣṭra». 1.23

¡Bhārata!, el de la espesa cabellera
tras decir esto al Señor de los Sentidos
colocó en medio de ambos ejércitos
el excelente carro de combate 1.24

y dijo: «¡Pārtha!, contempla
a los kurus aquí reunidos
con Bhīṣma y Droṇa a la cabeza
de todos estos príncipes». 1.25

Y entonces Pārtha vio allí,
de pie, a padres y abuelos,
a maestros, tíos, hermanos, hijos
nietos y también a compañeros, 1.26

a suegros y amigos
en ambos ejércitos.
Kaunteya, viendo a todos
los conocidos allí formados, 1.27

La depresión de Arjuna

invadido por una pena inmensa,
sintiéndose deprimido dijo:
«¡Kṛṣṇa!, viendo aquí presente a mi
propia gente, deseosa de luchar, 1.28

mis miembros desfallecen
y mi boca se reseca.
Escalofríos recorren mi cuerpo
y el vello se me eriza. 1.29

El arco Gā́ṇḍiva se me cae
de las manos y arde mi piel.
No puedo tenerme en pie
y da vueltas mi cabeza. 1.30

¡Kéśava!, contemplo malos
augurios y no veo bien
alguno en matar a mi
propia gente en la batalla. 1.31

¡Kṛṣṇa! No deseo la victoria
ni el reino ni los placeres.
¡Govinda! De qué me sirve
el reino, el gozo o la misma vida. 1.32

Aquellos por quienes deseo
el reino, el gozo y los placeres,
aquí están dispuestos a la guerra
listos a entregar su vida y su riqueza. 1.33

Maestros, padres, hijos
y también abuelos,
tíos, suegros, nietos,
cuñados y parientes. 1.34

No quiero matarlos, Madhusū́dana,
aunque ellos me maten a mí,
ni por el imperio sobre los tres mundos.
¡Cuánto menos por la Tierra! 1.35

¡Qué placer podemos tener en matar
a los hijos de Dhṛtarā́ṣṭra! ¡Janā́rdana!
Si matamos a estos criminales,
solo cosecharemos el pecado. 1.36

Por lo tanto, no deberíamos matar
a nuestros parientes, los hijos de Dhṛtarā́ṣṭra.
¿Cómo podremos ser felices matando
a nuestra propia gente?, ¡Mā́dhava! 1.37

Aunque ellos, con la mente cegada
por la codicia, no perciban el delito
que implica la destrucción de la familia
y el crimen que hay en odiar a los amigos, 1.38

¿cómo podemos nosotros, Janā́rdana,
que sí contemplamos el delito
de destruir a la familia, ignorar
la necesidad de abstenernos de tal infamia? 1.39

Con la destrucción de la familia perecen
las arraigadas costumbres familiares.
Con la destrucción del dharma, el mal
prevalece sobre la familia entera. 1.40

Bajo el dominio de la maldad, Kṛṣṇa,
las mujeres de la familia se corrompen.
Cuando las mujeres se corrompen,
Vārṣṇeya, se produce la confusión. 1.41

La confusión conduce al infierno,
tanto a la familia como a sus destructores.
Además, perecen sus antepasados
privados de las ofrendas de agua y comida. 1.42

Por los errores de estos destructores
de la familia, que conducen a la confusión social,
se pierden los eternos dharmas familiares
y los dharmas eternos de la casta 1.43

Janārdana, hemos oído, una y otra vez,
que los hombres desarraigados
de sus dharmas familiares disfrutan
de una estancia indefinida en el infierno. 1.44

¡Oh, cielos! Estamos decididos
a cometer un gran pecado, ya que
por la codicia de los placeres del reino
nos disponemos a matar a nuestra gente. 1.45

Mucho mejor para mí si, en la
batalla, los hijos de Dhṛtarāṣṭra,
armas en mano, me matan sin
ofrecer resistencia y desarmado». 1.46

Tras decir esto en pleno campo de batalla,
Arjuna se sentó en el asiento de la carroza,
dejando caer el arco y las flechas,
con la mente consumida por la pena. 1.47

Capítulo segundo: El yoga del conocimiento

Interpelación de Kṛṣṇa

Dijo Sáṃjaya:

El exterminador de Madhu dijo estas palabras
a Arjuna, que se encontraba abatido,
abrumado por la compasión, con los ojos
inquietos e inundados de lágrimas. 2.1

Dijo el venerable Señor:

¿De dónde te viene este desánimo,
Arjuna, en este momento difícil?
No es propio de un noble. No conduce
al cielo y es causa de oprobio. 2.2

No te dejes llevar por la flaqueza.
¡Hijo de Pṛthā!, no es propio de ti.
¡Azote de los enemigos! Levántate y desecha
esta mezquina debilidad del sentimiento. 2.3

Respuesta de Arjuna

Dijo Arjuna:

¡Exterminador de Madhu!
¿Cómo en la batalla arrojaré
mis flechas sobre Bhīṣma y Droṇa

ambos dignos de adoración?
¡Oh, destructor de enemigos! 2.4

Antes que matar a los magnánimos maestros,
es mejor en este mundo alimentarse de limosnas.
Si los matase, pensando que son codiciosos,
solo gozaría de placeres manchados de sangre. 2.5

No sabemos cuál es la mejor opción:
si vencer o que ellos prevalezcan.
Aquí están ante nosotros los hijos de Dhṛtarāṣṭra.
Si los matamos, perderemos el deseo de vivir. 2.6

Con mi ánimo abatido por la lacra del desaliento
y mi mente confundida en cuanto al dharma,
te pregunto: ¿Qué es lo mejor? Dímelo claramente.
Soy tu discípulo. ¡Instrúyeme!, pues en ti me refugio. 2.7

No alcanzo a ver que podrá disipar el dolor
que seca mis sentidos, aunque obtenga aquí
en la Tierra un reino próspero y sin rival
o [en el cielo] alcance la soberanía de los dioses. 2.8

Dijo Sáṃjaya:

¡Azote de los enemigos! Arjuna,
el de la espesa cabellera,
tras dirigir estas palabras a Kṛṣṇa,
el Señor de los Sentidos,
le dijo de nuevo a Govinda que no
lucharía y permaneció en silencio. 2.9

El Señor de los Sentidos, ¡Bhā́rata!,
esbozando una ligera sonrisa,
le dijo estas palabras [a Arjuna]

que en medio de los dos ejércitos
se encontraba completamente abatido. 2.10

Dijo el venerable Señor:

Inmortalidad del alma

Te lamentas por quien no hay que lamentarse
y encima pronuncias palabras de sabiduría.
Los sabios no se apenan
ni por los vivos ni por los muertos. 2.11

En verdad, yo nunca dejé de ser,
ni tú ni estos gobernantes
ni ninguno de nosotros
dejaremos de ser en el futuro. 2.12

Al igual que en este cuerpo el alma
pasa por la infancia, la juventud y la vejez,
del mismo modo alcanza otro cuerpo.
El sabio no se confunde al respecto. 2.13

¡Hijo de Kunti! Los contactos de los sentidos
producen frío y calor, placer y dolor.
Van y vienen, son transitorios.
Aguántalos con paciencia, ¡Bhārata! 2.14

¡Ser excelso! El hombre tranquilo
que no se atormenta ante ellos,
ecuánime ante el dolor y el placer,
es digno de la inmortalidad 2.15

El ser no surge del no ser.
El no ser no surge del ser.
Los que han visto la realidad
han contemplado los límites de ambos. 2.16

Conoce como indestructible
a aquel que todo lo impregna.
Nadie puede llevar a cabo
la destrucción del imperecedero. 2.17

Finitos son estos cuerpos. Eterno,
indestructible e inmensurable
es el espíritu que en ellos habita.
¡Bhārata!, apréstate a la lucha. 2.18

Quien lo considera un asesino
o lo contempla como víctima,
ese, en verdad, no lo conoce.
[El espíritu] ni mata ni es asesinado. 2.19

Ni nace ni muere jamás.
Siendo no dejará nunca de ser.
No nacido, eterno, constante,
antiguo y siempre nuevo,
no muere cuando muere el cuerpo. 2.20

Quien lo considera indestructible
eterno, no nacido e imperecedero,
¿cómo esa persona, ¡Pārtha!,
podrá matar o hacer matar a alguien? 2.21

Al igual que una persona se despoja de la ropa
vieja para adquirir nueva, del mismo modo
el alma encarnada desecha los cuerpos
viejos para asumir otros nuevos. 2.22

Las espadas no lo hieren.
El fuego no lo quema.
Las aguas no lo mojan
y el viento no lo agosta. 2.23

Es invulnerable, incombustible,
Impermeable, inmarcesible.
Es eterno, ubicuo, permanente,
inamovible y primordial. 2.24

Se le llama no manifiesto,
impensable e inmutable.
Por lo tanto, sabiendo esto,
no deberías lamentarte. 2.25

Aunque considerases
que nace constantemente
y que constantemente muere.
¡Oh, tú de poderosos brazos!,
no deberías lamentarte. 2.26

Aquello que nace muere con certeza
y lo que muere vuelve siempre a nacer.
Así pues, ante lo inevitable
no deberías lamentarte. 2.27

Al principio lo seres no se manifiestan.
Se revelan en el medio, Bhắrata,
y al final vuelven a desparecer.
Ante esto no cabe ningún lamento. 2.28

Es asombroso que alguien lo vea
y asombroso que alguien hable de él.
Oír hablar de él es también asombroso,
pero, aun habiéndolo escuchado,
nadie lo conoce a ciencia cierta. 2.29

El alma que habita en cada cuerpo
es siempre invulnerable.
Por lo tanto, ¡Bhắrata!, no deberías
afligirte por criatura alguna. 2.30

El dharma del guerrero

Asimismo, considerando tu propio
dharma, no deberías vacilar, pues
no hay nada mejor para un guerrero
que una contienda justa. 2.31

Afortunados los guerreros, ¡Pārtha!,
que libran una batalla como esta,
que se obtiene sin buscarla,
como una puerta abierta al cielo. 2.32

Si, al contrario, no te bates
en este justo combate,
abandonando la gloria y el propio
dharma, incurrirás en grave falta. 2.33

Las gentes proclamarán
tu eterna deshonra,
y para el hombre de honor
la infamia es peor que la muerte. 2.34

Los grandes guerreros considerarán
que el temor te ha alejado de la lucha
y te despreciarán aquellos
que en mucho te estimaban. 2.35

Tus enemigos pronunciarán
innumerables palabras de oprobio,
censurando tu valía.
¡Hay algo más doloroso que esto! 2.36

Si mueres, alcanzarás el cielo.
Si vences, disfrutarás la Tierra.
Levántate, pues, ¡Kaunteya!,
y disponte para la lucha. 2.37

Ecuánime ante el placer y el dolor,
la ganancia y la pérdida,
la victoria y la derrota.
Apréstate para la lucha
y no incurrirás en falta alguna. 2.38

La sabiduría del yoga

Esto te ha sido explicado según el *sāṃkhya*.
Aprende ahora este saber según el yoga.
Equipado con este conocimiento, ¡Pārtha!,
te desprenderás de las ataduras del karma. 2.39

En este caso, ningún esfuerzo es vano.
Tampoco se producen efectos contrarios.
Basta un poco de este dharma
para salvarte de un gran temor. 2.40

Un único pensamiento, lleno de resolución,
alberga [esta sabiduría]. ¡Kurunándana!,
infinitos son los pensamientos de los indecisos
y en muchas direcciones se ramifican. 2.41

Adictos al cielo

¡Hijo de Pṛthā!, los ignorantes,
entregados a la doctrina del Veda,
lanzan floridos discursos, afirmando
que no hay nada más allá [del paraíso]. 2.42

Están llenos de deseo. Son adictos
al cielo y a sus innumerables ritos,
cuyo karma es la reencarnación
y su objetivo el poder y los placeres. 2.43

Aferrados al poder y los placeres,
con la mente arrebatada por esos discursos,
no consiguen el pensamiento resuelto
que conduce a la contemplación (*samādhi*). 2.44

Más allá de los tres guṇa

El Veda tiene por objeto los tres *guṇa*. ¡Arjuna!
libérate de estos tres y más allá de la dualidad,
firme en la pureza del intelecto, siendo dueño
de ti mismo, abandona el deseo de adquirir y poseer. 2.45

Para un brahmán iluminado
los *Vedas* tienen el mismo sentido
que una alberca de agua en un
lugar completamente inundado. 2.46

El yoga de la ecuanimidad

Solo tienes derecho a la acción,
pero nunca a sus resultados.
No dejes que el fruto de la acción
sea tu motivo y al mismo tiempo
no te abandones a la indolencia. 2.47

Ejecuta tus acciones asentado en el yoga,
desechando el apego, ¡Dhanáñjaya!,
ecuánime ante el éxito y el fracaso:
la ecuanimidad es sinónimo de yoga. 2.48

El yoga del intelecto

La acción es inferior al yoga del intelecto.
Refúgiate en el intelecto,
¡Dhanáñjaya! Desdichados son
los que solo buscan resultados. 2.49

Aquí y ahora, el hombre de conocimiento
abandona las buenas y las malas obras.
Por lo tanto, practica el yoga,
pues el yoga es la felicidad en la acción. 2.50

Los hombres de conocimiento desechan
el fruto que nace del karma
y, liberados de las ataduras del nacimiento,
alcanzan un estado libre de aflicción. 2.51

Cuando tu intelecto cruce
la ciénaga de la ilusión,
dejarás entonces de interesarte
por lo que dicen y lo que dirán. 2.52

Alcanzarás el yoga cuando tu mente
confundida por lo que dicen
permanezca firme e inamovible
en la contemplación. 2.53

Dijo Arjuna:

El sabio de mente constante

¿En qué términos, Késava, hablaremos del hombre
de mente constante, sumido en la contemplación?
¿Cómo se expresa, cómo se sienta, cómo se mueve
ese sabio cuyo pensamiento es estable? 2.54

Dijo el venerable Señor:

Cuando abandona todos los deseos,
¡Pārtha!, que anidan en la mente,
y se complace en sí mismo y consigo mismo,
se le llama entonces de mente constante. 2.55

Con la mente imperturbable ante el dolor,
sin ansia ante el placer y exento de pasión,
miedo y cólera, se dice de él que es
un sabio de pensamiento estable. 2.56

Quien se muestra siempre libre de apego
y no se regocija ante lo agradable,
ni siente disgusto por lo desagradable;
ese tiene la mente bien asentada. 2.57

Al igual que una tortuga contrae
completamente sus miembros,
quien tiene la mente bien asentada
aparta los sentidos de sus objetos. 2.58

Los sentidos y sus objetos

Los objetos de los sentidos desaparecen
para el alma que se abstiene de ellos,
pero el gusto permanece y solo se disipa
para aquel que ha contemplado al Supremo. 2.59

¡Oh, Kaunteya!
Los sentidos son turbulentos
y con violencia arrebatan incluso
la mente del sabio conocedor
que practica a consciencia. 2.60

Controlando el conjunto de los sentidos,
deberá sentarse concentrado, absorto en mí.
Quien tiene los sentidos bajo control
tiene una mente bien asentada. 2.61

Meditando en los objetos,
surge el apego hacia ellos.
Del apego nace el deseo.
Del deseo brota la cólera. 2.62

De la cólera surge el desconcierto;
del desconcierto, la falta de atención.
Con la falta de atención, el intelecto se degrada.
Con el intelecto degradado, perece [el individuo]. 2.63

La paz mental

Quien más allá del deseo y la aversión
percibe los objetos sensoriales
con sus sentidos domeñados y su mente
recogida alcanza la paz mental. 2.64

Cuando se obtiene la paz mental,
desaparece todo sufrimiento
y la mente de la persona apacible
encuentra sin demora el equilibrio perfecto. 2.65

No hay conocimiento para la persona
dispersa ni tampoco meditación.
Quien no medita no encuentra la paz, y
¿qué felicidad hay para el intranquilo? 2.66

Los sentidos turbulentos

Como el viento arrastra a la deriva
un barco sobre las aguas, así la mente,
llevada por los sentidos turbulentos,
arrebata el conocimiento de la gente. 2.67

Por lo tanto, ¡tú, de poderosos brazos!,
quien aparta completamente los sentidos
de sus correspondientes objetos,
ese tiene la mente bien asentada. 2.68

La noche contemplativa

En la noche del común de los mortales,
despierta quien se controla a sí mismo.
Cuando las gentes despiertan, se hace
de noche para el sabio contemplativo. 2.69

La paz de brahman

Al igual que las aguas desembocan en el océano,
colmándolo
por todas partes y aun así permanece constante e inmutable,
del mismo modo, la persona en quien confluyen todos
los anhelos
alcanza la paz, pero no aquel que es esclavo de sus
deseos. 2.70

Desembarazándose de todos los deseos,
quien actúa desinteresadamente,

libre del sentimiento de propiedad
y del sentimiento del yo, alcanza la paz. 2.71

Esta es la condición de *brahman*, ¡Pārtha!
Quien la alcanza no se confunde
e, incluso en el momento de la muerte,
llega al nirvana de *brahman*. 2.72

Capítulo tercero: el yoga de la acción

La duda de Arjuna

Dijo Arjuna:

Si consideras que el conocimiento
es superior a la acción, ¡Janārdana!,
¿por qué, entonces, Késava,
me empujas a cometer un acto terrible? 3.1

Con estas palabras ambiguas
confundes mi entendimiento.
Dime a ciencia cierta una sola cosa,
con la que alcance el bien mayor. 3.2

El karma yoga

Dijo el venerable Señor:

¡Oh, impoluto! En el pasado anuncié
una doble condición en este mundo:
la del yoga del conocimiento para los conocedores
y la del karma yoga para los yoguis. 3.3

Con solo renunciar a la acción
no se alcanza la no acción,
ni se obtiene la perfección
con la mera renunciación. 3.4

En realidad, nadie puede, ni por un momento,
permanecer inactivo. Una actividad continua
está siendo inevitablemente ejecutada
por las energías de la naturaleza primordial. 3.5

Aquel que, controlando los sentidos de la acción,
se sienta [a meditar] recreando en su mente
los objetos de los sentidos es un hipócrita
que se engaña a sí mismo. 3.6

Sin embargo, Arjuna, sobresale la persona
desapegada que con la mente controla los sentidos
y al mismo tiempo emprende, con los órganos
de la acción, la práctica del karma yoga. 3.7

La acción sacrificial: yajña

Ciertamente, disponte a actuar,
ya que la acción es superior a la inacción.
Quien no hace nada no consigue ni
asegurar el viaje del cuerpo [en este mundo]. 3.8

Exceptuando la acción sacrificial,
todas las acciones encadenan al mundo.
¡Hijo de Kunti!, libre de apego, ejecuta
cada acción como si fuese un sacrificio. 3.9

Al inicio, tras crear a los seres junto con
el sacrificio, dijo Prajā́pati: «Multiplicaos
mediante el sacrificio. ¡Que sea para vosotros
la vaca lechera que concede todos los deseos! 3.10

Propiciad a los dioses con el sacrificio.
Ellos os favorecerán a vosotros.
Así, ayudándoos mutuamente,
alcanzaréis el bien supremo. 3.11

Los dioses, propiciados por el sacrificio,
os otorgarán todos los placeres deseados.
Quien, disfrutando de los bienes concedidos,
no devuelve nada a cambio, es un ladrón. 3.12

Los que toman las sobras del sacrificio
se liberan de todas las faltas.
Los malvados que solo cocinan para sí
consumen solo un grave pecado. 3.13

La rueda del mundo

Del alimento surgen los seres.
De la lluvia nace el alimento.
Del sacrificio surge la lluvia;
de la acción ritual, el sacrificio. 3.14

Considera que la acción ritual procede de Brahmā.
Brahmā tiene su principio en el imperecedero.
Así pues, el *brahman*, que todo lo abarca,
está siempre presente en el sacrificio. 3.15

Quien en este mundo no sigue
la rueda que así gira, ¡Pārtha!,
es un ser pecaminoso que, deleitándose
en los sentidos, vive en vano. 3.16

El deleite del ātman

Quien en el *ātman* encuentra su deleite,
la persona que en el *ātman* se complace,
a quien solo se satisface en el *ātman*,
no le queda por hacer tarea alguna. 3.17

Haciendo no gana nada
y no haciendo nada pierde.
Realmente, no depende
de nadie para nada. 3.18

La acción desapegada

Ejecuta siempre la tarea debida
de un modo desapegado.
Actuando sin interés,
la gente alcanza el bien supremo. 3.19

Janaka y otros lograron la perfección
obrando de este modo.
Asimismo, deberías actuar
teniendo presente el bien común. 3.20

La gente imita lo que hacen
los mejores. Lo que los mejores
establecen como norma,
eso sigue el resto de la gente. 3.21

La acción divina en el mundo

¡Pārtha!, no me queda nada por realizar
en estos tres mundos. Ni nada por
conseguir que no haya conseguido ya.
A pesar de eso, me comprometo a la acción. 3.22

Si no me comprometiese
a actuar sin descanso,
las gentes seguirían, ¡Pārtha!,
mi ejemplo en todo punto. 3.23

Si me mantuviese inactivo,
destruiría estos mundos.
Sería el responsable del caos
y dañaría a las criaturas. 3.24

La acción del sabio

Tal y como actúan los ignorantes
apegados a la acción, ¡Bhārata!,
así actuarán los sabios desapegados
deseando procurar el bien común. 3.25

El sabio no sembrará dudas en la mente
de los ignorantes apegados a la acción.
Al contrario, los animará a actuar, ejecutando
con dedicación todas las acciones. 3.26

Las acciones y los guṇa

Las acciones son ejecutadas en todo modo
por las energías de la naturaleza primordial.
Los individuos, confundidos por el sentimiento
del yo, creen que son ellos los que actúan. 3.27

Quien en profundidad conoce la diferencia
de las energías y de las acciones sabe que
las energías actúan sobre las energías, y
no se apega a la acción. ¡Oh, Mahābāhu! 3.28

Confundidos por las energías de la materia,
se apegan a las energías y a sus acciones.
Quien ve la totalidad de las cosas no perturbará
a los cortos de miras de visión limitada. 3.29

La entrega al Señor

Deposita en mí todas tus obras
con la mente volcada hacia ti mismo,
más allá de la esperanza y del sentido de lo mío,
libre de ansiedad, disponte para la lucha. 3.30

Las personas que siempre
siguen esta opinión mía,
llenos de fe y exentos de envidia,
se liberan también de las acciones. 3.31

Sin embargo, considera que, los que
me critican y no siguen mi opinión,
se extravían en su conocimiento
y, como insensatos, están perdidos. 3.32

La naturaleza y el propio dharma

Incluso el sabio actúa
conforme a su naturaleza.
Los seres siguen su naturaleza.
¿De qué sirve la represión? 3.33

El gusto y el disgusto anidan
en los objetos de los sentidos.
No te sometas a ellos,
pues ellos son el enemigo. 3.34

Mejor seguir el propio dharma, exento de virtud,
que el dharma ajeno, aunque esté bien ejecutado.
Mejor la muerte en el propio dharma.
El dharma ajeno está fraguado de peligros. 3.35

Dijo Arjuna:

La fuerza del deseo

¿Qué impulsa al hombre a pecar,
aun en contra de su voluntad,
como si fuese empujado a la fuerza?
¡Oh, descendiente de Vṛṣṇi! 3.36

Dijo el venerable Señor:

Es el deseo, es la cólera que nacen
del *guṇa rajas*, grandes devoradores,
extremadamente malvados.
Considéralos como adversarios. 3.37

Como el humo envuelve al fuego;
como el polvo, un espejo;
como la membrana envuelve al feto,
así está velado el conocimiento. 3.38

Velado está el conocimiento del sabio
por este enemigo constante,
en forma de deseo, ¡Kaunteya!,
como un fuego insaciable. 3.39

Se dice que los sentidos, la mente
y el intelecto son sus fundamentos.
Mediante ellos, vela el conocimiento
y confunde al alma encarnada. 3.40

Por lo tanto, ¡excelso Bhárata!,
controla primero los sentidos
y abate a ese malvado que destruye
el conocimiento y la experiencia. 3.41

Gradación de los instrumentos de conocimiento

Los sentidos son superiores [a los objetos].
La mente es superior a los sentidos.
El intelecto es superior a la mente.
Eso, [el *ātman*], es superior al intelecto. 3.42

Así pues, conociendo lo que es superior al intelecto,
afiánzate en el *ātman* con el *ātman*
y destruye a ese enemigo, ¡tú, de poderosos brazos!,
que tiene forma de deseo, y es difícil de abordar. 3.43

Capítulo cuarto: El yoga de la renuncia del conocimiento y la acción

La transmisión del yoga imperecedero

Dijo el venerable Señor:

Enseñé este yoga
imperecedero a Vivasvan.
Vivasvan se lo mostró a Manu.
Manu lo impartió a Ikṣvāku. 4.1

Así, de generación en generación, se transmitió
este yoga, conocido por los sabios reales.
Hace mucho tiempo, ¡azote de los enemigos!,
que este yoga desapareció de la Tierra. 4.2

Este mismo yoga ancestral
es el que hoy te imparto,
porque eres mi devoto y amigo.
Se trata, en verdad, de un secreto supremo. 4.3

Dijo Arjuna:

Posterior es tu nacimiento;
anterior, el de Vivasvan.

¿Cómo puedo concebir que
tú se lo enseñases primero? 4.4

Avatares de la divinidad

Dijo el venerable Señor:

Muchos nacimientos míos han transcurrido
y tuyos también, Arjuna.
Yo los conozco todos, pero tú ninguno.
¡Azote de los enemigos! 4.5

Aunque soy el no nacido, el imperecedero,
el Señor de todos los seres,
recurriendo a mi naturaleza,
nazco de nuevo con mi propia Māyā. 4.6

¡Bhā́rata!, cada vez que
el dharma se debilita y
se afianza el *adharma*,
yo me procreo a mí mismo 4.7

Para proteger a los virtuosos,
para destruir a los malvados,
para restablecer el dharma,
nazco una y otra vez en cada ciclo. 4.8

Quien a fondo conoce mis nacimientos
y mis divinas obras, Arjuna,
al abandonar el cuerpo no vuelve
a nacer, pues ingresa en mí. 4.9

La condición divina y la acción humana

Muchos son los que alcanzan mi condición,
libres de deseo, miedo y cólera,
acercándose con su mente inmersa en mí,
purificados por el ardor del conocimiento. 4.10

Tal y como me buscan,
así me muestro ante ellos.
¡Pārtha!, las gentes siguen
mi camino en todo punto. 4.11

Buscando el éxito de sus acciones,
sacrifican aquí a los dioses.
Con celeridad se obtiene en el mundo
humano el resultado de la acción. 4.12

Yo creé el sistema de los cuatro estamentos
según la diferencia de energías y acciones
y, aunque soy su creador, considérame,
a mí, el inmutable, como si no lo fuese. 4.13

Las acciones no me manchan
ni aspiro al fruto de la acción.
A los que así me conocen,
no les encadena el karma. 4.14

Sabiendo esto, ejecutaron sus obras
los antiguos buscadores de la liberación.
Realiza tu acción del mismo modo
como lo hicieron los antiguos en el pasado. 4.15

Acción y no acción

¿Qué es la acción? ¿Qué es la no acción?
En este punto, incluso los sabios se confunden.
Te hablaré de tal acción que conociéndola
te liberarás de todo mal. 4.16

Deberías entender qué es la acción.
Deberías entender la mala acción.
Deberías entender la no acción.
Impenetrable es el sendero del karma. 4.17

Quien en la acción ve la no acción
y en la inacción ve la acción,
ese es un sabio entre los hombres
y un yogui que ejecuta la acción completa. 4.18

El sabio páṇḍita

A aquel cuyas obras están exentas de deseo
e intencionalidad y cuyo karma ha sido
devorado por el fuego del conocimiento
los conocedores le llaman *páṇḍita*. 4.19

Abandonando el apego por el fruto de la acción,
siempre satisfecho e independiente,
aunque esté ocupado en actuar,
nada hace en realidad. 4.20

Libre de falsas esperanzas,
de cuerpo y mente controlados,
renunciando a todas sus posesiones,
aunque se implique corporalmente
en la acción, no incurre en falta alguna. 4.21

Satisfecho con lo que encuentra al azar,
más allá de la dualidad, libre de envidia,
ecuánime ante el éxito y el fracaso,
aunque actúe, no se ata a sus acciones. 4.22

Todo el karma se disuelve para
quien actúa con espíritu de sacrificio,
desapegado, libre y con su mente
establecida en el conocimiento. 4.23

Brahman *y los múltiples tipos de sacrificio*

Brahman es la ofrenda; *brahman*, la oblación
vertida por *brahman* en el fuego
de *brahman*. El *brahman* lo alcanzan quienes
en sus acciones contemplan al *brahman* 4.24

Otros yoguis ofrecen el sacrificio
del culto a los dioses. Otros
mediante el sacrificio ofrecen
el sacrificio en el fuego de *brahman* 4.25

Algunos ofrecen el oído y los otros
sentidos en el fuego del autocontrol.
Otros ofrecen el sonido y los otros
objetos en el fuego de los sentidos. 4.26

Otros ofrecen todas las operaciones
de los sentidos y las funciones vitales
en el fuego del yoga del autocontrol,
encendido por el conocimiento. 4.27

Los ascetas de severos votos practican diferentes
sacrificios: el sacrificio material, el del ascetismo,
el sacrificio del yoga, el sacrificio del estudio
y la recitación, el sacrificio del conocimiento. 4.28

Algunos vierten la inspiración en la espiración;
otros, del mismo modo, la espiración en la inspiración.
Deteniendo tanto la inspiración como la espiración,
se entregan a la práctica del *prāṇāyāma*. 4.29

Otros, con una alimentación regulada,
ofrecen las funciones vitales en los aires vitales.
Todos ellos son conocedores del sacrificio
y sus imperfecciones son destruidas por este. 4.30

Consumiendo el néctar de las sobras
sacrificiales, alcanzan el eterno *brahman*.
¡Mejor de los kurus! Este mundo no pertenece
a quien no sacrifica, ¿cómo, pues, el más allá? 4.31

De esta manera, muchos sacrificios
se ofrecen en la boca de *brahman*.
Considera que todos ellos nacen del karma.
Sabiendo esto, te liberarás. 4.32

El sacrificio del conocimiento

¡Parámtapa! El sacrificio del conocimiento
es mejor que el sacrificio material.
¡Pārtha! Todas las obras, sin excepción,
encuentran su fin en el conocimiento. 4.33

Aprende este conocimiento con humildad,
actitud inquisitiva y espíritu de servicio.
Así, los sabios, que conocen la esencia
de lo real, te revelarán esta sabiduría. 4.34

Conociéndola, Pā́ṇḍava, no caerás
de nuevo preso de la confusión.
Con esta sabiduría, contemplarás a todos
los seres en ti mismo y también en mí. 4.35

Aunque fueses el más malvado
de todos los malvados, con esta balsa
del conocimiento cruzarás
el océano entero de la maldad. 4.36

¡Arjuna! Al igual que el fuego ardiendo
reduce a cenizas todo el combustible,
así, el fuego del conocimiento
reduce a cenizas todas las acciones. 4.37

No hay en este mundo ningún
purificador como el conocimiento.
A su tiempo, el yogui perfecto por
sí mismo en sí mismo lo encuentra. 4.38

La persona dedicada, de sentidos controlados,
llena de fe, encuentra el conocimiento.
Habiendo obtenido el conocimiento,
no tarda en alcanzar la paz suprema. 4.39

El hombre ignorante, de poca fe,
lleno de dudas perece. Ni este mundo
ni el más allá, tampoco la felicidad,
pertenecen al hombre plagado de dudas. 4.40

¡Conquistador de riquezas! Las obras
no atan al hombre dueño de sí mismo
que gracias al yoga ha renunciado a sus acciones,
con las dudas erradicadas por el conocimiento. 4.41

Por lo tanto, corta con la espada
del conocimiento la duda que surge
de la ignorancia y anida en el corazón.
Recurriendo al yoga, levántate, Bhārata. 4.42

Capítulo quinto: El yoga de la renuncia a la acción

La renuncia y el karma yoga

Dijo Arjuna:

¡Kṛṣṇa! Ensalzas la renuncia a la acción
y luego también el [karma] yoga.
Dime, por favor, con toda claridad,
cuál de los dos es el mejor. 5.1

Dijo el venerable Señor:

Tanto la renuncia como el karma
yoga conducen al bien supremo.
De entre ambos, sobresale el karma yoga
por encima de la renuncia a la acción. 5.2

Considera como a un firme renunciante
aquel que ni aborrece ni apetece.
Más allá de las parejas de opuestos, Mahābāhu,
este se libera fácilmente de las ataduras. 5.3

Los ingenuos, no los sabios, afirman
que el *sāṃkhya* y el yoga son diferentes.
Bien asentado en uno de ellos,
se obtiene el fruto de ambos. 5.4

Al estado que alcanzan los del *sāṃkhya*
llegan también los practicantes de yoga.
Quien contempla como uno el *sāṃkhya*
y el yoga, ese, en verdad, contempla. 5.5

Sin el yoga, ¡oh, tú de poderosos brazos!,
la renuncia es difícil de alcanzar
El sabio, consagrado al yoga,
en poco tiempo alcanza el *brahman*. 5.6

La práctica del karma yoga

El practicante de yoga, de mente pura,
de cuerpo controlado, de sentidos domeñados,
cuya alma se ha convertido en el alma de todos,
aunque actúe, no se contamina. 5.7

El practicante de yoga
que conoce la esencia de lo real
considera que él no hace nada
aun cuando vea, oiga, toque o huela,
coma, se mueva, duerma o respire; 5.8

aun cuando hable, evacue, agarre
o parpadee, siempre considera
que son los sentidos los que operan
en los objetos de los sentidos. 5.9

Quien, abandonando el apego, actúa
confiando sus acciones al *brahman*
no se mancha con el mal, al igual que
el pétalo de loto [no se moja] en el agua. 5.10

Los yoguis, abandonando el apego,
realizan sus acciones solo con el cuerpo,
la mente, el intelecto o los sentidos
con el único propósito de purificarse. 5.11

El yogui, renunciando al fruto
de la acción, alcanza la calma perfecta.
Quien no practica, apegado al fruto de la acción,
queda encadenado al imperio del deseo. 5.12

Tras renunciar mentalmente a todas las acciones,
el alma controlada reside feliz
en la ciudad de nueve puertas;
nada haciendo, nada haciendo hacer. 5.13

La no implicación divina

El Señor no determina ni la agencia
ni las acciones de la gente. Tampoco
la conexión entre la acción y su resultado.
Es la propia naturaleza la que opera. 5.14

El Señor a nadie asigna
ni pecado ni virtud.
El conocimiento está cubierto por la ignorancia.
Por eso, se confunden los seres. 5.15

Conocimiento purificador

Para quienes con el conocimiento
han destruido la ignorancia de sí,
la sabiduría resplandece súbitamente
como el Sol iluminando la realidad. 5.16

Pensando en la realidad, siendo ella,
descansando en ella, a ella entregados, los sabios,
con sus impurezas lavadas por el conocimiento
alcanzan el lugar del no retorno. 5.17

La ecuanimidad del conocimiento

Los sabios miran por igual
a un brahmán educado y erudito,
a una vaca, a un elefante,
a un perro o a un paria. 5.18

Aquellos cuya mente reposa en la ecuanimidad
conquistan, aquí y ahora, este mundo.
Brahman es ecuánime e impoluto,
por eso se establecen en *brahman.* 5.19

No se alegra con lo agradable
ni se molesta por lo desagradable.
De mente constante, libre de ilusión,
conocedor de *brahman* en *brahman* establecido. 5.20

La felicidad del conocimiento

Desapegado de los contacto externos,
encuentra esa felicidad en sí mismo,
esa felicidad inacabable que disfruta
quien se consagra a la unión con *brahman.* 5.21

Los placeres, que nacen del contacto
sensorial, son origen del dolor,
tienen principio y fin, Kaunteya.
El sabio no se deleita en ellos. 5.22

Quien, antes de morir el cuerpo,
es capaz aquí de soportar
el embate del deseo y la cólera,
ese es un auténtico yogui y un ser feliz. 5.23

Internamente feliz, deleitándose
en su interior, con su interna luz,
el yogui, transformado en *brahman*,
alcanza el nirvana de *brahman.* 5.24

El nirvana de brahman

Los sabios alcanzan el nirvana de *brahman*
con sus impurezas destruidas,
erradicada la dualidad, dueños de sí
y deleitándose en el bien de todos los seres. 5.25

Para los ascetas, libres de deseo e ira,
de mente controlada y que se han conocido
a sí mismos, el nirvana de *brahman*
se manifiesta en todas partes. 5.26

Apartando los objetos externos,
fija la mirada entre las cejas,
igualando la inspiración y la espiración
que circula por las fosas nasales, 5.27

el sabio con sus sentidos, su mente y su intelecto
controlados, entregado a la liberación,
exento de deseo, miedo y cólera
está en realidad siempre liberado. 5.28

Sabiendo que soy yo el Gran Señor de todos
los mundos, amigo de todos los seres,
el que goza de los sacrificios y del ascetismo,
[ese sabio] alcanza la paz mental. 5.29

Capítulo sexto: El yoga del dominio de sí

El yoga y la renuncia

Dijo el venerable Señor:

Quien ejecuta la acción debida sin esperar
el resultado, ese es el renunciante y el yogui,
y no quien se abstiene de mantener el fuego
sagrado y de celebrar los rituales. 6.1

Lo que dicen que es la renuncia,
eso considera como yoga. ¡Pāṇḍava!
No hay ningún yogui que no haya
renunciado a sus intenciones. 6.2

Para el sabio que desea alcanzar
el yoga, la acción es la causa.
Para quien ya ha alcanzado el yoga,
la paz mental es la causa [del *samādhi*]. 6.3

Cuando el que ha renunciado a todas
sus intenciones no se apega ni a los
objetos de los sentidos ni a sus acciones,
se dice que ha alcanzado el yoga. 6.4

Uno mismo es su mejor amigo

Se elevará a sí mismo por sí mismo.
No se hundirá a sí mismo.
Uno mismo es su mejor amigo.
Uno mismo es su peor enemigo. 6.5

Uno es amigo de sí mismo cuando
por sí mismo se vence a sí mismo.
Cuando uno no es dueño de sí,
se comporta como un enemigo. 6.6

La ecuanimidad del yoga

El *ātman* supremo es contemplado por
quien se vence a sí mismo y está en paz
en el frío y en el calor, en el placer y el dolor,
en la distinción y la ignominia. 6.7

El yogui que contempla por igual un terrón de arcilla
una piedra o un lingote de oro, cuya mente se satisface
con el conocimiento y la experiencia, que permanece en la
cúspide y ha domeñado sus sentidos es llamado *yukta*. 6.8

Excele quien contempla por igual
a la buena gente, a los amigos, a los enemigos,
al indiferente, al neutral, al odioso,
al pariente, al virtuoso y al pecador. 6.9

Descripción del yogui

En un lugar apartado, el yogui, en solitario,
con la mente y el cuerpo bajo control,
libre de falsas esperanzas y posesiones inútiles,
meditará constantemente en el *ātman*. 6.10

Desplegará su firme asiento en un terreno
limpio, ni muy hondo ni muy elevado,
cubriéndolo con carrizo sagrado,
piel de gacela y una tela. 6.11

Entonces, sentado en la postura del yoga,
con las funciones mentales y sensoriales controladas,
concentrará su foco de atención y se ejercitará
en el yoga para la purificación de su mente. 6.12

Manteniendo inmóviles y alineados
el torso, el cuello y la cabeza;
mirando fijamente la punta de la nariz,
sin echar una ojeada a los lados; 6.13

[el yogui] constante, concentrado, de mente tranquila,
libre de miedo, firme en el voto de castidad, controlando
el flujo mental, permanecerá sentado en su postura
con su mente en mí, a mí totalmente entregado. 6.14

Meditando siempre de esta forma
en el *ātman*, el yogui, de mente controlada,
alcanzará la paz, el nirvana
supremo, mi propia condición. 6.15

Requisitos del yoga

El yoga no es para quien come demasiado
ni para quien no come en absoluto.
Tampoco es para el dormilón
ni para el insomne. ¡Arjuna! 6.16

El yoga erradica el dolor
de aquel que regula su comida,
su ocio, su esfuerzo en el trabajo,
el sueño y la vigilia. 6.17

El yoga, la mente y la felicidad incomparable

Cuando la mente bien disciplinada
se establece en el *ātman*, entonces
esa persona indiferente a todos los deseos
es llamada un yogui perfecto. 6.18

Como la llama de una lámpara no tiembla
al abrigo del viento, así se compara
la mente concentrada del yogui
dedicado a la práctica del yoga 6.19

Allí donde descansa la mente
detenida por la práctica del yoga;
allí cuando se complace en sí mismo
por sí mismo viéndose a sí mismo; 6.20

experimentando esa felicidad incomparable,
más allá de lo sentidos, que solo se percibe
con el intelecto; una vez establecido en ese estado,
ya no se desvía nunca más de esa verdad. 6.21

Habiendo conseguido eso, no
hay nada más que conseguir.
Establecido en ese estado, a uno no
le afecta ni el dolor más intenso. 6.22

Esto debe ser considerado como yoga:
la desconexión del contacto con el dolor.
Ese es el yoga que hay que practicar con ánimo
resuelto y con una mente libre de aflicción. 6.23

Desechando completamente todos
los deseos que nacen de las intenciones,
restringiendo con la mente el conjunto
de los sentidos por todos lados, 6.24

con su intelecto firmemente asentado
alcanzará la quietud paso a paso,
depositando su mente en la morada
del *ātman* sin pensar en nada. 6.25

Cada vez que la mente inquieta
e inestable se distraiga, retirándola
de ese punto, la conducirá
al dominio del *ātman* 6.26

Una espléndida felicidad alcanza
el yogui de mente serena,
libre de pasión, sin tacha,
absorto en el *brahman*. 6.27

El yogui, contemplando siempre al *ātman*,
se deshace de las impurezas y con
facilidad alcanza la felicidad excelsa
que nace del contacto con *brahman*. 6.28

La mirada ecuánime del yoga

Con su mente aplicada al yoga,
de mirada ecuánime en toda circunstancia,
ve al *ātman* instalado en todos los seres
y a todos los seres en el *ātman*. 6.29

Quien me ve en todas las cosas
y todas las cosas ve en mí,
yo no desaparezco para él
ni él desaparece para mí. 6.30

El yogui que, instalado en
la unidad, me percibe en el
interior de todos los seres,
viva como viva, vive solo en mí. 6.31

¡Arjuna! Aquel que todo lo ve
parecido en la imagen del *ātman*,
sea agradable o desagradable, ese es
considerado el mejor de los yoguis. 6.32

La mente es inconstante y turbulenta

Dijo Arjuna:

Esa ecuanimidad que tú
llamas yoga, ¡Madhusūdana!,
no veo en ella certeza alguna
a causa de la inconstancia [de la mente].6.33

Kṛṣṇa, la mente es inconstante,
turbulenta, poderosa y testaruda.
Considero que, como el viento,
es imposible de domar. 6.34

La práctica y el desapego

Dijo el venerable Señor:

Sin duda alguna, ¡oh, tú de poderosos brazos!,
la mente es inestable y difícil de dominar.
Sin embargo, ¡oh, Kaunteya!, se puede controlar
mediante la práctica y el desapego. 6.35

Considero que el yoga es difícil de alcanzar
para una persona que no se controla a sí misma.
Puede, sin embargo, ser alcanzado por aquel de
mente sosegada que se esfuerza con inteligencia. 6.36

El destino del yogui fracasado

Dijo Arjuna:

¡Kṛṣṇa!, ¿qué destino le aguarda
a quien no se esfuerza?, aunque
esté lleno de fe, con la mente apartada
del yoga, sin alcanzar la perfección. 6.37

Acaso, desprovisto de ambos, ¡oh, tú,
de poderosos brazos!, desubicado
y confundido en el sendero de *brahman*,
no perece, como una nube deshilachada. 6.38

¡Kṛṣṇa! Deberías aclarar del
todo esta duda que yo tengo,
pues no hay nadie como tú
capaz de resolverla. 6.39

Dijo Kṛṣṇa:

Ni aquí ni en el otro mundo,
Pārtha, le espera la perdición.
¡Querido!, jamás una persona
de bien incurre en la desgracia. 6.40

Alcanzando los mundos meritorios
y viviendo en ellos incontables años,
quien fracasó en el yoga nace en
casa de gente noble y acaudalada. 6.41

O mejor aún, nace en una familia
de yoguis avanzados. Un nacimiento
de este tipo es, en verdad, muy difícil
de conseguir en este mundo. 6.42

Recupera, entonces, el mismo nivel
de conocimiento que tenía en su cuerpo
anterior y continúa, Kurunándana,
esforzándose en pos de la perfección. 6.43

Aun sin querer, se verá impulsado
por su práctica anterior y, deseando
también conocer el yoga, trascenderá
el conocimiento libresco de *brahman*. 6.44

El yogui, purificado de sus imperfecciones,
practicando con esfuerzo y perfeccionándose

a lo largo de múltiples nacimientos,
alcanza, entonces, su objetivo supremo. 6.45

La superioridad del yogui

El yogui es considerado superior
al asceta y también al erudito.
El yogui es superior al ritualista.
Por lo tanto, sé tú un yogui, Arjuna. 6.46

De entre todos los yoguis, el que,
me adora, lleno de fe, con su alma
entera consagrada a mí, por mí
es considerado el más perfecto. 6.47

Capítulo séptimo: El yoga del conocimiento y la experiencia

El conocimiento y la experiencia

Dijo el venerable Señor:

¡Pārtha!, con la mente consagrada a mí
y practicando yoga, refugiado en mí,
presta atención a cómo podrás conocerme
plenamente y sin rastro de dudas. 7.1

Voy a exponerte de forma completa
el conocimiento y su experiencia.
Sabiendo esto, nada queda
en este mundo por conocer. 7.2

Entre miles de hombres, algunos se
esfuerzan por la perfección. Entre estos
perfectos que se esfuerzan, muy pocos
llegan a conocerme a ciencia cierta. 7.3

La doble naturaleza

«Tierra, agua, fuego, aire, espacio,
mente, intelecto y sentido del yo»,
esta es la diversidad
de mi óctuple naturaleza. 7.4

Distinta de esta naturaleza inferior,
considera que hay otra superior,
¡oh, tú de poderosos brazos!, hecha de
vida, con la cual se sustenta el mundo. 7.5

Considera que todos los seres
tienen estas [dos naturalezas]
como matriz. Yo soy el principio
y el fin del mundo entero. 7.6

¡Conquistador de riquezas!
No hay nada más allá de mí.
En mí están ensartadas todas las cosas,
como las perlas en el hilo [del collar]. 7.7

Identificaciones divinas

Soy el sabor de las aguas; el resplandor
de la Luna y el Sol. Entre todos los *Vedas*,
la sílaba *Om*. El sonido soy en el espacio
y la hombría de los hombres, ¡oh, Kaunteya! 7.8

Soy el olor agradable de la
tierra; el brillo del fuego;
la vida de todos los seres;
el ardor del asceta soy. 7.9

¡Hijo de Pṛthā! Conóceme como
la semilla eterna de todos los seres,
la inteligencia de los inteligentes
y la energía de los enérgicos 7.10

Soy la fuerza de los poderosos,
exenta de deseo y de pasión,
y el deseo de las criaturas
que no se opone al dharma,
¡oh, tú el mejor de los Bhárata! 7.11

Māyā y los tres guṇa

Considera que todas las cosas,
sean sáttvicas, rajásicas o tamásicas,
salen de mí, pero yo no resido en ellas,
Ellas sí residen en mí. 7.12

El mundo entero, confundido por
las cosas compuestas por las
tres energías, no sabe que yo, el
imperecedero, estoy más allá de ellas. 7.13

Esta es mi Māyā divina, hecha
de energía, difícil de superar.
Los que me alcanzan,
trascienden también esta Māyā. 7.14

La gente necia, mezquina
y malvada no me alcanza, pues,
con el entendimiento ofuscado por Māyā,
asumen una naturaleza demoníaca. 7.15

Cuatro tipos de gente de bien

¡Arjuna! Cuatro tipos de gentes de bien
recurren a mí: el afligido, el buscador
de conocimiento, el interesado
y el sabio. ¡Bhárata excelso! 7.16

De entre ellos, destaca el hombre de conocimiento
que, con devoción exclusiva, está siempre concentrado.
Muy querido soy por el hombre de conocimiento,
y él es extraordinariamente querido por mí. 7.17

Todos ellos son, en verdad, excelentes, pero
considero al hombre de conocimiento como
a mi propia alma, pues ha controlado su mente
y penetrado en el camino supremo, que solo a mí
[conduce]. 7.18

Al final de innumerables nacimientos,
el hombre de conocimiento llega a mí.
Difícil es hallar esa noble alma que piensa
que el mundo entero es Vāsudeva. 7.19

El culto a otros dioses

[Algunos] con el conocimiento arrebatado
por múltiples deseos acuden a otros dioses,
adoptando diferentes prácticas,
condicionados por su propia naturaleza. 7.20

Cualquier forma que cualquier
devoto desee con fe adorar, yo le
otorgo una fe inquebrantable
en esa forma en particular. 7.21

Imbuido de esa fe, se dispone
a rendir culto a esa forma.
Los deseos que consiga
han sido dispuestos por mí. 7.22

No obstante, efímeros son los resultados
de esas personas de poco entendimiento.
Quienes a los dioses sacrifican, a los dioses
llegan. Mis devotos a mí me alcanzan. 7.23

La ilusión cósmica: yogamāyā

Los ignorantes que consideran que solo soy
una entidad sutil que se ha manifestado
desconocen por completo mi naturaleza
suprema, imperecedera e incomparable. 7.24

Velado por la ilusión cósmica,
no soy visible para todos.
Este mundo ignorante no me conoce
como el no nacido e imperecedero. 7.25

¡Arjuna! Yo conozco
a los seres pasados,
presentes y futuros, pero
nadie me conoce a mí. 7.26

¡Descendiente de Bhárata! ¡Azote de los enemigos!
A causa del espejismo de los contrarios,
producido por el deseo y el odio, todos los seres
al nacer caen en una gran confusión. 7.27

Sin embargo, aquellos de nobles obras
que han agotado sus faltas, libres
del espejismo de los contrarios, firmes
en sus votos, se hacen partícipes de mí. 7.28

Aquellos que recurriendo a mí se esfuerzan
por liberarse de la vejez y la muerte,
conocen plenamente al *brahman*,
la esfera del *ātman* y todo el karma. 7.29

Asimismo, aquellos que me conocen
en la esfera material, divina y sacrificial,
esos con su mente contemplativa, en verdad
me conocen, aun en el momento de la muerte. 7.30

Capítulo octavo: El yoga del *brahman* imperecedero

Brahman, ātman, *karma, la esfera material, la divina y la sacrificial*

Dijo Arjuna:

¡Persona suprema!, ¿qué es el *brahman*?,
¿cuál es la esfera del *ātman*?, ¿qué es la acción?
¿Qué es aquello que llaman la esfera material
y lo que denominan la esfera divina? 8.1

¿Qué es y cómo es en este cuerpo la esfera
del sacrificio y cómo serás conocido,
¡Madhusūdana!, en el momento de la muerte
por aquellos que tienen su mente bajo control? 8.2

Dijo el venerable Señor:

Brahman es el supremo imperecedero.
La esfera del *ātman* es nuestra esencia.
La acción es la emisión creadora que
produce el surgimiento de los seres. 8.3

La esfera material es la existencia perecedera.
La esfera divina es la persona universal.
La esfera del sacrificio soy yo mismo,

presente en este cuerpo, ¡oh, tú,
la mejor de las almas encarnadas! 8.4

El yoga agónico

Quien en la hora final muere, tras
abandonar el cuerpo, pensando
solo en mí, a mí solo me alcanza.
No cabe en esto duda alguna. 8.5

Aquello en lo que uno piensa al
abandonar el cuerpo, en eso mismo
se convierte, ¡hijo de Kunti!, siempre
transformado por ese pensamiento. 8.6

Por lo tanto, piensa en mí en todo
momento y emprende así la lucha.
Con tu mente y tu intelecto a mí entregados,
me alcanzarás sin duda alguna. 8.7

¡Hijo de Pṛthā!, con la mente concentrada
en el yoga de la práctica, sin desviarla,
meditando continuamente, alcanza
a la Persona Suprema y resplandeciente. 8.8

Aquel que, en el momento de la muerte, con la mente
imperturbable, lleno de fe y con el poder del yoga,
coloca con cuidado el *prāṇa* en medio de las cejas,
pensando constantemente en el sabio omnisciente,
primordial, rector [del universo], más sutil que lo sutil,
el dispensador de todo, de inconcebible forma,
del color del Sol, más allá de la oscuridad,
ese alcanza a la Persona Suprema y resplandeciente. 8.9-10

Voy a exponerte con brevedad ese estado que los
conocedores del Veda describen como imperecedero,

en el que ingresan los ascetas libres de pasión,
y por cuyo deseo siguen la vía del *brahman*. 8.11

Controlando todas las puertas [de los sentidos],
aquietando la mente en el corazón,
fijando el *prāṇa* en la cabeza, pronunciando
el *brahman* como el monosílabo *Om*,
pensando constantemente en mí,
entregado a la concentración yóguica,
aquel que, abandonando el cuerpo emprende
la partida, alcanza el objetivo supremo. 8.12-13

Yo me vuelvo fácilmente accesible, ¡Pārtha!,
para aquel yogui, siempre concentrado,
que en todo momento y de forma continuada
me recuerda, sin pensar en otra cosa. 8.14

Ingresando en mí, esas grandes almas
no incurren en un nuevo nacimiento,
la morada transitoria del dolor, ya que
han alcanzado la perfección suprema. 8.15

¡Arjuna! Recurrentes son los mundos
que llegan hasta el cielo de Brahmā,
pero no hay renacimiento, ¡Kaunteya!,
para aquel que ingresa en mí. 8.16

El día y la noche de Brahmā

Los que saben que el día de Brahmā
dura mil ciclos cósmicos y que
mil ciclos cósmicos dura su noche
son los conocedores del día y la noche. 8.17

Con la llegada del día, todo lo
manifiesto surge de lo no manifiesto.

Con la llegada de la noche, todo se
reabsorbe en lo no manifiesto. 8.18

Este mismo tropel de seres, ¡hijo de Pṛthā!,
surgiendo una y otra vez, se disuelve
sin remedio al llegar la noche y
al despuntar el día vuelve a nacer. 8.19

La eternidad más allá de lo no manifiesto

Más allá de lo no manifiesto,
hay otra entidad no manifiesta,
perdurable, que no perece cuando
se destruyen todos los seres. 8.20

Se le llama lo eterno no manifiesto.
Se afirma que es el objetivo supremo.
Tras alcanzarlo, nadie regresa,
pues es mi morada suprema. 8.21

¡Pā́rtha! Esa Persona Suprema puede
ser alcanzada con devoción exclusiva.
Dentro de ella se encuentran los seres
e impregna todo este mundo. 8.22

Tiempo del retorno y del no retorno

¡Mejor de los Bhárata! Te voy a explicar
cuándo llega el tiempo del retorno
y también del no retorno para los yoguis
que han partido [de este mundo]. 8.23

El fuego, la luz, el día, la quincena luminosa,
los seis meses a partir del solsticio de invierno.
Los conocedores del *brahman* que, en estas condiciones,
abandonan [el mundo] llegan al *brahman*. 8.24

El humo y asimismo la noche, la quincena oscura,
los seis meses desde el solsticio de verano.

El yogui que, en estas condiciones, [abandona el mundo],
alcanzando la luz lunar, regresa [a la Tierra]. 8.25

Luminoso y oscuro: así son los dos
caminos eternos de este mundo.
Siguiendo uno, alcanza el no retorno;
siguiendo el otro, regresa de nuevo. 8.26

¡Pārtha! Al conocer estos senderos,
ningún yogui se confunde.
¡Arjuna!, concéntrate en todo
momento en el yoga. 8.27

El yogui, que conoce todo esto, trasciende
el resultado meritorio que se asigna a los Vedas,
a los sacrificios, al ascetismo y a las donaciones,
y alcanza la condición suprema del origen. 8.28

Capítulo noveno: El yoga de la sabiduría real y del secreto soberano

La reina de la sabiduría y el rey de los secretos

Dijo el venerable Señor:

Voy a revelarte el más grande de los
secretos, pues tú no criticas en vano.
Conociendo esta sabiduría, junto con
su experiencia, te liberarás de todo mal. 9.1

Este [conocimiento] es la reina de la sabiduría
y el rey de los secretos. Es el purificador supremo,
directamente comprensible, ajustado al dharma,
muy fácil de obtener e imperecedero. 9.2

¡Azote de los enemigos! Las personas
que no creen en este dharma
no me alcanzan y regresan de nuevo
al sendero del nacimiento y la muerte. 9.3

Inmanencia y trascendencia de la divinidad en el mundo

Todo el mundo entero está penetrado
por mi forma no manifiesta.
Todos los seres están en mí, pero yo
no tengo en ellos mi fundamento. 9.4

En realidad, los seres no están en mí.
Contempla mi poder majestuoso, aunque
sostengo a los seres, yo no estoy en ellos.
Mi esencia es productora de seres. 9.5

Al igual que el aire inmenso, que circula
por todas partes, se encuentra siempre
en el espacio, considera asimismo que
todos los seres se encuentran en mí. 9.6

Al final de un ciclo cósmico,
¡Kaunteya!, todos los seres se absorben
en mi naturaleza y, al inicio
de un ciclo, los emito de nuevo. 9.7

Recurriendo a mi naturaleza, emito
una y otra vez todo este conjunto
de seres, sin que lo puedan remediar,
pues están bajo el control de la naturaleza. 9.8

Y estas acciones no me encadenan,
¡Dhanáñjaya!, pues permanezco
como si fuese un espectador
indiferente, sin implicarme en ellas. 9.9

Bajo mi supervisión, la naturaleza
engendra a los seres animados
e inanimados. Por este motivo,
Kaunteya, el mundo se transforma. 9.10

Divinidad ignorada

Tras asumir un cuerpo humano,
los necios no me reconocen,
ignorando mi naturaleza suprema
como el Gran Señor de los Seres. 9.11

Vanas sus esperanzas, vanas sus acciones,
vana su sabiduría, carentes de entendimiento,
asumen una naturaleza cruel,
perversa y engañosa. 9.12

Divinidad reconocida

Sin embargo, Pārtha, las grandes almas,
al par de mi naturaleza divina, me veneran
con una mente exclusiva, sabiendo que
soy la fuente inagotable de los seres. 9.13

Constantemente me celebran,
esforzándose, firmes en sus votos
y saludándome con devoción,
me rinden culto siempre atentos. 9.14

Otros me adoran celebrando
el sacrificio del conocimiento,
en la unidad o la diversidad
de mi múltiple forma universal. 9.15

Identificaciones divinas

Yo soy el rito; yo, el sacrificio;
yo, la ofrenda y la planta medicinal;
yo, el mantra, la mantequilla clarificada;
yo, el fuego; la oblación soy yo. 9.16

Soy el padre de este mundo, la madre,
el dispensador, el abuelo. Soy lo cognoscible,
el purificador, la sílaba *Om*, el *Veda* de
los himnos, los cánticos y las fórmulas. 9.17

Soy el destino, la Providencia, el Señor,
el testigo, la morada, el refugio y el amigo.
Soy el origen, la disolución, la existencia,
el tesoro y la semilla indestructible. 9.18

Yo doy calor. Yo retengo
y suelto la lluvia. Arjuna,
yo soy la inmortalidad y la
muerte, el ser y el no ser. 9.19

Buscadores del cielo

Los seguidores de la triple ciencia, bebedores del *soma*,
purificados de sus pecados, me ofrecen sacrificios con la esperanza
de ganar el cielo. Alcanzando la meritoria esfera del rey celestial
disfrutan en el empíreo de los placeres divinos de los dioses. 9.20

Tras disfrutar del vasto universo celeste, cuando su mérito
se agota, entran de nuevo en el mundo de los mortales.
Así pues, los devotos de la triple ciencia, esclavos de sus deseos,
alcanzan el estado del constante retorno. 9.21

Múltiples cultos para un solo Dios

A las personas que me rinden culto meditando
en mí sin desviar la atención, a ellas,
que están siempre entregadas, yo les proporciono
la adquisición y la continuidad [del conocimiento]. 9.22

Por otro lado, aquellos devotos que llenos
de fe sacrifican a otros dioses, ellos también,
Kaunteya, a mí solo ofrecen su sacrificio,
aunque sea de una forma no prescrita. 9.23

En verdad, yo soy el que disfruta
de todos los sacrificios y también su señor.
Los que en realidad no me conocen,
esos perecen con certeza 9.24

A los dioses van los que cumplen los votos de los dioses.
A los antepasados van los que cumplen los votos de los antepasados.
A los espíritus van los que depositan ofrendas a los espíritus.
Devoción
Asimismo, llegan a mí los que a mí me veneran. 9.25

Quien con devoción me entrega una hoja,
una flor, una fruta o un poco de agua,
yo la acepto de esa persona de mente dedicada
que me la ha ofrecido con devoción. 9.26

Lo que hagas, lo que comas, la oblación
que ofrezcas, la donación que entregues,
el ascetismo que practiques, Kaunteya,
todo eso hazlo como una ofrenda a mí. 9.27

De este modo, te liberarás de los resultados
buenos o malos de las cadenas del karma.
Con tu ser entregado al yoga de la renuncia,
completamente libre, ingresarás en mí. 9.28

Yo soy el mismo para todos los seres.
Nadie me es querido. Nadie me es odiado.
Aun así, los que me veneran con devoción
están en mí y yo estoy siempre en ellos. 9.29

El buen malvado

Incluso si una persona, que se comporta
muy mal, me adora de forma exclusiva,
habrá que considerarla como buena,
pues ha tomado la decisión correcta. 9.30

En poco tiempo se convierte en una
persona justa y alcanza una tranquilidad
infinita. Kaunteya, has de saber
que mis devotos nunca perecen 9.31

Ciertamente, Pārtha, los que acuden a mí,
aunque hayan nacido de vientres pecaminosos
o sean mujeres, comerciantes o siervos,
alcanzan el objetivo supremo. 9.32

¡Cuánto más los brahmanes virtuosos
y los reyes sabios y devotos!
Adórame, pues has alcanzado
un mundo fugaz e infeliz. 9.33

Pon tu mente en mí. Sé mi devoto.
Ofréceme tus sacrificios. Hónrame.
Concentrado en mí de esta manera,
consagrado a mí, me alcanzarás. 9.34

Capítulo décimo: El yoga de las manifestaciones divinas (*vibhūti-yoga*)

Dios sin principio

Dijo el venerable Señor:

¡Tú, de poderosos brazos! Escucha
de nuevo mi palabra suprema.
A ti te la expongo, pues me eres
querido y deseo tu bien. 10.1

Ni el conjunto de los dioses ni los
grandes sabios conocen mi origen,
pues soy, en todo modo, el principio
de los dioses y de los grandes sabios. 10.2

Aquel que me conoce como el no nacido,
sin principio, el Gran Señor de los Mundos,
ese entre los mortales está libre de
confusión y se libera de todo mal. 10.3

Los diversos estados de los seres

La inteligencia, el conocimiento, la lucidez,
la fortaleza, la verdad, el dominio de sí,
la calma, el placer, el dolor, la existencia,
la inexistencia, el miedo y la ausencia de temor... 10.4

la no violencia, la ecuanimidad,
el contentamiento, el ascetismo, la donación,
la fama, el oprobio, estos son los estados
diversos de los seres que surgen de mí. 10.5

Meditación en la persona divina

Los siete grandes sabios, y también los cuatro
Manu de la antigüedad, meditan siempre en mí,
pues nacieron de mi mente. De ellos surgen
todas las criaturas de este mundo. 10.6

Quien conoce en profundidad
mi esplendor y mi poder creativo
alcanza el yoga infalible.
No haya en esto duda alguna. 10.7

«Yo soy el origen de todo. Todo
evoluciona a partir de mí», pensando
esto los sabios, llenos de devoción,
se hacen partícipes de mí. 10.8

Con sus mentes a mí entregadas,
con su energía vital en mí depositada,
instruyéndose mutuamente, se deleitan
y se regocijan hablando siempre de mí. 10.9

A estos que están siempre atentos,
que me veneran con deleite,
les otorgo el yoga del intelecto,
gracias al cual llegan a mí. 10.10

Yo, movido por la compasión hacia ellos,
morando en el interior de su mente,
disipo la tiniebla que nace de la ignorancia
con la lámpara resplandeciente del conocimiento. 10.11

Arjuna y las manifestaciones divinas

Dijo Arjuna:

Tú eres el *brahman* supremo,
la luz suprema, el purificador supremo,
la Persona Eterna, luminosa, el Dios
primordial, no nacido, que todo lo impregna. 10.12

Esto es lo que dicen todos los sabios,
los sabios divinos y, asimismo,
Nārada, Asita, Devala y Vyāsa.
Tú mismo también lo afirmas. 10.13

Tengo por verdad todo
cuanto dices, Kéśava. ¡Señor!,
ni los dioses ni los demonios
conocen tus manifestaciones. 10.14

Tú mismo a ti mismo por ti mismo
te conoces, Persona Suprema,
Productor de Seres, Señor de los Seres,
Dios de Dioses, Soberano de los Mundos. 10.15

Deberías ahora describir al detalle
tus manifestaciones divinas,
con cuyo esplendor permaneces
impregnando estos mundos. 10.16

¿Cómo te conoceré, Señor del yoga,
pensando constantemente en ti?
¿En qué diferentes estados
puedo concebirte, Señor? 10.17

De nuevo, describe con todo detalle,
Janā́rdana, tu poder creativo

y tu esplendor, pues no me harto
de escuchar [tus palabras] de néctar. 10.18

Descripción de las manifestaciones divinas

Dijo el venerable Señor:

¡Venga! Ciertamente te describiré
mis manifestaciones divinas, en lo
principal, ¡oh, tú Mejor de los kurus!,
pues su desarrollo no tiene fin. 10.19

Yo soy la esencia, Guḍākeśa,
que reside en el interior de todos los seres.
Yo soy el principio, el medio
y también el fin de las criaturas. 10.20

Entre los *āditya*, soy Viṣṇu.
Entre los astros, el resplandeciente sol.
Soy Marīci entre los vientos,
y la luna entre los luceros. 10.21

Entre los *Vedas*, soy la melodía.
Entre los dioses, soy los vāsu.
Entre los sentidos, soy la mente,
y entre los seres, la consciencia. 10.22

Entre los rudra, soy Śiva.
Entre los genios y los ogros,
el Señor de la riqueza.
Entre los vāsu, soy el fuego,
y entre las montañas, Meru. 10.23

Entre los sacerdotes áulicos, considera,
Pārtha, que soy Bṛháspati, el principal.
Entre los generales, soy Skanda, y el
océano, entre los receptáculos de agua. 10.24

Entre los grandes sabios, soy Bhṛgu.
Entre las palabras, el monosílabo *Om*.
Entre los sacrificios, el sacrificio de la recitación.
Entre los seres inmóviles, el Himalaya. 10.25

Soy la higuera sagrada entre todos los árboles.
y entre los sabios divinos, Nārada.
Soy Citraratha entre los músicos celestiales,
y entre los seres realizados, el asceta Kapila. 10.26

Considera que entre los caballos soy
Relincho Profundo, que nació de la ambrosía.
Entre los grandes elefantes, soy Airāvata,
y entre los hombres, soy el Rey. 10.27

Entre las armas, el rayo soy, y entre
las vacas, la que concede los deseos.
Soy el Amor entre los progenitores.
Vāsuki soy entre las serpientes. 10.28

Soy la serpiente del infinito entre los ofidios
y Varuṇa entre los grandes animales acuáticos.
Soy Aryaman entre los antepasados
y la Muerte entre los controladores. 10.29

Entre los diablos, soy Prahlāda,
y entre los contables, soy el Tiempo.
Entre las bestias, soy el león,
y el águila, entre las aves. 10.30

Soy el viento entre los que purifican.
Entre los que llevan armas, yo soy Rāma.
Entre los peces, el tiburón
y entre los ríos, el Ganges. 10.31

Yo también soy, Arjuna, el principio,
el medio y el fin de las creaciones.
Entre los saberes, soy la ciencia del Espíritu.
Yo soy la razón de los que discuten. 10.32

Entre las letras soy la «a», y entre
los compuestos, el copulativo.
Yo, y solo yo, soy el tiempo inagotable
y la Providencia que todo lo mira. 10.33

Soy la muerte que todo lo arrebata
y el origen de lo que está por venir.
Entre las cualidades femeninas, soy la gloria,
el esplendor, la elocuencia, la memoria,
la inteligencia, la constancia y la fortaleza. 10.34

Entre las melodías védicas, soy la Bṛhat.
Soy la Gāyatrī entre los versos.
Entre los meses, soy *mārgaśīrṣa*,
y entre las estaciones, la primavera. 10.35

Soy el juego de los tramposos,
la brillantez de los brillantes.
Soy la victoria y la resolución.
La magnanimidad de los magnánimos soy. 10.36

Entre los vṛṣṇi, soy vāsudeva,
y arjuna entre los pāṇḍava.
Entre los sabios, soy vyāsa,
y entre los clarividentes, uśanas. 10.37

Soy el castigo de los que gobiernan
y la estrategia de los que desean la victoria.
Entre los secretos, soy el silencio.
El conocimiento soy de los que saben. 10.38

Soy la semilla de todos
los seres, Arjuna. Nada
hay, animado o inanimado,
que pueda existir sin mí. 10.39

Mis manifestaciones divinas
no tienen fin, ¡azote de los enemigos!
A modo de ejemplo, te he descrito
el alcance de estas manifestaciones. 10.40

Has de entender que cualquier
ser majestuoso, hermoso o lleno
de energía, tiene su origen en
una fracción de mi esplendor. 10.41

En todo caso, Arjuna,
¡de qué sirve tanta información!
Tras apuntalar el mundo entero,
una porción mía sostiene el universo. 10.42

Capítulo undécimo: El yoga de la visión de la forma universal

Arjuna y la visión de la forma universal

Dijo Arjuna:

Para favorecerme has pronunciado
este discurso sublime, secreto,
en torno al espíritu, gracias al cual
mi ilusión se ha disipado. 11.1

El origen y la disolución de los seres
de ti he escuchado con detalle,
y también tu grandeza inagotable,
¡oh, tú de ojos como pétalos de loto! 11.2

Así pues, tal y como te has descrito,
Supremo Señor, deseo contemplarte,
en tu forma majestuosa,
¡excelso entre los hombres! 11.3

Si consideras que soy capaz
de verte así, Dios poderoso,
muéstrate a mí, Señor del Yoga,
en tu ser imperecedero. 11.4

La visión divina

Dijo el venerable Señor:

Contempla, Pārtha, mis formas
divinas, a centenares y millares,
de modos y colores variados,
de apariencias diversas. 11.5

Contempla a los ādityas, a los vasus,
a los rudras, a los aśvins y también a los marúts.
Contempla, Bhārata, estas múltiples [formas]
maravillosas, nunca vistas. 11.6

Contempla, aquí y ahora, el mundo entero,
animado e inanimado, en un solo punto,
en mi mismo cuerpo, tú, de espesa cabellera,
y cualquier otra cosa que desees ver. 11.7

Mas no alcanzarás a verme
con estos, tus simples ojos.
Te concedo la visión divina.
Contempla mi poder majestuoso. 11.8

Dijo Sáṃjaya:

Despliegue de la forma universal

¡Soberano! Tras decir estas palabras,
Hari, el gran Señor del yoga
le mostro al hijo de Pṛthā
su majestuosa forma suprema. 11.9

Con múltiples bocas y ojos,
con maravillosos aspectos incontables,
con ornamentos celestiales infinitos,
blandiendo numerosas armas divinas, 11.10

portando etéreas guirnaldas y vestidos,
untado con perfumes celestiales,
este Dios, absoluta maravilla sin fin,
mira en todas direcciones. 11.11

Si en el cielo un millar de soles
se alzasen simultáneamente,
su resplandor sería similar
al fulgor de este inmenso ser. 11.12

Allí, en ese momento, el hijo de Pāṇḍu
contempló en el cuerpo del Dios de dioses
el universo entero reunido en un solo punto
en forma diferenciada, en toda su diversidad. 11.13

Entonces, el conquistador de riquezas,
lleno de admiración, con el vello erizado,
inclinando la cabeza y unidas las palmas
de las manos, exclamó ante Dios. 11.14

Dijo Arjuna:

La admiración de Arjuna ante la visión de la forma universal

¡Dios mío!, en tu cuerpo veo a las divinidades
todas, a conjuntos de seres diversos,
al soberano creador, sentado en el trono de loto,
a los sabios y a todas las serpientes celestiales. 11.15

A ti te veo con innumerables brazos, vientres,
bocas y ojos por todos lados en tu forma infinita.
Ni el principio ni el medio ni el fin alcanzo a ver,
¡Señor del universo!, ¡Forma universal! 11.16

A ti te veo con la corona, el cetro y el disco,
masa ígnea que resplandece por doquier,
difícil eres de contemplar desde cualquier ángulo,

inmensurable, fulgurante como el Sol o el fuego ardiente.
11.17

Tú eres la trascendencia imperecedera que hay que conocer.
Tú eres el sustrato último del universo.
Tú eres el indestructible protector del dharma eterno.
A ti te considero como la persona primordial. 11.18

Sin principio, medio o fin, con vigor infinito,
con innumerables brazos y con el Sol y la Luna como ojos,
a ti te veo con la boca encendida por el fuego del sacrificio,
calentando el universo entero con tu propio esplendor. 11.19

Tú solo abarcas el espacio intermedio entre
el cielo y la tierra y todos los puntos cardinales.
Contemplando tu forma maravillosa y terrible,
los tres mundos, ¡inmenso ser!, tiemblan asustados. 11.20

Los dioses en tropel hacia ti se precipitan. Algunos,
temerosos, juntan las palmas de las manos invocándote.
Grupos de sabios excelsos y seres realizados
pronunciando «¡Salve!» te alaban con himnos elocuentes.
11.21

Los rudras, los ādityas, los vāsu, los sādhyas,
los viśvas, los dos aśvins, los maruts, los uṣmapas,
y los grupos de *gandharva*, *yakṣa*, *asura* y *siddha*
te contemplan todos ellos asombrados. 11.22

La forma terrible de la divinidad

Contemplando tu forma inmensa con muchas bocas
y ojos,
con muchos brazos, pechos y pies, ¡Mahābāhu!,
espantosa con tantos colmillos y llena de vientres,
las gentes se estremecen y yo también. 11.23

Veo tu forma encendida, tocando el cielo, de múltiples
colores,
con la boca abierta de par en par y con grandes ojos
llameantes;
viéndola, todo mi ser se estremece por dentro,
¡Viṣṇu!, pierdo la firmeza y no encuentro la paz. 11.24

Viendo tus fauces con colmillos espantosos,
semejantes a la conflagración del fin del mundo,
pierdo el sentido de la orientación y no hallo reposo.
¡Rey de dioses!, ¡Morada del universo!, sé propicio. 11.25

En ti entran los hijos de Dhṛtarāṣṭra,
todos juntos, con una multitud de reyes
y también Bhīṣma, Droṇa, el hijo de Sūta,
acompañado de nuestros guerreros principales. 11.26

Ingresan apresurados en tus fauces
terribles, con colmillos espantosos.
Algunos aparecen pegados en los intersticios
de tus dientes con sus cabezas trituradas. 11.27

Al igual que las corrientes innumerables de los ríos
corren impetuosas hacia el océano,
del mismo modo, estos héroes del mundo humano
entran en tus flamígeras bocas. 11.28

Al igual que las polillas se precipitan raudas
hacia la llama ardiente para su destrucción,
del mismo modo, estos mundos se precipitan raudos
hacia tus fauces para su destrucción. 11.29

Te relames los labios mientras devoras por los cuatro
costados mundos enteros con tus bocas llameantes.

Colmando con tus llamas todo el universo,
lo abrasas con tus terribles rayos, ¡oh, Viṣṇu! 11.30

Dime quién eres en tu forma espantosa.
Yo te saludo, Dios excelso. Sé propicio.
Deseo conocerte bien, ser primordial,
pues no alcanzo a entender tu comportamiento. 11.31

Dijo el venerable Señor:

Soy el Tiempo, destructor del universo,
que ha llegado a la sazón,
dispuesto ahora a aniquilar los mundos.
Aun sin ti todos estos guerreros, aquí presentes
en los ejércitos enfrentados, no sobrevivirían. 11.32

Por lo tanto, levántate. Alcanza la gloria.
Vence a los enemigos y disfruta del próspero reino.
Todos estos por mí han sido ya abatidos de antemano.
Sé solo un instrumento, arquero ambidextro. 11.33

Mata a Droṇa, a Bhīṣma, a Jayadratha,
a Karṇa también y a otros heroicos guerreros.
Han sido ya por mí abatidos. No vaciles.
Lucha. A tus enemigos vencerás en la batalla. 11.34

Dijo Sáṃjaya:

El espanto de Arjuna

Tras oír las palabras de Kéśava, [Kṛṣṇa],
el coronado, juntado las palmas de las manos,
tembloroso, postrándose una y otra vez ante Kṛṣṇa,
le dijo con voz entrecortada por el espanto. 11.35

Dijo Arjuna:

¡Señor de los Sentidos!
Apropiado es que por tu alabanza
el mundo entero se alegre y regocije.
Los demonios por doquier huyen despavoridos
y los seres realizados ante ti se inclinan. 11.36

¡Cómo no van a venerarte!, ¡Espíritu inmenso!,
si eres más grande que Brahmā y el creador del origen.
¡Infinito!, ¡Señor de los Dioses!, ¡Morada del Mundo!
Tú eres el imperecedero más allá del ser y el no ser. 11.37

Tú eres el Dios primordial, el espíritu perdurable.
Tú eres el sustrato último de este universo.
El conocedor eres, el objeto conocido y la suprema morada.
¡Forma infinita! De ti el universo está impregnado. 11.38

Tú eres el viento, la muerte, el fuego, el agua y la luna.
Tú eres el padre de las criaturas y también su abuelo.
Alabado, alabado seas un millar de veces
y de nuevo otra vez alabado, alabado seas. 11.39

Alabado seas por delante, alabado seas por detrás.
Alabado seas por todos lados, ¡Oh, tú, el Todo,
de infinita energía, de valor ilimitado!
Todo lo penetras, por eso eres el Todo. 11.40

Pensando que eras mi amigo, cualquier cosa
que bruscamente te dijese por descuido o
familiaridad excesiva: ¡Bah, Kṛṣṇa!, ¡Bah, Yādava!,
¡Bah, amigo!, sin conocer esta, tu grandeza, 11.41

o si a modo de burla te he humillado
en el juego, en el descanso, sentados o en la comida
estando solos, Acyuta, o en compañía,
te pido perdón, a ti, el Inescrutable. 11.42

Padre eres del mundo animado e inanimado,
y su objeto de veneración. Eres el Maestro más profundo.
Nada hay igual a ti. ¿Cómo podrá haber algo superior
a ti en los tres mundos? ¡Tú de inconmensurable poder!
11.43

Te saludo, pues, prostrando mi cuerpo
ante ti. Apacíguate, adorable Señor.
¡Deberías, Dios mío, soportarme como un padre a su hijo,
como un amigo a su amigo, como un amante a su amante.
11.44

Tengo los pelos de punta al ver lo nunca visto
y mi mente está turbada por el miedo.
¡Oh, Dios! Muéstrame tu forma anterior.
¡Ten piedad! Señor de los Dioses, Morada del Universo.
11.45

La forma apacible de la divinidad

Quiero verte de nuevo con la corona,
el cetro y llevando el disco en la mano.
¡Oh, tú, forma universal de extremidades infinitas!
Asume esa forma tuya de cuatro brazos. 11.46

Dijo el venerable Señor:

Al estar satisfecho contigo te he mostrado, Arjuna,
esta forma suprema mediante mi poder yóguico;
forma resplandeciente, universal, infinita, primordial
que nadie antes de ti había visto nunca. 11.47

Ni con el estudio de los *Vedas* y de los sacrificios ni con donativos
ni tampoco con los rituales o las más terribles penitencias,
puede ser vista esta forma mía en el mundo de los hombres
por alguien que no seas tú, ¡héroe de los kurus! 11.48

No te rindas a la zozobra ni te confundas
al ver esta forma mía, así tan espantosa.
Aleja todo temor y alégrate de nuevo.
Contempla una vez más esta forma [propicia]. 11.49

Dijo Sáṃjaya:

Vāsudeva tras dirigirse así a Arjuna
le mostró de nuevo su propia forma,
tranquilizándolo, pues estaba aterrorizado,
asumiendo ese Gran Ser su agradable figura. 11.50

Dijo Arjuna:

Viendo esta, tu humana y agradable
figura, tú que inspiras a los hombres,
he recuperado mi temple y
he vuelto a mi estado natural. 11.51

Dijo el venerable Señor:

Tú has visto, pues, esta forma mía
que es extraordinariamente difícil
de contemplar. Incluso los dioses
sienten constantes deseos de verla. 11.52

Ni con los *Vedas* ni con el ascetismo
ni con las donaciones ni los sacrificios,
puedo yo ser visto de esta manera,
tal y como tú me has visto. 11.53

Solo con una devoción exclusiva,
puedo yo ser así visto, Arjuna,
y también conocido e incluso penetrado
en profundidad, ¡azote de los enemigos! 11.54

Quien realiza mis obras, a mí consagrado,
siendo mi devoto, libre de apego,
sin sentir aversión por ser alguno,
ese ingresa en mí, ¡oh, Pā́ṇḍava! 11.55

Capítulo duodécimo: El yoga de la devoción

Los mejores yoguis

Dijo Arjuna:

¿Quiénes son los mejores conocedores del yoga?
¿Los devotos, siempre concentrados,
que así te adoran o los otros [que meditan]
en el imperecedero no manifiesto? 12.1

Dijo el venerable Señor:

Quienes me adoran, concentrados,
absorbiendo en mí su mente,
dotados de una fe suprema,
a esos considero los mejores yoguis. 12.2

Aun así, los que meditan en el imperecedero
indescriptible, en lo no manifiesto,
en el omnipresente, impensable,
trascendente, inamovible y firme; 12.3

esos, controlando el conjunto de sus sentidos
con la mente ecuánime en todo momento,
y entregados al bienestar de todos los seres
también a mí me alcanzan. 12.4

La dificultad de la meditación en lo no manifiesto

La dificultad es mucho mayor para quienes
ponen su mente en lo no manifiesto,
pues el camino de lo no manifiesto es
arduo de transitar para los seres corporales. 12.5

Para aquellos, que a mí consagrados,
confían en mí todas sus acciones,
y me rinden culto, meditando en mí
con una concentración exclusiva; 12.6

con su mente siempre absorta en mí,
yo rápidamente me convierto, Pārtha,
en quien los rescata del océano
de la existencia y la muerte. 12.7

Deposita en mí tu mente,
fija en mí tu intelecto,
y en mí morarás con certeza.
No haya en ello duda alguna. 12.8

Gradación de la dificultad

Si no puedes, Dhanáñjaya, concentrar
tu mente en mí de un modo estable,
intenta entonces alcanzarme
mediante la práctica del yoga. 12.9

Si eres incapaz de practicar,
conságrame tus acciones.
Dedicándome tus acciones,
alcanzarás la perfección. 12.10

Y si aun esto eres incapaz de hacer,
refugiado en unión íntima conmigo
y con la mente controlada, renuncia
a los resultados de todas las acciones. 12.11

Mejor es el conocimiento que la práctica,
pero la meditación aventaja al conocimiento.
Mejor que la meditación, la renuncia a los frutos de la acción.
De la renuncia [nace] al instante la paz. 12.12

El yogui ecuánime

Aquel que no odia a ningún ser;
amigo [de todos], compasivo;
libre del sentimiento de lo mío y del yo;
ecuánime ante el placer y el dolor, paciente; 12.13

ese yogui siempre satisfecho,
autocontrolado, firme en su decisión,
con su mente y su intelecto a mí consagrados,
ese, mi devoto, en verdad, me es querido. 12.14

Aquel que no atormenta al mundo
y que el mundo no atormenta,
libre de excitación, enojo, temor y desasosiego,
ese, en verdad, me es querido. 12.15

Independiente, puro, competente,
desapegado, libre de ansiedad,
aquel que ha abandonado toda empresa,
ese, mi devoto, en verdad, me es querido. 12.16

Quien no se excita ni se irrita;
ni se lamenta ni desea
y abandona lo bueno y lo malo,
ese, devoto, en verdad, me es querido. 12.17

Igual con el amigo y el enemigo,
en el honor y el deshonor,
ante el frío y el calor, libre
de apego en el placer y el dolor; 12.18

ecuánime ante el elogio y la censura,
discreto, satisfecho con cualquier cosa,
sin morada fija, de mente estable y lleno
de devoción, ese hombre me es querido. 12.19

Quienes comparten la ambrosía del dharma
tal y como la he enseñado, llenos de fe,
a mí consagrados, estos devotos
me son queridos en grado sumo. 12.20

Capítulo decimotercero: El yoga de la distinción entre el campo y el conocedor del campo

El campo y el conocedor del campo

Dijo el venerable Señor:

Este cuerpo, ¡hijo de Kunti!, es
llamado «el campo». Su conocedor
es «el conocedor del campo»,
según dicen, los que así lo saben. 13.1

Considera que yo también soy el conocedor
del campo en todos los campos, ¡oh, Bhārata!
El conocimiento del campo y de su conocedor
es lo que entiendo por conocimiento de verdad. 13.2

El campo

Escucha de mí en forma resumida
qué es y cómo es el campo, cuáles son
sus transformaciones, de dónde viene,
quién es [el conocedor] y cuáles son sus poderes. 13.3

Los sabios lo han cantado de múltiples
maneras con distintas y variadas estrofas
y con las palabras precisas y cargadas
de razones de los aforismos del *brahman*. 13.4

Los elementos toscos, el sentido del yo,
el intelecto, y también lo no manifiesto,
los diez sentidos más uno, [la mente],
y los cinco objetos de los sentidos, 13.5

el deseo y la aversión, el placer y el dolor,
el conglomerado [del cuerpo y los sentidos],
como base del ser consciente,
esto es el campo, brevemente enumerado
junto con sus modificaciones. 13.6

El conocimiento Sencillez, falta de ostentación,
no violencia, aguante, rectitud,
servicio al maestro, pureza,
estabilidad, dominio de sí; 13.7

indiferencia por los objetos de los sentidos,
asimismo, la falta del sentido del yo
y el hecho de contemplar el dolor y los defectos
del nacimiento, la vejez, la enfermedad y la muerte; 13.8

el desprendimiento y la falta de apego
por los hijos, la mujer y la casa,
y la constante ecuanimidad mental
ante los sucesos agradables y desagradables; 13.9

la devoción a mí
exclusiva e infalible,
residencia en lugares solitarios,
el fastidio en medio de la multitud; 13.10

la constancia en el conocimiento del *ātman*
y la visión de la meta final del conocimiento
de lo real, eso es llamado «conocimiento».
Todo lo otro es mera ignorancia. 13.11

Lo que hay que conocer: el brahman *supremo*

Te hablaré de aquello que hay que conocer.
Conociéndolo, se alcanza la inmortalidad.
Eso es el *brahman* supremo, sin principio.
Se dice que no es el ser ni el no ser. 13.12

Tiene pies y manos por todos lados;
por todos lados, ojos, cabezas y bocas.
En este mundo tiene oídos en todas partes.
Envolviéndolo todo, permanece inamovible. 13.13

Desprovisto de cualquier sentido,
refleja las cualidades de todos los sentidos.
Desasido, es el que sustenta a todos los seres.
Sin atributos, es el que disfruta de los atributos. 13.14

Está dentro y fucra dc los seres.
Es inmóvil, pero también se mueve.
Es incomprensible debido a su sutileza.
Estando lejos, está cerca. 13.15

Aunque es indivisible, parece como
si estuviese dividido entre los seres.
Hay que conocerlo como quien sustenta
a las criaturas, pero también las devora y las origina. 13.16

Es la luz de luces y se dice que
está más allá de la oscuridad.
Es el conocimiento, lo cognoscible
y lo que se alcanza con el conocimiento.
Reside de forma especial en el corazón de los seres. 13.17

El campo ha sido explicado brevemente
y también el conocimiento y lo cognoscible.
Cuando mi devoto sabe esto, se vuelve
digno de alcanzar mi condición. 13.18

La naturaleza y el espíritu

Considera que tanto la naturaleza
como el espíritu no tienen principio
y entiende, a su vez, que las mutaciones
y las energías tienen su origen en la naturaleza. 13.19

La naturaleza es considerada la causa
del efecto, del instrumento y de la agencia.
El espíritu es considerado la causa
de la experiencia del placer y del dolor. 13.20

El espíritu, morando en la naturaleza,
disfruta de las energías de la naturaleza.
Su apego a las energías es la causa de su
nacimiento en vientres puros e impuros. 13.21

Es el testigo interior, quien autoriza [los actos],
el sustentador, el que experimenta, el Gran Señor
y el *ātman* trascendental; es decir,
la Persona Suprema que habita este cuerpo. 13.22

Quien conoce el espíritu y
la naturaleza junto con las
energías, viva como viva,
no vuelve a renacer jamás. 13.23

Métodos de contemplación

Unos, gracias a la meditación, contemplan
el sí mismo en sí mismo por sí mismos;
otros, mediante el yoga del conocimiento
y aun algunos con el yoga de la acción. 13.24

Algunos lo adoran, aun desconociéndolo,
pues han oído a otra gente hablar de él.
Estos, aprovechando la enseñanza oral,
van también más allá de la muerte. 13.25

Considera, excelso Bhárata,
que cada ser, animado o
inanimado, nace de la unión
del campo y del conocedor del campo. 13.26

Quien contempla al Señor Supremo,
morando por igual en todos los seres,
imperecedero entre los perecederos,
ese, en verdad, lo contempla. 13.27

Quien ve al Señor residiendo
por igual, el mismo en todas partes,
ese no se hiere mentalmente a sí mismo,
y alcanza así el objetivo supremo. 13.28

Quien ve que las acciones son
siempre ejecutadas por la naturaleza,
sin ser el mismo el agente,
ese, en verdad, contempla. 13.29

Cuando percibe que todos los seres
separados confluyen en un solo punto,
de donde procede la expansión [del universo]
entonces se reabsorbe en el *brahman*. 13.30

El ātman *impoluto*

Al no tener principio ni cualidades
este *ātman* supremo es imperecedero,
y aun estando en el cuerpo, Kaunteya,
ni ejecuta [acciones] ni se contamina [por ellas]. 13.31

Al igual que el espacio omnipresente
por su sutileza nunca se mancha,
del mismo modo el *ātman*, establecido
en todo el cuerpo, nunca se mancha. 13.32

Al igual que un único Sol
ilumina todo el universo,
así el señor del campo
ilumina el campo entero. 13.33

La diferencia entre el campo y el conocedor del campo

Quienes con el ojo del conocimiento disciernen
la diferencia entre el campo y el conocedor del campo
y saben cómo liberarse de la materia primera,
productora de seres, alcanzan el lugar supremo. 13.34

Capítulo decimocuarto: El yoga de la distinción de los tres *guṇa*

El saber de los saberes

Dijo el venerable Señor:

Proclamaré una vez más el saber
de los saberes, excelso, supremo.
Todos los sabios al conocerlo
alcanzaron la más alta perfección. 14.1

Recurriendo a este conocimiento
en plena comunión conmigo,
uno no nace al inicio de la creación
y no se atormenta por el fin del mundo. 14.2

La gran matriz del mundo

Mi matriz es el gran sustentador.
En ella deposito la semilla.
De ahí surgen todos los seres,
¡Descendiente de Bhárata! 14.3

El gran sustentador es la matriz
de cualquier forma, Kaunteya,
que nazca de vientre alguno.
Yo soy el padre que dispensa la semilla. 14.4

Los tres guṇa*:* sattva, rajas *y* tamas

Sattva, *rajas* y *tamas*, estas son
las energías (*guṇa*) que nacen de la materia.
Encadenan el alma imperecedera
al cuerpo, ¡oh, tú, de poderosos brazos! 14.5

Sattva, por su pureza,
es iluminador y saludable.
Ata mediante el apego a la felicidad
y al conocimiento. ¡Impoluto! 14.6

Rajas está caracterizado por la pasión
y nace del deseo y del apego.
Encadena al alma, Kaunteya,
mediante el apego a la acción. 14.7

Tamas nace de la ignorancia
que confunde a todos los seres.
Encadena [al alma], Bhárata, mediante
el descuido, la pereza y la somnolencia. 14.8

S*attva* surge para la felicidad;
rajas, Bhárata, para la acción.
El *tamas*, cubriendo el conocimiento,
surge para la inadvertencia. 14.9

Prevalencia y ascendencia de los guṇa

Prevaleciendo sobre *rajas* y *tamas*,
surge el *sattva* dominante.
Sobre *rajas* y *sattva*, el *tamas*.
Sobre *tamas* y el *sattva*, el *rajas*. 14.10

Cuando en todas las puertas del cuerpo
se enciende la luz del conocimiento,
entiende entonces que
sattva está en ascendente. 14.11

La codicia, la actividad,
la iniciativa a ejecutar acciones,
la inquietud, el anhelo, Bharatárṣabha,
surgen cuando *rajas* está en ascendente. 14.12

La oscuridad, la inactividad,
la negligencia y la confusión,
¡hijo de Kuru!, surgen cuando
tamas está en ascendente. 14.13

La muerte y los guṇa

Si el alma muere cuando
el *sattva* está en ascendente,
alcanza los mundos impolutos
de los que saben lo mejor. 14.14

Quien muere cuando *rajas* predomina
nace entre los apegados a la acción.
Quien muere cuando *tamas*
nace de vientres estúpidos. 14.15

Varias características de los guṇa

Dicen que la acción bien hecha
tiene un fruto puro y sáttvico,
La rajásica tiene como fruto el dolor.
La tamásica, la ignorancia. 14.16

De *sattva* nace el conocimiento.
De *rajas*, la codicia.
El descuido y la confusión,
de *tamas*, y también la ignorancia. 14.17

Hacia arriba van los que están en el *sattva.*
En el medio permanecen los rajásicos.
Los tamásicos con un comportamiento
deleznable se hunden en el fondo. 14.18

Trascendiendo los guṇa

Cuando la conciencia observa que
no hay otro agente sino los *guṇa*,
conociendo lo que hay más allá de ellos
alcanza mi condición. 14.19

Dejando atrás los tres *guṇa,* que son
el origen del cuerpo, liberado del dolor
del nacimiento, la muerte y la vejez,
disfruta de la inmortalidad. 14.20

El sabio que ha trascendido los tres guṇa

Dijo Arjuna:

¡Prabhú! ¿Qué señales tenemos
de que una persona haya trascendido
los tres *guṇa*? ¿Cómo se comporta?
y ¿cómo supera los tres *guṇa*? 14.21

Dijo el venerable Señor:
¡Pā́ṇḍava! [Esa persona] no detesta
la luz, la actividad y la ilusión
cuando se ponen en marcha. Tampoco
las desea cuando se detienen. 14.22

Sentado como una persona indiferente,
las energías no lo trastornan.
«Las energías operan [en las energías]»
Quien así piensa permanece firme y no se inmuta. 14.23

Permaneciendo en sí mismo, ecuánime ante el placer
y el dolor,
ecuánime ante un terrón de tierra o un lingote de oro,
sintiendo lo mismo ante lo agradable y lo desagradable,
sabio, indiferente en la alabanza y la censura. 14.24

Igual ante el honor y el deshonor,
igual ante el amigo y el enemigo,
aquel que renuncia a toda empresa,
se considera que ha trascendido los *guṇa*. 14.25

Quien me sirve con el yoga
de una devoción inquebrantable,
yendo más allá de los *guṇa*, se vuelve
digno de convertirse en *brahman*. 14.26

Yo soy el fundamento
del *brahman* inmortal y eterno,
del dharma perenne
y de la felicidad absoluta. 14.27

Capítulo decimoquinto:
El yoga de la Persona Suprema

El árbol invertido

Hablan de una higuera sagrada,
imperecedera, con las raíces al aire
y las ramas al suelo. Sus hojas son los versos.
Quien así la conoce, conoce el Veda. 15.1

Con sus ramas extendidas, abajo y arriba, henchidas
de energías, con los brotes tiernos de los objetos,
extienden hacia abajo las raíces que ocasionan
las acciones en el mundo de los hombres. 15.2

No se percibe aquí de ella forma alguna.
Ni el principio, ni el fin, ni el fundamento.
Esta higuera sagrada de raíces bien crecidas
córtala con la firme espada del desapego. 15.3

La morada suprema

Entonces, busca ese estado supremo
yendo al cual no se regresa nunca más
y alcanza ese *puruṣa* primordial
del cual emanó el primer flujo creativo. 15.4

Sin orgullo ni quimeras, vencido el vicio del apego,
en la constante presencia del *ātman*, con los deseos
aquietados,

liberadas de los opuestos como el placer y el dolor,
las personas lúcidas alcanzan el ámbito de lo
imperecedero. 15.5

Allí no brilla el sol
ni la luna o el fuego.
Esa es mi morada suprema.
Al alcanzarla, no hay regreso. 15.6

El alma encarnada

Solo un fragmento eterno de mi ser se convierte
en el alma encarnada en este mundo de seres vivos.
[Este fragmento] atrae hacia sí los sentidos, que
residen
en la naturaleza, junto con la mente, el sexto sentido. 15.7

Cualquier cuerpo que el Señor adopte
o abandone toma para sí los sentidos
y emprende su partida, como el viento
se lleva de sus lugares los olores. 15.8

La mente, recurriendo
al oído, a la vista, al tacto,
al gusto y al olfato,
disfruta de los objetos. 15.9

La contemplación de la divinidad en el cuerpo

Los ignorantes no lo ven cuando
está saliendo o morando [en el cuerpo],
cuando está disfrutando o asociado con los *guṇa*.
Lo ven aquellos cuyo ojo es el conocimiento. 15.10

Esforzándose, los yoguis
lo contemplan residiendo en uno mismo.
Aunque se esfuercen, los insensatos,
sin dominio de sí, no lo contemplan. 15.11

La inmanencia de la Persona Suprema

El resplandor del sol que
ilumina el mundo entero,
el que está en la luna y en el fuego,
considéralos como mi propio esplendor. 15.12

Penetrando en la tierra,
sustento a los seres con mi energía;
nutro a todas las plantas
convertido en la savia del *soma.* 15.13

Yo, convertido en Vaiśvānara,
me aposento en el cuerpo de los seres.
Dotado de inspiración y espiración,
digiero los cuatro tipos de comida. 15.14

He penetrado en el corazón de todos.
De mí surgen el recuerdo, el conocimiento y su refutación.
Yo soy el objeto de conocimiento de todos los Vedas.
Yo soy el creador del *vedānta* y el conocedor de los Vedas. 15.15

Las dos personas y la Persona Suprema

Hay dos personas en este mundo.
La perecedera y la imperecedera.
La perecedera son todos los seres.
La imperecedera está en la cúspide. 15.16

Hay otra persona excelente
que es llamada el *ātman* supremo,
el Señor inagotable que, habiendo
penetrado los tres mundos, los sostiene. 15.17

Al estar más allá de lo perecedero
y ser superior a lo imperecedero,
en este mundo y en el Veda
me conocen como Persona Suprema. 15.18

Quien libre de ilusión
me conoce como Persona Suprema,
ese lo sabe todo y me venera
con todo su ser. ¡Bhārata! 15.19

Aquí, la más oculta ciencia te ha
sido por mí explicada, ¡impoluto!
Conociéndola, sé un conocedor
y un ser realizado, ¡oh, Bhārata! 15.20

Capítulo decimosexto: El yoga de la distinción entre la tendencia divina y la demoníaca

Tendencias divinas

Ausencia de miedo, pureza mental,
continuidad en el conocimiento y en el yoga,
liberalidad, autocontrol, sacrificio,
estudio, austeridad, rectitud, 16.1

no violencia, verdad, ausencia de cólera,
renuncia, calma, falta de malicia,
compasión hacia los seres, falta de codicia,
amabilidad, decoro, gravedad, 16.2

brillantez, aguante, firmeza, pureza,
ausencia de hostilidad y de orgullo
desmesurado, estas son [las cualidades]
del nacido con tendencias divinas, Bhārata. 16.3

Tendencias demoníacas

Ostentación, arrogancia, orgullo,
cólera, dureza e ignorancia, Pārtha,
estas son las cualidades del nacido
con tendencias demoníacas. 16.4

Las tendencias divinas conducen
a la liberación; las demoníacas,
a la esclavitud. No temas, Pā́ṇḍava:
has nacido con tendencias divinas. 16.5

En este mundo, la creación de los seres
es de dos tipos: divina o demoníaca.
He hablado ampliamente de la divina.
Escucha ahora, Pārtha, la demoníaca. 16.6

Gentes demoníacas

Las gentes demoníacas no conocen
ni la vida activa ni la contemplativa.
Ni la pureza ni la buena conducta
tampoco la verdad se encuentra en ellos. 16.7

Dicen que en el mundo no hay
verdad ni fundamento ni Dios.
[El mundo] se creó por contacto mutuo
fruto del deseo y nada más. 16.8

Aferrándose a esta idea, estas gentes perversas
de mente extraviada y poca inteligencia,
con sus terribles acciones se hacen fuertes
para la destrucción del mundo. 16.9

Cobijando un deseo insaciable,
llenos de arrogancia, orgullo y furia,
asumiendo en su ignorancia falsas ideas,
proceden con sus prácticas deshonestas. 16.10

Entregados a un ansia infinita
que solo termina con la muerte,
concluyen que el disfrute de los placeres
es el objetivo supremo y nada más. 16.11

Atados por los lazos innumerables
del anhelo, sometidos al deseo y la rabia,
se esfuerzan en acumular riqueza por medios
ilícitos para el disfrute de los placeres. 16.12

«Hoy he conseguido este deseo
y pronto alcanzaré este otro.
Esta riqueza es mía
y esta otra también lo será. 16.13

He eliminado a este enemigo
y eliminaré también a los otros.
Soy el amo y el que más disfruta.
Soy perfecto, poderoso y feliz. 16.14

Soy rico y bien nacido.
¿Hay alguien parecido a mí?
Sacrificaré, haré donaciones y me regocijaré».
Así piensan, confundidos por la ignorancia. 16.15

Confundidos por múltiples elucubraciones,
enredados en la telaraña de la ilusión,
adictos a los placeres de los sentidos
caen en un infierno impuro. 16.16

Pagados de sí mismos, obstinados,
borrachos de riqueza y soberbia,
celebran sacrificios solo de nombre
de forma ostentosa e irregular. 16.17

Atrincherados en el egoísmo, la fuerza,
la insolencia, el deseo y la cólera, estas
gentes maliciosas me odian de rigor
en sí mismos o en los otros. 16.18

A estos odiosos canallas, perniciosos
y crueles, los arrojo una y otra vez,
a lo largo de sus reencarnaciones,
en vientres demoníacos. 16.19

Nacimiento tras nacimiento, estos
necios alcanzan vientres demoníacos,
y sin encontrarme a mí, Kaunteya,
descienden al más hondo nivel. 16.20

La triple puerta del infierno

Triple es la puerta del infierno que
conduce a la propia destrucción:
el deseo, la cólera y la codicia.
Por lo tanto, abandónalas. 16.21

Kaunteya, el hombre que ha evitado
las tres puertas de la oscuridad
realiza lo que es mejor para él
y alcanza la meta suprema. 16.22

Quien, desechando los preceptos
de las escrituras, se comporta
a su antojo, no alcanza el éxito
ni la felicidad ni la meta suprema. 16.23

Así pues, sabiendo que las escrituras
son la autoridad en lo que hay y no hay
que hacer, deberías ejecutar la acción
prescrita por las escrituras. 16.24

Capítulo decimoséptimo: El yoga de la distinción entre los tres tipos de fe

Dijo Arjuna:

¿Cuál es la disposición de aquellos
que, llenos de fe, celebran los sacrificios
abandonando las prescripciones de las
escrituras? ¿Es *sattva*, *tamas* o *rajas*? 17.1

Dijo el venerable Señor:

Tres tipos de fe

Triple es la fe de las almas encarnadas,
que nace de su propia naturaleza:
sáttvica, rajásica y tamásica.
Presta atención al respecto. 17.2

La fe de cada persona, Bhārata,
se conforma a su propia mente.
La persona está hecha de fe.
Como sea su fe, así será ella. 17.3

Las personas sáttvicas sacrifican a los dioses;
las rajásicas, a los genios y a los ogros,
y los otros, las gentes tamásicas,
sacrifican a los espectros y espíritus malignos. 17.4

Penitencias demoníacas

Las gentes que practican penitencias
terribles, no prescritas en las escrituras,
henchidas de arrogancia y de ego,
llenas de deseo, pasión y prepotencia, 17.5

son unas insensatas que torturan
el conjunto de los órganos corporales,
e incluso a mí, que moro en su interior.
Considéralas gentes de disposición demoníaca. 17.6

Tres tipos de comida

La comida favorita de cada persona
es también, por consiguiente, de tres tipos,
y asimismo los sacrificios, la austeridad,
y las donaciones. Observa sus diferencias. 17.7

La comida favorita de las personas sáttvicas
aumenta la duración de la vida, la inteligencia,
el vigor, la salud, el bienestar y el deleite.
Es suculenta, oleaginosa, sustanciosa y exquisita. 17.8

Las personas rajásicas apetecen una comida
amarga, ácida, salada, muy caliente,
picante, seca, que produce quemazón
y ocasiona dolor, malestar y enfermedad. 17.9

La comida favorita de las personas
tamásicas está medio cruda.
Es insípida, putrefacta, pasada,
consiste en las sobras y es insalubre. 17.10

Tres tipos de sacrificios

El sacrificio celebrado de la forma
prescrita por las escrituras, sin esperar
los resultados, solo pensando que hay
que celebrarlo, es un sacrificio sáttvico. 17.11

El sacrificio celebrado con miras
al resultado y por pura ostentación,
¡oh, el Mejor de los Bhárata!,
considéralo como un sacrificio rajásico. 17.12

El sacrificio no prescrito por las escrituras,
sin distribución de comida, exento de mantras,
desprovisto de donativos y carente de fe,
es declarado un sacrificio tamásico. 17.13

Tres tipos de austeridades

El culto a los dioses, a los brahmanes,
a los maestros y a los sabios, la pureza,
la rectitud, la continencia y la no violencia
son denominados austeridad corporal. 17.14

El discurso que no hiere,
cierto, agradable y provechoso,
y el cultivo del estudio y la recitación
son denominados austeridad de palabra. 17.15

La serenidad, la amabilidad,
el silencio, el dominio de sí,
la pureza de intención son
denominados austeridad mental. 17.16

Esta triple austeridad, cuando
es practicada con fe absoluta
por personas que no esperan resultados,
es designada como sáttvica. 17.17

La austeridad practicada con ostentación
para conseguir el reconocimiento, el honor
y la veneración, es llamada rajásica.
Es impredecible y transitoria. 17.18

La austeridad practicada con
la idea errónea de torturarse
a uno mismo, o destruir a otros,
es considerada tamásica. 17.19

Tres tipos de donaciones

La donación entregada, porque hay que darla,
a una persona que no va a corresponder,
en el lugar, el momento y el recipiente adecuado,
es considerada una donación sáttvica. 17.20

La donación entregada a regañadientes,
esperando una compensación,
con un objetivo específico,
es considerada una donación rajásica. 17.21

La donación entregada, en el lugar
y el momento inadecuados, a quienes
no lo merecen, sin el respeto debido
y con desprecio, es considerada tamásica. 17.22

Om, tat, sat*: la triple denominación*

Om, *tat*, *sat*: esta es la triple denominación
del *brahman*. En la antigüedad,
los *brāhmaṇa*, los Vedas y los sacrificios
fueron instaurados por estos tres. 17.23

Por lo tanto, pronunciando *Om*,
proceden siempre, de forma prescrita,
los sacrificios, las donaciones y la austeridad
de los seguidores del *brahman*. 17.24

Pronunciando *tat*, los que desean
la liberación ejecutan de diversas formas y
sin esperar resultados, las acciones sacrificiales,
las prácticas ascéticas y las donaciones. 17.25

La palabra *sat* se utiliza en el
sentido de «existencia» y «bondad»
y, asimismo, Pārtha, con el
significado de «acción meritoria». 17.26

La constancia en el sacrificio, la austeridad
y la donación es denominada *sat*.
Sat es también llamada la acción
que tiene por objeto a estos tres. 17.27

Lo que se hace sin fe o se ofrece en sacrificio
o se entrega en donación, o se practica
como ascetismo, es llamado *asat*, Pārtha,
y no sirve para nada ni aquí ni en el más allá. 17.28

Capítulo decimoctavo: El yoga de la renuncia como liberación

Dijo Arjuna:

La renuncia y el abandono: saṃnyāsa *y* tyāga

¡Oh, tú, de poderosos brazos!
Conocer quiero con claridad la esencia
de la renuncia y el abandono. ¡Señor
de los Sentidos!, ¡Exterminador de Keśin! 18.1

Dijo el venerable Señor:

Los sabios saben que la renuncia es
la dejación de las acciones interesadas.
Los conocedores dicen que el abandono
es abandonar el fruto de todas las acciones. 18.2

Ciertos sabios afirman que la acción
debe ser evitada como una lacra.
Otros consideran que no hay que abandonar
los sacrificios, las donaciones y las austeridades. 18.3

Tres tipos de abandono

¡Mejor de los Bhárata! Aprende de mí
la verdad definitiva en cuanto al abandono,

ya que, ¡hombre excelente!, es bien conocido
que el abandono es de tres tipos. 18.4

Los sacrificios, las donaciones y el ascetismo
no deben ser abandonados. Hay que ejecutarlos sin falta,
ya que los sacrificios, las donaciones y el ascetismo
son medios de purificación para los hombres sabios. 18.5

Mi opinión definitiva y la más elevada,
sostiene, Pārtha, que hay que ejecutar
estas acciones abandonando primero
el apego y el deseo de resultados. 18.6

Abandono tamásico

No procede la renuncia
de la acción obligatoria.
Su abandono a causa de la ilusión
es considerado tamásico. 18.7

Abandono rajásico

Pensando que es penosa, la acción que se
abandona por miedo a la fatiga corporal
constituye, en verdad, un abandono rajásico
y no proporciona el fruto del abandono. 18.8

Abandono sáttvico

Arjuna, quien cumple la acción obligatoria
pensando que hay que hacerla,
abandonando el apego y el resultado,
ese abandono es considerado sáttvico. 18.9

No detesta la acción desagradable
ni se apega a la acción agradable.
Es el renunciante, colmado de *sattva*,
clarividente, que ha erradicado toda duda. 18.10

En verdad, el ser encarnado no puede
renunciar plenamente a la acción.

Quien abandona el resultado de la acción
es el verdadero renunciante. 18.11

El triple resultado de la acción

Triple es el resultado de la acción:
deseado, indeseado y mixto.
Tras la muerte, [este resultado]
sobreviene a los que no han renunciado,
pero nunca a los renunciantes. 18.12

Los cinco factores de la acción

¡Oh, tú, de poderosos brazos! Aprende
de mí los cinco factores, enunciados
en la conclusión de la doctrina *sāṃkhya*,
para el cumplimento de todas las acciones. 18.13

El sustrato [de la acción] y el agente,
los diferentes tipos de instrumentos,
los múltiples y separados esfuerzos
y el quinto factor: el destino. 18.14

Con el cuerpo, la palabra o la mente,
la acción por el hombre iniciada,
sea lícita o contraria a la legalidad,
tiene como causa estos cinco. 18.15

La no agencia del ātman

Siendo esto así, quien, por falta
de madurez intelectual, considera
que el *ātman* es el único agente
es un insensato que nada entiende. 18.16

Aquel libre del sentido del yo,
cuyo intelecto no se contamina,
aunque mate a toda esta gente,
ni mata, ni se encadena [a su acción]. 18.17

El impulso y el conjunto de la acción

El impulso a la acción es de tres tipos:
el conocimiento, lo conocido y el conocedor.
El conjunto de la acción es de tres tipos:
el instrumento, el objeto y el agente. 18.18

El conocimiento, la acción y el agente

En la evaluación de los *guṇa*, se dice que
el conocimiento, la acción y el agente son de
tres tipos, según la diferenciación de los *guṇa*.
Aprende correctamente cómo son. 18.19

La triple distinción del conocimiento

El conocimiento que contempla
una sola esencia eterna e indivisa
en cada uno de los seres divididos,
considéralo como sáttvico. 18.20

El conocimiento que percibe en
todos los seres, de forma separada,
una multitud de entidades diversas,
considéralo un conocimiento rajásico. 18.21

[El conocimiento] infundado que se ciñe
a una sola parte como si fuese el todo,
que no tiene por objeto la verdad y es limitado,
es ejemplificado como tamásico. 18.22

La triple distinción de la acción

La acción necesaria ejecutada
sin placer o aversión, libre de apego,
por alguien que no apetece resultados
es declarada una acción sáttvica. 18.23

La acción realizada por quien
busca el placer, con mucho ego
y gran cantidad de esfuerzo,
es ejemplificada como rajásica. 18.24

La acción que se emprende por error,
sin tener en cuenta las consecuencias,
el menoscabo, la violencia y la propia
capacidad, es denominada tamásica. 18.25

La triple distinción del agente

La persona libre de apego, que no se pliega
al egoísmo, llena de firmeza y entusiasmo,
imperturbable ante el éxito y el fracaso,
es considerada un agente sáttvico. 18.26

La persona apasionada, ávida del fruto
de la acción, codiciosa, violenta, impura,
dominada por la alegría y el desconsuelo,
es designada como agente rajásico. 18.27

La persona que no se aplica, vulgar,
obstinada, falsa, malvada, perezosa,
depresiva y procrastinadora,
es considerada un agente tamásico. 18.28

La triple distinción del intelecto

¡Dhanáñjaya, presta atención! Se te
va a explicar completa y claramente,
la triple distinción del intelecto
y la resolución, según los *guṇa*. 18.29

El intelecto, Pārtha, que distingue entre la vida
activa y la contemplativa, entre lo que se debe
hacer y lo que no, entre el miedo y su ausencia,
la esclavitud y la liberación, ese es sáttvico. 18.30

El intelecto que conoce incorrectamente
el dharma y el *adharma*, lo que hay
que hacer y lo que no hay que hacer,
ese, Pārtha, es un intelecto rajásico. 18.31

El intelecto, envuelto en la oscuridad,
que considera el *adharma* como dharma
y que conoce todas las cosas al revés,
Pārtha, es un intelecto tamásico. 18.32

La triple distinción de la firmeza

La firmeza que no se aparta del yoga,
mediante la cual se mantienen firmes
las operaciones de la mente, los aires vitales
y los sentidos, es, Pārtha, una firmeza sáttvica. 18.33

La firmeza, Arjuna, mediante la cual
se mantienen firmes el dharma, el placer
y lo útil, y que en cada ocasión
aspira a resultados, es rajásica. 18.34

La estúpida firmeza que se aferra
al sueño, al miedo, la pena, la tristeza
y la embriaguez, esa firmeza,
Pārtha, es considerada tamásica. 18.35

La triple distinción del placer

Presta ahora atención, ¡oh, tú, el Mejor
de los Bhárata! El placer es de tres tipos.
El que se deleita en la práctica continuada
y conduce a la cesación del dolor, 18.36

que al principio parece veneno
y al final es parecido al néctar,
ese es el placer sáttvico, que nace
de la claridad mental del *ātman*. 18.37

El placer que nace del contacto de los sentidos
con sus objetos y que al principio es semejante
al néctar, pero al final se convierte en veneno,
ese placer es considerado rajásico. 18.38

El placer que, al principio
y después confunde a uno mismo
y surge del sueño, la pereza y el descuido
es ejemplificado como tamásico. 18.39

No existe en la tierra, ni en el cielo
entre los dioses, ser alguno
que esté libre de estos tres *guṇa*,
que nacen de la naturaleza primordial. 18.40

Los deberes de los cuatro estamentos

¡Azote de los enemigos! Los deberes
de los brahmanes, los guerreros,
el pueblo común y los siervos están
claramente divididos según los *guṇa*
que nacen de su propia naturaleza. 18.41

La calma, el dominio de sí, la austeridad,
la pureza, el aguante, la rectitud
el conocimiento, la experiencia, la fe,
estos son los deberes del brahmán
que emanan de su propia naturaleza. 18.42

La valentía, el arrojo, la fortaleza,
la destreza, la no huida en la batalla,
la generosidad, el señorío,
estos son los deberes del guerrero
que emanan de su propia naturaleza. 18.43

La agricultura, la ganadería, el comercio,
estos son los deberes del pueblo común
que emanan de su propia naturaleza.
El servicio es del deber de los siervos
que emana de su propia naturaleza. 18.44

La satisfacción del deber cumplido

Quien se complace en sus diferentes
deberes, alcanza la perfección.
¡Presta atención a cómo obtiene el éxito
quien se deleita en su propio deber! 18.45

Adorando, con su propias obras,
a aquel de quien proceden los seres
y que impregna el mundo entero,
el hombre alcanza la perfección. 18.46

Mejor seguir el propio dharma, exento de virtud,
que el dharma ajeno, aunque esté bien ejecutado.
Realizando la acción determinada por la propia
naturaleza, no se incurre en falta alguna. 18.47

¡Hijo de Kunti! No se abandona el deber
inherente, aunque sea imperfecto. Todas
las tareas están envueltas por algún tipo de
imperfección, como el fuego por el humo. 18.48

La perfección suprema de la no acción

Con la mente desapegada en todo
punto, dueño de sí, libre de ansia,
mediante la renuncia se alcanza
la perfección suprema de la no acción. 18.49

Vía de perfección

Aprende de mí en pocas palabras,
hijo de Kunti, cómo quien
consiguió la perfección alcanza
la suma del conocimiento, el *brahman*. 18.50

Dotado de un intelecto purificado,
controlando la mente con firmeza,
abandonando los objetos sensoriales,
desechando el gusto y el disgusto, 18.51

viviendo en soledad, comiendo poco,
con la palabra, el cuerpo y la mente
refrenados, entregado siempre al yoga
y la meditación, refugiado en el desapego, 18.52

desprendiéndose del ego, la prepotencia,
la arrogancia, el deseo, la cólera, la posesión,
libre del sentido de posesión y aquietado
se hace digno de convertirse en *brahman*. 18.53

Convertido en brahman

Convertido en *brahman*, apacible,
ni se apena ni anhela nada,
ecuánime ante todos los seres,
obtiene la devoción a mí suprema. 18.54

Con esa devoción conoce cómo
me muestro y quién soy en realidad.
Acto seguido, conociéndome
en realidad, se absorbe en mí. 18.55

Aunque ejecute constantemente
todas las acciones, refugiado
en mí, por mi gracia alcanza
el estado eterno e imperecedero. 18.56

Poniendo la atención en Kṛṣṇa

Depositando mentalmente en mí
todas las acciones, a mí consagrado,
recurriendo al yoga del intelecto,
pon tu atención siempre en mí. 18.57

Con tu atención puesta en mí, por mi
gracia, superarás todos los obstáculos.
Mas si tú, a causa del egoísmo,
no me escuchas, perecerás [con certeza]. 18.58

La fuerza de la naturaleza

Si ateniendo al sentido del yo
consideras que no lucharás,
vana es tu decisión, pues tu
naturaleza te empuja a ello. 18.59

¡Kaunteya!, atado estás por tu propia
acción que emana de tu naturaleza.
Aunque por error no quieras hacerlo,
lo acabarás haciendo inevitablemente. 18.60

La Māyā del Señor

¡Arjuna!, el Señor reside en el
corazón de todos los seres y con
su Māyā los hace girar como si
estuviesen montados en una noria. 18.61

¡Bhārata! Refúgiate en él
con todo tu ser. Por su
gracia, alcanzarás la paz
suprema, morada eterna. 18.62

La sabiduría divina o el misterio supremo

Así, esta sabiduría te ha sido explicada
como el más secreto de los misterios.
Reflexiona íntegramente en ella
y, a partir de aquí, haz lo quieras. 18.63

Presta atención, de nuevo, a mi palabra
suprema, la más secreta de todas.
Querido me eres, ciertamente,
y por eso hablo por tu bien. 18.64

Pon tu mente en mí. Sé mi devoto.
Ofréceme tus sacrificios. Hónrame.
A mí solo me alcanzarás. En verdad,
te lo prometo, pues me eres querido. 18.65

Abandonando todos los dharmas,
busca refugio solo en mí.
Yo te liberaré de todos
los males. No te aflijas. 18.66

Esto no debe ser nunca expuesto
a quien no es austero ni devoto,
a quien no tiene espíritu de servicio
ni a aquel que habla mal de mí. 18.67

Quien este misterio supremo
a mis devotos declare
me ofrecerá su más alta devoción
y me alcanzará sin duda alguna. 18.68

Nadie entre los hombres, sino él,
me presta un servicio más querido.
Ni nadie, sino él, será por mí
el más querido en este mundo. 18.69

El estudio de la Gītā

Quien estudie este nuestro
diálogo sobre el dharma
me ofrecerá el sacrificio del
conocimiento. Esta es mi opinión. 18.70

El hombre, lleno de fe, libre de malicia,
que escuche esto, es también un ser liberado
que alcanza los mundos auspiciosos
de los que han obrado meritoriamente. 18.71

¡Pārtha! ¿Has escuchado esto
con tu mente concentrada?
¡Dhanáñjaya! ¿Se ha desvanecido
la ilusión de tu ignorancia? 18.72

Dijo Arjuna:

Arjuna libre de dudas

Por tu gracia, Imperecedero, se ha disipado
la ilusión y he recobrado la conciencia.
Estoy a punto. Se han esfumado mis dudas.
Me comportaré como tú has dicho. 18.73

Gītā: *el diálogo maravilloso*

Dijo Sáṃjaya:

Así pues, escuché yo el maravilloso
diálogo, que pone la piel de gallina,
entre el hijo de Vasudeva y el
magnánimo hijo de Pṛthā. 18.74

Por la gracia de Vyāsa, he escuchado
directamente de Kṛṣṇa, el Señor
del Yoga, mientras, él mismo lo relataba
este yoga supremo y oculto. 18.75

¡Oh, rey! Recordando una y otra
vez este maravilloso y excelso
diálogo entre Kéśava y Arjuna,
me deleito sin cesar. 18.76

Recordando, además, una y otra vez
la forma extraordinaria de Hari,
¡oh, rey!, me embarga un gran asombro
y me deleito continuamente. 18.77

Allí donde se encuentran Kṛṣṇa,
el Señor del Yoga, y Pārtha, el arquero,
allí residen la fortuna y la victoria,
la prosperidad duradera y el arte del
buen gobierno. Esta es mi opinión. 18.78

Parte III

TEXTO ORIGINAL

La *Bhagavadgītā* original, palabra a palabra

Capítulo primero

1.1 dhṛtarāṣṭra uvāca

dhṛtarāṣṭra: Dhṛtarāṣṭra **uvāca:** dijo

dharmakṣetre kurukṣetre; samavetā yuyutsavaḥ /
māmakāḥ pāṇḍavāś caiva kim akurvata saṃjaya // 1.1

dharmakṣetre: en el campo del dharma **kurukṣetre:** en el campo de los kurus **samavetā:** reunidos **yuyutsavaḥ:** deseosos de luchar **māmakāḥ:** los míos **pāṇḍavāś:** los pā́ṇḍavas **ca:** y **eva:** [expletivo] **kim:** ¿qué? **akurvata:** hicieron **saṃjaya:** Sáṃjaya **1.1**

1.2 saṃjaya uvāca

saṃjaya: Sáṃjaya **uvāca:** dijo

dṛṣṭvā tu pāṇḍavānīkaṃ; vyūḍhaṃ duryodhanas tadā /
ācāryam upasaṃgamya; rājā vacanam abravīt // 1.2

dṛṣṭvā: viendo **tu:** [expletivo] **pāṇḍava-:** de los pā́ṇḍavas **-anīkaṃ:** el ejército **vyūḍhaṃ:** formado, en formación de batalla **duryodhanas:** Duryódhana **tadā** entonces **ācāryam:** al maestro **upasaṃgamya:** acercándose **rājā:** el rey **vacanam:** discurso, palabras **abravīt:** dijo **1.2**

paśyaitāṃ pāṇḍuputrāṇām; ācārya mahatīṃ camūm /
vyūḍhāṃ drupadaputreṇa; tava śiṣyeṇa dhīmatā // 1.3

paśya: mira, contempla **etāṃ:** esta **pāṇḍu-:** de Pāṇdu **putrāṇām:** de los hijos **ācārya:** maestro **mahatīṃ:** gran **camūm:** ejército, hueste, tropa **vyūḍhāṃ:** formada, dispuesta **drupada-:** de Drupada **putreṇa:** por el hijo **tava:** tu **śiṣyeṇa:** discípulo **dhīmatā:** sabio, inteligente **1.3**

atra śūrā maheṣvāsā; bhīmārjunasamā yudhi /
yuyudhāno virāṭaś ca; drupadaś ca mahārathaḥ // 1.4

atra: aquí **śūrā:** héroes **mahā-:** gran, excelente **-iṣvāsā:** arquero **bhīma-:** a Bhīma **-arjuna-:** y a Arjuna **samā-:** iguales **yudhi:** en el combate **yuyudhāno:** Yuyudhāna **virāṭaś:** Virāṭa **ca:** y **drupadaś:** Drupada **ca:** y **mahā-:** gran, excelso **-rathaḥ:** guerrero **1.4**

dhṛṣṭaketuś cekitānaḥ; kāśirājaś ca vīryavān /
purujit kuntibhojaś ca; śaibyaś ca narapuṃgavaḥ // 1.5

dhṛṣṭaketuś: Dhṛṣṭaketu **cekitānaḥ:** Cekitāna **kāśi-:** de Kāśi **-rājaś:** el rey **ca:** y **vīryavān:** lleno de energía, energético, esforzado **purujit:** Purujit **kuntibhojaś:** Kuntibhoja **ca:** y **śaibyaś:** Śaibya **ca:** **nara-:** entre los hombres **-puṃgavaḥ:** lit.: «toro», el mejor **1.5**

yudhāmanyuś ca vikrānta; uttamaujāś ca vīryavān /
saubhadro draupadeyāś ca; sarva eva mahārathāḥ // 1.6

yudhāmanyus: Yudhāmanyu **ca:** **vikrānta:** valeroso **uttamaujāś:** Uttamaujas **ca:** y **vīryavān:** lleno de energía, energético, esforzado **saubhadro:** hijo de Subhadrā **draupadeyāś:** hijos de Draupadī **ca:** y **sarva:** todos **eva:** [expletivo] **mahārathāḥ:** grandes guerreros **1.6**

asmākaṃ tu viśiṣṭā ye; tān nibodha dvijottama /
nāyakā mama sainyasya; saṃjñārthaṃ tān bravīmi te // 1.7

asmākaṃ: nuestro **tu:** [expletivo] **viśiṣṭā:** especiales, distinguidos **ye:** aquellos **tān:** esos **nibodha:** conoce, toma nota **dvija-:** de los dos veces nacidos **uttama:** el mejor **nāyakā:** generales **mama:** de mi **sainyasya:** ejército **saṃjñārthaṃ:** para [tu] conocimiento **tān:** los **bravīmi:** digo, nombro **te:** te **1.7**

bhavān bhīṣmaś ca karṇaś ca; kṛpaś ca samitiṃjayaḥ /
aśvatthāmā vikarṇaś ca; saumadattis tathaiva ca // 1.8

bhavān: usted **bhīṣmaś:** Bhīṣma **ca:** y **karṇa-:** Karṇa **ca:** y **kṛpaś:** Kṛpa **ca** y **samitiṃ-:** en la batalla **-jayaḥ:** victorioso **aśvatthāmā:** Aśvatthāman **vikarṇaś:** Vikarṇa **ca saumadattis:** hijo de Somadatta **tathā:** asimismo, también **eva:** [expletivo] **ca:** y **1.8**

anye ca bahavaḥ śūrā; madarthe tyaktajīvitāḥ /
nānāśastrapraharaṇāḥ; sarve yuddhaviśāradāḥ // 1.8

anye: otros **ca:** y **bahavaḥ:** muchos **śūrā:** héroes, paladines **madarthe:** por mí **tyakta-:** que han abandonado **jīvitāḥ:** la vida **nānā-:** con diversas **-śastra-:** espadas **-praharaṇāḥ:** y armas de choque o arrojadizas, mazas, lanzas **sarve:** todos **yuddha-:** en la batalla **-viśāradāḥ:** diestros **1.8**

aparyāptaṃ tad asmākaṃ; balaṃ bhīṣmābhirakṣitam /
paryāptaṃ tv idam eteṣāṃ; balaṃ bhīmābhirakṣitam // 1.9

aparyāptaṃ: ilimitado [«insuficiente», según otra interpretación] **tad:** este **asmākaṃ:** nuestro **balaṃ:** ejército **bhīṣma-:** por Bhīṣma **-abhirakṣitam:** protegido **paryāptaṃ:** limitado [«suficiente», según otra interpretación] **tu:** pero **idam:** este **eteṣāṃ:** de ellos, suyo **balaṃ:** ejército **bhīma-:** por Bhīma **-abhirakṣitam:** protegido **1.9**

ayaneṣu ca sarveṣu; yathābhāgam avasthitāḥ /
bhīṣmam evābhirakṣantu; bhavantaḥ sarva eva hi // 1.11

ayaneṣu: en las posiciones **ca:** y **sarveṣu:** todas **yathābhāgam:** según corresponden **avasthitāḥ:** colocados, apostados **bhīṣmam:** a Bhīṣma **eva:** sobre todo **abhirakṣantu:** progeted **bhavantaḥ:** vosotros **sarva:** todos **eva:** [expletivo] **hi:** [expletivo] **1.11**

tasya saṃjanayan harṣaṃ; kuruvṛddhaḥ pitāmahaḥ /
siṃhanādaṃ vinadyoccaiḥ; śaṅkhaṃ dadhmau pratāpavān // 1.12

tasya: de él, su **saṃjanayan:** generando **harṣaṃ:** alegría, entusiasmo, ánimo **kuru-:** de los kurus **-vṛddhaḥ:** el mayor **pitāmahaḥ:** abuelo **siṃha-:** de león **nādaṃ:** sonido, rugido **vinadya:** haciendo sonar, rugiendo **uccaiḥ:** alto, profundo **śaṅkhaṃ:** caracola **dadhmau:** sopló **pratāpavān:** valeroso **1.12**

tataḥ śaṅkhāś ca bheryaś ca; paṇavānakagomukhāḥ /
sahasaivābhyahanyanta; sa śabdas tumulo 'bhavat // 1.13

tataḥ: entonces, a continuación **śaṅkhāś:** caracolas **ca:** y **bheryaś:** timbales **ca:** y **paṇava-:** tamboriles **-ānaka-:** atabales **-gomukhāḥ:** cuernos **sahasā:** de repente **eva:** [expletivo] **abhyahanyanta:** siendo tocados al unísono **sa:** un **śabdas:** ruido, fragor **tumulo:** tumultuoso **abhavat:** surgió **1.13**

tataḥ śvetair hayair yukte; mahati syandane sthitau /
mādhavaḥ pāṇḍavaś caiva; divyau śaṅkhau pradadhmatuḥ // 1.14

tataḥ: entonces, a continuación **śvetair:** con blancos **hayair:** corceles **yukte:** uncida **mahati:** gran **syandane:** en [su] carroza **sthitau**: estando de pie **mādhavaḥ:** Mā́dhava **pāṇḍavaś:** hijo de Pāṇḍu **ca:** y **eva:** [expletivo] **divyau:** divinas **śaṅkhau:** caracolas **pradadhmatuḥ:** soplaron **1.14**

pāñcajanyaṃ hṛṣīkeśo; devadattaṃ dhanaṃjayaḥ /
pauṇḍraṃ dadhmau mahāśaṅkhaṃ; bhīmakarmā vṛkodaraḥ // 1.15

pāñcajanyaṃ: Pāñcajanya **hṛṣīkeśo:** Hṛṣīkeśa **devadattaṃ:** Devadatta **dhanaṃjayaḥ:** Dhanaṃjaya **pauṇḍraṃ:** Pauṇḍra **dadhmau:** soplaron **mahā-:** gran **śaṅkhaṃ:** caracola **bhīma-:** de terribles -**karmā:** actos **vṛka-:** de lobo **-udaraḥ:** de estómago **1.15**

anantavijayaṃ rājā; kuntīputro yudhiṣṭhiraḥ /
nakulaḥ sahadevaś ca; sughoṣamaṇipuṣpakau // 1.16

anantavijayaṃ: Anantavijaya **rājā:** el rey **kuntī-:** de Kuntī **-putro:** hijo **yudhiṣṭhiraḥ:** Yudhiṣṭhira **nakulaḥ:** Nakula **sahadevaś:** Sahadeva **ca:** y **sughoṣa-:** Sughoṣa **-maṇipuṣpakau:** Maṇipúṣpaka **1.16**

kāśyaś ca parameṣvāsaḥ; śikhaṇḍī ca mahārathaḥ /
dhṛṣṭadyumno virāṭaś ca; sātyakiś cāparājitaḥ // 1.17

kāśyaś: el rey de Kāsī **ca:** y **parama-:** supremo, gran **-iṣvāsaḥ:** arquero **śikhaṇḍī:** Śikhaṇḍin **ca:** y **mahā-:** gran, excelso **-rathaḥ:** guerrero **dhṛṣṭadyumno:** Dhṛṣṭadyumna **virāṭaś:** Virāṭa **ca:** y **sātyakiś:** Sā́tyaki **ca:** y **aparājitaḥ:** invencible **1.17**

drupado draupadeyāś ca; sarvaśaḥ pṛthivīpate /
saubhadraś ca mahābāhuḥ; śaṅkhān dadhmuḥ pṛthak pṛthak // 1.18

drupado: Drupada **draupadeyāś:** los hijos de Draupadī **ca:** y **sarvaśaḥ:** todos **pṛthivī-:** -de la Tierra **pate:** oh, Príncipe **saubhadraś:** Saubhadra **ca: mahā-:** de grandes, amplios, poderosos **bāhuḥ:** brazos **śaṅkhān:** caracolas **dadhmuḥ:** soplaron **pṛthak pṛthak:** respectivamente, sendas **1.18**

sa ghoṣo dhārtarāṣṭrāṇāṃ; hṛdayāni vyadārayat /
nabhaś ca pṛthivīṃ caiva; tumulo vyanunādayan // 1.19

sa: ese **ghoṣo:** ruido, estruendo **dhārtarāṣṭrāṇāṃ:** de los hijos de Dhṛtarāṣṭra **hṛdayāni:** los corazones **vyadārayat:** perforó, taladró **nabhaś:** el cielo **ca:** y **pṛthivīṃ:** la tierra **ca:** y **eva:** [expletivo] **tumulo:** tumulto, fragor **vyanunādayan:** hizo resonar **1.19**

atha vyavasthitān dṛṣṭvā; dhārtarāṣṭrān kapidhvajaḥ /
pravṛtte śastrasaṃpāte; dhanur udyamya pāṇḍavaḥ // 1.20

atha: entonces **vyavasthitān:** colocados, formados, en posición **dṛṣṭvā:** viendo **dhārtarāṣṭrān:** a los hijos de Dhṛtarāṣṭra **kapi:** del mono **dhvajaḥ:** el del estandarte **pravṛtte:** a punto de iniciarse **śastra-:** de armas **-saṃpāte:** el choque **dhanur:** el arco **udyamya:** alzando **pāṇḍavaḥ:** el hijo de Pāṇḍu, Arjuna **1.20**

hṛṣīkeśaṃ tadā vākyam idam āha mahīpate
senayor ubhayor madhye rathaṃ sthāpaya me 'cyuta 1.21

hṛṣīka-: de los sentidos **īśaṃ:** al Señor **tadā:** entonces **vākyam:** discurso, palabras **idam:** este **āha:** dijo **mahī-:** de la Tierra **-pate:** oh, Soberano **senayor:** ejércitos **ubhayor:** de ambos **madhye:** en medio **rathaṃ:** carroza, carro de combate **sthāpaya:** coloca **me:** mi **acyuta:** Acyuta **1.21**

yāvad etān nirīkṣe 'haṃ; yoddhukāmān avasthitān /
kair mayā saha yoddhavyam; asmin raṇasamudyame // 1.22

yāvad: hasta que, para que **etān:** a los **nirīkṣe:** vea, observe **'haṃ:** yo **yoddhu-:** de luchar **-kāmān:** deseosos **avasthitān:** colocados, formados **kair:** ¿quiénes? **mayā:** por mí **saha:** con **yoddhavyam:** deben ser combatidos **asmin:** en esta **raṇa-:** de la batalla **samudyame:** hecho de estar a punto, inminencia **1.22**

yotsyamānān avekṣe 'haṃ; ya ete 'tra samāgatāḥ /
dhārtarāṣṭrasya durbuddher; yuddhe priyacikīrṣavaḥ // 1.23

yotsyamānān: a los que están a punto de luchar **avekṣe:** quiero ver **'haṃ:** yo **ya:** quienes **ete:** estos **atra:** aquí **samāgatāḥ:** reunidos **dhārtarāṣṭrasya:** para el hijo de Dhṛtarāṣṭra **durbuddher:** malintencionado, perverso **yuddhe:** en la batalla **priya-:** lo agradable **cikīrṣavaḥ:** quieren hacer // **1.23**

evam ukto hṛṣīkeśo; guḍākeśena bhārata /
senayor ubhayor madhye; sthāpayitvā rathottamam // 1.24

evam: así, de esta manera **ukto:** hablado **hṛṣīka-:** de los sentidos **īśo:** el Señor **guḍākeśena:** por el de la espesa cabellera **bhārata:** ¡Bhārata! **senayor:** ejércitos **ubhayor:** de ambos **madhye:** en medio **sthāpayitvā:** colocando **ratha-:** **la** carroza, el carro de combate **-uttamam:** excelente **1.24**

bhīṣmadroṇapramukhataḥ; sarveṣāṃ ca mahīkṣitām /
uvāca pārtha paśyaitān; samavetān kurūn iti // 1.25

bhīṣma-: con Bhīṣma **-droṇa-:** y Droṇa **pramukhataḥ:** a la cabeza de o delante de **sarveṣāṃ:** de todos **ca:** y **mahīkṣitām:** reyes, príncipes **uvāca:** dijo **pārtha:** ¡Pārtha! **paśya:** contempla **etān:** a estos **samavetān:** reunidos **kurūn:** kurus **iti:** [comillas] **1.25**

tatrāpaśyat sthitān pārthaḥ; pitṝn atha pitāmahān /
ācāryān mātulān bhrātṝn; putrān pautrān sakhīṃs tathā // 1.26

tatra: allí **apaśyat:** vio **sthitān:** estando de pie **pārthaḥ:** Pārtha **pitṝn:** a padres **atha:** entonces **pitāmahān:** abuelos **ācāryān:** maestros **mātulān:** tíos maternos **bhrātṝn:** hermanos **putrān:** hijos **pautrān:** nietos **sakhīṃs:** compañeros **tathā:** también **1.26**

śvaśurān suhṛdaś caiva; senayor ubhayor api /
tān samīkṣya sa kaunteyaḥ; sarvān bandhūn avasthitān // 1.27

śvaśurān: a suegros **suhṛdaś:** amigos **ca:** y **eva:** [expletivo] **senayor:** ejércitos **ubhayor:** en ambos **api** también **tān:** esos **samīkṣya:** viendo **sa:** el **kaunteyaḥ:** Kaunteya **sarvān:** a todos **bandhūn:** parientes, conocidos **avasthitān:** colocados, formados **1.27**

kṛpayā parayāviṣṭo; viṣīdann idam abravīt /
dṛṣṭvemān svajanān kṛṣṇa; yuyutsūn samupasthitān // 1.28

kṛpayā: por una pena **parayā:** suprema, inmensa **āviṣṭo:** poseído, invadido **viṣīdann:** deprimiéndose **idam:** esto **abravīt:** dijo **dṛṣṭvā:** viendo **imān:** estas **sva-:** propias

-janān: gentes **kṛṣṇa:** ¡Kṛṣṇa! **yuyutsūn:** deseosas de luchar **samupasthitān:** presentes **1.28**

sīdanti mama gātrāṇi; mukhaṃ ca pariśuṣyati /
vepathuś ca śarīre me; romaharṣaś ca jāyate // 1.29

sīdanti: desfallecen **mama:** de mí **gātrāṇi:** miembros **mukhaṃ:** boca **ca:** y **pariśuṣyati:** se reseca **vepathuś:** escalofrío **ca:** y **śarīre:** en cuerpo **me:** mío **roma-:** del vello **harṣaś:** horripilación **ca:** y **jāyate:** se produce **1.29**

gāṇḍīvaṃ sraṃsate hastāt; tvak caiva paridahyate /
na ca śaknomy avasthātuṃ; bhramatīva ca me manaḥ // 1.30

gāṇḍīvaṃ: Gā́ṇḍiva, el arco Gā́ṇḍiva **sraṃsate:** se cae **hastāt:** de la mano **tvak:** la piel **ca:** y **eva:** [expletivo] **paridahyate:** arde **na:** no **ca:** y **śaknomy:** puedo **avasthātuṃ:** tenerme en pie **bhramati:** da vueltas **iva:** como si **ca:** y **me:** mi **manaḥ:** mente **1.30**

nimittāni ca paśyāmi; viparītāni keśava /
na ca śreyo 'nupaśyāmi; hatvā svajanam āhave // 1.31

nimittāni: signos, augurios **ca:** y **paśyāmi:** veo, contemplo **viparītāni:** contrarios **keśava:** ¡Késava! **na:** no **ca:** y **śreyo:** bien **anupaśyāmi:** veo, contemplo **hatvā:** matando **sva-:** a la propia **janam:** gente **āhave:** en la batalla **1.31**

na kāṅkṣe vijayaṃ kṛṣṇa; na ca rājyaṃ sukhāni ca /
kiṃ no rājyena Govinda; kiṃ bhogair jīvitena vā // 1.32

na: no **kāṅkṣe:** anhelo, deseo **vijayaṃ:** la victoria **kṛṣṇa:** ¡Kṛṣṇa! **na:** no **ca:** y **rājyaṃ:** el reino **sukhāni:** los placeres **ca:** y **kiṃ:** ¿de qué sirve? **no:** nos **rājyena:** el reino **govinda:** ¡Govinda! **kiṃ:** ¿de qué sirven? **bhogair:** los gozos **jīvitena:** la vida **vā:** o **1.32**

yeṣām arthe kāṅkṣitaṃ no; rājyaṃ bhogāḥ sukhāni ca /
ta ime 'vasthitā yuddhe; prāṇāṃs tyaktvā dhanāni ca // 1.33

yeṣām: de aquellos **arthe:** a causa **kāṅkṣitaṃ:** deseado **no:** nos **rājyaṃ:** el reino **bhogāḥ:** los gozos **sukhāni:** los placeres **ca:** y **ta:** esos **ime:** mismos **avasthitā:** están dispuestos **yuddhe:** para la guerra **prāṇāṃs:** las vidas **tyaktvā:** abandonando **dhanāni:** las riquezas **ca:** y **1.33**

ācāryāḥ pitaraḥ putrās; tathaiva ca pitāmahāḥ /
mātulāḥ śvaśurāḥ pautrāḥ; syālāḥ saṃbandhinas tathā // 1.34

ācāryāḥ: maestros **pitaraḥ:** padres **putrās:** hijos **tathā:** asimismo **eva:** [expletivo] **ca:** y **pitāmahāḥ:** abuelos **mātulāḥ:** tíos maternos **śvaśurāḥ:** suegros **pautrāḥ:** nietos **syālāḥ:** cuñados **saṃbandhinas:** parientes **tathā:** asimismo **1.34**

etān na hantum icchāmi; ghnato 'pi madhusūdana /
api trailokyarājyasya; hetoḥ kiṃ nu mahīkṛte // 1.35

etān: a estos **na:** no **hantum:** matar **icchāmi:** quiero **ghnato:** matado **api:** aunque **madhusūdana:** Madhusūdana **api:** aunque **trailokya-:** de los tres mundos **-rājyasya:** el reino **hetoḥ:** a causa de **kiṃ:** cuánto **nu:** menos **mahīkṛte:** por la Tierra **1.35**

nihatya dhārtarāṣṭrān naḥ; kā prītiḥ syāj janārdana /
pāpam evāśrayed asmān; hatvaitān ātatāyinaḥ // 1.36

nihatya: matando **dhārtarāṣṭrān:** a los hijos de Dhṛtarāṣṭra **naḥ:** para nosotros **kā:** ¿qué? **prītiḥ:** placer **syāj:** será **janārdana:** ¡Janārdana! **pāpam:** el pecado **eva:** solo **āśrayed:** acaecerá **asmān:** a nosotros **hatvā:** matando **etān:** a estos **ātatāyinaḥ:** agresores, asesinos, criminales **1.36**

tasmān nārhā vayaṃ hantuṃ; dhārtarāṣṭrān sabāndhavān /
svajanaṃ hi kathaṃ hatvā; sukhinaḥ syāma mādhava // 1.37

tasmān: por lo tanto **na:** no **arhā:** debemos **vayaṃ:** nosotros **hantuṃ:** matar **dhārtarāṣṭrān:** a los hijos de Dhṛtarāṣṭra **sabāndhavān:** junto con los parientes **sva-:** a la propia **janaṃ:** gente **hi:** [expletivo] **kathaṃ:** ¿cómo? **hatvā:** matando **sukhinaḥ:** felices **syāma:** seremos **mādhava:** ¡Mādhava!**1.37**

yady apy ete na paśyanti; lobhopahatacetasaḥ /
kulakṣayakṛtaṃ doṣaṃ; mitradrohe ca pātakam // 1.38

yady: si **apy:** incluso **ete:** estos, ellos **na:** no **paśyanti:** ven, perciben **lobha-:** por la codicia **-upahata-:** golpeada, abrumada **-cetasaḥ:** con la mente **kula-:** de la familia, **-kṣaya-:** por la destrucción **-kṛtaṃ:** hecho, ocasionado **doṣaṃ:** falta, imperfección, delito **mitra-:** a los amigos **-drohe:** en el odio **ca:** y **pātakam:** pecado, crimen **1.38**

kathaṃ na jñeyam asmābhiḥ pāpād asmān nivartitum /
kulakṣayakṛtaṃ doṣaṃ prapaśyadbhir janārdana // 1.39

kathaṃ: ¿cómo? **na:** no **jñeyam:** será sabido **asmābhiḥ:** por nosotros **pāpād:** del pecado, de la infamia **asmān:** nos **nivartitum:** abstener **kula-:** de la familia **-kṣaya-:** por la destrucción **-kṛtaṃ:** producido **doṣaṃ:** el defecto, la falta, el delito **prapaśyadbhir:** contemplando **janārdana:** Janárdana **1.39**

kulakṣaye praṇaśyanti; kuladharmāḥ sanātanāḥ /
dharme naṣṭe kulaṃ kṛtsnam; adharmo 'bhibhavaty uta // 1.40

kula-: de la familia **-kṣaye:** con la destrucción **praṇaśyanti:** perecen **kula-:** de la familia **-dharmāḥ:** las costumbres **sanātanāḥ:** eternas, arraigadas **dharme:** del dharma **naṣṭe:** con la destrucción **kulaṃ:** sobre la familia **kṛtsnam:** entera **adharmo:** el mal **abhibhavaty:** prevalece **uta:** [expletivo] **1.40**

adharmābhibhavāt kṛṣṇa; praduṣyanti kulastriyaḥ /
strīṣu duṣṭāsu vārṣṇeya; jāyate varṇasaṃkaraḥ // 1.41

adharma-: de la maldad **-abhibhavāt:** bajo el dominio **kṛṣṇa:** Kṛṣṇa **praduṣyanti:** se corrompen **kula-:** de la familia **-striyaḥ:** las mujeres **strīṣu**: con las mujeres **duṣṭāsu:** corrompidas **vārṣṇeya:** Vārṣṇeya **jāyate:** se produce **varṇa-:** de castas **-saṃkaraḥ:** la confusión **1.41**

saṃkaro narakāyaiva; kulaghnānāṃ kulasya ca /
patanti pitaro hy eṣāṃ; luptapiṇḍodakakriyāḥ // 1.42

saṃkaro: la confusión **narakāya-:** [es, lleva] al infierno **eva:** [expletivo] **kula-:** de la familia **-ghnānāṃ:** de los destructores **kulasya:** de la familia **ca:** y **patanti:** caen, perecen **pitaro:** los antepasadod **hy:** [expletivo] **eṣāṃ:** de ellos, sus **lupta-:** privados **-piṇḍa-:** de comida **-udaka-:** y de agua **-kriyāḥ:** rituales, ofrendas **1.42**

doṣair etaiḥ kulaghnānāṃ; varṇasaṃkarakārakaiḥ /
utsādyante jātidharmāḥ; kuladharmāś ca śāśvatāḥ // 1.43

doṣair: por los errores **etaiḥ:** estos **kula-:** de la familia **-ghnānāṃ:** de los destructores **varṇa-:** de la casta **-saṃkara:** la confusión **kārakaiḥ:** que producen **utsādyante**: se hunden, se pierden **jāti-:** de la casta **-dharmāḥ:** los dharmas **kula-:** de la familia **-dharmāś:** los dharmas **ca:** y **śāśvatāḥ:** eternos **1.43**

utsannakuladharmāṇāṃ; manuṣyāṇāṃ janārdana /
narake 'niyataṃ vāso; bhavatīty anuśuśruma // 1.44

utsanna-: desarraigados **-kula-:** de la familia **-dharmāṇāṃ:** con sus dharmas **manuṣyāṇāṃ:** para los hombres **janārdana:** Janárdana **narake:** en el infierno **aniyataṃ:** indefinida **vāso:** residencia, estancia **bhavati:** sucede, acontece **iti:** que [estilo indirecto] **anuśuśruma** hemos oído repetidamente **1.44**

aho bata mahat pāpaṃ; kartuṃ vyavasitā vayam /
yad rājyasukhalobhena; hantuṃ svajanam udyatāḥ // 1.45

aho: Oh **bata:** cielos **mahat:** gran **pāpaṃ:** pecado **kartuṃ:** a cometer **vyavasitā:** estamos decididos **vayam:** nosotros **yad:** ya que **rājya-:** del reino **-sukha-:** de los placeres **-lobhena:** por la codicia **hantuṃ:** a matar **sva-:** propia -**janam:** gente **udyatāḥ:** estamos dispuestos **1.45**

yadi mām apratīkāram; aśastraṃ śastrapāṇayaḥ /
dhārtarāṣṭrā raṇe hanyus; tan me kṣemataraṃ bhavet // 1.46

yadi: si **mām:** a mí **apratīkāram:** sin ofrecer resistencia **aśastraṃ:** desarmado **śastra-:** armas **-pāṇayaḥ:** en mano **dhārtarāṣṭrā:** los hijos de Dhṛtarāṣṭra **raṇe:** en la batalla **hanyus:** matan **tan:** eso **me:** para mí **kṣemataraṃ:** mucho mejor **bhavet:** será **1.46**

evam uktvārjunaḥ saṃkhye; rathopastha upāviśat /
visṛjya saśaraṃ cāpaṃ; śokasaṃvignamānasaḥ // 1.47

evam: así **uktvā:** diciendo **arjunaḥ:** Arjuna **saṃkhye:** en el campo de batalla **ratha-:** de la carroza **-upastha:** en el asiento **upāviśat:** se sentó **visṛjya:** soltando **saśaraṃ:** con las flechas **cāpaṃ:** el arco **śoka-:** por la pena **-saṃvigna-:** agitada, sobresaltada **-mānasaḥ:** con la mente **1.47**

Capítulo segundo

2.1 **saṃjaya uvāca**
saṃjaya: Sáṃjaya **uvāca:** dijo

taṃ tathā kṛpayāviṣṭam; aśrupūrṇākulekṣaṇam /
viṣīdantam idaṃ vākyam; uvāca madhusūdanaḥ // 2.1

taṃ: a él [Arjuna] **tathā:** así, de esta manera **kṛpayā:** por la compasión **āviṣṭam:** penetrado, abrumado **aśru-:** de lágrimas **-pūrṇa-** llenos **ākula-** e inquietos **-ikṣaṇam:** con los ojos **viṣīdantam:** a él deprimiéndose **idaṃ:** este **vākyam:** discurso, palabras **uvāca:** dijo **madhusūdanaḥ:** matador, exterminador de Madhu

2.2 **śrībhagavān uvāca**
śrī-: venerable **–bhagavān:** Señor **uvāca:** dijo

kutas tvā kaśmalam idaṃ; viṣame samupasthitam /
anāryajuṣṭam asvargyam; akīrtikaram arjuna // 2.2

kutas: de donde **tvā:** te, a tí **kaśmalam:** desánimo **idaṃ:** este **viṣame:** en un momento difícil, en la dificultad o el peligro **samupasthitam:** ha venido **an-:** no **–ārya-:** noble **-juṣṭam:** querido, bienvenido; frecuentado; adecuado, propio **a-:** no **-svargyam:** del cielo; que lleva al cielo **akīrti-:** infamia, oprobio **-karam:** que hace, que causa **arjuna:** Arjuna

klaibyaṃ mā sma gamaḥ pārtha; naitat tvayy upapadyate
kṣudraṃ hṛdayadaurbalyaṃ; tyaktvottiṣṭha paraṃtapa 2.3

klaibyaṃ: a la flaqueza **mā sma:** no **gamaḥ** vayas **pārtha:** Pārtha, hijo de Pṛthā **na:** no **etat:** esto **tvayi:** a ti **upapadyate:** conviene, es propio **kṣudraṃ:** pequeño, mezquino **hṛdaya-:** del corazón **-daurbalyaṃ:** debilidad **tyaktvā:** abandonando, desechando **uttiṣṭha:** levántate **paraṃ-:** de los enemigos **–tapa:** que atormenta, que azota.

2.4 **arjuna uvāca**
arjuna: Arjuna **uvāca:** dijo

kathaṃ bhīṣmam ahaṃ saṃkhye; droṇaṃ ca madhusūdana
iṣubhiḥ pratiyotsyāmi; pūjārhāv arisūdana 2.4

kathaṃ: ¿Cómo? **bhīṣmam:** Bhīṣma **ahaṃ:** yo **saṃkhye:** en la batalla **droṇaṃ:** Droṇa **ca:** y **madhu-:** de Madhu **-sūdana:** matador, exterminador **ṣubhiḥ:** con flechas **pratiyotsyāmi:** lucharé en contra de **pūjā-:** de adoración, de veneración **–arhāu:** ambos dignos **ari-:** de enemigos **-sūdana:** matador, destructor **2.4**

gurūn ahatvā hi mahānubhāvāñ; śreyo bhoktuṃ bhaikṣam apīha loke
hatvārthakāmāṃs tu gurūn ihaiva; bhuñjīya bhogān rudhirapradigdhān 2.5

gurūn: a los maestros **ahatvā:** no matando **hi:** ya que, **mahānubhāvān:** magnánimos ; **śreyas:** mejor **bhoktum:** comer **bhaikṣam:** limosna **api**-incluso **iha-:** aquí **loke:** en el mundo **hatvā-** matando **artha-:** riqueza **-kāmān:** que desean **tu:** pero **gurūn:** a los maestros **iha:** aquí **eva:** solo ; **bhuñjīya:** comería **bhogān:** placeres **rudhira-:** de sangre **-pradigdhān:** empapados, manchados **2.5**

na caitad vidmaḥ kataran no garīyo; yad vā jayema yadi vā no jayeyuḥ /
yān eva hatvā na jijīviṣāmas; te 'vasthitāḥ pramukhe dhārtarāṣṭrāḥ // 2.6

na: no **ca:** y **etad:** esto **vidmaḥ:** sabemos **kataran:** ¿cuál de las dos? **no:** para nosotros **garīyo:** es la mejor **yad:** que **vā:** o **jayema:** venzamos **yadi:** si **vā:** o **no:** a nosotros **jayeyuḥ:** venzan **yān:** a aquellos **eva:** [expletivo] **hatvā:** matando **na:** no **jijīviṣāmas:** deseamos vivir **te:** esos **avasthitāḥ:** están **pramukhe:** en frente **dhārtarāṣṭrāḥ:** los hijos de Dhṛtarāṣṭra **2.6**

kārpaṇyadoṣopahatasvabhāvaḥ; pṛcchāmi tvāṃ dharmasaṃmūḍhacetāḥ /
yac chreyaḥ syān niścitaṃ brūhi tan me; śiṣyas te 'haṃ śādhi māṃ tvāṃ prapannam // 2.7

kārpaṇya-: del desaliento **-doṣa-:** la falta, la lacra **-upahata-:** golpeado, tocado, abatido **-svabhāvaḥ:** con mi naturaleza, con mi ánimo **pṛcchāmi:** pregunto **tvāṃ:** te **dharma-:** en cuanto al dharma **-saṃmūḍha-:** confundida **-cetāḥ:** con la mente **yac:** aquello **chreyaḥ:** mejor **syān:** sea **niścitaṃ:** claramente **brūhi:** di **tan:** lo **me:** me **śiṣyas:** discípulo **te:** tu **ahaṃ:** yo [soy] **śādhi:** instruye **māṃ:** me **tvāṃ:** en ti **prapannam:** refugiado **2.7**

na hi prapaśyāmi mamāpanudyād; yac chokam ucchoṣaṇam indriyāṇām /
avāpya bhūmāv asapatnam ṛddhaṃ; rājyaṃ surāṇām api cādhipatyam // 2.8

na: no **hi:** ya que **prapaśyāmi:** alcanzo a ver **mama:** mi **apanudyād:** podrá disipar **yac:** que **chokam:** dolor **ucchoṣaṇam:** que seca **indriyāṇām:** los sentidos **avāpya:** habiendo alcanzado **bhūmāv:** en la Tierra **asapatnam:** sin rival **ṛddhaṃ:** próspero **rājyaṃ:** reino **surāṇām:** de los dioses **api:** incluso **ca:** y **adhipatyam:** soberanía **2.8**

2.9 saṃjaya uvāca
saṃjaya: Sáṃjaya **uvāca:** dijo

evam uktvā hṛṣīkeśaṃ; guḍākeśaḥ paraṃtapa /
na yotsya iti govindam; uktvā tūṣṇīṃ babhūva ha // 2.9

evam: así **uktvā:** habiendo hablado **hṛṣīka-:** de los sentidos **-īśaṃ:** al Señor **guḍākeśaḥ:** el de la espesa cabellera **paraṃ-:** de los enemigos **-tapa:** torturador, azote **na:** no **yotsya:** lucharé **iti:** que [estilo indirecto] **govindam:** a Govinda **uktvā:** hablando **tūṣṇīṃ:** en silencio **babhūva:** quedó **ha:** [expletivo] **2.9**

tam uvāca hṛṣīkeśaḥ; prahasann iva bhārata /
senayor ubhayor madhye; viṣīdantam idaṃ vacaḥ // 2.10

tam: a él **uvāca:** dijo **hṛṣīka-:** de los sentidos **-īśaḥ:** el Señor **prahasann:** sonriendo **iva:** como si **bhārata:** ¡Bhárata! **senayor:** de los dos ejércitos **ubhayor:** de ambos **madhye:** en medio **viṣīdantam:** encontrándose abatido, deprimiéndose **idaṃ:** este **vacaḥ:** discurso, palabras **2.10**

2.11 śrībhagavān uvāca
śrī-: el venerable **-bhagavān:** Señor **uvāca:** dijo

aśocyān anvaśocas tvaṃ; prajñāvādāṃś ca bhāṣase /
gata-asūn agatāsūṃś ca; nānuśocanti paṇḍitāḥ // 2.11

aśocyān: por quien no hay que lamentarse **anvaśocas:** te lamentas **tvaṃ:** tú **prajñā-:** de sabiduría **-vādāṃś:** palabras **ca:** y **bhāṣase:** hablas, pronuncias **gatāsūn:** cuyo aire vital ha partido, muerto **agatāsūṃś:** cuyo aire vital no ha partido, vivo **ca:** y **na anuśocanti:** no se lamentan, no se apenan **paṇḍitāḥ:** los sabios **2.11**

na tv evāhaṃ jātu nāsaṃ; na tvaṃ neme janādhipāḥ /
na caiva na bhaviṣyāmaḥ; sarve vayam ataḥ param // 2.12

na: [con *jātu*] **tv:** pero **eva:** en verdad **ahaṃ:** yo **jātu:** nunca [con partícula negativa] **na:** no **āsaṃ:** fui **na:** no **tvaṃ:** tú **na:** no **ime:** estos **janādhipāḥ:** reyes, gobernantes **na:** no **ca:** y **eva:** en verdad **na:** [con *sarve*] **bhaviṣyāmaḥ:** seremos **sarve:** ninguno [con partícula negativa] **vayam:** de nosotros **ataḥ:** de aquí **param:** en adelante **2.12**

dehino 'smin yathā dehe; kaumāraṃ yauvanaṃ jarā /
tathā dehāntaraprāptir; dhīras tatra na muhyati // 2.13

dehino: del alma **asmin:** en este **yathā:** al igual **dehe:** cuerpo **kaumāraṃ:** la infancia **yauvanaṃ:** la juventud **jarā:** la vejez **tathā:** del mismo modo **deha-:** cuerpo **-antara-:** otro **-prāptir:** el alcance **dhīras:** el sabio **tatra:** en este punto, al respecto **na:** no **muhyati:** se confunde **2.13**

mātrāsparśās tu kaunteya; śītoṣṇasukhaduḥkhadāḥ /
āgamāpāyino 'nityās tāṃs; titikṣasva bhārata // 2.14

mātrāsparśās: los contactos de los sentidos **tu:** pero **kaunteya:** ¡Hijo de Kunti! **śīta-:** frío **-uṣṇa-:** y calor **-sukha-:** placer **-duḥkha-:** y dolor **-dāḥ:** dan, producen **āgama-:** vienen **-apāyino:** y van **anityās:** transitorios **tāṃs:** los **titikṣasva:** aguanta con paciencia **bhārata:** ¡Bhārata! **2.14**

yaṃ hi na vyathayanty ete; puruṣaṃ puruṣarṣabha /
samaduḥkhasukhaṃ dhīraṃ; so 'mṛtatvāya kalpate // 2.15

yaṃ: aquel **hi:** ya que **na:** no **vyathayanty:** atormentan **ete:** ellos **puruṣaṃ:** hombre **puruṣarṣabha:** excelsa persona, ser excelso, el mejor de los hombres [lit.: «toro» (*ṛṣabha-*) entre los hombres (*puruṣa*)] **sama-:** ecuánime **-duḥkha-:** ante el dolor **-sukhaṃ:** y el placer, la felicidad **dhīraṃ:** tranquilo **so:** ese **amṛtatvāya:** de la inmortalidad **kalpate:** es digno **2.15**

nāsato vidyate bhāvo; nābhāvo vidyate sataḥ /
ubhayor api dṛṣṭo 'ntas; tv anayos tattvadarśibhiḥ //2.16

na: no **asato:** del no ser **vidyate:** se encuentra, surge **bhāvo**: la existencia, el ser **na:** no **abhāvo:** la no existencia, el no ser **vidyate:** se encuentra, surge **sataḥ:** del ser **ubhayor:** de ambos **api:** incluso **dṛṣṭo:** ha sido contemplado **antas:** el fin, el límite **tv:** pero **anayos:** de los dos **tattva-:** la esencia, la realidad **-darśibhiḥ:** por los que han visto **2.16**

avināśi tu tad viddhi; yena sarvam idaṃ tatam /
vināśam avyayasyāsya; na kaś cit kartum arhati // 2.17

avināśi: como indestructible **tu:** [expletivo] **tad:** a eso **viddhi:** conoce **yena:** por el cual **sarvam:** todo **idaṃ:** esto **tatam:** está penetrado, impregnado **vināśam:** la destrucción **avyayasyāsya**: del imperecedero **na kaś cit:** nadie **kartum:** hacer **arhati:** puede **2.17**

antavanta ime dehā; nityasyoktāḥ śarīriṇaḥ /
anāśino 'prameyasya; tasmād yudhyasva bhārata // 2.18

antavanta: finitos **ime:** estos **dehā:** cuerpos **nityasya:** eterno **uktāḥ:** son llamados **śarīriṇaḥ:** del ser encarnado, del alma **anāśino:** indestructible, inquebrantable **aprameyasya:** incognoscible, inmensurable **tasmād:** por lo tanto **yudhyasva:** lucha, apréstate a la lucha **bhārata:** ¡Bhārata! **2.18**

ya enaṃ vetti hantāraṃ; yaś cainaṃ manyate hatam /
ubhau tau na vijānīto; nāyaṃ hanti na hanyate // 2.19

ya: quien **enaṃ:** lo **vetti:** conoce, considera **hantāraṃ:** un asesino **yaś:** quien **ca:** y **enaṃ:** lo **manyate:** considera, contempla **hatam:** muerto, asesinado **ubhau:** ambos **tau:** esos dos **na:** no **vijānīto:** conocen **na:** ni **ayaṃ:** este **hanti:** mata **na:** ni **hanyate:** es asesinado **2.19**

na jāyate mriyate vā kadā cin; nāyaṃ bhūtvā bhavitā vā na bhūyaḥ /
ajo nityaḥ śāśvato 'yaṃ purāṇo; na hanyate hanyamāne śarīre // 2.20

na: ni **jāyate:** nace **mriyate:** muere **vā:** o **kadā cin na:** jamás **ayaṃ:** este **bhūtvā:** siendo **bhavitā:** será **vā:** o **na:** no **bhūyaḥ:** de nuevo, una vez más **ajo:** no nacido **nityaḥ:** eterno **śāśvato:** constante **ayaṃ:** este **purāṇo:** antiguo, primordial [antiguo y siempre nuevo, véase el glosario] **na:** no **hanyate:** es asesinado **hanyamāne:** está siendo asesinado **śarīre:** cuando el cuerpo **2.20**

vedāvināśinaṃ nityaṃ; ya enam ajam avyayam /
kathaṃ sa puruṣaḥ pārtha; kaṃ ghātayati hanti kam // 2.21

veda: conoce, considera **avināśinaṃ:** indestructible **nityaṃ:** eterno **ya:** quien **enam:** lo **ajam:** no nacido **avyayam:** imperecedero **kathaṃ:** ¿cómo? **sa:** esa **puruṣaḥ:** persona **Pārtha:** ¡Pārtha! **kaṃ:** ¿a quién? **ghātayati:** hace matar **hanti** mata **kam** ¿a quién? **2.21**

vāsāṃsi jīrṇāni yathā vihāya; navāni gṛhṇāti naro 'parāṇi /
tathā śarīrāṇi vihāya jīrṇāny; anyāni saṃyāti navāni dehī // 2.22

vāsāṃsi: de las ropas **jīrṇāni:** viejas **yathā:** al igual **vihāya:** quitándose, despojándose **navāni:** nuevas **gṛhṇāti:** adquiere **naro:** un hombre, una persona **aparāṇi:** otras **tathā:** del mismo modo **śarīrāṇi:** los cuerpos **vihāya:** abandona, desecha **jīrṇāny:** viejos, envejecidos **anyāni:** otros **saṃyāti:** asume **navāni:** nuevos **dehī:** el alma encarnada **2.22**

nainaṃ chindanti śastrāṇi; nainaṃ dahati pāvakaḥ /
na cainaṃ kledayanty āpo; na śoṣayati mārutaḥ // 2.23

na: no **enaṃ:** lo **chindanti:** cortan, hieren **śastrāṇi:** armas, espadas **na:** no **enaṃ:** lo **dahati:** quema **pāvakaḥ:** el fuego **na:** no **ca:** y **enaṃ:** lo **kledayanty:** mojan, humedecen **āpo:** las aguas **na:** no **śoṣayati:** seca, agosta **mārutaḥ:** el viento **2.23**

acchedyo 'yam adāhyo 'yam; akledyo 'śoṣya eva ca /
nityaḥ sarvagataḥ sthāṇur; acalo 'yaṃ sanātanaḥ // 2.24

acchedyo: no se puede cortar, invulnerable **ayam:** este [es] **adāhyo:** incombustible **ayam:** este [es] **akledyo:** impermeable **aśoṣya:** no se puede secar **eva:** [expletivo] **ca:** y **nityaḥ:** eterno **sarvagataḥ:** está en todas partes, ubicuo, omnipresente **sthāṇur:** permanente **acalo:** inamovible, firme **ayaṃ:** este [es] **sanātanaḥ:** primordial **2.24**

avyakto 'yam acintyo 'yam; avikāryo 'yam ucyate /
tasmād evaṃ viditvainaṃ; nānuśocitum arhasi // 2.25

avyakto: no manifiesto **ayam:** este **acintyo:** impensable **ayam:** este **avikāryo:** inmutable **ayam:** este **ucyate:** es llamado **tasmād:** por lo tanto **evaṃ:** así **viditvā:** sabiendo **enaṃ:** por él **na:** no **anuśocitum:** lamentarte **arhasi:** deberías **2.25**

atha cainaṃ nityajātaṃ; nityaṃ vā manyase mṛtam /
tathāpi tvaṃ mahābāho; nainaṃ śocitum arhasi // 2.26

atha: si, aunque **ca:** y **enaṃ:** lo **nitya-:** siempre, constantemente **-jātaṃ:** nacido **nityaṃ:** constantemente **vā:** o **manyase:** consideras **mṛtam:** muerto **tathā:** entonces **api:** incluso **tvaṃ:** tú **mahā-:** de grandes, poderosos **-bāho:** brazos **na:** no **enaṃ:** por él **śocitum:** lamentarte **arhasi:** deberías **2.26**

jātasya hi dhruvo mṛtyur; dhruvaṃ janma mṛtasya ca /
tasmād aparihārye 'rthe na; tvaṃ śocitum arhasi // 2.27

jātasya: de lo nacido **hi:** [expletivo] **dhruvo:** cierta **mṛtyur:** la muerte [es] **dhruvaṃ:** cierto **janma:** el nacimiento [es] **mṛtasya:** de lo muerto **ca:** y **tasmād:** así pues, por lo tanto **aparihārye:** inevitable **arthe:** ante aquello **na:** no **tvaṃ:** tú **śocitum:** lamentarte **arhasi:** deberías **2.27**

avyaktādīni bhūtāni; vyaktamadhyāni bhārata /
avyaktanidhanāny eva; tatra kā paridevanā // 2.28

avyaktādīni: cuyo principio es no manifiesto **bhūtāni:** los seres **vyaktamadhyāni:** cuyo medio es manifiesto **bhārata:** Bhārata **avyaktanidhanāny:** cuyo final es no manifiesto **eva:** [expletivo] **tatra:** ante esto **kā:** ¿qué? **paridevanā:** lamento **2.28**

āścaryavat paśyati kaś cid enam; āścaryavad vadati tathaiva cānyaḥ /
āścaryavac cainam anyaḥ śṛṇoti; śrutvāpy enaṃ veda na caiva kaś cit // 2.29

āścaryavat: con asombro **paśyati:** ve **kaś cid:** alguien **enam:** lo **āścaryavad:** con asombro **vadati:** habla **tathā:** igualmente **eva:** [expletivo] **ca:** y **anyaḥ:** otro **āścaryavac:** con asombro **ca:** y **enam:** lo **anyaḥ:** otro **śṛṇoti:** escucha **śrutvā:** habiendo escuchado **apy:** aún **enaṃ:** lo **veda:** conoce **na:** [con *kaś cit*] **ca:** y **eva:** ciertamente **kaś cit:** nadie [con partícula negativa] **2.29**

dehī nityam avadhyo 'yaṃ; dehe sarvasya bhārata /
tasmāt sarvāṇi bhūtāni; na tvaṃ śocitum arhasi // 2.30

dehī: el alma **nityam:** siempre **avadhyo:** invulnerable **ayaṃ:** esta [es] **dehe:** en el cuerpo **sarvasya:** de todos **bhārata:** ¡Bhārata! **tasmāt:** por lo tanto **sarvāṇi:** por todas **bhūtāni:** las crituras **na:** no **tvaṃ:** tú **śocitum:** afligirte **arhasi:** deberías **2.30**

svadharmam api cāvekṣya; na vikampitum arhasi /
dharmyād dhi yuddhāc chreyo 'nyat; kṣatriyasya na vidyate // 2.31

sva-: propio **-dharmam:** dharma **api:** asimismo **ca-:** y **avekṣya:** considerando **na:** no **vikampitum:** vacilar **arhasi:** deberías **dharmyād:** justa **hi:** pues **yuddhāc:** que una guerra **chreyo:** mejor **anyat:** otra cosa **kṣatriyasya:** para un guerrero **na:** no **vidyate:** hay **2.31**

yadṛcchayā copapannaṃ; svargadvāram apāvṛtam /
sukhinaḥ kṣatriyāḥ Pārtha; labhante yuddham īdṛśam // 2.32

yadṛcchayā: por casualidad, fortuitamente **ca:** y **upapannaṃ:** llegada, obtenida **svarga-:** al cielo **-dvāram:** puerta **apāvṛtam:** abierta **sukhinaḥ:** felices, afortunados **kṣatriyāḥ:** los guerreros **pārtha:** ¡Pārtha! **labhante:** obtienen **yuddham:** una batalla **īdṛśam:** como esta **2.32**

atha cet tvam imaṃ dharmyaṃ; saṃgrāmaṃ na kariṣyasi /
tataḥ svadharmaṃ kīrtiṃ ca; hitvā pāpam avāpsyasi // 2.33

atha: entonces **cet:** si **tvam:** tú **imaṃ:** este **dharmyaṃ:** justo **saṃgrāmaṃ:** combate **na:** no **kariṣyasi:** realizas **tataḥ:** entonces **sva-:** propio **-dharmaṃ:** dharma **kīrtiṃ:** gloria **ca:** y **hitvā:** abandonando **pāpam:** pecado, falta grave **avāpsyasi:** alcanzarás **2.33**

akīrtiṃ cāpi bhūtāni; kathayiṣyanti te 'vyayām /
saṃbhāvitasya cākīrtir; maraṇād atiricyate // 2.34

akīrtiṃ: mala fama, deshonra **ca:** y **api:** también **bhūtāni:** las gentes **kathayiṣyanti:** proclamarán **te avyayām:** eterna **saṃbhāvitasya:** para el hombre de honor **ca:** y **akīrtir:** descrédito, infamia **maraṇād:** a la muerte **atiricyate:** supera **2.34**

bhayād raṇād uparataṃ; maṃsyante tvāṃ mahārathāḥ /
yeṣāṃ ca tvaṃ bahumato; bhūtvā yāsyasi lāghavam // 2.35

bhayād: por miedo **raṇād:** de la batalla **uparataṃ:** has cesado, abstenido **maṃsyante:** pensarán, considerarán **tvāṃ:** a ti **mahā-:** los grandes **-rathāḥ:** guerreros **yeṣāṃ:** para aquellos **ca:** y **tvaṃ:** tú **bahumato:** muy querido **bhūtvā:** habiendo convertido **yāsyasi:** alzanzarás **lāghavam:** el desprecio **2.35**

avācyavādāṃś ca bahūn; vadiṣyanti tavāhitāḥ /
nindantas tava sāmarthyaṃ; tato duḥkhataraṃ // 2.36

avācya-: de oprobio [lit.: «que no se pueden decir»] **-vādāṃś:** palabras **ca:** y **bahūn:** muchas **vadiṣyanti:** hablarán, pronunciarán **tava:** tus **ahitāḥ:** enemigos **nindantas:** censurando **tava:** tu **sāmarthyaṃ:** capacidad, valía **tato:** que esto **duḥkhataraṃ:** más doloroso **2.36**

hato vā prāpsyasi svargaṃ; jitvā vā bhokṣyase mahīm /
tasmād uttiṣṭha Kaunteya; yuddhāya kṛtaniścayaḥ // 2.37

hato: muerto **vā:** o bien **prāpsyasi:** alcanzarás **svargaṃ:** el cielo **jitvā:** viviendo **vā:** o bien **bhokṣyase:** disfrutarás **mahīm:** la Tierra **tasmād:** por lo tanto, pues **uttiṣṭha:** levanta **kaunteya:** ¡Kaunteya! **yuddhāya:** para la lucha **kṛta-:** por ti hecha **-niścayaḥ:** la decisión **2.37**

sukhaduḥkhe same kṛtvā; lābhālābhau jayājayau /
tato yuddhāya yujyasva; naivaṃ pāpam avāpsyasi // 2.38

sukha-: ante el placer **-duḥkhe:** y el dolor **same:** mismo, igual **kṛtvā:** haciendo **lābha:** ganancia **–alābhau:** y pérdida **jaya-:** victoria **–ajayau:** y derrota **tato:** por lo tanto **yuddhāya:** para la lucha **yujyasva:** prepárate, apréstate **na:** no **evaṃ:** así **pāpam:** pecado, falta **avāpsyasi:** alcanzarás, incurrirás **2.38**

eṣā te 'bhihitā sāṃkhye; buddhir yoge tv imāṃ śṛṇu /
buddhyā yukto yayā pārtha; karmabandhaṃ prahāsyasi // 2.39

eṣā: este **te:** a ti **abhihitā:** ha sido explicado **sāṃkhye:** según el *sāṃkhya* **buddhir:** saber, conocimiento **yoge:** según el yoga **tv:** [expletivo] **imāṃ:** lo **śṛṇu buddhyā:** con este conocimiento **yukto:** equipado **yayā:** mediante el cual **pārtha:** ¡Pārtha! **karma-:** del karma **-bandhaṃ:** la atadura **prahāsyasi:** te desprenderás **2.39**

nehābhikramanāśo 'sti; pratyavāyo na vidyate /
svalpam apy asya dharmasya; trāyate mahato bhayāt // 2.40

na-: no **iha:** en este caso **abhikrama-:** del esfuerzo **nāśo:** destrucción **asti:** hay **pratyavāyo:** efecto contrario **na:** no **vidyate:** se encuentra **svalpam:** un poco **apy:** incluso **asya:** de este **dharmasya:** dharma **trāyate:** protege **mahato:** de un gran **bhayāt:** temor // **2.40**

vyavasāyātmikā buddhir; ekeha kurunandana /
bahuśākhā hy anantāś ca; buddhayo 'vyavasāyinām // 2.41

vyavasāya-: por la resolución **–ātmikā:** caracterizado **buddhir:** pensamiento **ekā:** un **iha:** aquí, en este caso **kurunandana:** ¡Kurunándana! **bahu-:** con muchas **–śākhā:** ramas **hy:** ya que **anantāś:** infinitos **ca:** y **buddhayo:** los pensamientos **avyavasāyinām:** de los indecisos **2.41**

yām imāṃ puṣpitāṃ vācaṃ; pravadanty avipaścitaḥ /
vedavādaratāḥ pārtha; nānyad astīti vādinaḥ // 2.42

yām: al cual **imāṃ:** este **puṣpitāṃ:** florido **vācaṃ:** discurso, palabras **pravadanty:** hablan, pronuncian **avipaścitaḥ:** los ignorantes **veda-:-** del Veda **vāda-:** a la doctrina **-ratāḥ:**

entregados **pārtha:** ¡hijo de Pṛthā! **nānyad:** nada **asti:** hay **iti:** que [en el estilo indirecto] **vādinaḥ:** declarando, afirmando **2.42**

kāmātmānaḥ svargaparā; janmakarmaphalapradām /
kriyāviśeṣabahulāṃ; bhogaiśvaryagatiṃ prati // 2.43

kāma: por el deseo **ātmānaḥ:** caracterizados **svarga-:** al cielo **-parā:** consagrados, adictos **janma-:** nacimiento, reencarnación **-karma-:** karma **-phala-:** el resultado **–pradām:** que producen [*janmakarmaphalapradām*] **kriyā-:** ritos **-viśeṣa-:** específicos **-bahulāṃ:** muchos, inmumerable **bhoga-:** los placeres **-aiśvarya-:** poder, señorío, dominio **-gatiṃ:** destino, objetivo **prati:** hacia **2.43**

bhogaiśvaryaprasaktānāṃ; tayāpahṛtacetasām /
vyavasāyātmikā buddhiḥ; samādhau na vidhīyate // 2.44

bhoga-: a los placeres **-aiśvarya-:** y el poder **-prasaktānāṃ:** aferrados **tayā:** por esos [discursos] **apahṛta-:** arrebatada **-cetasām:** con la mente **vyavasāya-:** por la resolución **–ātmikā:** caracterizado **buddhiḥ:** el pensamiento **samādhau:** al *samādhi*, a la contemplación **na:** no **vidhīyate:** se aplica **2.44**

traiguṇyaviṣayā vedā; nistraiguṇyo bhavārjuna /
nirdvaṃdvo nityasattvastho; niryogakṣema ātmavān // 2.45

traiguṇya-: los tres *guṇa* **-viṣayā:** tienen por objeto **vedā:** los Vedas, el Veda **nistraiguṇyo:** que está más allá de los tres *guṇa* **bhava-:** sé **–arjuna: Arjuna nirdvaṃdvo:** que está más allá de la dualidad **nityasattvastho:** que está siempre en el *sattva* **niryogakṣema:** libre de la adquisición y la posesión **ātmavān:** que es dueño de sí **2.45**

yāvān artha udapāne; sarvataḥ saṃplutodake /
tāvān sarveṣu vedeṣu; brāhmaṇasya vijānataḥ // 2.46

yāvān: tanto **artha:** sentido **udapāne:** en una alberca **sarvataḥ:** por todos lados **saṃplutodake:** inundada de agua **tāvān:** como **sarveṣu:** en todos **vedeṣu:** los Vedas **brāhmaṇasya:** para un brahmán **vijānataḥ:** conocedor, iluminado **2.46**

karmaṇy evādhikāras te; mā phaleṣu kadā cana /
mā karmaphalahetur bhūr; mā te saṅgo 'stv akarmaṇi // 2.47

karmaṇy: a la acción **eva:** solo **adhikāras:** derecho **te:** tuyo [es] **mā:** [con *kadā cana*] **phaleṣu:** a los resultado **kadā cana:** nunca [con partícula negativa] **mā:** no **karma-:** de la acción **-phala-:** el fruto **-hetur:** causa, motivo **bhūr:** sea **mā:** no **te:** tu **saṅgo:** apego, afición **astv:** sea **akarmaṇi:** a la inacción, a la indolencia **2.47**

yogasthaḥ kuru karmāṇi; saṅgaṃ tyaktvā dhanaṃjaya /
siddhyasiddhyoḥ samo bhūtvā; samatvaṃ yoga ucyate // 2.48

yoga-: en el yoga **-sthaḥ:** asentado **kuru:** ejecuta **karmāṇi:** las acciones **saṅgaṃ:** el apego **tyaktvā:** desechando **dhanaṃjaya:** ¡Dhanáṃjaya! **siddhy-:** el éxito **-asiddhyoḥ:** y el fracaso **samo:** mismo, igual **bhūtvā:** siendo **samatvaṃ:** la igualdad, la ecuanimidad **yoga:** yoga **ucyate:** es llamada **2.48**

dūreṇa hy avaraṃ karma; buddhiyogād dhanaṃjaya /
buddhau śaraṇam anviccha; kṛpaṇāḥ phalahetavaḥ // 2.49

dūreṇa: de lejos **hy:** [expletivo] **avaraṃ:** inferior [es] **karma:** la acción **buddhi-:** del conocimiento **-yogād:** al yoga **dhanaṃjaya:** ¡Dhanáṃjaya! **buddhau:** en el conocimiento **śaraṇam:** refugio **anviccha:** busca **kṛpaṇāḥ:** desgraciados, desdichados **phala-:** los resultados **-hetavaḥ:** cuyo motivo son **2.49**

buddhiyukto jahātīha; ubhe sukṛtaduṣkṛte /
tasmād yogāya yujyasva; yogaḥ karmasu kauśalam // 2.50

buddhi-: de conocimiento **-yukto:** dotado **jahāti:** abandona **iha:** aquí **ubhe:** ambos **sukṛta-:** la buena obra **-duṣkṛte:** y la mala obra **tasmād:** por lo tanto **yogāya:** al yoga **yujyasva:** aplícate **yogaḥ:** el yoga **karmasu:** en las acciones **kauśalam:** felicidad (una ausencia de inconvenientes y tropiezos acompañada de un estado de grata satisfacción espiritual y física), facilidad; eficiencia **2.50**

karmajaṃ buddhiyuktā hi; phalaṃ tyaktvā manīṣiṇaḥ /
janmabandhavinirmuktāḥ; padaṃ gacchanty anāmayam // 2.51

karma-: del karma **-jaṃ:** que nace **buddhi-:** de conocimiento **-yuktā:** dotados **hi:** [expletivo] **phalaṃ:** el fruto **tyaktvā:** abandonando, desechando **manīṣiṇaḥ:** los hombres **janma-:** del nacimiento **-bandha-:** de las ataduras **-vinirmuktāḥ:** liberados **padaṃ:** estado, condición **gacchanty:** llegan, alcanzan **anāmayam:** libre de aflicción **2.51**

yadā te mohakalilaṃ; buddhir vyatitariṣyati /
tadā gantāsi nirvedaṃ; śrotavyasya śrutasya ca // 2.52

yadā: Cuadno **te:** tu **moha:** de la ilusión **kalilaṃ:** la ciénaga **buddhir:** intelecto **vyatitariṣyati:** cruce **tadā:** entonces **gantāsi:** irás **nirvedaṃ:** a la indiferencia **śrotavyasya:** de lo que hay que oír **śrutasya:** de lo que dirán **ca:** y **2.52**

śrutivipratipannā te; yadā sthāsyati niścalā /
samādhāv acalā buddhis; tadā yogam avāpsyasi // 2.53

śruti-: por lo que se escucha **-vipratipannā:** confundida **te:** tu **yadā:** cuando **sthāsyati:** quede, permanezca **niścalā:** firme **samādhāv:** en el *samādhi*, en la contemplación **acalā:** inamovible **buddhis:** el intelecto, la mente **tadā:** entonces **yogam:** el yoga **avāpsyasi:** encontrarás **2.53**

2.54 arjuna uvāca
arjuna: Arjuna **uvāca:** dijo

sthitaprajñasya kā bhāṣā; samādhisthasya keśava /
sthitadhīḥ kiṃ prabhāṣeta; kim āsīta vrajeta kim // 2.54

sthita-: constante **-prajñasya:** de mente **kā:** ¿cuál? **bhāṣā:** [es] la descripción; **samādhi-:** en el *samādhi*, en la contemplación **–sthasya:** que está, **keśava:** Késava **sthita-:** constante, estable **-dhīḥ:** cuyo pensamiento **kiṃ:** ¿cómo? **prabhāṣeta:** habla, se expresa **kim:** ¿cómo? **āsīta:** se sienta **vrajeta:** se mueve **kim:** ¿cómo? **2.54**

2. 55 śrībhagavān uvāca
śrī: el venerable **bhagavān:** Señor **uvāca:** dijo

prajahāti yadā kāmān; sarvān pārtha manogatān /
ātmany evātmanā tuṣṭaḥ; sthitaprajñas tadocyate // 2.55

prajahāti: abandona **yadā:** cuando **kāmān:** los deseos **sarvān:** todos **pārtha:** ¡Pārtha! **mano-:** en la mente **–gatān:** que están **ātmany:** en sí mismo, en el *ātman* **eva:** [expletivo] **ātmanā:** consigo mismo, con el *ātman* **tuṣṭaḥ:** satisfecho, complacido **sthita-:** constante **-prajñas:** de mente **tadā:** entonces **ucyate:** es llamado, se llama **2.55**

duḥkheṣv anudvignamanāḥ; sukheṣu vigataspṛhaḥ /
vītarāgabhayakrodhaḥ; sthitadhīr munir ucyate // 2.56

duḥkheṣv: en los dolores **anudvigna-:** imperturbable **-manāḥ:** con la mente **sukheṣu:** en los placeres **vigata-:** exenta, sin **-spṛhaḥ:** anhelo, ansia **vīta-:** desprovista, exenta –**rāga-:** pasión **-bhaya-:** miedo **-krodhaḥ:** cólera **sthita-:** constante, estable –**dhīr:** de pensamiento **munir:** sabio **ucyate:** es llamado, se dice **2.56**

yaḥ sarvatrānabhisnehas; tat tat prāpya śubhāśubham /
nābhinandati na dveṣṭi; tasya prajñā pratiṣṭhitā // 2.57

yaḥ: quien, aquel **sarvatra:** siempre, en toda ocasión **anabhisnehas:** libre de apego **tat tat:** esto y aquello, hacia cualquier cosa **prāpya:** obteniendo **śubha-:** lo bueno, lo agradable –**aśubham:** y lo malo, lo desagradable **na-:** no –**abhinandati:** se regocija **na:** no **dveṣṭi:** odia, siente disgusto **tasya:** su **prajñā:** mente **pratiṣṭhitā:** está bien asentada **2.57**

yadā saṃharate cāyaṃ; kūrmo 'ṅgānīva sarvaśaḥ /
indriyāṇīndriyārthebhyas; tasya prajñā pratiṣṭhitā // 2.58

yadā: cuando **saṃharate:** contrae **ca:** y **ayaṃ:** una **kūrmo:** tortuga **aṅgāni:** los miembros **iva:** al igual **sarvaśaḥ:** en todas direcciones, completamente **indriyāṇi:** los sentidos **indriya-:** de los sentidos –**arthebhyas:** de los objetos **tasya:** su **prajñā:** mente **pratiṣṭhitā:** está bien asentada **2.58**

viṣayā vinivartante; nirāhārasya dehinaḥ /
rasavarjaṃ raso 'py; asya paraṃ dṛṣṭvā nivartate // 2.59

viṣayā: los objetos **vinivartante:** cesan, desaparecen **nirāhārasya:** que no consume, que se abstiene **dehinaḥ:** para el alma **rasa-:** el gusto **-varjaṃ:** exceptuando **raso:** el gusto **apy:** también **asya:** para aquel **paraṃ:** el supremo **dṛṣṭvā:** habiendo contemplado **nivartate:** cesa, se disipa **2.59**

yatato hy api kaunteya; puruṣasya vipaścitaḥ /
indriyāṇi pramāthīni; haranti prasabhaṃ manaḥ // 2.60

yatato: que se esfuerza **hy:** sobremanera, mucho [partícula enfática] **api:** incluso **kaunteya:** ¡Oh, Kaunteya! **puruṣasya:** del hombre **vipaścitaḥ:** inteligente, sabio, conocedor **indriyāṇi:** los sentidos **pramāthīni:** turbulentos **haranti:** arrebatan **prasabhaṃ:** violentamente **manaḥ:** la mente **2.60**

tāni sarvāṇi saṃyamya; yukta āsīta matparaḥ /
vaśe hi yasyendriyāṇi; tasya prajñā pratiṣṭhitā // 2.61

tāni: esos **sarvāṇi:** todos **saṃyamya:** controlando **yukta:** concentrado **āsīta:** deberá sentarse **mat-:** en mí **-paraḥ:** dedicado, absorto **vaśe:** bajo control **hi:** ya que **yasya:** cuyos **indriyāṇi:** sentidos están] **tasya:** su **prajñā:** mente **pratiṣṭhitā:** está bien asentada **2.61**

dhyāyato viṣayān puṃsaḥ; saṅgas teṣūpajāyate /
saṅgāt saṃjāyate kāmaḥ; kāmāt krodho 'bhijāyate // 2.62

dhyāyato: meditando **viṣayān:** en los objetos **puṃsaḥ:** para el hombre **saṅgas:** el apego **teṣu:** hacia ellos **upajāyate:** surge **saṅgāt:** del apego **saṃjāyate:** nace **kāmaḥ:** el deseo **kāmāt:** del deseo **krodho:** la cólera **abhijāyate:** surge, brota **2.62**

krodhād bhavati saṃmohaḥ; saṃmohāt smṛtivibhramaḥ /
smṛtibhraṃśād buddhināśo; buddhināśāt praṇaśyati // 2.63

krodhād: de la colera **bhavati:** procede, surge **saṃmohaḥ:** la confusión, el desconcierto **saṃmohāt:** de la confusión, del desconcierto **smṛti-:** de la memoria; de la atención **-vibhramaḥ:** perturbación, error, pérdida, falta **smṛti-:** de la memoria; de la atención **-bhraṃśād:** de la pérdida **buddhi-:** del intelecto **–nāśo:** destrucción, degradación **buddhi-:** del intelecto **–nāśāt:** a causa de la destrucción o degradación **praṇaśyati:** perece **2.63**

rāgadveṣaviyuktais tu; viṣayān indriyaiś caran /
ātmavaśyair vidheyātmā; prasādam adhigacchati // 2.64

rāga-: de pasión, de deseo **-dveṣa-:** de odio, de aversión **–viyuktais:** desprovistos **tu:** pero **viṣayān:** los objetos **indriyaiś:** con los sentidos **caran:** percibiendo **ātmavaśyair:** autocontrolados **vidheya-:** recogida **ātmā:** con la mente **prasādam:** la paz mental **adhigacchati:** alcanza **2.64**

prasāde sarvaduḥkhānāṃ; hānir asyopajāyate /
prasannacetaso hy āśu; buddhiḥ paryavatiṣṭhate // 2.65

prasāde: con la paz mental **sarva-:** de todos **duḥkhānāṃ:** los sufrimientos **hānir:** la desaparición **asya:** para él **upajāyate:** surge, se produce **prasanna-cetaso:** para la persona de mente apacible **hy:** [expletivo] **āśu:** rápidamente, sin demora **buddhiḥ:** el intelecto, la mente **paryavatiṣṭhate:** se equilibra completamente **2.65**

nāsti buddhir ayuktasya; na cāyuktasya bhāvanā /
na cābhāvayataḥ śāntir; aśāntasya kutaḥ sukham // 2.66

na: no **asti:** hay **buddhir:** conocimiento, sabiduría **ayuktasya:** para la persona no concentrada **na:** no **ca:** y **ayuktasya:** para la persona no concentrada **bhāvanā:** meditación [hay] **na:** no **ca:** y **abhāvayataḥ:** para quien no medita **śāntir:** paz [hay] **aśāntasya:** para el intranquilo **kutaḥ:** ¿de dónde? **sukham:** felicidad [habrá] **2.66**

indriyāṇāṃ hi caratāṃ; yan mano 'nuvidhīyate /
tad asya harati prajñāṃ; vāyur nāvam ivāmbhasi // 2.67

indriyāṇāṃ: por los sentidos **hi:** [expletivo] **caratāṃ:** moviéndose **yan:** aquella **mano:** mente **anuvidhīyate:** es llevada **tad:** esa [mente] **asya:** de él **harati:** arrebata **prajñāṃ:** el conocimiento **vāyur:** el viento **nāvam:** una nave **iva:** como **ambhasi:** sobre las aguas **2.67**

tasmād yasya mahābāho; nigṛhītāni sarvaśaḥ /
indriyāṇīndriyārthebhyas; tasya prajñā pratiṣṭhitā // 2.68

tasmād: por lo tanto **yasya:** de quien **mahābāho:** ¡oh, tú, de poderosos brazos! **nigṛhītāni:** retenidos, apartados **sarvaśaḥ:** en todas direcciones, completamente **indriyāṇi:** los sentidos **indriya-:** de los sentidos **–arthebhyas:** de los objetos **tasya:** su **prajñā:** mente **pratiṣṭhitā:** está bien asentada **2.68**

yā niśā sarvabhūtānāṃ; tasyāṃ jāgarti saṃyamī /
yasyāṃ jāgrati bhūtāni; sā niśā paśyato muneḥ // 2.69

yā: aquello que es **niśā:** noche **sarvabhūtānāṃ:** para todos los seres **tasyāṃ:** en esa [noche] **jāgarti:** despierta **saṃyamī:** quien se controla a sí mismo **yasyāṃ:** en aquella **jāgrati:** despiertan **bhūtāni:** las gentes **sā:** esa **niśā:** noche [es] **paśyato:** contemplativo **muneḥ:** para el sabio **2.69**

āpūryamāṇam acalapratiṣṭhaṃ; samudram āpaḥ praviśanti yadvat /
tadvat kāmā yaṃ praviśanti sarve; sa śāntim āpnoti na kāmakāmī // 2.70

āpūryamāṇam: llenándose por todas partes **acala-:** inamovible **-pratiṣṭhaṃ:** cuyo fundamento es **samudram:** el océano **āpaḥ:** las aguas **praviśanti:** entran, desembocan **yadvat:** al igual **tadvat:** del mismo modo **kāmā:** los deseos **yaṃ:** en quien **praviśanti:** entran, confluyen **sarve:** todos **sa:** ese **śāntim:** la paz **āpnoti:** alcanza **na:** no **kāma:** deseos **kāmī:** el que siempre desea **2.70**

vihāya kāmān yaḥ sarvān; pumāṃś carati niḥspṛhaḥ /
nirmamo nirahaṃkāraḥ; sa śāntim adhigacchati // 2.71

vihāya: abandonando, desembarazándose **kāmān:** los deseos **yaḥ:** quien **sarvān:** todos **pumāṃś:** el hombre **carati:** actúa, se comporta **niḥspṛhaḥ:** sin deseo **nirmamo:** sin sentido de lo mío **nirahaṃkāraḥ:** sin sentimiento del yo **sa:** ese **śāntim:** la paz **adhigacchati:** alcanza **2.71**

eṣā brāhmī sthitiḥ pārtha; naināṃ prāpya vimuhyati /
sthitvāsyām antakāle 'pi; brahmanirvāṇam ṛcchati // 2.72

eṣā: esta **brāhmī:** de *brahman* **sthitiḥ:** la condición [es] **pārtha:** ¡Pārtha! **na:** no **enāṃ:** esta **prāpya:** habiendo alcanzado **vimuhyati:** se confunde **sthitvā:** estando **asyām:** en esa **anta-:** final, de la muerte **-kāle:** en el momento **api:** incluso **brahma-:** de *brahman* **-nirvāṇam:** el nirvana **ṛcchati:** llega **2.72**

Capítulo tercero

3.1 **arjuna uvāca**
arjuna: Arjuna **uvāca:** dijo

jyāyasī cet karmaṇas te; matā buddhir janārdana /
tat kiṃ karmaṇi ghore māṃ; niyojayasi keśava // 3.1

jyāyasī: superior **cet:** si **karmaṇas:** que la acción **te:** por ti **matā:** es considerado **buddhir:** el conocimiento **janārdana:** ¡Janārdana! **tat:** entonces **kiṃ:** ¿por qué? **karmaṇi:** un acto **ghore:** terrible **māṃ:** a mí **niyojayasi:** encargas, asignas, empujas a cometer **keśava:** Kéśava **3.1**

vyāmiśreṇaiva vākyena; buddhiṃ mohayasīva me /
tad ekaṃ vada niścitya; yena śreyo 'ham āpnuyām // 3.2

vyāmiśreṇa: mixto, ambiguo **eva:** [expletivo] **vākyena:** con un discurso, con estas palabras **buddhiṃ:** intelecto, mente, entendimiento **mohayasi:** confundes **iva:** como si **me:** mi **tad:** por lo tanto **ekaṃ:** una sola cosa **vada:** dime **niścitya:** decidiendo con certeza, a ciencia cierta **yena:** con la que **śreyo:** el bien mayor **aham:** yo **āpnuyām:** alcance **3.2**

3.2 **śrībhagavān uvāca**
śrī-: el venerable **-bhagavān:** Señor **uvāca:** dijo

loke 'smin dvividhā niṣṭhā; purā proktā mayānagha /
jñānayogena sāṃkhyānāṃ; karmayogena yogināṃ // 3.3

loke: en el mundo **asmin:** este **dvividhā:** de dos tipos, doble **niṣṭhā:** condición **purā:** en el pasado **proktā:** fue anunciada **maya:** por mí **anagha:** ¡Oh, impoluto! **jñānayogena:** el yoga del conocimiento **sāṃkhyānāṃ:** para los *sāṃkhya*, para los conocedores **karmayogena:** karma yoga **yogināṃ:** para los yoguis **3.3**

na karmaṇām anārambhān; naiṣkarmyaṃ puruṣo 'śnute /
na ca saṃnyasanād eva; siddhiṃ samadhigacchati // 3.4

na: no **karmaṇām:** acciones **anārambhān:** por el hecho de no emprender **naiṣkarmyaṃ:** no acción **puruṣo:** una persona **aśnute:** se alcanza **na:** no **ca:** y **saṃnyasanād:** con la renunciación **eva:** solo **siddhiṃ:** perfección **samadhigacchati:** se obtiene **3.4**

na hi kaś cit kṣaṇam api; jātu tiṣṭhaty akarmakṛt /
kāryate hy avaśaḥ karma; sarvaḥ prakṛtijair guṇaiḥ // 3.5

na: [con *kaś cit*] **hi:** en realidad **kaś cit:** nadie [con partícula negativa] **kṣaṇam:** por un momento **api jātu:** acaso **tiṣṭhaty:** permanece **akarmakṛt:** inactivo **kāryate:** está siendo ejecutada **hy:** ciertamente **avaśaḥ:** inevitable **karma:** actividad **sarvaḥ:** toda **prakṛti-:** de la naturaleza primordial **-jair:** nacidas **guṇaiḥ:** por las energías **3.5**

karmendriyāṇi saṃyamya; ya āste manasā smaran /
indriyārthān vimūḍhātmā; mithyācāraḥ sa ucyate // 3.6

karmendriyāṇi: los sentidos de la acción **saṃyamya:** controlando **ya:** aquel **āste:** se sienta **manasā:** con su mente **smaran:** recordando, recreando **indriyārthān:** los objetos de los sentidos **vimūḍha-:** confundido, engañado **-ātmā:** él mismo **mithyācāraḥ:** un hipócrita **sa:** ese **ucyate:** es llamado **3.6**

yas tv indriyāṇi manasā; niyamyārabhate 'rjuna /
karmendriyaiḥ karmayogam; asaktaḥ sa viśiṣyate // 3.7

yas: quien **tv:** sin embargo **indriyāṇi:** los sentidos **manasā:** con la mente **niyamya:** controlando **arabhate:** emprende **arjuna:** Arjuna **karmendriyaiḥ:** con los sentidos o los órganos de la acción **karmayogam:** el karma yoga **asaktaḥ:** desapegado **sa:** ese **viśiṣyate:** excele, sobresale **3.7**

niyataṃ kuru karma tvaṃ; karma jyāyo hy akarmaṇaḥ /
śarīrayātrāpi ca te; na prasidhyed akarmaṇaḥ // 3.8

niyataṃ: ciertamente **kuru:** ejectua **karma:** la acción **tvaṃ:** tú **karma:** la acción **jyāyo:** es superior **hy:** ya que **akarmaṇaḥ:** a la inacción **śarīrayātra:** el viaje del cuerpo, la subsistencia **api:** incluso **ca:** y **te:** tú **na:** no **prasidhyed:** se cumple, se realiza **akarmaṇaḥ:** para el inactivo **3.8**

yajñārthāt karmaṇo 'nyatra; loko 'yaṃ karmabandhanaḥ /
tadarthaṃ karma Kaunteya; muktasaṅgaḥ samācara // 3.9

yajñārthāt: que tiene por objeto el sacrificio **karmaṇo:** la acción **anyatra:** exceptuando **loko:** el mundo **ayaṃ:** este **karma-:** a la acción **-bandhanaḥ:** tiene por cadena **tadarthaṃ:** por ese motivo **karma:** la acción **kaunteya:** ¡Hijo de Kunti! **mukta-:** libre **-saṅgaḥ:** de apego **samācara:** ejecuta **3.9**

sahayajñāḥ prajāḥ sṛṣṭvā; purovāca prajāpatiḥ /
anena prasaviṣyadhvam; eṣa vo 'stv iṣṭakāmadhuk // 3.10

saha-: junto com **-yajñāḥ:** el sacrifício **prajāḥ:** las criaturas, lo seres **sṛṣṭvā:** habiendo creado, tras crear **purā:** en la antigüedad, al inicio **uvāca:** dijo **prajāpatiḥ:** Prajāpati **anena:** mediante esto **prasaviṣyadhvam:** procread, multiplicaos **eṣa:** esto **vo:** para vosotros **astv:** sea **iṣṭa-:** de lo deseado **-kāmadhuk:** la vaca lechera **3.10**

devān bhāvayatānena; te devā bhāvayantu vaḥ /
parasparaṃ bhāvayantaḥ; śreyaḥ param avāpsyatha // 3.11

devān: a los dioses **bhāvayata:** propiciad, favoreced **anena:** con este [sacrificio] **te:** ellos **devā:** los dioses **bhāvayantu:** favorezcan **vaḥ:** a vosotros **parasparaṃ:** mutuamente **bhāvayantaḥ:** favoreciéndoos, ayudandoos **śreyaḥ:** el bien **param:** supremo **avāpsyatha:** alcanzaréis **3.11**

iṣṭān bhogān hi vo devā; dāsyante yajñabhāvitāḥ /
tair dattān apradāyaibhyo; yo bhuṅkte stena eva saḥ // 3.12

iṣṭān: deseados **bhogān:** los placeres **hi:** ya que **vo:** a vosotros **devā:** los dioese **dāsyante:** otorgarán **yajña-:** por el sacrificio **bhāvitāḥ:** propiciados **tair:** por ellos **dattān:** concedidos **apradāya:** sin devolver a cambio **ebhyo:** a ellos **yo:** aquel **bhuṅkte:** disfruta **stena:** ladrón **eva:** ciertamente **saḥ:** él [es] **3.12**

yajñāśiṣṭāsinah santo; mucyante sarvakilbiṣaiḥ /
bhuñjate te tv aghaṃ pāpā; ye pacanty ātmakāraṇāt // 3.13

yajña-: del sacrificio **-śiṣṭa-:** las sobras, el resto **-āśinaḥ:** tomando, comiendo **santo:** estando **mucyante:** se liberan **sarva-:** de todas **-kilbiṣaiḥ:** las faltas **bhuñjate:** consumen **te:** ellos **tv:** pero **aghaṃ:** grave **pāpā:** pecado **ye:** aquellos **pacanty:** cocinan **ātmakāraṇāt:** a causa de sí mismos **3.13**

annād bhavanti bhūtāni; parjanyād annasaṃbhavaḥ /
yajñād bhavati parjanyo; yajñaḥ karmasamudbhavaḥ // 3.14

annād: del alimento **bhavanti:** surgen **bhūtāni:** los seres **parjanyād:** de la lluvia **anna-:** del alimento **-saṃbhavaḥ:** el origen [es] **yajñād:** del sacrificio **bhavati:** surge **parjanyo:** la lluvia **yajñaḥ:** el sacrificio **karma-:-** en la acción ritual **samudbhavaḥ:** tiene su origen **3.14**

karma brahmodbhavaṃ viddhi; brahmākṣarasamudbhavam /
tasmāt sarvagataṃ brahma; nityaṃ yajñe pratiṣṭhitam // 3.15

karma: la acción ritual **brahma-:** en Brahmā **-udbhavaṃ:** tiene su origen **viddhi:** conoce, considera **brahmā:** Brahmā **-akṣara-:** en el imperecedero **-samudbhavam:** tiene su origen **tasmāt:** por lo tanto, así pues **sarvagataṃ:** que está en todas partes, omnipresente **brahma:** *brahman* **nityaṃ:** siempre **yajñe:** en el sacrificio **pratiṣṭhitam:** está presente **3.15**

evaṃ pravartitaṃ cakraṃ; nānuvartayatīha yaḥ /
aghāyur indriyārāmo; moghaṃ pārtha sa jīvati // 3.16

evaṃ: así **pravartitaṃ:** girando **cakraṃ:** la rueda **na:** no **anuvartayati:** sigue **iha:** aquí, en este mundo **yaḥ:** quien **aghāyur:** cuya vida es el pecado, que vive en el pecado, ser pecaminoso **indriya-:** en los sentidos **-ārāmo:** tiene su deleite **moghaṃ:** en vano **pārtha:** ¡Pārtha! **sa:** ese **jīvati:** vive **3.16**

yas tv ātmaratir eva syād; ātmatṛptaś ca mānavaḥ /
ātmany eva ca saṃtuṣṭas; tasya kāryaṃ na vidyate // 3.17

yas: quien **tv:** pero **ātmaratir:** su deleite en el *ātman* **eva:** [expletivo] **syād:** sea **ātmatṛptaś:** complacido en el *ātman* **ca:** y **mānavaḥ:** la persona **ātmany:** en el *ātman* **eva:** solo **ca:** y **saṃtuṣṭas:** satisfecho **tasya:** para él **kāryaṃ:** tarea **na:** no **vidyate:** se encuentra **3.17**

naiva tasya kṛtenārtho; nākṛteneha kaś cana /
na cāsya sarvabhūteṣu; kaś cid arthavyapāśrayaḥ // 3.18

na: no **eva:** [expletivo] **tasya:** su **kṛtena:** con lo hecho **artho:** objetivo [hay] **na:** [con *kaś cana*] **akṛtena:** con lo no hecho **iha:** aquí **kaś cana:** ningún [con partícula negativa] **na:** [con *kaś cid*] **ca:** y **asya:** su **sarvabhūteṣu:** en todos los seres **kaś cid:** ningún [con partícula negativa] **artha-:** para conseguir un objetivo **-vyapāśrayaḥ:** apoyo **3.18**

tasmād asaktaḥ satataṃ; kāryaṃ karma samācara /
asakto hy ācaran karma; param āpnoti pūruṣaḥ // 3.19

tasmād: por lo tanto **asaktaḥ:** desapegado **satataṃ:** siempre **kāryaṃ:** debida **karma:** la tarea **samācara:** ejecuta **asakto:** desapegado **hy:** ya que **ācaran:** haciendo **karma:** la acción **param:** el bien supremo **āpnoti:** alcanza **pūruṣaḥ:** la persona **3.19**

karmaṇaiva hi saṃsiddhim; āsthitā janakādayaḥ /
lokasaṃgraham evāpi; saṃpaśyan kartum arhasi // 3.20

karmaṇā: con la acción **eva:** [expletivo] **hi:** ya que **saṃsiddhim:** la perfección **āsthitā:** han logrado **janakādayaḥ:** Janaka y otros **lokasaṃgraham:** el bien común **eva:** [expletivo] **api:** asimismo **saṃpaśyan:** contemplando, teniendo presente **kartum:** actuar **arhasi:** deberías **3.20**

yad yad ācarati śreṣṭhas; tat tad evetaro janaḥ /
sa yat pramāṇaṃ kurute; lokas tad anuvartate // 3.21

yad yad: cualquier cosa **ācarati:** que realiza **śreṣṭhas:** el mejor **tat: tad:** eso **eva:** mismo **itaro:** la otra **janaḥ:** gente **sa:** él **yat:** lo que **pramāṇaṃ kurute:** establece como norma **lokas:** la gente **tad:** eso **anuvartate:** sigue **3.21**

na me pārthāsti kartavyaṃ; triṣu lokeṣu kiṃ cana /
nānavāptam avāptavyaṃ; varta eva ca karmaṇi // 3.22

na: [con *kiṃ cana*] **me:** me **pārtha:** ¡Pārtha! **asti:** hay, queda **kartavyaṃ:** algo por realizar **triṣu:** en estos tres **lokeṣu:** mundos **kiṃ cana:** nada [con partícula negativa] **na:** no **anavāptam:** algo no conseguido **avāptavyaṃ:** algo conseguido **varta:** implico, comprometo **eva:** [expletivo] **ca:** y **karmaṇi:** en la acción, a actuar **3.22**

yadi hy ahaṃ na varteyaṃ; jātu karmaṇy atandritaḥ /
mama vartmānuvartante; manuṣyāḥ pārtha sarvaśaḥ // 3.23

yadi: si **hy:** ya que **ahaṃ:** yo **na:** [con *jātu*] **varteyaṃ:** me compormetiese **jātu:** nunca [con partícula negativa] **karmaṇy:** en la acción, a actuar **atandritaḥ:** sin descanso **mama:** mi **vartma:** camino, ejemplo **anuvartante:** siguen **manuṣyāḥ:** las gentes **pārtha:** ¡Pārtha! **sarvaśaḥ:** en todo punto **3.23**

utsīdeyur ime lokā; na kuryāṃ karma ced aham /
saṃkarasya ca kartā syām; upahanyām imāḥ prajāḥ // 3.24

utsīdeyur: se destruirían, perecerían **ime:** estos **lokā:** mundos **na:** no **kuryāṃ:** ejecutase **karma:** acción **ced:** si **aham:** yo **saṃkarasya:** de la confusión, del caos **ca:** y **kartā:** el autor **syām:** sería **upahanyām:** dañaría **imāḥ:** estas **prajāḥ:** criaturas **3.24**

saktāḥ karmaṇy avidvāṃso; yathā kurvanti bhārata /
kuryād vidvāṃs tathāsaktaś; cikīrṣur lokasaṃgraham // 3.25

saktāḥ: apegados **karmaṇy:** a la acción **avidvāṃso:** los ignorantes **yathā:** al igual **kurvanti:** actúan **bhārata:** ¡Bhārata! **kuryād:** debe hacer **vidvāṃs:** el sabio **tathā:** del mismo modo **asaktaś:** desapegado **cikīrṣur:** deseando procurar **lokasaṃgraham:** el bien común **3.25**

na buddhibhedaṃ janayed; ajñānāṃ karmasaṅginām /
joṣayet sarvakarmāṇi; vidvān yuktaḥ samācaran // 3.26

na: no **buddhibhedaṃ:** división de opinión o del pensamiento, hecho de sembrar dudas en la mente **janayed:** producirá **ajñānāṃ:** de los ignorantes **karma-:** a la acción **-saṅginām:** apegados **joṣayet:** animará a actuar **sarva-:** todas **-karmāṇi:** las acciones **vidvān:** el sabio **yuktaḥ:** concentrado, dedicado **samācaran:** ejecutando **3.26**

prakṛteḥ kriyamāṇāni; guṇaiḥ karmāṇi sarvaśaḥ /
ahaṃkāravimūḍhātmā; kartāham iti manyate // 3.27

prakṛteḥ: de la naturaleza primordial **kriyamāṇāni:** son ejecutadas **guṇaiḥ:** por las energías **karmāṇi:** las acciones **sarvaśaḥ:** en todo modo **ahaṃkāra-:** por el sentido del yo **-vimūḍha-:** confundida **-ātmā:** con la mente **kartā:** el agente **aham:** [soy] yo **iti:** que [en el estilo indirecto] **manyate:** cree **3.27**

tattvavit tu mahābāho; guṇakarmavibhāgayoḥ /
guṇā guṇeṣu vartanta; iti matvā na sajjate // 3.28

tattvavit: el que conoce la esencia o la verdad, el que conoce de verdad o en profundidad **tu:** **mahābāho:** ¡Oh, Mahābāhu! **guṇa-:** de las energías **-karma-:** y de las acciones **-vibhāgayoḥ:** las diferencias **guṇā:** las energías **guṇeṣu:** sobre las energías **vartanta:** actúan **iti:** que [en el estilo indirecto] **matvā:** considerando, sabiendo **na:** no **sajjate:** se apega **3.28**

prakṛter guṇasaṃmūḍhāḥ; sajjante guṇakarmasu /
tān akṛtsnavido mandān; kṛtsnavin na vicālayet // 3.29

prakṛter: de la materia **guṇa-:** por las energías **-saṃmūḍhāḥ:** confundidos **sajjante:** se apegan **guṇa-:** a las energías **-karmasu:** y a las acciones **tān:** a los **akṛtsnavido:** que no lo ven todo, de visión limitada **mandān:** lentos, tontos, cortos de miras **kṛtsnavin:** que ve la totalidad **na:** no **vicālayet:** perturbará **3.29**

mayi sarvāṇi karmāṇi; saṃnyasyādhyātmacetasā /
nirāśīr nirmamo bhūtvā; yudhyasva vigatajvaraḥ // **3.30**

mayi: en mí **sarvāṇi:** todas **karmāṇi:** las obras **saṃnyasya:** depositando **adhyātma-cetasā:** con la mente volcada hacia ti mismo **nirāśīr:** que está más allá de la esperanza **nirmamo:** que está más allá del sentido de lo mío **bhūtvā:** convirtiéndote **yudhyasva:** lucha, disponte para la lucha **vigatajvaraḥ:** desprovisto de ansiedad **3.30**

ye me matam idaṃ nityam; anutiṣṭhanti mānavāḥ /
śraddhāvanto 'nasūyanto; mucyante te 'pi karmabhiḥ // **3.31**

ye: aquellas **me:** mi **matam:** opinión **idaṃ:** esta **nityam:** siempre **anutiṣṭhanti:** siguen **mānavāḥ:** personas **śraddhāvanto:** llenos de fe **anasūyanto:** no criticando o exentos de envidia **mucyante:** se liberan **te:** esas **api:** también **karmabhiḥ:** de las acciones **3.31**

ye tv etad abhyasūyanto; nānutiṣṭhanti me matam /
sarvajñānavimūḍhāṃs tān; viddhi naṣṭān acetasaḥ // **3.32**

ye: los que **tv:** sin embargo **etad:** esta **abhyasūyanto:** criticando **na:** no **anutiṣṭhanti:** siguen **me:** mi **matam:** opinión **sarva-:** en cuanto a todo **-jñāna-:** conocimiento **-vimūḍhāṃs:** confundidos, extraviados **tān:** los **viddhi:** considera **naṣṭān:** perdidos, destruidos **acetasaḥ:** insensatos **3.32**

sadṛśaṃ ceṣṭate svasyāḥ; prakṛter jñānavān api /
prakṛtiṃ yānti bhūtāni; nigrahaḥ kiṃ kariṣyati // **3.33**

sadṛśaṃ: conforme **ceṣṭate:** actúa **svasyāḥ:** a su **prakṛter:** naturaleza **jñānavān:** el conocedor, el sabio **api:** incluso **prakṛtiṃ:** a la naturaleza **yānti:** van **bhūtāni:** los seres **nigrahaḥ:** la represión **kiṃ:** ¿qué? **kariṣyati:** hará **3.33**

indriyasyendriyasyārthe; rāgadveṣau vyavasthitau /
tayor na vaśam āgacchet; tau hy asya paripanthinau // **3.34**

indriyasya indriyasya: de cada sentido **arthe:** en el objeto **rāga-:** la pasión, la atracción, el gusto **-dveṣau:** la aversión, la repulsión, el disgusto **vyavasthitau:** están instalados

tayor: de estos dos **na:** no **vaśam āgacchet:** caigas bajo el dominio **tau:** estos dos **hy:** pues **asya:** su **paripanthinau:** enemigo [son] **3.34**

śreyān svadharmo viguṇaḥ; paradharmāt svanuṣṭhitāt /
svadharme nidhanaṃ śreyaḥ; paradharmo bhayāvahaḥ // **3.35**

śreyān: mejor **svadharmo:** el propio dharma **viguṇaḥ:** exento de virtud **paradharmāt:** que el dharma ajeno **svanuṣṭhitāt:** bien ejecutado **svadharme:** en el propio dharma **nidhanaṃ:** la muerte **śreyaḥ:** mejor [es] **paradharmo:** el dharma ajeno **bhaya-:** de peligros **- āvahaḥ:** fraguado [está] **3.35**

3.36 **arjuna uvāca**
arjuna: Arjuna **uvāca:** dijo

atha kena prayukto 'yaṃ; pāpaṃ carati pūruṣaḥ /
anicchann api vārṣṇeya; balād iva niyojitaḥ // **3.36**

atha: entonces **kena:** ¿por qué? **prayukto:** impulsado **ayaṃ:** el **pāpaṃ carati:** peca **pūruṣaḥ:** hombre **anicchann:** no deseándolo, en contra de su voluntad **api:** incluso, aun **vārṣṇeya:** Oh, descendiente de Vṛṣṇi! **balād:** a la fuerza **iva:** como si fuese **niyojitaḥ:** empujado **3.36**

3.37 **śrībhagavān uvāca**
śrī-: el venerable **-bhagavān:** Señor **uvāca:** dijo

kāma eṣa krodha eṣa; rajoguṇasamudbhavaḥ /
mahāśano mahāpāpmā; viddhy enam iha vairiṇam // **3.37**

kāma: el deseo **eṣa:** eso [es] **krodha:** la cólera **eṣa:** eso [es] **rajo-:** que en el *rajas* **-guṇa:** *guṇa* **samudbhavaḥ:** tiene su origen **mahāśano:** gran devorador **mahāpāpmā:** extremadamente malvado **viddhy:** considera **enam:** lo **iha:** en este caso **vairiṇam:** como el enemigo **3.37**

dhūmenāvriyate vahnir; yathādarśo malena ca /
yatholbenāvṛto garbas; tathā tenedam āvṛtam // **3.38**

dhūmena: por el humo **āvriyate:** está envuelto **vahnir:** el fuego **yathā:** como **ādarśo:** el espejo **malena:** por el polvo **ca:** y **yathā:** como **ulbenā:** por la membrana **āvṛto:** está envuelto **garbhas:** el feto **tathā:** del mismo modo, así **tena:** por ese **idam:** este **āvṛtam:** está envuelto **3.38**

āvṛtaṃ jñānam etena; jñānino nityavairiṇā /
kāmarūpeṇa kaunteya; duṣpūreṇānalena ca // 3.39

āvṛtaṃ: envuelto, velado **jñānam:** el conocimiento [está] **etena:** por este **jñānino:** del hombre de conocimiento, del sabio **nitya-:** constante **-vairiṇā:** enemigo **kāmarūpeṇa:** que tiene forma de deseo **kaunteya:** ¡Kaunteya! **duṣpūreṇa:** difícil de llenar, insaciable **analena:** por el fuego **ca:** y **3.39**

indriyāṇi mano buddhir; asyādhiṣṭhānam ucyate /
etair vimohayaty eṣa; jñānam āvṛtya dehinam // 3.40

indriyāṇi: los sentidos **mano:** la mente **buddhir:** el intelecto **asya:** su **adhiṣṭhānam:** base, fundamento **ucyate:** se dice **etair:** mediante ellos **vimohayaty:** confunde **eṣa:** ese **jñānam:** el conocimiento **āvṛtya:** cubriendo, velando **dehinam:** al alma encarnada **3.40**

tasmāt tvam indriyāṇy ādau; niyamya bharatarṣabha /
pāpmānaṃ prajahi hy enaṃ; jñānavijñānanāśanam // 3.41

tasmāt: por lo tanto **tvam:** tú **indriyāṇy:** los sentidos **ādau:** en primer lugar **niyamya:** controlando **bharatarṣabha:** ¡excelso Bhárata! **pāpmānaṃ:** malvado **prajahi:** mata, abate **hy:** [expletivo] **enaṃ:** a este **jñāna-:** el conocimiento **-vijñāna-:** y la experiencia-**nāśanam:** que destruye **3.41**

indriyāṇi parāṇy āhur; indriyebhyaḥ paraṃ manaḥ /
manasas tu parā buddhir; yo buddheḥ paratas tu saḥ // 3.42

indriyāṇi: los sentidos **parāṇy:** [son] superiores **āhur:** dicen **indriyebhyaḥ:** a los sentidos **paraṃ:** superior **manaḥ:** [es] la mente **manasas:** a la mente **tu:** pero **parā:** superior **buddhir:** [es] el intelecto **yo:** aquello **buddheḥ:** al intelecto **paratas:** superior **tu:** pero **saḥ:** [es] eso **3.42**

evaṃ buddheḥ paraṃ buddhvā; saṃstabhyātmānam ātmanā /
jahi śatruṃ mahābāho; kāmarūpaṃ durāsadam // 3.43

evaṃ: así pues **buddheḥ:** al intelecto **paraṃ:** lo superior **buddhvā:** conociendo **saṃstabhya:** afianzándote **ātmānam:** a ti mismo **ātmanā:** con el *ātman* **jahi:** mata, destruye **śatruṃ:** al enemigo **mahābāho:** ¡oh, tú, de poderosos brazos! **kāmarūpaṃ:** que tiene forma de deseo **durāsadam:** difícil de abordar **3.43**

Capítulo cuarto

4.1 **śrībhagavān uvāca**
śrī-:** el venerable -bhagavān:** Señor **uvāca:** dijo

imaṃ vivasvate yogaṃ; proktavān aham avyayam /
vivasvān manave prāha; manur ikṣvākave 'bravīt // 4.1

imaṃ: este **vivasvate:** a Vivasvan **yogaṃ:** yoga **proktavān:** enuncié, enseñé **aham:** yo **avyayam:** imperecedero **vivasvān:** Vivasvan **manave:** a Manu **prāha:** se lo dijo **manur:** Manu **ikṣvākave:** a Ikṣvāku **abravīt:** se lo dijo **4.1**

evaṃ paraṃparāprāptam; imaṃ rājarṣayo viduḥ /
sa kāleneha mahatā; yogo naṣṭaḥ paraṃtapa // 4.2

evaṃ: así **paraṃparā-:** de generación en generación **-prāptam:** fue obtenido **imaṃ:** este **rājarṣayo:** los sabios reales **viduḥ:** conocieron **sa:** este **kālena:** durante tiempo **iha:** aquí, en este mundo, en la Tierra **mahatā:** largo **yogo:** yoga **naṣṭaḥ:** desaparecido **paraṃ-:** de los enemigos **–tapa:** que atormenta, que azota **4.2**

sa evāyaṃ mayā te 'dya; yogaḥ proktaḥ purātanaḥ /
bhakto 'si me sakhā ceti; rahasyaṃ hy etad uttamam // 4.3

sa evāyaṃ: este mismo **mayā:** por mí **te:** te **adya:** hoy **yogaḥ:** yoga **proktaḥ:** proclamo, imparto **purātanaḥ:** antiguo, ancestral **bhakto:** devoto **asi:** eres **me:** mío **sakhā:** amigo **ca:** y **iti:** ya que **rahasyaṃ:** secreto **hy:** en verdad **etad:** este **uttamam:** supremo **4.3**

4.4 **arjuna uvāca**
arjuna: Arjuna **uvāca:** dijo

aparaṃ bhavato janma; paraṃ janma vivasvataḥ /
katham etad vijānīyāṃ; tvam ādau proktavān iti // 4.4

aparaṃ: posterior **bhavato:** de usted **janma:** [es] el nacimiento **paraṃ:** remoto **janma:** el nacimiento **vivasvataḥ:** de Vivasvan **katham:** ¿cómo? **etad:** esto **vijānīyāṃ:** puede ser concebido **tvam:** tú **ādau:** en el inicio, primero **proktavān:** proclamaste, enseñaste **iti:** que [en el estilo indirecto] **4.4**

4.5 śrībhagavān uvāca
śrī-:** el venerable -bhagavān:** Señor **uvāca:** dijo

bahūni me vyatītāni; janmāni tava cārjuna /
tāny ahaṃ veda sarvāṇi; na tvaṃ vettha paraṃtapa // 4.5

bahūni: muchos **me:** míos **vyatītāni:** han transcurrido **janmāni:** nacimientos **tava:** tuyos **ca:** y **arjuna:** Arjuna **tāny:** estos **ahaṃ:** yo **veda:** conozco **sarvāṇi:** todos **na:** no **tvaṃ:** tú **vettha:** conoces **paraṃ-:** de los enemigos **–tapa:** que atormenta, que azota **4.5**

ajo api san avyayātmā; bhūtānām īśvaro 'pi san /
prakṛtiṃ svām adhiṣṭhāya; saṃbhavāmy ātmamāyayā // 4.6

ajo: no nacido **api:** aun **san:** siendo **avyaya-:** imperecedero **-ātmā-:** cuyo ser es **bhūtānām:** de los seres **īśvaro:** el Señor **api:** aun **san:** siendo **prakṛtiṃ:** naturaleza **svām:** propia **adhiṣṭhāya:** recurriendo **saṃbhavāmy:** nazco **ātmamāyayā:** por mi propia māyā

yadā yadā hi dharmasya; glānir bhavati bhārata /
abhyutthānam adharmasya; tadātmānaṃ sṛjāmy aham // 4.7

yadā yadā: cada vez que **hi:** ya que o [expletivo] **dharmasya:** del dharma **glānir:** una disminución, un debilitamiento **bhavati:** se produce **bhārata:** Bhārata **abhyutthānam:** [y hay] una ascensión, un afianzamiento **adharmasya:** del *adharma* **tadā:** entonces **ātmānaṃ:** a mí mismo **sṛjāmy:** me procreo **aham:** yo **4.7**

paritrāṇāya sādhūnāṃ; vināśāya ca duṣkṛtām /
dharmasaṃsthāpanārthāya; saṃbhavāmi yuge yuge // 4.8

paritrāṇāya: para proteger **sādhūnāṃ:** a los buenos, a los virtuosos **vināśāya:** para destruir **ca:** y **duṣkṛtām:** a los malhechores, a los malvados **dharma-:** del dharma **-saṃsthāpana-:** el restablecimiento **-arthāya:** para, para el objeto de **saṃbhavāmi:** nazco **yuge yuge:** en cada era, en cada ciclo **4.8**

janma karma ca me divyam; evaṃ yo vetti tattvataḥ /
tyaktvā dehaṃ punarjanma; naiti mām eti so 'rjuna // 4.9

janma: nacimiento **karma:** obra **ca:** y **me:** mi **divyam:** divino **evaṃ:** así **yo:** quien **vetti:** conoce **tattvataḥ:** esencialmente, en verdad, a fondo **tyaktvā:** al abandonar **dehaṃ:** el cuerpo **punarjanma:** un nuevo nacimiento **na:** no **eti:** va, alcanza **mām:** a mí **eti:** va, entra, ingresa **so:** ese **arjuna:** Arjuna **4.9**

vītarāgabhayakrodhā; manmayā mām upāśritāḥ /
bahavo jñānatapasā; pūtā madbhāvam āgatāḥ // 4.10

vīta-: libres de **-rāga-:** deseo **-bhaya-:** miedo **-krodhā:** y cólera **manmayā:** llenos de mí **mām:** a mí **upāśritāḥ:** acercados **bahavo:** muchos **jñāna-:** del conocimiento **-tapasā:** por el ardor **pūtā:** purificados **madbhāvam:** mi condición **āgatāḥ:** han alcanzado **4.10**

ye yathā māṃ prapadyante; tāṃs tathaiva bhajāmy aham /
mama vartmānuvartante; manuṣyāḥ pārtha sarvaśaḥ //4.11

ye: aquellos **yathā:** tal y como **māṃ:** me **prapadyante:** acercan **tāṃs:** a ellos **tathā:** del mismo modo, así **eva:** [expletivo] **bhajāmy:** me hago partícipe, me muestro **aham:** yo **mama:** mi **vartma:** camino **anuvartante:** siguen **manuṣyāḥ:** las gentes **pārtha:** ¡Pārtha! **sarvaśaḥ:** en todo punto **4.11**

kāṅkṣantaḥ karmaṇāṃ siddhiṃ; yajanta iha devatāḥ /
kṣipraṃ hi mānuṣe loke; siddhir bhavati karmajā // 4.12

kāṅkṣantaḥ: buscando **karmaṇāṃ:** de las acciones **siddhiṃ:** el éxito **yajanta:** sacrifican **iha:** aquí **devatāḥ:** a los dioses **kṣipraṃ:** rápidamente, con celeridad, **hi:** ya que **mānuṣe:** en el humano **loke:** mundo **siddhir:** el éxito, el resultado **bhavati:** acaece **karmajā:** que nace de la acción **4.12**

cāturvarṇyaṃ mayā sṛṣṭaṃ; guṇakarmavibhāgaśaḥ /
tasya kartāram api māṃ; viddhy akartāram avyayam // 4.13

cāturvarṇyaṃ: el sistema de las cuatro castas **mayā:** por mí **sṛṣṭaṃ:** fue creado **guṇa-:** de energías **-karma-:** y acciones **-vibhāgaśaḥ:** según la diferencia **tasya:** su **kartāram:** creador, hacedor **api:** aunque **māṃ:** a mí **viddhy:** considérame **akartāram:** no creador, no hacedor **avyayam:** inmutable **4.13**

na māṃ karmāṇi limpanti; na me karmaphale spṛhā /
iti māṃ yo 'bhijānāti; karmabhir na sa badhyate // 4.14

na: no **māṃ:** me **karmāṇi:** las acciones **limpanti:** manchan **na:** no **me:** mi **karmaphale:** al fruto de la acción **spṛhā:** aspiración [hay] **iti:** así [el estilo indirecto] **māṃ:** me **yo:** aquel que **abhijānāti:** conoce **karmabhir:** por las acciones **na:** no **sa:** ese **badhyate:** es atado **4.14**

evaṃ jñātvā kṛtaṃ karma; pūrvair api mumukṣubhiḥ /
kuru karmaiva tasmāt tvaṃ; pūrvaiḥ pūrvataraṃ kṛtam // 4.15

evaṃ: así **jñātvā:** sabiendo **kṛtaṃ:** ha sido hecha **karma:** la acción **pūrvair:** por los antiguos **api:** incluso **mumukṣubhiḥ:** buscadores de la liberación **kuru:** haz, realiza **karma:** la acción **eva:** [expletivo] **tasmāt:** por lo tanto **tvaṃ:** tú **pūrvaiḥ:** por los antiguos **pūrvataraṃ:** en el pasado **kṛtam: 4.15**

kiṃ karma kim akarmeti; kavayo 'py atra mohitāḥ /
tat te karma pravakṣyāmi; yaj jñātvā mokṣyase 'śubhāt // 4.16

kiṃ: ¿qué? **karma:** [es] la acción **kim:** ¿qué? **akarma:** [es] la no acción **iti:** [comillas] **kavayo:** los sabios **apy:** incluso **atra:** aquí, en este punto **mohitāḥ:** [están] confundidos **tat:** ese **te:** te **karma:** acción **pravakṣyāmi:** hablaré **yaj:** el cual **jñātvā:** conociendo **mokṣyase:** liberarás **aśubhāt:** del mal **4.16**

karmaṇo hy api boddhavyaṃ; boddhavyaṃ ca vikarmaṇaḥ /
akarmaṇaś ca boddhavyaṃ; gahanā karmaṇo gatiḥ // 4.17

karmaṇo: la acción **hy:** [expledtivo] **api:** también, asimismo **boddhavyaṃ:** deberías entender **boddhavyaṃ:** deberías entender **ca:** y **vikarmaṇaḥ:** la acción errónea **akarmaṇaś:** la no acción **ca:** y **boddhavyaṃ:** deberías entender **gahanā:** profundo, inexplicable, impenetrable **karmaṇo:** de la acción, del karma **gatiḥ:** [es] el sendero **4.17**

karmaṇy akarma yaḥ paśyed; akarmaṇi ca karma yaḥ /
sa buddhimān manuṣyeṣu; sa yuktaḥ kṛtsnakarmakṛt // 4.18

karmaṇy: en la acción **akarma:** la no acción **yaḥ:** aquel, quien **paśyed:** vea **akarmaṇi:** en la no acción **ca:** y **karma:** la acción **yaḥ:** aquel, quien **sa:** ese **buddhimān:** [es] un sabio **manuṣyeṣu:** entre los hombres **sa:** ese **yuktaḥ:** [está] concentrado **kṛtsnakarmakṛt:** [es] el hacedor de la acción completa **4.18**

yasya sarve samārambhāḥ; kāmasaṃkalpavarjitāḥ /
jñānāgnidagdhakarmāṇaṃ; tam āhuḥ paṇḍitaṃ budhāḥ // 4.19

yasya: de aquel **sarve:** todas **samārambhāḥ:** las empresas, las obras **kāma-:** de deseo **-saṃkalpa-:** e intención **-varjitāḥ:** exentas **jñāna-:** del conocimiento **-agni-:** por el fuego **-dagdha-:** quemado **-karmāṇaṃ:** con el karma **tam:** a ese **āhuḥ:** llaman **paṇḍitaṃ:** *páṇḍita* **budhāḥ:** los conocedores **4.19**

tyaktvā karmaphalāsaṅgaṃ; nityatṛpto nirāśrayaḥ /
karmaṇy abhipravṛtto 'pi; naiva kiṃ cit karoti saḥ // 4.20

tyaktvā: abandonando **karmaphala-:** por el fruto de la acción **-āsaṅgaṃ:** el apego **nityatṛpto:** siempre satisfecho **nirāśrayaḥ:** independiente **karmaṇy:** en la acción **abhipravṛtto:** ocupado **api:** aunque **na:** [con *kiṃ cit*] **eva:** [expletivo] **kiṃ cit:** nada [con partícula negativa] **karoti:** hace **saḥ:** ese **4.20**

nirāśīr yatacittātmā; tyaktasarvaparigrahaḥ /
śārīraṃ kevalaṃ karma; kurvan nāpnoti kilbiṣam // 4.21

nirāśīr: libre de falsas esperanzas **yata-:** controlados **-citta-:** de mente **ātmā:** y cuerpo **tyakta-** que ha renunciado **sarva-:** a toda **-parigrahaḥ:** sus posesiones **śārīraṃ:** con el cuerpo, corporalmente **kevalaṃ:** solo **karma:** acción **kurvan:** haciendo **na:** no **āpnoti:** alcanza, incurre **kilbiṣam:** falta **4.21**

yadṛcchālābhasaṃtuṣṭo; dvaṃdvātīto vimatsaraḥ /
samaḥ siddhāv asiddhau ca; kṛtvāpi na nibadhyate // 4.22

yadṛcchālābhasaṃtuṣṭo: satisfecho con lo que encuentra al azar **dvaṃdvātīto:** más allá de la dualidad **vimatsaraḥ:** libre de envidia **samaḥ:** ecuánime **siddhāv:** ante el éxito **asiddhau:** ante el fracaso **ca:** y **kṛtvā:** haciendo **api:** aún **na:** no **nibadhyate:** se ata, es atado **4.22**

gatasaṅgasya muktasya; jñānāvasthitacetasaḥ /
yajñāyācarataḥ karma; samagraṃ pravilīyate // 4.23

gata-: ido, desaparecido **-saṅgasya:** con el apego **muktasya:** libre **jñāna-:** en el conocimiento **-avasthita-:** establecido **-cetasaḥ:** con la mente **yajñāya:** para el sacrificio **ācarataḥ:** para el que actúa **karma:** el karma **samagraṃ:** entero **pravilīyate:** se disuelve **4.23**

brahmārpaṇaṃ brahma havir; brahmāgnau brahmaṇā hutam /
brahmaiva tena gantavyaṃ; brahmakarmasamādhinā // 4.24

brahma: el *brahman* **arpaṇaṃ:** [es] la ofrenda **brahma:** el *brahman* **havir:** la ofrenda **brahmāgnau:** en el fuego de *brahman* **brahmaṇā:** por el *brahman* **hutam:** vertido, ofrecido **brahma:** el brahman **eva:** solo **tena:** por aquel **gantavyaṃ:** es alcanzado **brahma-:** al *brahman* **-karma-:** en la acción **-samādhinā:** por quien se absorbe, medita, contempla **4.24**

daivam evāpare yajñaṃ; yoginaḥ paryupāsate /
brahmāgnāv apare yajñaṃ; yajñenaivopajuhvati // 4.25

daivam: divino, a los dioses **eva:** [expletivo] **apare:** otros **yajñaṃ:** el sacrificio **yoginaḥ:** yoguis **paryupāsate:** ofrecen **brahmāgnāv:** en el fuego de *brahman* **apare:** otros **yajñaṃ:** el sacrificio **yajñena:** mediante el sacrificio **eva:** [expletivo] **upajuhvati:** celebran, ofrecen **4.25**

śrotrādīnīndriyāṇy anye; saṃyamāgniṣu juhvati /
śabdādīn viṣayān anya; indriyāgniṣu juhvati // 4.26

śrotrādīni: el oído y los otros **indriyāṇy:** sentidos **anye:** otros **saṃyamāgniṣu:** en el fuego del autocontrol **juhvati:** ofrecen **śabdādīn:** el sonido y los otros **viṣayān:** objetos **anya:** otros **indriyāgniṣu:** en el fuego de los sentidos **juhvati:** ofrecen **4.26**

sarvāṇīndriyakarmāṇi; prāṇakarmāṇi cāpare /
ātmasaṃyamayogāgnau; juhvati jñānadīpite // 4.27

sarvāṇi: todas **indriyakarmāṇi:** las operaciones de los sentidos **prāṇakarmāṇi:** las funciones de los aires vitales **ca:** y **apare:** otros **ātmasaṃyamayogāgnau:** en el fuego del yoga del autocontrol **juhvati:** ofrecen **jñāna-:** por el conocimiento **-dīpite:** encendido **4.27**

dravyayajñās tapoyajñā; yogayajñās tathāpare /
svādhyāyajñānayajñāś ca; yatayaḥ saṃśitavratāḥ // 4.28

dravyayajñās: los sacrificios materiales **tapoyajñā:** los sacrificios del ascetismo **yogayajñās:** los sacrificios del yoga **tathā:** asimismo **apare:** otros **svādhyāyajñānayajñāś:** los sacrificios del estudio y el conocimiento **ca:** y **yatayaḥ:** los ascetas **saṃśita-:** de severos **-vratāḥ:** votos **4.28**

apāne juhvati prāṇaṃ; prāṇe 'pānaṃ tathāpare /
prāṇāpānagatī ruddhvā; prāṇāyāmaparāyaṇāḥ // 4.29

apāne: en la espiración **juhvati:** vierten, ofrecen **prāṇaṃ:** la inspiración **prāṇe:** en la inspiración **apānaṃ:** la espiración **tathā:** del mismo modo **apare:** otros **prāṇa-:** de la inspiración **-apāna-:** y la espiración **-gatī:** el movimiento **ruddhvā:** deteniendo **prāṇāyāma-:** del *prāṇāyāma* **-parāyaṇāḥ:** entregados **4.29**

apare niyatāhārāḥ; prāṇān prāṇeṣu juhvati /
sarve 'py ete yajñavido; yajñakṣapitakalmaṣāḥ // 4.30

apare: otros **niyata-:** regulada **-āhārāḥ:** con una alimentación **prāṇān:** los aires vitales **prāṇeṣu:** en los aires vitales **juhvati:** vierten, ofrecen **sarve:** todos **apy:** [expletivo] **ete:** estos **yajñavido:** conocedores del sacrificio **yajña-:** por el sacrificio **-kṣapita-:** destruidos **-kalmaṣāḥ:** máculas, imperfecciones **4.30**

yajñaśiṣṭāmṛtabhujo; yānti brahma sanātanam /
nāyaṃ loko 'sty ayajñasya; kuto 'nyaḥ kurusattama // 4.31

yajña-: del sacrificio **-śiṣṭa-:** de las sobras **-amṛta-:** del néctar **-bhujo:** los comedores **yānti:** van, alcanzan **brahma:** el *brahman* [*yajñaśiṣṭāmṛtabhuj*] **sanātanam:** eterno **na:** no **ayaṃ:** este **loko:** mundo **asty:** es **ayajñasya:** para quien no sacrifica **kuto:** ¿cómo? **anyaḥ:** el otro [mundo] **kurusattama:** el Mejor de los Kurus **4.31**

evaṃ bahuvidhā yajñā; vitatā brahmaṇo mukhe /
karmajān viddhi tān sarvān; evaṃ jñātvā vimokṣyase // 4.32

evaṃ: así, de esta manera **bahuvidhā:** de muchos tipos **yajñā:** sacrificios **vitatā:** se ofrecen **brahmaṇo:** de *brahman* **mukhe:** en la boca **karma-:** del karma **-jān:** que nacen **viddhi:** considera **tān:** ellos **sarvān:** todos **evaṃ:** así, esto **jñātvā:** sabiendo **vimokṣyase:** te liberarás **4.32**

śreyān dravyamayād yajñāj; jñānayajñaḥ paraṃtapa /
sarvaṃ karmākhilaṃ pārtha; jñāne parisamāpyate // 4.33

śreyān: mejor **dravyamayād:** hecho de cosas, material **yajñāj:** que el sacrificio **jñānayajñaḥ:** el sacrificio de conocimiento **paraṃ-:** a los enemigos **–tapa:** que atormenta, que azota **sarvaṃ:** todo **karmākhilaṃ:** el conjunto de obras **pārtha:** ¡Pārtha! **jñāne:** en el conocimiento **parisamāpyate:** encuentra su fin **4.33**

tad viddhi praṇipātena; paripraśnena sevayā /
upadekṣyanti te jñānaṃ; jñāninas tattvadarśinaḥ // 4.34

tad: este **viddhi:** conoce, aprende **praṇipātena:** con humildad, con reverencia **paripraśnena:** con actitud inquisitiva **sevayā:** mediante el servicio **upadekṣyanti:** enseñarán **te:** te **jñānaṃ:** el conocimiento **jñāninas:** los sabios **tattvadarśinaḥ:** que ven lo esencial, conocedores de la esencia de la realidad **4.34**

yaj jñātvā na punar moham; evaṃ yāsyasi pāṇḍava /
yena bhūtāny aśeṣeṇa; drakṣyasy ātmany atho mayi // 4.35

yaj: al cual **jñātvā:** conociendo **na:** no **punar:** de nuevo **moham:** a la confusión **evaṃ:** **yāsyasi:** irás **pāṇḍava:** Pāṇḍava **yena:** mediante la cual **bhūtāny:** los seres **aśeṣeṇa:** completamente, sin excepción **drakṣyasy:** verás, contemplarás **ātmany:** en ti mismo, en el *ātman* **atho:** y también **mayi:** en mí **4.35**

api ced asi pāpebhyaḥ; sarvebhyaḥ pāpakṛttamaḥ /
sarvaṃ jñānaplavenaiva; vṛjinaṃ saṃtariṣyasi // 4.36

api: incluso **ced:** si **asi:** eres **pāpebhyaḥ:** de los malvados **sarvebhyaḥ:** todos **pāpakṛttamaḥ:** el más malvado **sarvaṃ:** todo, entero **jñānaplavena:** con la balsa del conocimiento **vṛjinaṃ:** [océano] tortuoso, malvado **saṃtariṣyasi:** cruzarás **4.36**

yathaidhāṃsi samiddho 'gnir; bhasmasāt kurute 'rjuna /
jñānāgniḥ sarvakarmāṇi; bhasmasāt kurute tathā // 4.37

yathā: al igual que **edhāṃsi:** el combustible **samiddho:** ardiendo **agnir:** el fuego **bhasmasāt kurute:** reduce a cenizas **arjuna:** ¡Arjuna! **jñānāgniḥ:** el fuego del conocimiento **sarva-:** todas **-karmāṇi:** las acciones **bhasmasāt kurute:** reduce a cenizas **tathā:** del mismo modo **4.37**

na hi jñānena sadṛśaṃ; pavitram iha vidyate /
tat svayaṃ yogasaṃsiddhaḥ; kālenātmani vindati // 4.38

na: no **hi:** ya que **jñānena:** al conocimiento **sadṛśaṃ:** parecido **pavitram:** purificador **iha:** aquí, en este mundo **vidyate:** hay **tat:** lo **svayaṃ:** por sí mismo **yoga-:** en el yoga **-saṃsiddhaḥ:** perfecto **kālena:** a su tiempo **ātmani:** en sí mismo, en el *ātman* **vindati:** encuentra **4.38**

śraddhāvāṃl labhate jñānaṃ; tatparaḥ saṃyatendriyaḥ /
jñānaṃ labdhvā parāṃ śāntim; acireṇādhigacchati // 4.39

śraddhāvāṃl: la persona llena de fe **labhate:** encuentra **jñānaṃ:** el conocimiento **tatparaḥ:** dedicada **saṃyatendriyaḥ:** de sentidos controlados **jñānaṃ:** el conocimiento **labdhvā:** habiendo encontrado **parāṃ:** suprema **śāntim:** la paz **acireṇa:** en poco tiempo **adhigacchati:** alcanza **4.39**

ajñaś cāśraddadhānaś ca; saṃśayātmā vinaśyati /
nāyaṃ loko 'sti na paro; na sukhaṃ saṃśayātmanaḥ // 4.40

ajñaś: el ignorante **ca:** y **aśraddadhānaś:** que no tiene fe **ca:** y **saṃśayātmā:** lleno de dudas **vinaśyati:** perece **na:** no **ayaṃ:** este **loko:** mundo **asti:** es **na:** no **paro:** el otro **na: no** no **sukhaṃ:** [hay] felicidad **saṃśayātmanaḥ:** para el [hombre] plagado de dudas **4.40**

yogasaṃnyastakarmāṇaṃ; jñānasaṃchinnasaṃśayam /
ātmavantaṃ na karmāṇi; nibadhnanti dhanaṃjaya // 4.41

yoga-: que por el yoga **-saṃnyasta-:** ha renunciado **-karmāṇaṃ:** a sus acciones **jñāna-:** por el conocimiento **-saṃchinna-:** cortadas, erradicadas **-saṃśayam:** con las dudas **ātmavantaṃ:** dueño de sí mismo **na:** no **karmāṇi:** las acciones **nibadhnanti:** atan **dhanaṃjaya:** ¡Conquistador de riquezas!**4.41**

tasmād ajñānasaṃbhūtaṃ; hṛtsthaṃ jñānāsinātmanaḥ /
chittvainaṃ saṃśayaṃ yogam; ātiṣṭhottiṣṭha bhārata // 4.42

tasmād: por lo tanto **ajñāna-:** de la ignorancia **-saṃbhūtaṃ:** surgida **hṛt:** en el corazón **sthaṃ:** que está **jñānāsinā:** con la espada del conocimiento **ātmanaḥ:** propia **chittvā:** cortando **ca:** y **enaṃ:** esta **saṃśayaṃ:** duda **yogam:** al yoga **ātiṣṭha:** recurre **uttiṣṭha:** levántate **bhārata:** Bhārata **4.42**

Capítulo quinto

5.1 **arjuna uvāca**
arjuna: Arjuna **uvāca:** dijo

saṃnyāsaṃ karmaṇāṃ kṛṣṇa; punar yogaṃ ca śaṃsasi /
yac chreya etayor ekaṃ; tan me brūhi suniścitam // 5.1

saṃnyāsaṃ: la renuncia **karmaṇāṃ:** de las acciones **kṛṣṇa:** ¡Kṛṣṇa! **punar:** luego también **yogaṃ:** el yoga **ca:** y **śaṃsasi:** ensalzas **yac:** lo que **chreya:** [sea] mejor **etayor:** de los dos **ekaṃ:** uno **tan:** eso **me:** a mí **brūhi:** di **suniścitam:** claramente **5.1**

5.2 **śrībhagavān uvāca**
śrī-: el venerable **-bhagavān:** Señor **uvāca:** dijo

saṃnyāsaḥ karmayogaś ca; niḥśreyasakarāv ubhau /
tayos tu karmasaṃnyāsāt; karmayogo viśiṣyate // 5.2

saṃnyāsaḥ: la renuncia **karmayogaś:** el karma yoga **ca:** y **niḥśreyasa-:** el bien supremo **-karāv:** hacen, efectúan **ubhau:** ambos **tayos:** de entre ambos **tu:** sin embargo **karmasaṃnyāsāt:** por encima de la renuncia a la acción **karmayogo:** el karma yoga **viśiṣyate:** sobresale **5.2**

jñeyaḥ sa nityasaṃnyāsī; yo na dveṣṭi na kāṅkṣati /
nirdvaṃdvo hi mahābāho; sukhaṃ bandhāt pramucyate // 5.3

jñeyaḥ: debe ser conocido o considerado **sa:** ese **nityasaṃnyāsī:** un firme renunciante **yo:** aquel que **na:** no **dveṣṭi:** odia, aborrece **na:** no **kāṅkṣati:** anhela, desea, apetece **nirdvaṃdvo:** que está más allá de las parejas de opuestos **hi:** [expletivo] **mahābāho:** Mahābāhu **sukhaṃ:** fácilmente **bandhāt:** de las ataduras **pramucyate:** se libera **5.3**

sāṃkhyayogau pṛthag bālāḥ; pravadanti na paṇḍitāḥ /
ekam apy āsthitaḥ samyag; ubhayor vindate phalam // 5.4

sāṃkhya-: el *sāṃkhya* **-yogau:** y el yoga **pṛthag:** separados **bālāḥ:** niños, ingenuos, ignorantes **pravadanti:** afirman **na:** no **paṇḍitāḥ:** los sabios **ekam:** en uno **apy:** incluso **āsthitaḥ:** asentado **samyag:** bien **ubhayor:** de ambos **vindate:** se encuentra, se obtiene **phalam:** el fruto **5.4**

yat sāṃkhyaiḥ prāpyate sthānaṃ; tad yogair api gamyate /
ekaṃ sāṃkhyaṃ ca yogaṃ ca; yaḥ paśyati sa paśyati // 5.5

yat: que **sāṃkhyaiḥ:** los del *sāṃkhya* **prāpyate:** es alcanzado **sthānaṃ:** el estado **tad:** ese **yogair:** por los del yoga, por los practicantes del yoga **api:** también **gamyate:** es alcanzado **ekaṃ:** como uno **sāṃkhyaṃ:** el *sāṃkhya* **ca:** y **yogaṃ:** el yoga **ca:** y **yaḥ:** quien **paśyati:** ve, contempla **sa:** ese **paśyati:** ve, contempla **5.5**

saṃnyāsas tu mahābāho; duḥkham āptum ayogataḥ /
yogayukto munir brahma; nacireṇādhigacchati // 5.6

saṃnyāsas: la renuncia **tu:** pero **mahābāho:** ¡oh, tú, de poderosos brazos! **duḥkham:** difícil **āptum:** de alcanzar **ayogataḥ:** sin el yoga **yogayukto:** consagrado al yoga **munir:** sabio **brahma:** el *brahman* **nacireṇa:** en poco tiempo **adhigacchati:** alcanza **5.6**

yogayukto viśuddhātmā; vijitātmā jitendriyaḥ /
sarvabhūtātmabhūtātmā; kurvann api na lipyate // 5.7

yogayukto: el que está consagrado al yoga, el practicante de yoga **viśuddhātmā:** de mente pura **vijitātmā:** de cuerpo controlado **jitendriyaḥ:** de sentidos domeñados **sarvabhūtātmabhūtātmā:** cuya alma se ha convertido en el alma de todos **kurvann:** haciendo, actuando **api:** aun **na:** no **lipyate:** se mancha, no se contamina **5.7**

naiva kiṃ cit karomīti; yukto manyeta tattvavit /
paśyañ śṛṇvan spṛśañ jighrann; aśnan gacchan svapañ śvasan // 5.8

na: [con *kiṃ cit*] **eva:** [expletivo] **kiṃ: cit:** nada [con partícula negativa] **karomi:** hace **iti:** que [en el estilo indirecto] **yukto:** la persona concentrada o atenta, el practicante de yoga **manyeta:** considera **tattvavit:** que conoce la esencia de lo real **paśyañ:** vea **śṛṇvan:** oiga **spṛśañ:** toque **jighrann:** huela **aśnan:** coma **gacchan:** vaya, se mueva **svapañ:** duerma **śvasan:** respire **5.8**

pralapan visṛjan gṛhṇann; unmiṣan nimiṣann api /
indriyāṇīndriyārtheṣu; vartanta iti dhārayan // 5.9

pralapan: hable **visṛjan:** evacue **gṛhṇann:** agarre **unmiṣan:** abra los ojos **nimiṣann:** cierre los ojos **api:** aun **indriyāṇi:** los sentidos **indriyārtheṣu:** en los objetos de los sentidos **vartanta:** operan **iti:** que [en el estilo indirecto] **dhārayan:** considera **5.9**

brahmaṇy ādhāya karmāṇi; saṅgaṃ tyaktvā karoti yaḥ /
lipyate na sa pāpena; padmapatram ivāmbhasā // 5.10

brahmaṇy: en el *brahman* **ādhāya:** confiando, depositando **karmāṇi:** las acciones **saṅgaṃ:** el apego **tyaktvā:** abandonando **karoti:** hace, actúa **yaḥ:** quien **lipyate:** se mancha **na:** no **sa:** ese **pāpena:** con el mal **padma-:** de loto **-patram:** el pétalo **iva:** al igual que **ambhasā:** con el agua **5.10**

kāyena manasā buddhyā; kevalair indriyair api /
yoginaḥ karma kurvanti; saṅgaṃ tyaktvātmaśuddhaye // 5.11

kāyena: con el cuerpo **manasā:** con la mente **buddhyā:** con el intelecto **kevalair:** solo **indriyair:** con los sentidos **api:** también **yoginaḥ:** los yoguis **karma:** la acción **kurvanti:** hacen, ejecutan **saṅgaṃ:** el apego **tyaktvā:** abandonando **ātmaśuddhaye:** con el objeto de purificarse **5.11**

yuktaḥ karmaphalaṃ tyaktvā; śāntim āpnoti naiṣṭhikīm /
ayuktaḥ kāmakāreṇa; phale sakto nibadhyate // 5.12

yuktaḥ: la persona concentrada, el yogui **karmaphalaṃ:** al fruto de la acción **tyaktvā:** renunciando, abandonando **śāntim:** la calma **āpnoti:** alcanza **naiṣṭhikīm:** perfecta **ayuktaḥ:** la persona destatenta, distraída, no concentrada o que no practica el yoga, **kāmakāreṇa:** a la ocupación del deseo **phale:** al fruto **sakto:** apegado **nibadhyate:** se ata, se encadena **5.12**

sarvakarmāṇi manasā; saṃnyasyāste sukhaṃ vaśī /
navadvāre pure dehī; naiva kurvan na kārayan // 5.13

sarvakarmāṇi: a todas las acciones **manasā:** con la mente, mentalmente **saṃnyasya:** tras renunciar, renunciando **aste:** permanece, reside **sukhaṃ:** feliz **vaśī:** controlado **navadvāre:** de nueve puertas **pure:** en la ciudad **dehī:** el alma encarnada, el alma **na:** no **eva:** [expletivo] **kurvan:** haciendo **na:** no **kārayan:** haciendo hacer **5.13**

na karmaphalasaṃyogaṃ; svabhāvas tu pravartate /
na kartṛtvaṃ na karmāṇi; lokasya sṛjati prabhuḥ // 5.14

na: no **karmaphalasaṃyogaṃ:** la conexión entre la acción y su resultado **svabhāvas:** la naturaleza **tu:** pues **pravartate:** procede, opera, funciona **na:** no **kartṛtvaṃ:** la agencia **na:** no **karmāṇi:** las acciones **lokasya:** de la gente **sṛjati:** crea, determina **prabhuḥ:** el Señor **5.14**

nādatte kasya cit pāpaṃ; na caiva sukṛtaṃ vibhuḥ /
ajñānenāvṛtaṃ jñānaṃ; tena muhyanti jantavaḥ // 5.15

na: [con *kasya cit*] **ādatte:** asigna **kasya:** **cit:** a nadie [con partícula negativa] **pāpaṃ:** pecado **na:** no **ca:** y **eva:** [expletivo] **sukṛtaṃ:** buena acción, acción meritoria, mérito, virtud **vibhuḥ:** el Señor **ajñānena:** por la ignorancia **āvṛtaṃ:** está envuelto **jñānaṃ:** el conocimiento **tena:** por eso **muhyanti:** se confunden **jantavaḥ:** las gentes, los seres **5.15**

jñānena tu tad ajñānaṃ; yeṣāṃ nāśitam ātmanaḥ /
teṣām ādityavaj jñānaṃ; prakāśayati tatparam // 5.16

jñānena: con el conocimiento **tu:** pero **tad:** esa **ajñānaṃ:** ignorancia **yeṣāṃ:** de los cuales **nāśitam:** ha sido destruida **ātmanaḥ:** del *ātman*, del sí **teṣām:** de esos **ādityavaj:** como el sol **jñānaṃ:** el conocimiento **prakāśayati:** ilumina **tatparam:** la realidad suprema, la suprema verdad **5.16**

tadbuddhayas tadātmānas; tanniṣṭhās tatparāyaṇāḥ /
gacchanty apunarāvṛttiṃ; jñānanirdhūtakalmaṣāḥ // 5.17

tadbuddhayas: con el intelecto en ella, pensando en ella [en la realidad suprema] **tadātmānas:** con su ser en ella **tanniṣṭhās:** establecidos en ella, descansando en ella **tatparāyaṇāḥ:** a ella entregados **gacchanty:** van, alcanzan **apunarāvṛttiṃ:** el lugar de no retorno **jñāna-:** por el conocimiento **-nirdhūta-:** lavadas **-kalmaṣāḥ:** con sus impurezas **5.17**

vidyāvinayasaṃpanne; brāhmaṇe gavi hastini /
śuni caiva śvapāke ca; paṇḍitāḥ samadarśinaḥ // 5.18

vidyā-: de sabiduría **-vinaya-:** y de buena educación **-saṃpanne:** dotado **brāhmaṇe:** a un brahmán **gavi:** a una vaca **hastini:** a un elefante **śuni:** a un perro **ca:** y **eva:** también **śvapāke:** a un paria [que cocina perros] **ca:** y **paṇḍitāḥ:** los sabios **samadarśinaḥ:** tienen un mirada ecuánime **5.18**

ihaiva tair jitaḥ sargo; yeṣāṃ sāmye sthitaṃ manaḥ /
nirdoṣaṃ hi samaṃ brahma; tasmād brahmaṇi te sthitāḥ // 5.19

ihaiva: aquí mismo, aquí y ahora **tair:** por ellos **jitaḥ:** es conquistada **sargo:** la creación, el mundo, la existencia **yeṣāṃ:** de aquellos **sāmye:** en la ecuanimidad **sthitaṃ:** esta colocada, reposa **manaḥ:** la mente **nirdoṣaṃ:** impoluto **hi:** [expletivo] **samaṃ:** ecuánime **brahma:** el *brahman* **tasmād:** por eso **brahmaṇi:** en el *brahman* **te:** ells **sthitāḥ:** están establecidos **5.19**

na prahṛṣyet priyaṃ prāpya; nodvijet prāpya cāpriyam /
sthirabuddhir asaṃmūḍho; brahmavid brahmaṇi sthitaḥ // 5.20

na: no **prahṛṣyet:** se alegra **priyaṃ:** lo agradable **prāpya:** consiguiendo **na:** no **udvijet:** se altera, se molesta **prāpya:** consiguiendo **ca:** y **apriyam:** lo desagradable **sthirabuddhir:** de intelecto o mente constante **asaṃmūḍho:** libre de confusión o ilusión **brahmavid:** el conocedor del *brahman* **brahmaṇi:** en el *brahman* **sthitaḥ:** establecido **5.20**

bāhyasparśeṣv asaktātmā; vindaty ātmani yat sukham /
sa brahmayogayuktātmā 5.21; sukham akṣayam aśnute // 5.21

bāhyasparśeṣv: de los contactos externos **asaktātmā:** con su ser o su mente desapegada **vindaty:** encuentra **ātmani:** en sí mismo, en el *ātman* **yat:** aquella **sukham:** felicidad **esa:** esa **brahmayogayuktātmā:** quien se consagra a la unión con *brahman* **sukham:** felicidad **akṣayam:** imperecedera, inacabable **aśnute:** disfruta **5.21**

ye hi saṃsparśajā bhogā; duḥkhayonaya eva te /
ādyantavantaḥ Kaunteya; na teṣu ramate budhaḥ // 5.22

ye: aquellos **hi:** [expletivo] **saṃsparśajā:** que nacen del contacto **bhogā:** placeres **duḥkhayonaya:** son la matriz del dolor **eva:** [expletivo] **te:** esos **ādyantavantaḥ:** tienen principio y fin **kaunteya:** Kaunteya **na:** no **teṣu:** en ellos **ramate:** se deleita **budhaḥ:** el sabio **5.22**

śaknotīhaiva yaḥ soḍhuṃ; prāk śarīravimokṣaṇāt /
kāmakrodhodbhavaṃ vegaṃ; sa yuktaḥ sa sukhī naraḥ // 5.23

śaknoti: puede **iha:** aquí **eva:** [expletivo] **yaḥ:** aquel que **soḍhuṃ:** aguantar **prāk:** antes **śarīra-:** del cuerpo **-vimokṣaṇāt:** del desprendimiento **kāma-:** del deseo **-krodha-:** y de la cólera **-udbhavaṃ:** que surge **vegaṃ:** el ímpetu, el embate **sa:** ese **yuktaḥ:** persona concentrada o entregada al yoga, auténtico yogui **sa:** ese **sukhī:** feliz **naraḥ:** un hombre o persona [es] **5.23**

yo 'ntaḥsukho 'ntarārāmas; tathāntarjyotir eva yaḥ /
sa yogī brahmanirvāṇaṃ; brahmabhūto 'dhigacchati // 5.24

yo: aquel que **antaḥsukho:** [es] internamente feliz **antarārāmas:** cuyo deleite es interno **tathā:** asimismo **antarjyotir:** cuya luz es interna **eva:** [expletivo] **yaḥ:** aquel que **sa:** ese **yogī:** yogui **brahmanirvāṇaṃ:** el nirvana del *brahman* **brahmabhūto:** siendo *brahman*, convertido en *brahman* **adhigacchati:** alcanza **5.24**

labhante brahmanirvāṇam; ṛṣayaḥ kṣīṇakalmaṣāḥ /
chinnadvaidhā yatātmānaḥ; sarvabhūtahite ratāḥ // 5.25

labhante: obtienen, alcanzan **brahmanirvāṇam:** el nirvana del *brahman* **ṛṣayaḥ:** los sabios **kṣīṇa-:** destruidas **-kalmaṣāḥ:** con sus impurezas **chinnadvaidhā:** con la dualidad o las dudas erradicadas **yatātmānaḥ:** con su ser o su mente controlada, dueños de sí **sarvabhūta-:** de todos los seres **-hite:** en el bien **ratāḥ:** deleitados **5.25**

kāmakrodhaviyuktānāṃ; yatīnāṃ yatacetasām /
abhito brahmanirvāṇaṃ; vartate viditātmanām // 5.26

kāma-: de deseo **-krodha-:** e ira **-viyuktānāṃ:** libres **yatīnāṃ:** para los ascetas **yatacetasām:** de mente controlada **abhito:** en todas partes **brahmanirvāṇaṃ:** el nirvana de *brahman* **vartate:** acontece, se manifiesta **viditātmanām:** que se han conocido a sí mismos **5.26**

sparśān kṛtvā bahir bāhyāṃś; cakṣuś caivāntare bhruvoḥ /
prāṇāpānau samau kṛtvā; nāsābhyantaracāriṇau // 5.27

sparśān: los contactos **kṛtvā bahir:** apartando **bāhyāṃś:** externos **cakṣuś:** el ojo, la mirada **ca:** y **eva:** [expletivo] **antare:** entre **bhruvoḥ:** las cejas **prāṇa-:** la inspiración **-apānau:** y la espiración **samau kṛtvā:** igualando **nāsābhyantara:** por las fosas nasales **cāriṇau:** que circulan **5.27**

yatendriyamanobuddhir; munir mokṣaparāyaṇaḥ /
vigatecchābhayakrodho; yaḥ sadā mukta eva saḥ // 5.28

yatendriyamanobuddhir: con sus sentidos, su mente y su intelecto controlados **munir:** el sabio **mokṣa-:** a la liberación **-parāyaṇaḥ:** consagrado, entregado **vigatecchābhayakrodho:** exento de deseo, miedo y cólera **yaḥ:** aquel [sabio] que **sadā:** siempre **mukta:** liberado **eva:** en realidad **saḥ:** ese [está] **5.28**

bhoktāraṃ yajñatapasāṃ; sarvalokamaheśvaram /
suhṛdaṃ sarvabhūtānāṃ; jñātvā māṃ śāntim ṛcchati // 5.29

bhoktāraṃ: el que goza **yajñatapasāṃ:** de los sacrificios y del ascetismo **sarva-:** de todos **-loka-:** los mundos **-maheśvaram:** el gran Señor **suhṛdaṃ:** el amigo **sarvabhūtānāṃ:** de todos los seres **jñātvā:** sabiendo, conociendo **māṃ:** me, a mí **śāntim:** la paz **ṛcchati:** alcanza **5.29**

Capítulo sexto

6.1 **śrībhagavān uvāca**
śrī: el venerable **bhagavān:** Señor **uvāca:** dijo

anāśritaḥ karmaphalaṃ; kāryaṃ karma karoti yaḥ /
sa saṃnyāsī ca yogī ca; na niragnir na cākriyaḥ // 6.1

anāśritaḥ: sin recurrir **karmaphalaṃ:** al fruto de la acción **kāryaṃ:** que debe ser hecho, debido **karma:** la acción **karoti:** hace, ejecuta **yaḥ:** aquel que, quien **sa:** ese **saṃnyāsī:** [es] el renunciante **ca:** y **yogī:** el yogi **ca:** y **na:** no **niragnir:** sin fuego, que se mantiene el fuego sagrado o ritual **na:** no **ca:** y **akriyaḥ:** inactivo, que no celebra los rituales **6.1**

yaṃ saṃnyāsam iti prāhur; yogaṃ taṃ viddhi pāṇḍava /
na hy asaṃnyastasaṃkalpo; yogī bhavati kaś cana // 6.2

yaṃ: lo que **saṃnyāsam:** la renuncia [es] **iti:** que [en el estilo indirecto] **prāhur:** dicen **yogaṃ:** el yoga **taṃ:** eso **viddhi:** considera **pāṇḍava:** ¡Pāṇḍava! **na:** [con *kaś cana*] **hy:** ya que **asaṃnyastasaṃkalpo:** que ha renunciado a sus intenciones **yogī:** yogui **bhavati:** hay **kaś cana:** ningún [con partícula negativa] **6.2**

ārurukṣor muner yogaṃ; karma kāraṇam ucyate /
yogārūḍhasya tasyaiva; śamaḥ kāraṇam ucyate // 6.3

ārurukṣor: que desea subir a, que desea alcanzar **muner:** para el sabio **yogaṃ:** al yoga **karma:** la acción **kāraṇam:** la causa **ucyate:** es llamada **yogārūḍhasya:** para quien ha alcanzado el yoga **tasya:** para ese **eva:** justamente **śamaḥ:** la paz mental o el cese [de la acción] **kāraṇam:** la causa **ucyate:** es llamada **6.3**

yadā hi nendriyārtheṣu; na karmasv anuṣajjate /
sarvasaṃkalpasaṃnyāsī; yogārūḍhas tadocyate // 6.4

yadā: cuando **hi:** [expletivo] **na:** no **indriyārtheṣu:** a los objetos de los sentidos **na:** no **karmasv:** a las acciones **anuṣajjate:** se apega **sarvasaṃkalpasaṃnyāsī:** el que ha renunciado a todas sus intenciones **yogārūḍhas:** que ha alcanzado el yoga **tadā:** entonces **ucyate:** se dice **6.4**

uddhared ātmanātmānaṃ; nātmānam avasādayet /
ātmaiva hy ātmano bandhur; ātmaiva ripur ātmanaḥ // 6.5

uddhared: elevará, levantará, salvará **ātmanā:** por sí mismo **ātmānaṃ:** a sí mismo **na:** no **ātmānam:** a sí mismo **avasādayet:** hundirá **ātmā:** uno mismo **eva:** [expletivo] **hy:** ya que **ātmano:** de uno mismo **bandhur:** [es] el amigo **ātmā:** uno mismo **eva:** [expletivo] **ripur:** [es] el enemigo **ātmanaḥ:** de uno mismo **6.5**

bandhur ātmātmanas tasya; yenātmaivātmanā jitaḥ /
anātmanas tu śatrutve; vartetātmaiva śatruvat // 6.6

bandhur: amigo **ātmā:** uno mismo [es] **ātmanas:** de sí mismo **tasya:** de ese **yena:** mediante el cual **ātmā:** uno mismo **eva:** [expletivo] **ātmanā:** por sí mismo **jitaḥ:** es vencido **anātmanas:** del que no es dueño de sí **tu:** pero **śatrutve:** en el hecho de ser un enemigo **varteta:** se comporta **ātmā:** uno mismo **eva:** ciertamente **śatruvat:** como un enemigo **6.6**

jitātmanaḥ praśāntasya; paramātmā samāhitaḥ /
śītoṣṇasukhaduḥkheṣu; tathā mānāvamānayoḥ // 6.7

jitātmanaḥ: por quien se vence a sí mismo **praśāntasya:** sereno, tranquilo, que está en paz **paramātmā:** el *ātman* supremo **samāhitaḥ:** es contemplado **śīta-:** en el frío **-uṣṇa-:** y en el calor **-sukha-:** en el placer **-duḥkheṣu:** y en el dolor **tathā:** y asimismo **māna-:** en el respeto, en la distinción **-avamānayoḥ:** y en el desprecio o en la ignominia **6.7**

jñānavijñānatṛptātmā; kūṭastho vijitendriyaḥ /
yukta ity ucyate yogī; samaloṣṭāśmakāñcanaḥ // 6.8

jñāna-: con el conocimiento **-vijñāna-:** y la experiencia **-tṛpta-:** está satisfecha **-ātmā:** cuya mente **kūṭastho:** que está en la cúspide: **yukta:** *yukta* **ity:** [comillas] **ucyate:** es llamado **yogī:** el yogui **sama-:** ecuánime, que contempla por igual **-loṣṭa-:**un terrón de arcilla **-aśma-:** una piedra **-kāñcanaḥ:** o el oro // **6.8**

suhṛnmitrāryudāsīna;madhyasthadveṣyabandhuṣu /
sādhuṣv api ca pāpeṣu; samabuddhir viśiṣyate // 6.9

suhṛn-: a la buena gente **-mitra-:** a los amigos **-ary-:** a los enemigos **-udāsīna-:** a los indiferentes **-madhyastha-:** a los neutrales **-dveṣya-:** a los odiosos **-bandhuṣu:** a los parientes **sādhuṣv:** a los santos, a los virtuosos **api:** también **ca:** y **pāpeṣu:** a los pecadores **samabuddhir:** el que tiene la misma idea, el ecuánime **viśiṣyate:** excele **6.9**

yogī yuñjīta satatam; ātmānaṃ rahasi sthitaḥ /
ekākī yatacittātmā; nirāśīr aparigrahaḥ // 6.10

yogī: el yogui **yuñjīta:** se concentrará, meditatá **satatam:** constantemente **ātmānaṃ:** en el *ātman* **rahasi:** en un lugar solitario **sthitaḥ:** estando **ekākī:** solo, solitario **yatacittātmā:** con la mente y el cuerpo bajo control **nirāśīr:** libre de falsas esperanzas **aparigrahaḥ:** sin posesiones **6.10**

śucau deśe pratiṣṭhāpya; sthiram āsanam ātmanaḥ /
nātyucchritaṃ nātinīcaṃ; cailājinakuśottaram // 6.11

śucau: limpio **deśe:** en un lugar, en un terreno **pratiṣṭhāpya:** colocando **sthiram:** firme **āsanam:** asiento **ātmanaḥ:** su **na:** no **atyucchritaṃ:** demasiado elevado **na:** no **atinīcaṃ:** muy bajo, muy hondo **caila-:** y una tela **-ajina-:** piel de gacela **-kuśa-:** carrizo sagrado**-uttaram:** encima de **6.11**

tatraikāgraṃ manaḥ kṛtvā; yatacittendriyakriyaḥ /
upaviśyāsane yuñjyād; yogam ātmaviśuddhaye // 6.12

tatra: allí **ekāgraṃ:** concentrada **manaḥ:** la mente **kṛtvā:** haciendo **yatacittendriyakriyaḥ:** con las funciones mentales y sensoriales controladas **upaviśya:** sentado **āsane:** en el asiento o en la postura **yuñjyād:** se concentrará, se ejercitará **yogam:** en el yoga **ātmaviśuddhaye:** para la purificación de su mente **6.12**

samaṃ kāyaśirogrīvaṃ; dhārayann acalaṃ sthiraḥ /
saṃprekṣya nāsikāgraṃ; svaṃ diśaś cānavalokayan // 6.13

samaṃ: iguales, alineados **kāya-:** el cuerpo, el torso **-śiro-:** la cabeza **grīvaṃ:** y el cuello **dhārayann:** manteniendo **acalaṃ:** inmóvil **sthiraḥ:** [el yogui] firme, constante **saṃprekṣya:** mirando fijamente **nāsika-:** de la nariz **-agraṃ:** la punta **svaṃ:** su **diśaś:** a los lados **ca:** y **anavalokayan:** no mirando **6.13**

praśāntātmā vigatabhīr; brahmacārivrate sthitaḥ /
manaḥ saṃyamya maccitto; yukta āsīta matparaḥ // 6.14

praśāntātmā: de mente tranquila **vigatabhīr:** libre de miedo **brahmacāri-:** de castidad **-vrate:** en el voto **sthitaḥ:** firme, fijo **manaḥ:** la mente **saṃyamya:** controlando **maccitto:** con su mente en mí **yukta:** concentrado **āsīta:** permanecerá sentado **matparaḥ:** consagrado a mí **6.14**

yuñjann evaṃ sadātmānaṃ; yogī niyatamānasaḥ /
śāntiṃ nirvāṇaparamāṃ; matsaṃsthām adhigacchati // 6.15

yuñjann: meditando **evaṃ:** así, de esta forma **sadā:** siempre **ātmānaṃ:** en el *ātman* **yogī:** el yogui **niyatamānasaḥ:** de mente controlada **śāntiṃ:** la paz **nirvāṇaparamāṃ:** el nirvana supremo **matsaṃsthām:** mi propia condición **adhigacchati:** alcanza **6.15**

nātyaśnatas tu yogo 'sti; na caikāntam anaśnataḥ /
na cātisvapnaśīlasya; jāgrato naiva cārjuna // 6.16

na: no **atyaśnatas:** para quien come demasiado **tu:** pero **yogo:** el yoga **asti:** es **na:** noi **ca:** **ekāntam:** en absoluto **anaśnataḥ:** para quien no come **na:** no **ca:** y **atisvapnaśīlasya:** para quien tiene el hábito de dormir mucho **jāgrato:** para el insomne **naiva:** ni tampoco **ca:** y **arjuna:** Arjuna **6.16**

yuktāhāravihārasya; yuktaceṣṭasya karmasu /
yuktasvapnāvabodhasya; yogo bhavati duḥkhahā // 6.17

yuktaceṣṭasya: para el que regula su esfuerzo **karmasu:** en las acciones, en las tareas **yuktasvapnāvabodhasya:** para el que regula el sueño y la vigilia **yogo:** el yoga **bhavati:** es **duḥkhahā:** el que erradica el dolor **6.17**

yadā viniyataṃ citam; ātmany evāvatiṣṭhate /
niḥspṛhaḥ sarvakāmebhyo; yukta ity ucyate tadā // 6.18

yadā: cuando **viniyataṃ:** bien disciplinada **cittam:** la mente **ātmany:** en el *ātman* **eva:** solo **avatiṣṭhate:** se establece **niḥspṛhaḥ:** indiferente **sarvakāmebhyo:** a todos los deseos **yukta:** un yogui concentrado o perfecto **ity:** [comillas] **ucyate:** es llamado **tadā:** entonces **6.18**

yathā dīpo nivātastho; neṅgate sopamā smṛtā /
yogino yatacittasya; yuñjato yogam ātmanaḥ // 6.19

yathā: como **dīpo:** la llama **nivātastho:** estando en un lugar sin viento, al abrigo del viento **na:** no **iṅgate:** tiemble **sa:** esta **upamā:** comparación **smṛtā:** es considerada **yogino:** del yogui **yatacittasya:** de mente controlada **yuñjato:** practicando **yogam:** el yoga **ātmanaḥ:** el mismo **6.19**

yatroparamate cittaṃ; niruddhaṃ yogasevayā /
yatra caivātmanātmānaṃ; paśyann ātmani tuṣyati // 6.20

yatra: allí donde **uparamate:** descansa **cittaṃ:** la mente **niruddhaṃ:** detenida **yoga-:** del yoga **-sevayā:** por la práctica **yatra:** allí cuando **ca:** y **eva:** [expletivo] **ātmanā:** por sí mismo **ātmānaṃ:** a sí mismo **paśyann:** viendo **ātmani:** en sí mismo **tuṣyati:** se complace **6.20**

sukham ātyantikaṃ yat tad; buddhigrāhyam atīndriyam /
vetti yatra na caivāyaṃ; sthitaś calati tattvataḥ // 6.21

sukham: felicidad **ātyantikaṃ:** extraordinaria, incomparable **yat:** la cual **tad:** esa **buddhigrāhyam:** que se percibe con el intelecto **atīndriyam:** más allá de los sentidos **vetti:** conoce, experimenta **yatra:** allí, en ese estado **na:** no **ca:** y **eva:** [expletivo] **ayaṃ:** ese **sthitaś:** establecido **calati:** se desvía **tattvataḥ:** de esa verdad **6.21**

yaṃ labdhvā cāparaṃ lābhaṃ; manyate nādhikaṃ tataḥ /
yasmin sthito na duḥkhena; guruṇāpi vicālyate // 6.22

yaṃ: el cual **labdhvā:** habiendo conseguido **ca:** y **aparaṃ:** otro **lābhaṃ:** logro, consecución **manyate:** considera **na:** no **adhikaṃ:** más **tataḥ:** que eso [hay] **yasmin:** en el cual **sthito:** establecido **na:** no **duḥkhena:** por el dolor **guruṇā:** muy intenso **api:** incluso **vicālyate:** es afectado, es perturbado **6.22**

taṃ vidyād duḥkhasaṃyoga;viyogaṃ yogasaṃjñitam /
sa niścayena yoktavyo; yogo 'nirviṇṇacetasā // 6.23

taṃ: eso **vidyād:** se conocerá, se considerará **duḥkhasaṃyogaviyogaṃ:** como la desconexión del contacto con el dolor **yogasaṃjñitam:** que es llamado yoga **sa:** ese **niścayena:** sin duda alguna **yoktavyo:** debe ser practicado **yogo:** yoga **anirviṇṇacetasā:** con la mente libre de aflicción **6.23**

saṃkalpaprabhavān kāmāṃs; tyaktvā sarvān aśeṣataḥ /
manasaivendriyagrāmaṃ; viniyamya samantataḥ // 6.24

saṃkalpaprabhavān: que nacen de la intención **kāmāṃs:** los deseos **tyaktvā:** desechando **sarvān:** todos **aśeṣataḥ:** completamente **manasā:** con la mente **eva:** [expletivo] **indriyagrāmaṃ:** el conjunto de los sentidos **viniyamya:** restringiendo **samantataḥ:** por todos los lados **6.24**

śanaiḥ śanair uparamed; buddhyā dhṛtigṛhītayā /
ātmasaṃsthaṃ manaḥ kṛtvā; na kiṃ cid api cintayet // 6.25

śanaiḥ śanair: poco a poco, paso a paso **uparamed:** aquietará **buddhyā:** con el intelecto **dhṛtigṛhītayā:** sostenido por la firmeza **ātmasaṃsthaṃ:** establecida en el *ātman* **manaḥ:** la mente **kṛtvā:** haciendo **na kiṃ cid api:** nada en absoluto **cintayet:** pensará **6.25**

yato yato niścarati; manaś cañcalam asthiram /
tatas tato niyamyaitad; ātmany eva vaśaṃ nayet // 6.26

yato yato: de cualquier punto **niścarati:** se distraiga **manaś:** la mente **cañcalam:** inquieta **asthiram:** inestable **tatas tato:** de ese punto **niyamya:** controlando, retirando **etad:** esa [mente] **ātmany:** en el *ātman* **eva:** solo **vaśaṃ:** al dominio **nayet:** conducirá **6.26**

praśāntamanasaṃ hy enaṃ; yoginaṃ sukham uttamam /
upaiti śāntarajasaṃ; brahmabhūtam akalmaṣam // 6.27

praśāntamanasaṃ: de mente serena **hy:** ya que **enaṃ:** a ese **yoginaṃ:** yogui **sukham:** una felicidad **uttamam:** suprema **upaiti:** alcanza **śāntarajasaṃ:** libre de pasión o de *rajas* **brahmabhūtam:** absorto en el *brahman* **akalmaṣam:** sin tacha **6.27**

yuñjann evaṃ sadātmānaṃ; yogī vigatakalmaṣaḥ /
sukhena brahmasaṃsparśam; atyantaṃ sukham aśnute // 6.28

yuñjann: uniéndose, absorbiéndose, contemplando **evaṃ:** así **sadā:** siempre **ātmānaṃ:** el *ātman* **yogī:** el yogui **vigatakalmaṣaḥ:** libre de impurezas **sukhena:** con facilidad **brahmasaṃsparśam:** del contacto con *brahman* **atyantaṃ:** extraordinaria, excelsa **sukham:** una felicidad **aśnute:** alcanza **6.28**

sarvabhūtastham ātmānaṃ; sarvabhūtāni cātmani /
īkṣate yogayuktātmā; sarvatra samadarśanaḥ // 6.29

sarvabhūtastham: instalado en todos los seres **ātmānaṃ:** al *ātman* **sarvabhūtāni:** todos los seres **ca:** y **ātmani:** en el *ātman* **īkṣate:** ve, contempla **yogayuktātmā:** con su mente aplicada al yoga **sarvatra:** en toda circunstancia **samadarśanaḥ:** de mirada ecuánime **6.29**

yo māṃ paśyati sarvatra; sarvaṃ ca mayi paśyati /
tasyāhaṃ na praṇaśyāmi; sa ca me na praṇaśyati // 6.30

yo: quien **māṃ:** me **paśyati:** ve **sarvatra:** en todas partes, en todas las cosas **sarvaṃ:** todo, todas las cosas **ca:** y **mayi:** en mí **paśyati:** ve **tasya:** para él **ahaṃ:** yo **na:** no **praṇaśyāmi:** perezco, desaparezco **sa:** él **ca:** y **me:** para mí **na:** no **praṇaśyati:** perece, desaparece **6.30**

sarvabhūtasthitaṃ yo māṃ; bhajaty ekatvam āsthitaḥ /
sarvathā vartamāno 'pi; sa yogī mayi vartate // 6.31

sarvabhūtasthitaṃ: estando en todos los seres **yo:** que **māṃ:** me **bhajaty:** adora **ekatvam:** en la unidad **āsthitaḥ:** instalado **sarvathā:** en cualquier parte, de cualquier modo **vartamāno:** estando, viviendo **api:** aunque **sa:** ese **yogī:** yogui **mayi:** en mí **vartate:** está **6.31**

ātmaupamyena sarvatra; samaṃ paśyati yo 'rjuna /
sukhaṃ vā yadi vā duḥkhaṃ; sa yogī paramo mataḥ // 6.32

ātmaupamyena: en la imagen del *ātman* **sarvatra:** en todas circunstancias **samaṃ:** igual, parecido **paśyati:** ve, contempla **yo:** quien **arjuna:** Arjuna **sukhaṃ:** lo placentero o agradable **vā:** o **yadi:** si **vā:** o **duḥkhaṃ:** lo doloroso o desagradable **sa:** ese **yogī:** yogui **paramo:** el mejor **mataḥ:** es considerado **6.32**

6.32 **arjuna uvāca**
arjuna: Arjuna **uvāca:** dijo

yo 'yaṃ yogas tvayā proktaḥ; sāmyena madhusūdana /
etasyāhaṃ na paśyāmi; cañcalatvāt sthitiṃ sthirām // 6.33

yo: que **ayaṃ:** ese **yogas:** yoga **tvayā:** por ti **proktaḥ:** designado **sāmyena:** como ecuanimidad **madhusūdana:** ¡Madhusūdana! **etasya:** de ese **ahaṃ:** yo **na:** no **paśyāmi:** veo **cañcalatvāt:** a causa de la inconstancia **sthitiṃ:** condición **sthirām:** constante, segura **6.33**

cañcalaṃ hi manaḥ kṛṣṇa; pramāthi balavad dṛḍham /
tasyāhaṃ nigrahaṃ manye; vāyor iva suduṣkaram // 6.34

cañcalaṃ: inconstante **hi:** ya que **manaḥ:** la mente **kṛṣṇa:** Kṛṣṇa **pramāthi:** turbulenta **balavad:** poderosa **dṛḍham:** dura, testaruda [es] **tasya:** su **ahaṃ:** yo **nigrahaṃ:** control **manye:** considero **vāyor:** el viento **iva:** como **suduṣkaram:** muy difícil **6.34**

6.35 śrībhagavān uvāca
śrī: el venerable **bhagavān:** Señor **uvāca:** dijo

asaṃśayaṃ mahābāho; mano durnigrahaṃ calam /
abhyāsena tu kaunteya; vairāgyeṇa ca gṛhyate // 6.35

asaṃśayaṃ: sin duda alguna **mahābāho:** ¡oh, tú, de poderosos brazos! **mano:** la mente **durnigrahaṃ:** difícil de dominar **calam:** inestable [es] **abhyāsena:** mediante la práctica **tu:** sin embargo **kaunteya:** ¡oh, Kaunteya! **vairāgyeṇa:** mediante el desapego **ca:** y **gṛhyate:** es controlable **6.35**

asaṃyatātmanā yogo; duṣprāpa iti me matiḥ /
vaśyātmanā tu yatatā; śakyo 'vāptum upāyataḥ // 6.36

asaṃyatātmanā: por una persona que no se controla a sí misma **yogo:** el yoga **duṣprāpa:** [es] difícil de alcanzar **iti:** que **me:** mi **matiḥ:** opinión [es] **vaśyātmanā:** por aquel de mente dominada o sosegada **tu:** sin embargo **yatatā:** que se esfuerza **śakyo:** puede **avāptum:** ser alcanzado **upāyataḥ:** con los recursos adecuados, con inteligencia **6.36**

6.37 arjuna uvāca
arjuna: Arjuna **uvāca:** dijo

ayatiḥ śraddhayopeto; yogāc calitamānasaḥ /
aprāpya yogasaṃsiddhiṃ; kāṃ gatiṃ kṛṣṇa gacchati // 6.37

ayatiḥ: aquel que no se esfuerza **śraddhayā:** de fe **upeto:** dotado **yogāc:** del yoga **calitamānasaḥ:** con la mente apartada **aprāpya:** no alcanzando **yogasaṃsiddhiṃ:** la perfección del yoga **kāṃ:** ¿qué? **gatiṃ:** destino **kṛṣṇa:** Kṛṣṇa **gacchati:** alcanza **6.37**

kaccin nobhayavibhraṣṭaś; chinnābhram iva naśyati /
apratiṣṭho mahābāho; vimūḍho brahmaṇaḥ pathi // 6.38

kac cin: acaso **na:** no **ubhayavibhraṣṭaś:** caído o desprovisto de ambos **chinna-:** partida, cortada **-abhram:** una nube **iva:** como **naśyati:** perece **apratiṣṭho:** sin fundamento, desubicado **mahābāho:** ¡oh, tú, de poderosos brazos! **vimūḍho:** confundido **brahmaṇaḥ:** de *brahman* **pathi:** en el sendero **6.38**

etan me saṃśayaṃ kṛṣṇa; chettum arhasy aśeṣataḥ /
tvad anyaḥ saṃśayasyāsya; chettā na hy upapadyate // 6.39

etan: esta **me:** mía **saṃśayaṃ:** duda **kṛṣṇa:** ¡Kṛṣṇa! **chettum:** cortar, disipar, aclarar **arhasy:** deberías **aśeṣataḥ:** completamente, del todo **tvad-:** que tú **-anyaḥ:** otro **saṃśayasya:** duda **asya:** de esta **chettā:** cortador, destructor **na:** no **hy:** ya que **upapadyate:** se encuentra **6.39**

6.40 śrībhagavān uvāca
śrī-: el venerable **-bhagavān:** Señor **uvāca:** dijo

pārtha naiveha nāmutra; vināśas tasya vidyate /
na hi kalyāṇakṛt kaś cid; durgatiṃ tāta gacchati // 6.40

pārtha: Pārtha **na:** ni **eva:** [expletivo] **iha:** aquí **na:** ni **amutra:** en el otro mundo **vināśas:** destrucción, perdición **tasya:** su **vidyate:** se encuentra **na:** [con *kaś cid*] **hi:** pues **kalyāṇakṛt:** el que hace el bien, persona de bien **kaś cid:** ningún [con partícula negativa] **durgatiṃ:** la desgracia **tāta:** ¡querido! **gacchati:** alcanza **6.40**

prāpya puṇyakṛtāṃl lokān; uṣitvā śāśvatīḥ samāḥ /
śucīnāṃ śrīmatāṃ gehe; yogabhraṣṭo 'bhijāyate //6.41

prāpya: alcanzando **puṇyakṛtāṃl:** meritorios **lokān:** mundos **uṣitvā:** viviendo **śāśvatīḥ:** eternos, incontables **samāḥ:** años **śucīnāṃ:** de los puros o nobles **śrīmatāṃ:** y acaudalados **gehe:** en la casa **yogabhraṣṭo:** el que ha caído del yoga **abhijāyate:** nace **6.41**

atha vā yoginām eva; kule bhavati dhīmatām /
etad dhi durlabhataraṃ; loke janma yad īdṛśam // 6.42

atha vā: o **yoginām:** de yoguis **eva:** [expletivo] **kule:** en una familia **bhavati:** surge, nace **dhīmatām:** sabios **etad:** este **dhi:** [expletivo] **durlabhataraṃ:** muy difícil de conseguir **loke:** en este mundo **janma:** nacimiento **yad:** el cual **īdṛśam:** es así **6.42**

tatra taṃ buddhisaṃyogaṃ; labhate paurvadehikam /
yatate ca tato bhūyaḥ; saṃsiddhau kurunandana // 6.43

tatra: entonces **taṃ:** ese **buddhisaṃyogaṃ:** contacto o asociación con el conocimiento **labhate:** obtiene, encuentra, recupera **paurvadehikam:** del cuerpo anterior **yatate:** se esfuerza **ca:** y **tato:** a partir de ahí **bhūyaḥ:** una vez más **saṃsiddhau:** en la perfección **kurunandana:** Kurunandana **6.43**

pūrvābhyāsena tenaiva; hriyate hy avaśo 'pi saḥ /
jijñāsur api yogasya; śabdabrahmātivartate // 6.44

pūrvābhyāsena: por su práctica anterior **tena:** por esa **eva:** misma **hriyate:** es impulsado **hy:** ya que **avaśo:** forzado, obligado, sin querer **api:** aún **saḥ:** él **jijñāsur:** deseoso de conocer **api:** también **yogasya:** el yoga **śabdabrahma:** el *brahman* de la palabra, el conocimiento libresco del *brahman* **ativartate:** supera, trasciende **6.44**

prayatnād yatamānas tu; yogī saṃśuddhakilbiṣaḥ /
anekajanmasaṃsiddhas; tato yāti parāṃ gatim // 6.45

prayatnād: con esfuerzo **yatamānas:** esforzándose **tu:** [expletivo] **yogī:** el yogui **saṃśuddhakilbiṣaḥ:** purificado de sus imperfecciones **anekajanmasaṃsiddhas:** perfeccionado a lo largo de múltiples nacimientos **tato:** a patir de ahí, entonces **yāti: parāṃ:** supremo **gatim:** el objetivo **6.45**

tapasvibhyo 'dhiko yogī; jñānibhyo 'pi mato 'dhikaḥ /
karmibhyaś cādhiko yogī; tasmād yogī bhavārjuna // 6.46

tapasvibhyo: a los ascetas **adhiko:** superior **yogī:** el yogui **jñānibhyo:** a los eruditos **api:** y también **mato:** es considerado **adhikaḥ:** superior **karmibhyaś:** a los ritualistas **ca:** y **adhiko:** superior **yogī:** el yogui **tasmād:** por lo tanto **yogī:** un yogui **bhāva:** sé **arjuna:** Arjuna **6.46**

yoginām api sarveṣāṃ; madgatenāntarātmanā /
śraddhāvān bhajate yo māṃ; sa me yuktatamo mataḥ // 6.47

yoginām: de entre los yoguis **api:** asimismo **sarveṣāṃ:** todos **madgatena:** puesta en mí, consagrada a mí **antarātmanā:** con su mente, con su alma **śraddhāvān:** lleno de fe **bhajate:** adora **yo:** aquel que **māṃ:** a mí **sa:** ese **me:** por mí **yuktatamo:** el más concentrado, el más implicado, el más perfecto **mataḥ:** es considerado **6.47**

Capítulo séptimo

7.1 **śrībhagavān uvāca**
śrī-: el venerable **-bhagavān:** Señor **uvāca:** dijo

mayy āsaktamanāḥ pārtha; yogaṃ yuñjan madāśrayaḥ /
asaṃśayaṃ samagraṃ māṃ; yathā jñāsyasi tac chṛṇu // 7.1

mayy: a mí **āsaktamanāḥ:** con la mente consagrada **pārtha:** ¡Pārtha! **yogaṃ:** el yoga **yuñjan:** practicando **madāśrayaḥ:** refugiado en mí **asaṃśayaṃ:** sin ninguna duda **samagraṃ:** completanebte **māṃ:** me **yathā:** como **jñāsyasi:** conocerás **tac:** eso **chṛṇu:** escucha **7.1**

jñānaṃ te 'haṃ savijñānam; idaṃ vakṣyāmy aśeṣataḥ /
yaj jñātvā neha bhūyo 'nyaj; jñātavyam avaśiṣyate // 7.2

jñānaṃ: el conocimiento **te:** te **ahaṃ:** yo **savijñānam:** junto con la experiencia **idaṃ:** este **vakṣyāmy:** voy a exponer **aśeṣataḥ:** de forma completa **yaj:** el cual **jñātvā:** conociendo **na:** [con *anya*] **iha:** aquí, en este mundo **bhūyo:** de nuevo **anyaj:** nada, ninguna cosa [con una partícula negativa] **jñātavyam:** que deba ser conocido, por conocer **avaśiṣyate:** queda **7.2**

manuṣyāṇāṃ sahasreṣu; kaś cid yatati siddhaye /
yatatām api siddhānāṃ; kaś cin māṃ vetti tattvataḥ // 7.3

manuṣyāṇāṃ: de hombres **sahasreṣu:** entre miles **kaś cid:** alguno **yatati:** se esfuerza **siddhaye:** por la prefección **yatatām:** esforzándose, que se esfuerzan **api:** incluso **siddhānāṃ:** entre los perfectos **kaś cin:** alguno **māṃ:** a mí **vetti:** conoce **tattvataḥ:** en realidad, a ciencia cierta **7.3**

bhūmir āpo 'nalo vāyuḥ; khaṃ mano buddhir eva ca /
ahaṃkāra itīyaṃ me; bhinnā prakṛtir aṣṭadhā // 7.4

bhūmir: tierra **āpo:** agua **analo:** fuego **vāyuḥ:** aire **khaṃ:** espacio **mano:** mente **buddhir:** intelecto **eva:** [expletivo] **ca:** y **ahaṃkāra:** sentido **iti:** [comillas] **iyaṃ:** esta **me:** mi **bhinnā:** dividida, diversa **prakṛtir:** naturaleza **aṣṭadhā:** óctuple **7.4**

apareyam itas tv anyāṃ; prakṛtiṃ viddhi me parām /
jīvabhūtāṃ mahābāhu; yayedaṃ dhāryate jagat // 7.5

aparā: inferior **iyam:** esta **itas:** de esta **tv:** pero **anyāṃ:** otra **prakṛtiṃ:** naturaleza **viddhi:** conoce **me:** mía **parām:** superior **jīvabhūtāṃ:** que es la vida, hecha de vida **mahābāho:** Mahābāhu **yayā:** con la cual **idaṃ:** este **dhāryate:** se sustenta **jagat:** mundo **7.5**

etadyonīni bhūtāni; sarvāṇīty upadhāraya /
ahaṃ kṛtsnasya jagataḥ; prabhavaḥ pralayas tathā // 7.6

etadyonīni: tienen estas [dos naturalezas] como matriz **bhūtāni:** los seres **sarvāṇi:** todos **ity:** que **upadhāraya:** considera **ahaṃ:** yo [soy] **kṛtsnasya:** del entero **jagataḥ:** mundo **prabhavaḥ:** el origen **pralayas:** la disolución, el final **tathā:** y también **//: 7.6**

mattaḥ parataraṃ nānyat; kiṃ cid asti dhanaṃjaya /
mayi sarvam idaṃ protaṃ; sūtre maṇigaṇā iva // 7.7

mattaḥ: de mí **parataraṃ:** más allá **na anyat kiṃ cid:** nada **asti:** hay **dhanaṃjaya:** ¡Conquistador de riquezas! **mayi:** en mí **sarvam:** todo **idaṃ:** esto **protaṃ:** está ensartado **sūtre:** en el hilo [del collar] **maṇigaṇā:** los grupos de perlas, las perlas **iva:** como **7.7**

raso 'ham apsu kaunteya; prabhāsmi śaśisūryayoḥ /
praṇavaḥ sarvavedeṣu; śabdaḥ khe pauruṣaṃ nṛṣu // 7.8

raso: el sabor **aham:** yo [soy] **apsu:** en las aguas **kaunteya:** Kaunteya **prabhā:** la luz, el resplandor **asmi:** soy **śaśisūryayoḥ:** de la luna y el sol **praṇavaḥ:** la sílaba *Om* **sarvavedeṣu:** entre todos los *Vedas* **śabdaḥ:** el sonido **khe:** en el espacio **pauruṣaṃ:** la hombría (o la consciencia de los hombres) **nṛṣu:** en los hombres **7.8**

puṇyo gandhaḥ pṛthivyāṃ ca; tejaś cāsmi vibhāvasau /
jīvanaṃ sarvabhūteṣu; tapaś cāsmi tapasviṣu // 7.9

puṇyo: bueno, agradable **gandhaḥ:** el olor **pṛthivyāṃ:** en la tierra **ca:** y **tejaś:** el brillo **ca:** y **asmi:** soy **vibhāvasau:** en el fuego **jīvanaṃ:** la vida **sarvabhūteṣu:** en todos los seres **tapaś:** el calor, el ardor **ca:** y **asmi:** soy **tapasviṣu:** en los ascetas **7.9**

bījaṃ māṃ sarvabhūtānāṃ; viddhi pārtha sanātanam /
buddhir buddhimatām asmi; tejas tejasvinām aham // 7.10

bījaṃ: la semilla **māṃ:** me **sarvabhūtānāṃ:** de todos los seres **viddhi:** conoce, considera **pārtha:** ¡Hijo de Pṛthā! **sanātanam:** eternal **buddhir:** la inteligencia **buddhimatām:** de los inteligentes **asmi:** soy **tejas:** el esplendor o la energía **tejasvinām:** de los espléndidos o energéticos **aham:** yo **7.10**

balaṃ balavatāṃ cāhaṃ; kāmarāgavivarjitam /
dharmāviruddho bhūteṣu; kāmo 'smi bharatarṣabha // 7.11

balaṃ: la fuerza **balavatāṃ:** de los fuertes, de los poderosos **ca:** y **ahaṃ:** yo **kāma-:** de deseo **-rāga-:** y de pasión **-vivarjitam:** exento, desprovisto **dharma-:** al dharma **-aviruddho:** que no es contrario, que no se opone **bhūteṣu:** en los seres **kāmo:** el deseo **asmi:** soy **bharatarṣabha:** ¡oh, tu, Mejor de los Bhárata! **7.11**

ye caiva sāttvikā bhāva; rājasās tāmasāś ca ye /
matta eveti tān viddhi; na tv ahaṃ teṣu te mayi // 7.12

ye: las que [son] **ca:** y **eva:** [expletivo] **sāttvikā:** sáttvicas **bhāvā:** las cosas **rājasās:** **rajásicas** **tāmasāś:** tamásicas **ca:** y **ye:** las que [son] **matta:** de mí **eva iti:** que **tān:** esas **viddhi:** considera **na:** no **tv:** pero **ahaṃ:** yo **teṣu:** en ellas **te:** ellas **mayi:** en mí **7.12**

tribhir guṇamayair bhāvair; ebhiḥ sarvam idaṃ jagat /
mohitaṃ nābhijānāti; mām ebhyaḥ param avyayam // 7.13

tribhir: tres **guṇamayair:** compuestas por las energías **bhāvair:** por la cosas **ebhiḥ:** por estas **sarvam:** todo, entero **idaṃ:** este **jagat:** mundo **mohitaṃ:** confundido **na:** no **abhijānāti:** conoce, sabe **mām:** a mí **ebhyaḥ:** de ellas **param:** más allá **avyayam:** imperecedero **7.13**

daivī hy eṣā guṇamayī; mama māyā duratyayā /
mām eva ye prapadyante; māyām etāṃ taranti te // 7.14

daivī: divina **hy:** ya que **eṣā:** esta **guṇamayī:** hecha de energía **mama:** mi **māyā:** *māyā* [es] **duratyayā:** difícil de superar **mām:** me **eva:** **ye:** aquellos que **prapadyante:** alcanzan **māyām:** *māyā* **etāṃ:** esta **taranti:** trascienden **te:** esos // **7.14**

na māṃ duṣkṛtino mūḍhāḥ; prapadyante narādhamāḥ / māyayāpahṛtajñānā; āsuraṃ bhāvam āśritāḥ // 7.15

na: no **māṃ:** me **duṣkṛtino:** malvada **mūḍhāḥ:** necia **prapadyante:** alcanza **narādhamāḥ:** la gente mezquina **māyayā:** por *māyā* **apahṛta-:** arrebatado **-jñānā:** con el conocimiento o el entendimiento **āsuraṃ:** maligna, asúrica **bhāvam:** disposición, estado **āśritāḥ:** acudido, alcanzado, obtenido **7.15**

caturvidhā bhajante māṃ; janāḥ sukṛtino 'rjuna / ārto jijñāsur arthārthī; jñānī ca bharatarṣabha // 7.16

caturvidhā: de cuatro tipos **bhajante:** recurren **māṃ:** a mí **janāḥ:** gentes **sukṛtino:** gentes de bien **arjuna:** Arjuna **ārto:** el afligido, el apenado **jijñāsur:** el buscador de conocimiento **arthārthī:** el interesado **jñānī:** el sabio, el hombre de conocimiento **ca:** y **bharatarṣabha:** ¡Bhárata excelso! **7.16**

teṣāṃ jñānī nityayukta; ekabhaktir viśiṣyate / priyo hi jñānino 'tyartham; ahaṃ sa ca mama priyaḥ // 7.17

teṣāṃ: de entre ellos **jñānī:** el sabio, el hombre de conocimiento **nityayukta:** siempre concentrado, siempre practicando **ekabhaktir:** con devoción exclusiva **viśiṣyate:** destaca, excele **priyo:** querido **hi:** ya que **jñānino:** por el sabio, por el hombre de conocimiento **atyartham:** muy, extraordinariamente, en grado sumo **ahaṃ:** yo [soy] **sa:** ese **ca:** y **mama:** por mí **priyaḥ:** [es] querido **7.17**

udārāḥ sarva evaite; jñānī tv ātmaiva me matam / āsthitaḥ sa hi yuktātmā; mām evānuttamāṃ gatim // 7.18

udārāḥ: excelentes **sarva:** todos **eva:** [expletivo] **ete:** ellos, estos [son] **jñānī:** el sabio, el hombre de conocimiento **tv:** pero **ātmā:** alma **eva:** propia **me:** mi **matam:** es considerado **āsthitaḥ:** está situado **sa:** ese **hi:** ya que, pues **yuktātmā:** de mente controlada **mām:** a mí **eva:** solo **anuttamāṃ:** supremo **gatim:** camino **7.18**

bahūnāṃ janmanām ante; jñānavān māṃ prapadyate / vāsudevaḥ sarvam iti; sa mahātmā sudurlabhaḥ // 7.19

bahūnāṃ: de innumerables **janmanām:** nacimientos **ante:** al final **jñānavān:** el hombre de conocimiento **māṃ:** a mí **prapadyate:** llega **vāsudevaḥ:** Vāśudeva [es] **sarvam:** todo **iti:** que **sa:** esa **mahātmā:** noble alma [es] **sudurlabhaḥ:** difícil de encontrar **7.19**

kāmais tais tair hṛtajñānāḥ; prapadyante 'nyadevatāḥ /
taṃ taṃ niyamam āsthāya; prakṛtyā niyatāḥ svayā // 7.20

kāmais: deseos **tais tair:** por estos y otros, múltiples **hṛtajñānāḥ:** con el conocimiento arrebatado **prapadyante:** acuden **anyadevatāḥ:** a otros dioses **taṃ taṃ:** unos y otros, diferentes **niyamam:** voto, práctica, disciplina **āsthāya:** siguiendo, adoptando **prakṛtyā:** naturaleza **niyatāḥ:** condicionados, regulados **svayā:** por su **7.20**

yo yo yāṃ yāṃ tanuṃ bhaktaḥ; śraddhayārcitum icchati /
tasya tasyācalāṃ śraddhāṃ; tām eva vidadhāmy aham // 7.21

yo yo: cualquier **yāṃ yāṃ:** cualquier **tanuṃ:** forma **bhaktaḥ:** devoto **śraddhayā:** con fe **ārcitum:** adorar **icchati:** desea **tasya tasya:** para cada una de esas **acalāṃ:** inquebrantable **śraddhāṃ:** fe **tām:** esa **eva:** [expletivo] **vidadhāmy:** dispongo, otorgo **aham:** yo **7.21**

sa tayā śraddhayā yuktas; tasyā rādhanam īhate /
labhate ca tataḥ kāmān; mayaiva vihitān hi tān // 7.22

sa: él **tayā:** con esa **śraddhayā:** fe **yuktas:** dotado, imbuido **tasyā:** a esa [forma] **rādhanam:** a rendir culto, a adorar **īhate:** se dispone **labhate:** consigue **ca:** y **tataḥ:** a partir de aquí **kāmān:** los deseos **mayā:** por mí **eva:** solo **vihitān:** han sido dispuestos **hi:** [expletivo] **tān:** esos **7.22**

antavat tu phalaṃ teṣāṃ; tad bhavaty alpamedhasām /
devān devayajo yānti; madbhaktā yānti mām api // 7.23

antavat: finito, efímero **tu:** no obstante **phalaṃ:** resultado **teṣāṃ:** de aquellos **tad:** ese **bhavaty:** es **alpamedhasām:** de poco entendimiento **devān:** a los dioses **devayajo:** quienes a los dioses sacrifican **yānti:** van, llegan **madbhaktā:** mis devotos **yānti:** van, **mām:** a mí **api:** también**7.23**

avyaktaṃ vyaktim āpannaṃ; manyante mām abuddhayaḥ /
paraṃ bhāvam ajānanto; mamāvyayam anuttamam // 7.24

avyaktaṃ: entidad sutil o no manifestada **vyaktim:** a la manifestación **āpannaṃ:** llegado **manyante:** consideran **mām:** a mí **abuddhayaḥ:** los ignorantes **paraṃ:** supremo **bhāvam:** estado, naturaleza **ajānanto:** no conocimiento **mama:** mi **avyayam:** imperecedera **anuttamam:** incomparable **7.24**

nāhaṃ prakāśaḥ sarvasya; yogamāyāsamāvṛtaḥ /
mūḍho 'yaṃ nābhijānāti; loko mām ajam avyayam // 7.25

na: no **ahaṃ:** yo **prakāśaḥ:** visible [soy] **sarvasya:** para todos **yogamāyā-:** por la ilusión cósmica, por el poder de la ilusión **samāvṛtaḥ:** velado, cubierto **mūḍho:** confundido, ignorante **ayaṃ:** este **na:** no **abhijānāti:** conoce **loko:** mundo **mām:** me **ajam:** no nacido **avyayam:** imperecedero **7.25**

vedāhaṃ samatītāni; vartamānāni cārjuna /
bhaviṣyāṇi ca bhūtāni; māṃ tu veda na kaś cana // 7.26

veda: conozco **ahaṃ:** yo **samatītāni:** pasados **vartamānāni:** presentes **ca:** y **arjuna:** ¡Arjuna ! **bhaviṣyāṇi:** futuros **ca:** y **bhūtāni:** a los seres **māṃ:** a mí **tu:** pero **veda:** conoce **na kaś cana:** nadie **7.26**

icchādveṣasamutthena; dvaṃdvamohena bhārata /
sarvabhūtāni saṃmohaṃ; sarge yānti paraṃtapa // 7.27

icchā-: del deseo **-dveṣa-:** y el odio **-samutthena:** surgido **dvaṃdvamohena:** a causa de la ilusión de las parejas de los opuestos, a causa del espejismo de los contrarios **bhārata:** ¡Descendiente de Bhárata! **sarvabhūtāni:** todos los seres **saṃmohaṃ:** a la gran confusión **sarge:** al nacer **yānti:** van, alcanzan **paraṃtapa:** ¡Azote de los enemigos! **7.27**

yeṣāṃ tv antagataṃ pāpaṃ; janānāṃ puṇyakarmaṇām /
te dvaṃdvamohanirmuktā; bhajante māṃ dṛḍhavratāḥ // 7.28

yeṣāṃ: de aquellos que **tv:** sin embargo **antagataṃ:** ha llegado a su fin, ha terminado **pāpaṃ:** el pecado, la falta **janānāṃ:** de las gentes **puṇyakarmaṇām:** de nobles obras **te:** esos **dvaṃdvamoha-:** de la ilusión de las parejas de los opuestos, del espejismo de los contrarios **-nirmuktā:** libres **bhajante:** se hacen partícipes **māṃ:** de mí **dṛḍhavratāḥ:** firmes en sus votos **7.28**

jarāmaraṇamokṣāya; mām āśritya yatanti ye /
te brahma tad viduḥ kṛtsnam; adhyātmaṃ karma cākhilam // 7.29

jarā-: de la vejez **-maraṇa-:** y la muerte **-mokṣāya:** para la liberación **mām:** a mí **āśritya:** recurriendo **yatanti:** se esfuerzan **ye:** aquellos que **te:** esos **brahma:** a *brahman* **tad:** a ese **viduḥ:** conocen **kṛtsnam:** plenamente, completamente **adhyātmaṃ:** al *ātman* interno **karma:** el karma **ca:** y **akhilam:** todo, entero **7.29**

**sādhibhūtādhidaivaṃ māṃ; sādhiyajñaṃ ca ye viduḥ /
prayāṇakāle 'pi ca māṃ; te vidur yuktacetasaḥ // 7.30**

sa-: con, en **-adhibhūta-:** la esfera material **-adhidaivaṃ:** y el ámbito divino **māṃ:** me **sa-:** con, en **-adhiyajñaṃ:** la esfera sacrificial o del sacrificio **ca:** y **ye:** aquellos que **viduḥ:** conocen **prayāṇakāle:** en el momento de la partida o de la muerte **api:** aun **ca:** y **māṃ:** me **te:** **vidur:** conocen **yuktacetasaḥ:** de mente contemplativa **7.30**

Capítulo octavo

8.1 **arjuna uvāca**
arjuna: Arjuna **uvāca:** dijo

kiṃ tad brahma kim adhyātmaṃ; kiṃ karma puruṣottama /
adhibhūtaṃ ca kiṃ proktam; adhidaivaṃ kim ucyate// 8.1

kiṃ: ¿qué? **tad:** ese, el **brahma:** *brahman* **kim:** ¿qué? **adhyātmaṃ:** la esfera del *ātman* **kiṃ:** ¿qué? **karma:** la acción **puruṣottama:** ¡Persona Suprema! **adhibhūtaṃ:** la esfera material **ca:** y **kiṃ:** ¿qué? **proktam:** es llamado **adhidaivaṃ:** la esfera divina **kim:** ¿qué? **ucyate:** es llamado, es denominado **8.1**

adhiyajñaḥ kathaṃ ko 'tra; dehe 'smin madhusūdana /
prayāṇakāle ca kathaṃ jñeyo; 'si niyatātmabhiḥ // 8.2

adhiyajñaḥ: la esfera del sacrificio **kathaṃ:** ¿cómo? **ko:** ¿qué? **atra:** aquí **dehe:** cuerpo **asmin:** en este **madhusūdana:** ¡Madhusūdana! **prayāṇakāle:** en el momento de la partida o de la muerte **ca:** y **kathaṃ:** ¿cómo? **jñeyo asi:** serás conocido **niyatātmabhiḥ:** por aquellos que tienen su mente bajo control **8.2**

8.3 **śrībhagavān uvāca**
śrī-: el venerable **-bhagavān:** Señor **uvāca:** dijo

akṣaraṃ brahma paramaṃ; svabhāvo 'dhyātmam ucyate /
bhūtabhāvodbhavakaro; visargaḥ karmasaṃjñitaḥ // 8.3

akṣaraṃ: imperecedero **brahma:** *brahman* **paramaṃ:** supremo **svabhāvo:** esencia, propia naturaleza **adhyātmam:** la esfera del *ātman* **ucyate:** es llamado **bhūta-:** de los seres **-bhāva- :** de la existencia **-udbhava-:** de los seres **-karo:** que produce **visargaḥ:** la emisión creadora **karma-:** la acción **-saṃjñitaḥ:** es llamada **8.3**

adhibhūtaṃ kṣaro bhāvaḥ; puruṣaś cādhidaivatam /
adhiyajño 'ham evātra; dehe dehabhṛtāṃ vara // 8.4

adhibhūtaṃ: la esfera material **kṣaro:** la perecedera **bhāvaḥ:** existencia [es] **puruṣaś:** la persona universal **ca:** y **adhidaivatam:** la esfera divina **adhiyajño:** la esfera del sacrificio **aham:** yo **eva:** mismo **atra:** aquí **dehe:** en el cuerpo **dehabhṛtāṃ:** de las almas encarnadas **vara:** el mejor **8.4**

antakāle ca mām eva; smaran muktvā kalevaram /
yaḥ prayāti sa madbhāvaṃ; yāti nāsty atra saṃśayaḥ // 8.5

antakāle: en la hora final **ca:** y **mām:** a mí **eva:** solo **smaran:** recordando **muktvā:** tras abandonar **kalevaram:** el cuerpo **yaḥ:** aquel que, quien **prayāti:** parte, muere **sa:** ese **madbhāvaṃ:** mi estado, mi condición **yāti:** llega, alcanza **na:** no **asty:** haya **atra:** aquí, en esto **saṃśayaḥ:** duda **8.5**

yaṃ yaṃ vāpi smaran bhāvaṃ; tyajaty ante kalevaram /
taṃ tam evaiti Kaunteya; sadā tadbhāvabhāvitaḥ // 8.6

yaṃ yaṃ: cualquier **vāpi:** [expletivo] **smaran:** recordando, pensando **bhāvaṃ:** cosa **tyajaty:** abandona **ante:** al final **kalevaram:** el cuerpo **taṃ tam:** a eso mismo **eva:** [expletivo] **eti:** va **kaunteya:** ¡hijo de Kunti! **sadā:** siempre **tadbhāvabhāvitaḥ:** transformado por ese estado, condición o pensamiento **8.6**

tasmāt sarveṣu kāleṣu; mām anusmara yudhya ca /
mayy arpitamanobuddhir; mām evaiṣyasy asaṃśayaḥ // 8.7

tasmāt: por lo tanto **sarveṣu:** en todos **kāleṣu:** los tiempos **mām:** en mí **anusmara:** recuerda, piensa **yudhya:** lucha, emprende la lucha **ca:** y **mayy:** a mí **arpita-:** entregados **-mano-:** la mente **-buddhir:** y el intelecto **mām:** a mí **eva:** solo **eṣyasy:** llegarás, alcanzarás **asaṃśayaḥ:** libre de dudas **8.7**

abhyāsayogayuktena; cetasā nānyagāminā /
paramaṃ puruṣaṃ divyaṃ; yāti pārthānucintayan // 8.8

abhyāsayogayuktena: concentrada en el yoga de la práctica **cetasā:** con la mente **na:** no **anyagāminā:** yendo a otro sitio **paramaṃ:** suprema **puruṣaṃ:** la persona **divyaṃ:** resplandeciente **yāti:** vas, alcanzas **pārtha:** ¡Hijo de Pṛthā! **anucintayan:** pensando o meditando continuamente **8.8**

kaviṃ purāṇam anuśāsitāram; aṇor aṇīyāṃsam anusmared yaḥ /
sarvasya dhātāram acintyarūpam; ādityavarṇaṃ tamasaḥ parastāt // 8.9
prayāṇakāle manasācalena; bhaktyā yukto yogabalena caiva /
bhruvor madhye prāṇam āveśya samyak; sa taṃ paraṃ puruṣam upaiti divyam // 8.10

kaviṃ: en el sabio **purāṇam:** primordial **anuśāsitāram:** rector **aṇor:** que lo sutil **aṇīyāṃsam:** más sutil **anusmared:** recordará o pensará constantemente **yaḥ:** aquel que **sarvasya:** de todo **dhātāram:** el dispensador **acintyarūpam:** de inconcible forma **ādityavarṇaṃ:** del color del sol **tamasaḥ:** de la oscuridad **parastāt:** más allá **8.9**

prayāṇakāle: en el momento de la partida o de la muerte **manasā:** con la mente **acalena:** imperturbable **bhaktyā:** de devoción **yukto:** dotado **yogabalena:** con el poder del yoga **ca:** y **eva: bhruvor:** de las cejas **madhye:** en medio **prāṇam:** el *prāṇa* **āveśya:** colocando **samyak:** bien, con cuidado **sa:** ese **taṃ:** esa **paraṃ:** suprema **puruṣam:** persona **upaiti:** alcanza **divyam:** resplandeciente **8.10**

yad akṣaraṃ vedavido vadanti; viśanti yad yatayo vītarāgāḥ /
yad icchanto brahmacaryaṃ caranti; tat te padaṃ saṃgraheṇa pravakṣye // 8.11

yad: que, el cual **akṣaraṃ:** como imperecedero **vedavido:** los conocedores del Veda **vadanti:** dicen, describen **viśanti:** entran, ingresan **yad:** en el que, al cual **yatayo:** los ascetas **vītarāgāḥ:** libres de pasión **yad:** el cual **icchanto:** deseando **brahmacaryaṃ:** la vía del *brahman* **caranti:** recorren, siguen **tat:** ese **te:** a ti **padaṃ:** estado **saṃgraheṇa:** con brevedad **pravakṣye:** voy a exponerte **8.11**

sarvadvārāṇi saṃyamya; mano hṛdi nirudhya ca /
mūrdhny ādhāyātmanaḥ prāṇam; āsthito yogadhāraṇām // 8.12
om ity ekākṣaraṃ brahma; vyāharan mām anusmaran /
yaḥ prayāti tyajan dehaṃ; sa yāti paramāṃ gatim // 8.13

sarvadvārāṇi: todas las puertas **saṃyamya:** controlando **mano:** la mente **hṛdi:** en el corazón **nirudhya:** reteniendo, aquietando **ca:** y **mūrdhny:** en la cabeza **ādhāya:** colocando, fijando **ātmanaḥ:** su **prāṇam:** *prāṇa* **āsthito:** dedicado, entregado **yogadhāraṇām:** a la concentración yóguica **8.12**

om: *Om* **ity:** [comillas] **ekākṣaraṃ:** el monosílabo **brahma:** el *brahman* **vyāharan:** pronunciando **mām:** me, en mí **anusmaran:** recordando o pensando constantemente **yaḥ:** aquel que **prayāti:** parte, emprende la partida, muere **tyajan:** abandonando **dehaṃ:** el cuerpo **sa:** ese **yāti:** llega, alcanza **paramāṃ:** supremo **gatim:** el objetivo **8.13**

ananyacetāḥ satataṃ; yo māṃ smarati nityaśaḥ /
tasyāhaṃ sulabhaḥ pārtha; nityayuktasya yoginaḥ // 8.14

ananyacetāḥ: sin otro pensamiento, sin pensar en otra cosa **satataṃ:** siempre, en todo momento **yo:** aquel que **māṃ:** me **smarati:** recuerda **nityaśaḥ:** de forma continuada **tasya:** para él **ahaṃ:** yo **sulabhaḥ:** [soy] fácilmente accesible **pārtha:** ¡Pártha! **nitya-yuktasya:** siempre concentrado **yoginaḥ:** para el yogui **8.14**

mām upetya punarjanma; duḥkhālayam aśāśvatam /
nāpnuvanti mahātmānaḥ; saṃsiddhiṃ paramāṃ gatāḥ // 8.15

mām: a o en mí **upetya:** acercándose, ingresando **punarjanma:** un nuevo nacimiento **duḥkhālayam:** morada del dolor **aśāśvatam:** transitoria **na:** no **āpnuvanti:** alcanzan **mahātmānaḥ:** grandes almas **saṃsiddhiṃ:** la perfección **paramāṃ:** suprema **gatāḥ:** han alcanzado **8.15**

ā brahmabhuvanāl lokāḥ; punarāvartino 'rjuna /
mām upetya tu Kaunteya; punarjanma na vidyate // 8.16

ā: hasta **brahmabhuvanāl:** la morada de Brahmā **lokāḥ:** los mundos **punarāvartino:** recurrentes **Arjuna:** ¡Arjuna! **mām:** a o en mí **upetya:** acercándose **tu:** pero **kaunteya:** ¡Kaunteya! **punarjanma:** renacimiento **na:** no **vidyate:** hay **8.16**

sahasrayugaparyantam; ahar yad brahmaṇo viduḥ /
rātriṃ yugasahasrāntāṃ; te 'horātravido janāḥ // 8.17

sahasrayugaparyantam: alcanza los mil ciclos cósmicos **ahar:** el día **yad:** que **brahma-ṇo:** **viduḥ:** saben **rātriṃ:** la noche **yugasahasrāntāṃ:** de mil ciclos cósmicos **te:** esas **ahorātravido:** [son] los conocedores del día y la noche **janāḥ:** gentes **8.17**

avyaktād vyaktayaḥ sarvāḥ; prabhavanty aharāgame /
rātryāgame pralīyante; tatraivāvyaktasaṃjñake // 8.18

avyaktād: de lo no manifiesto **vyaktayaḥ:** las cosas manifiestas **sarvāḥ:** todas **prabha-vanty:** surgen **ahar-:** del día **-āgame:** con la llegada **rātry-:** de la noche **-āgame:** con la llegada **pralīyante:** se reabsorben **tatra:** en eso **eva:** mismo **avyakta-:** lo no manifiesto **-saṃjñake:** llamado **8.18**

bhūtagrāmaḥ sa evāyaṃ; bhūtvā bhūtvā pralīyate /
rātryāgame 'vaśaḥ pārtha; prabhavaty aharāgame // 8.19

bhūtagrāmaḥ: tropel de seres **sa eva ayaṃ:** este mismo **bhūtvā bhūtvā:** surgiendo una y otra vez **pralīyate:** se disuelve **rātry-:** de la noche **-āgame:** con la llegada **avaśaḥ:** a la fuerza, sin remedio **pārtha:** ¡hijo de Pṛthā! **prabhavaty: ahar-:** el día **-āgame:** con la llegada, al despuntar **8.19**

paras tasmāt tu bhāvo 'nyo; 'vyakto 'vyaktāt sanātanaḥ /
yaḥ sa sarveṣu bhūteṣu; naśyatsu na vinaśyati // 8.20

paras: más allá **tasmāt:** de esa **tu:** pero **bhāvo:** entidad **anyo:** otra **avyakto:** no manifiesta **avyaktāt:** de lo no manifiesto **sanātanaḥ:** perdurable **yaḥ:** que **sa:** esa **sarveṣu:** cuando todos **bhūteṣu:** los seres **naśyatsu:** se destruyen **na:** no **vinaśyati:** perece **8.20**

avyakto 'kṣara ity uktas; tam āhuḥ paramāṃ gatim /
yaṃ prāpya na nivartante; tad dhāma paramaṃ mama // 8.21

avyakto: no manifiesto **akṣara:** lo eterno **ity:** [comillas] **uktas:** se llama **tam: āhuḥ: paramāṃ:** supremo **gatim:** el objetivo **yaṃ:** el cual **prāpya:** alcanzando **na:** no **nivartante:** regresan **tad:** esa **dhāma:** morada **paramaṃ:** suprema **mama:** mi **8.21**

puruṣaḥ sa paraḥ pārtha; bhaktyā labhyas tv ananyayā /
yasyāntaḥsthāni bhūtāni; yena sarvam idaṃ tatam // 8.22

puruṣaḥ: persona **sa:** esa **paraḥ:** suprema **pārtha:** ¡Pártha! **bhaktyā:** con devoción **labhyas:** puede ser alcanzada **tv:** [expletivo] **ananyayā:** exclusiva **yasya:** de ella **antaḥsthāni:** están dentro **bhūtāni:** los seres **yena:** por ella **sarvam:** todo **idaṃ:** esto, este mundo **tatam:** está impregnado **8.22**

yatra kāle tv anāvṛttim; āvṛttiṃ caiva yoginaḥ /
prayātā yānti taṃ kālaṃ; vakṣyāmi bharatarṣabha // 8.23

yatra: cuando **kāle:** en el tiempo **tv:** [expletivo] **anāvṛttim:** el no retorno **āvṛttiṃ:** el retorno **caiva:** y también **yoginaḥ:** los yoguis **prayātā:** partiendo **yānti:** van, alcanzan **taṃ:** ese **kālaṃ:** tiempo **vakṣyāmi:** voy a explicar **bharatarṣabha:** ¡Mejor de los Bhárata! **8.23**

agnir jyotir ahaḥ śuklaḥ; ṣaṇmāsā uttarāyaṇam /
tatra prayātā gacchanti; brahma brahmavido janāḥ // 8.24

agnir: el fuego **jyotir:** la luz **ahaḥ:** el día **śuklaḥ:** la quincena luminosa **ṣaṇmāsā:** los seis meses **uttarāyaṇam:** del solsticio de invierno **tatra:** allí, en esas condiciones **prayātā:** partiendo **gacchanti:** llegan **brahma:** al *brahman* **brahmavido:** conocedoras del *brahman* **janāḥ:** las gentes **8.24**

dhūmo rātris tathā kṛṣṇaḥ; ṣaṇmāsā dakṣiṇāyanam /
tatra cāndramasaṃ jyotir; yogī prāpya nivartate // 8.25

dhūmo: el humo **rātris:** la noche **tathā:** y asimismo **kṛṣṇaḥ:** la quincena oscura **ṣaṇmāsā:** los seis meses **dakṣiṇāyanam:** del solsticio de verano **tatra:** en estas condiciones **cāndramasaṃ:** lunar **jyotir:** la luz **yogī:** el yogui **prāpya:** alcanzando **nivartate:** regresa **8.25**

śuklakṛṣṇe gatī hy ete; jagataḥ śāśvate mate /
ekayā yāty anāvṛttim; anyayāvartate punaḥ // 8.26

śukla-: luminoso **-kṛṣṇe:** y oscuro **gatī:** los dos caminos **hy:** ya que **ete:** **jagataḥ:** del mundo **śāśvate:** eternos **mate:** considerados **ekayā:** por uno **yāty:** va **anāvṛttim:** el no retorno **anyayā:** por el otro **āvartate:** regresa **punaḥ:** de nuevo **8.26**

naite sṛtī pārtha jānan; yogī muhyati kaś cana /
tasmāt sarveṣu kāleṣu; yogayukto bhavārjuna // 8.27

na: [con *kaś cana*] **ete:** estos dos **sṛtī:** senderos **pārtha:** ¡Pártha! **jānan:** conociendo **yogī:** yogui **muhyati:** se confunde **kaś cana:** ningún [con partícula negativa] **tasmāt:** por lo tanto **sarveṣu:** en todos **kāleṣu:** los tiempos **yogayukto:** concentrado en el yoga **bhava:** se **arjuna:** ¡Arjuna! **8.27**

vedeṣu yajñeṣu tapaḥsu caiva; dāneṣu yat puṇyaphalaṃ pradiṣṭam /
atyeti tat sarvam idaṃ viditvā; yogī paraṃ sthānam upaiti cādyam // 8.28

vedeṣu: a los *Vedas* **yajñeṣu:** a los sacrificios **tapaḥsu:** a las austeridades **caiva:** y también **dāneṣu:** a las donaciones **yat:** que **puṇyaphalaṃ:** el resultado meritorio, el fruto de la virtud **pradiṣṭam:** asignado **atyeti:** trasciende **tat:** eso **sarvam:** todo **idaṃ:** esto **viditvā:** conociendo **yogī:** el yogui **paraṃ:** suprema **sthānam:** condición **upaiti:** alzanza **ca:** y **ādyam:** del principio, del origen **8.28**

Capítulo noveno

9.1 **śrībhagavān uvāca**
śrī-: el venerable **-bhagavān:** Señor **uvāca:** dijo

idaṃ tu te guhyatamaṃ; pravakṣyāmy anasūyave /
jñānaṃ vijñānasahitaṃ; yaj jñātvā mokṣyase 'śubhāt // 9.1

idaṃ: este **tu:** [expletivo] **te:** a ti **guhyatamaṃ:** el mayor secreto **pravakṣyāmy:** voy a revelarte **anasūyave:** a quien no critica **jñānaṃ:** conocimiento, sabiduría **vijñāna-:** la experiencia **-sahitaṃ:** junto con **yaj:** el cual **jñātvā:** conociendo **mokṣyase:** te liberarás **aśubhāt:** del mal o la maldad **9.1**

rājavidyā rājaguhyaṃ; pavitram idam uttamam /
pratyakṣāvagamaṃ dharmyaṃ; susukhaṃ kartum avyayam // 9.2

rājavidyā: la reina de la sabiduría **rājaguhyaṃ:** el rey de los secretos **pavitram:** el purificador **idam:** este **uttamam:** mejor, supremo, excelente **pratyakṣāvagamaṃ:** directamente comprensible **dharmyaṃ:** ajustado al dharma **susukhaṃ:** muy fácil **kartum:** de realizar **avyayam:** imperecedero **9.2**

aśraddadhānāḥ puruṣā; dharmasyāsya paraṃtapa /
aprāpya māṃ nivartante; mṛtyusaṃsāravartmani // 9.3

aśraddadhānāḥ: que no creen **puruṣā:** las personas **dharmasya:** dharma **asya:** en este **paraṃtapa:** ¡azote de los enemigos! **aprāpya:** no alcanzando **māṃ:** me **nivartante:** regresan **mṛtyusaṃsāravartmani:** al sendero de la muerte y el ciclo de la existencia **9.3**

mayā tatam idaṃ sarvaṃ; jagad avyaktamūrtinā /
matsthāni sarvabhūtāni; na cāhaṃ teṣv avasthitaḥ // 9.4

mayā: por mí **tatam:** está penetrado **idaṃ:** este **sarvaṃ:** todo **jagad:** mundo **avyaktamūrtinā:** por la forma no manifiesta **matsthāni:** están en mí **sarvabhūtāni:** todos los seres **na:** no **ca:** y **ahaṃ:** yo **teṣv:** en ellos **avasthitaḥ:** [estoy] aposentado **9.4**

na ca matsthāni bhūtā; paśya me yogam aiśvaram /
bhūtabhṛn na ca bhūtastho; mamātmā bhūtabhāvanaḥ // 9.5

na: no **ca:** y **matsthāni:** están en mí **bhūtā:** los seres **paśya:** contempla **me:** mi **yogam:** poder, poder creativo **aiśvaram:** majestuoso, poderoso, señorial **bhūtabhṛn:** sostenedor de los seres **na:** no **ca:** y **bhūtastho:** estoy en los seres **mama:** mi **ātmā:** alma, ser, esencia **bhūtabhāvanaḥ: 9.5**

yathākāśasthito nityaṃ; vāyuḥ sarvatrago mahān /
tathā sarvāṇi bhūtāni; matsthānīty upadhāraya // 9.6

yathā: al igual **ākāśasthito:** que está en el espacio **nityaṃ:** siempre **vāyuḥ:** el aire, el viento **sarvatrago:** que está en todas partes **mahān:** grande, inmenso **tathā:** asimismo **sarvāṇi:** todos **bhūtāni:** los seres **matsthāni:** se encuentran en mí **ity:** que **upadhāraya:** considera **9.6**

sarvabhūtāni Kaunteya; prakṛtiṃ yānti māmikām /
kalpakṣaye punas tāni; kalpādau visṛjāmy aham // 9.7

sarvabhūtāni: todos los seres **kaunteya:** ¡Kaunteya! **prakṛtiṃ:** naturaleza **yānti:** van **māmikām:** a mí **kalpa-:** de un ciclo cósmico **-kṣaye:** al acabar **punas:** de nuevo **tāni:** a esos **kalpa-:** de un ciclo cósmico **-ādau:** al inicio **visṛjāmy:** emito, creo **aham:** yo **9.7**

prakṛtiṃ svām avaṣṭabhya; visṛjāmi punaḥ punaḥ /
bhūtagrāmam imaṃ kṛtsnam; avaśaṃ prakṛter vaśāt // 9.8

prakṛtiṃ: naturaleza **svām:** propia **avaṣṭabhya:** recurriendo **visṛjāmi:** emito, creo **punaḥ punaḥ:** una y otra vez **bhūtagrāmam:** conjunto de seres **imaṃ:** este **kṛtsnam:** todo **avaśaṃ:** a la fuerza, irremediablemente **prakṛter:** de la naturaleza **vaśāt:** bajo el control **9.8**

na ca māṃ tāni karmāṇi; nibadhnanti dhanaṃjaya /
udāsīnavad āsīnam; asaktaṃ teṣu karmasu // 9.9

na: no **ca:** y **māṃ:** me **tāni:** esas **karmāṇi:** acciones **nibadhnanti:** encandenan, atan **dhanaṃjaya:** ¡Dhanañjaya! **udāsīnavad:** como un espectador indiferente **āsīnam:** sentado **asaktaṃ:** desapegado **teṣu:** a esas **karmasu:** acciones **9.9**

mayādhyakṣeṇa prakṛtiḥ; sūyate sacarācaram /
hetunānena Kaunteya; jagad viparivartate // 9.10

mayā: por mi **adhyakṣeṇa:** supervisión **prakṛtiḥ:** la naturaleza **sūyate:** engendra **sacarācaram:** a los seres animados e inanimados **hetunā:** por motivo **anena:** este **kaunteya:** Kaunteya **jagad:** el mundo **viparivartate:** gira, se transforma **9.10**

avajānanti māṃ mūḍhā; mānuṣīṃ tanum āśritam /
paraṃ bhāvam ajānanto; mama bhūtamaheśvaram // 9.11

avajānanti: menosprecian, no reconocen **māṃ:** me **mūḍhā:** los necios **mānuṣīṃ:** humano **tanum:** un cuerpo **āśritam:** asumido **paraṃ:** supremo **bhāvam:** estado, condición, naturaleza **ajānanto:** ignorando **mama:** mi **bhūtamaheśvaram:** el Gran Señor de los Seres **9.11**

moghāśā moghakarmāṇo; moghajñānā vicetasaḥ /
rākṣasīm āsurīṃ caiva; prakṛtiṃ mohinīṃ śritāḥ // 9.12

moghāśā: vanas sus esperanzas **moghakarmāṇo:** vanas sus acciones **moghajñānā:** vana su sabiduría **vicetasaḥ:** carentes de entendimiento **rākṣasīm:** cruel **āsurīṃ:** perversa **caiva:** y también **prakṛtiṃ:** naturaleza **mohinīṃ:** engañosa **śritāḥ:** han asumido **9.12**

mahātmānas tu māṃ pārtha daivīṃ prakṛtim āśritāḥ /
bhajanty ananyamanaso jñātvā bhūtādim avyayam // 9.13

mahātmānas: las grandes almas **tu:** sin embargo **māṃ:** a mí **pārtha:** Pārtha **daivīṃ:** divina **prakṛtim:** naturaleza **āśritāḥ:** recurriedno **bhajanty:** rinden culto, veneran **ananyamanaso:** con una mente exclusiva **jñātvā:** sabiendo **bhūtādim:** el principio de los seres **avyayam:** inagotable, eterno **9.13**

satataṃ kīrtayanto māṃ yatantaś ca dṛḍhavratāḥ /
namasyantaś ca māṃ bhaktyā nityayuktā upāsate // 9.14

satataṃ: constantemente **kīrtayanto:** celebran **māṃ:** me **yatantaś:** esforzándose **ca:** y **dṛḍhavratāḥ:** firmes en sus votos **namasyantaś:** saludando **ca:** y **māṃ:** me **bhaktyā:** con devoción **nityayuktā:** siempre atentos o concentrados **upāsate:** rinden culto **9.14**

jñānayajñena cāpy anye yajanto mām upāsate /
ekatvena pṛthaktvena bahudhā viśvatomukham // 9.15

jñānayajñena: con el sacrificio del conocimiento **ca:** y **apy:** también **anye:** otros **yajanto:** sacrificando **mām:** me **upāsate:** adoran **ekatvena:** en la unidad **pṛthaktvena:** en la diversidad **bahudhā:** de muchas maneras **viśvatomukham:** con la faz en todas partes, forma universal **9.15**

ahaṃ kratur ahaṃ yajñaḥ svadhāham aham auṣadham /
mantro 'ham aham evājyam aham agnir ahaṃ hutam // 9.16

ahaṃ: yo **kratur:** el rito **ahaṃ:** yo **yajñaḥ:** el sacrificio **svadhā:** ofrenda **aham:** yo **aham:** yo **auṣadham:** la planta medicinal **mantro:** el mantra **aham:** yo **eva:** [expletivo] **ājyam:** la mantequilla clarificada **aham:** yo **agnir:** el fuego **ahaṃ:** yo **hutam:** la oblación **9.16**

pitāham asya jagato mātā dhātā pitāmahaḥ /
vedyaṃ pavitram oṃkāra ṛk sāma yajur eva ca // 9.17

pitā: el padre **aham:** yo **asya:** de este **jagato:** mundo **mātā:** la madre **dhātā:** el dispensador **pitāmahaḥ:** el abuelo **vedyaṃ:** lo cognoscible **pavitram:** el purificador **oṃkāra:** la sílaba *Om* **ṛk:** el *Veda de los himnos* **sāma:** el *Veda de los cánticos* **yajur:** el *Veda de las fórmulas* **eva:** [expletivo] **ca:** y **9.17**

gatir bhartā prabhuḥ sākṣī nivāsaḥ śaraṇaṃ suhṛt /
prabhavaḥ pralayaḥ sthānaṃ nidhānaṃ bījam avyayam // 9.18

gatir: el destino **bhartā:** la Providencia **prabhuḥ:** el Señor **sākṣī:** el testigo **nivāsaḥ:** la morada **śaraṇaṃ:** el refugio **suhṛt:** el amigo **prabhavaḥ:** el origen **pralayaḥ:** la disolución, la destrucción **sthānaṃ:** la existencia **nidhānaṃ:** el tesoro **bījam:** la semilla **avyayam:** indestructible, inagotable, eterna **9.18**

tapāmy aham ahaṃ varṣaṃ nigṛhṇāmy utsṛjāmi ca /
amṛtaṃ caiva mṛtyuś ca sad asac cāham arjuna // 9.19

tapāmy: caliento, doy calor **aham:** yo **ahaṃ:** yo **varṣaṃ:** la lluvia **nigṛhṇāmy:** retengo **utsṛjāmi:** suelto **ca:** y **amṛtaṃ:** la inmortalidad **caiva:** y también **mṛtyuś:** la muerte **ca:** y **sad:** el ser **asac:** el no ser **ca:** y **arjuna:** Arjuna **9.19**

traividyā māṃ somapāḥ pūtapāpā; yajñair iṣṭvā svargatiṃ prārthayante /
te puṇyam āsādya surendralokam; aśnanti divyān divi devabhogān // 9.20

traividyā: los seguidores de la triple ciencia **māṃ:** a mí, me **somapāḥ:** bebedores del *soma* **pūtapāpā:** purificados de sus pecados **yajñair:** sacrificios **iṣṭvā:** ofreciendo **svar-gatiṃ:** el objetivo del cielo **prārthayante:** piden, solicitan; anhelan **te:** ellos **puṇyam:** el meritorio

āsādya: surendralokam: mundo del rey celestial **aśnanti:** disfrutan **divyān:** divinos **divi:** en el cielo, en el empíreo **devabhogān:** los placeres divinos de los dioses **9.20**

te taṃ bhuktvā svargalokaṃ viśālaṃ; kṣīṇe puṇye martyalokaṃ viśanti /
evaṃ trayīdharmam anuprapannā; gatāgataṃ kāmakāmā labhante // 9.21

te: ellos **taṃ:** ese **bhuktvā:** habiendo disfrutado, tras disfrutar **svargalokaṃ:** del mundo universo celeste **viśālaṃ:** vasto, amplio, grande **kṣīṇe:** agotado **puṇye:** con el mérito **martyalokaṃ:** el mundo de los mortales **viśanti:** entran **evaṃ:** así, de esta manera **trayīdharmam:** a la triple ciencia **anuprapannā:** que siguen, entregados, devotos **gatāgataṃ:** de ida y vuelta [el nacimiento y la muerte continuos], constante retorno **kāmakāmā:** deseosos de deseos, esclavos de sus deseos **labhante:** alcanzan **9.21**

ananyāś cintayanto māṃ ye janāḥ paryupāsate /
teṣāṃ nityābhiyuktānāṃ yogakṣemaṃ vahāmy aham // 9.22

ananyāś: sin otra cosa, exclusivas, sin desviar la atención **cintayanto:** meditando **māṃ:** en mí **ye:** aquellas que **janāḥ:** personas **paryupāsate:** rinden culto, adoran **teṣāṃ:** a ellas **nityābhiyuktānāṃ:** que están siempre entregadas **yoga-:** adquisición, obtención **kṣemaṃ:** conservación, preservación, continuidad **vahāmy:** proporciono **aham:** yo **9.22**

ye 'py anyadevatā bhaktā yajante śraddhayānvitāḥ /
te 'pi mām eva kaunteya yajanty avidhipūrvakam // 9.23

ye: aquellos que **apy:** por otro lado, también **anya-:** a otros **-devatā:** dioses **bhaktā:** devotos **yajante:** sacrifican **śraddhayā:** de fe **anvitāḥ:** dotados, llenos **te:** esos **api:** también **mām:** a mí **eva:** solo **kaunteya:** Kaunteya **yajanty:** sacrifican, ofrecen su sacrificio **avidhipūrvakam:** de una forma no prescrita **9.23**

ahaṃ hi sarvayajñānāṃ bhoktā ca prabhur eva ca /
na tu mām abhijānanti tattvenātaś cyavanti te // 9.24

ahaṃ: yo **hi:** en verdad **sarvayajñānāṃ:** de todos los sacrificios **bhoktā:** el que disfruta **ca:** y **prabhur:** el Señor **eva:** [expletivo] **ca:** y **na:** no **tu:** [expletivo] **mām:** me **abhijānanti:** conocen **tattvena:** en realidad **ataś:** por eso **cyavanti:** caen, perecen **te:** esos **9.24**

yānti devavratā devān pitṝn yānti pitṛvratāḥ /
bhūtāni yānti bhūtejyā yānti madyājino 'pi mām // 9.25

yānti: van **devavratā:** aquellos cuyos votos son los dioses **devān:** a los dioses **pitṝn:** **yānti:** van **pitṛvratāḥ:** aquellos cuyos votos son los antepasados **bhūtāni:** a los espíritus **yānti:** van **bhūtejyā:** aquellos que depositan ofrendas a los espíritus **yānti:** van **madyājino:** los que a mí me veneran, los que a mí me sacrifican **api:** asimismo **mām:** a mí **9.25**

patraṃ puṣpaṃ phalaṃ toyaṃ yo me bhaktyā prayacchati /
tad ahaṃ bhaktyupahṛtam aśnāmi prayatātmanaḥ // 9.26

patraṃ: una hoja **puṣpaṃ:** una flor **phalaṃ:** una fruta **toyaṃ:** agua **yo:** quien, aquel que **me:** me **bhaktyā:** con devoción **prayacchati:** da, entrega **tad:** eso **ahaṃ:** yo **bhakty-:** con devoción **-upahṛtam:** ofrecido **aśnāmi:** como, tomo, acepto **prayatātmanaḥ:** de mente dedicada **9.26**

yat karoṣi yad aśnāsi yaj juhoṣi dadāsi yat /
yat tapasyasi kaunteya tat kuruṣva madarpaṇam // 9.27

yat: lo que **karoṣi:** hagas **yad:** lo que **aśnāsi:** comas **yaj:** lo que **juhoṣi:** ofrezcas en oblación **dadāsi:** des, entregues **yat:** lo que **yat:** lo que **tapasyasi:** hagas como ascetismo **kaunteya:** Kaunteya **tat:** eso **kuruṣva:** haz **mad-:** a mí **-arpaṇam:** como una ofrenda **9.27**

śubhāśubhaphalair evaṃ mokṣyase karmabandhanaiḥ /
saṃnyāsayogayuktātmā vimukto mām upaiṣyasi // 9.28

śubha-: bueno, positivo **-aśubha-:** malo, negativo **-phalair:** de los frutos, de los resultados **evaṃ:** así, de este modo **mokṣyase:** te liberarás **karmabandhanaiḥ:** de las cadenas del karma **saṃnyāsayoga-:** al yoga de la renuncia **-yuktātmā:** con tu ser o mente entregada **vimukto:** completamente libre **mām:** en mí **upaiṣyasi:** ingresarás, **9.28**

samo 'haṃ sarvabhūteṣu na me dveṣyo 'sti na priyaḥ /
ye bhajanti tu māṃ bhaktyā mayi te teṣu cāpy aham // 9.29

samo: el mismo **ahaṃ:** yo **sarvabhūteṣu:** para todos los seres **na:** no **me:** me **dveṣyo:** odioso **asti:** es **na:** no **priyaḥ:** querido **ye:** aquellos que, los que **bhajanti:** veneran **tu:** pero, aun así **māṃ:** me **bhaktyā:** con devoción **mayi:** en mí **te:** esos **teṣu:** en ellos **ca:** y **apy:** también **aham:** yo **9.29**

api cet sudurācāro bhajate mām ananyabhāk /
sādhur eva sa mantavyaḥ samyag vyavasito hi saḥ // 9.30

api: incluso **cet:** si **suduräcāro:** persona que se comporta muy mal **bhajate:** adora **mām:** me **ananyabhāk:** de forma exclusiva **sādhur:** como bueno **eva:** [expletivo] **sa:** ese, él **mantavyaḥ:** debe ser considerado **samyag:** bien, correctamente **vyavasito:** ha decidido **hi:** ya que **saḥ:** ese, él **9.30**

kṣipraṃ bhavati dharmātmā śaśvacchāntiṃ nigacchati /
kaunteya pratijānīhi na me bhaktaḥ praṇaśyati // 9.31

kṣipraṃ: rápidamente, en poco tiempo **bhavati:** se convierte **dharmātmā:** persona justa **śaśvacchāntiṃ:** tranquilidad infinita, paz duradera **nigacchati:** alcanza **kaunteya:** Kaunteya **pratijānīhi:** has de saber **na:** no **me:** mis **bhaktaḥ:** devotos **praṇaśyati:** perecen **9.31**

māṃ hi pārtha vyapāśritya ye 'pi syuḥ pāpayonayaḥ /
striyo vaiśyās tathā śūdrās te 'pi yānti parāṃ gatim // 9.32

māṃ: a mí **hi:** ciertamente **pārtha:** Pārtha **vyapāśritya:** habiendo acudido **ye:** aquellos que, los que **api:** aunque **syuḥ:** sean **pāpayonayaḥ:** de vientres pecaminosos **striyo:** mujeres **vaiśyās:** comerciantes **tathā:** o también **śūdrās:** siervos **te:** esos **api:** incluso **yānti:** van, alcanzan **parāṃ:** supremo **gatim:** el objetivo **9.32**

kiṃ punar brāhmaṇāḥ puṇyā bhaktā rājarṣayas tathā /
anityam asukhaṃ lokam imaṃ prāpya bhajasva mām // 9.33

kiṃ punar: ¡cuánto más! **brāhmaṇāḥ:** los brahmanes **puṇyā:** virtuosos **bhaktā:** devotos **rājarṣayas:** los reyes sabios **tathā:** asimismo **anityam:** fugaz, transitorio **asukhaṃ:** infeliz **lokam:** mundo **imaṃ:** este **prāpya:** habiendo alcanzado **bhajasva:** adora **mām:** me **9.33**

manmanā bhava madbhakto madyājī māṃ namaskuru /
mām evaiṣyasi yuktvaivam ātmānaṃ matparāyaṇaḥ // 9.34

manmanā: uno cuya mente está en mí **bhava:** se **madbhakto:** mi devoto **madyājī:** uno que me ofrece sacrificios **māṃ:** a mí **namaskuru:** honra **mām:** a mí **eva:** **eṣyasi:** irás, alcanzarás **yuktvā:** concentrándote **evam:** así, de esta manera **ātmānaṃ:** tú mismo **matparāyaṇaḥ:** consagrado a mí **9.34**

Capítulo décimo

10.1 **śrībhagavān uvāca**
śrī-:- el venerable **-bhagavān:** Señor **uvāca:** dijo

bhūya eva mahābāho; śṛṇu me paramaṃ vacaḥ /
yat te 'haṃ prīyamāṇāya; vakṣyāmi hitakāmyayā // 10.1

bhūya: de nuevo **eva:** [expletivo] **mahābāho:** ¡tú, de poderosos brazos! **śṛṇu:** escucha **me:** mi **paramaṃ:** suprema **vacaḥ:** palabra **yat:** la cual **te:** a ti **ahaṃ:** yo **prīyamāṇāya:** siendo querido **vakṣyāmi:** voy a exponer **hitakāmyayā:** por el deseo de tu bienestar **10.1**

na me viduḥ suragaṇāḥ; prabhavaṃ na maharṣayaḥ /
aham ādir hi devānāṃ; maharṣīṇāṃ ca sarvaśaḥ // 10.2

na: no **me:** mi **viduḥ:** conocen **suragaṇāḥ:** el conjunto de los dioses **prabhavaṃ:** origen **na:** no **maharṣayaḥ:** los grandes sabios **aham:** yo **ādir:** el principio **hi:** pues **devānāṃ:** de los dioses **maharṣīṇāṃ:** de los grandes sabios **ca:** y **sarvaśaḥ:** en todo modo **10.2**

yo mām ajam anādiṃ ca; vetti lokamaheśvaram /
asaṃmūḍhaḥ sa martyeṣu; sarvapāpaiḥ pramucyate // 10.3

yo: aquel que **mām:** me **ajam:** el no nacido **anādiṃ:** sin principio **ca:** y **vetti:** **lokamaheśvaram:** Gran Señor de los Mundos **asaṃmūḍhaḥ:** libre de confusión **sa:** ese **martyeṣu:** entre los mortales **sarvapāpaiḥ:** de todo pecado o mal **pramucyate:** se libera **10.3**

buddhir jñānam asaṃmohaḥ; kṣamā satyaṃ damaḥ śamaḥ /
sukhaṃ duḥkhaṃ bhavo 'bhāvo; bhayaṃ cābhayam eva ca // 10.4

buddhir: la inteligencia **jñānam:** el conocimiento **asaṃmohaḥ:** la no confusión, la lucidez **kṣamā:** la fortaleza **satyaṃ:** la verdad **damaḥ:** el dominio de sí **śamaḥ:** la calma **sukhaṃ:** el placer **duḥkhaṃ:** el dolor **bhavo:** la existencia **abhāvo:** la inexistencia **bhayaṃ:** el miedo **ca:** y **abhayam:** la ausencia de temor **eva:** [expletivo] **ca:** y **10.4**

ahiṃsā samatā tuṣṭis; tapo dānaṃ yaśo 'yaśaḥ /
bhavanti bhāvā bhūtānāṃ; matta eva pṛthagvidhāḥ // 10.5

ahiṃsā: la no violencia **samatā:** la ecuanimidad **tuṣṭis:** el contentamiento **tapo:** el ascetismo **dānaṃ:** la donación **yaśo:** la fama **ayaśaḥ:** el oprobio **bhavanti:** surgen **bhāvā:** los estados **bhūtānāṃ:** de los seres **matta:** de mí **eva:** [expletivo] **pṛthagvidhāḥ:** diversos **10.5**

maharṣayaḥ sapta pūrve; catvāro manavas tathā /
madbhāvā mānasā jātā; yeṣāṃ loka imāḥ prajāḥ // 10.6

maharṣayaḥ: grandes sabios **sapta:** los siete **pūrve:** en la antigüedad **catvāro:** los cuatro **manavas:** *manus* **tathā:** también **madbhāvā:** meditan en mí **mānasā:** de la mente, mentales **jātā:** nacidos **yeṣāṃ:** de ellos **loka:** en el mundo **imāḥ:** estas **prajāḥ:** criaturas **10.6**

etāṃ vibhūtiṃ yogaṃ ca; mama yo vetti tattvataḥ /
so 'vikampena yogena; yujyate nātra saṃśayaḥ // 10.7

etāṃ: esta **vibhūtiṃ:** manifestación, esplendor **yogaṃ:** poder creativo **ca:** y **mama:** mi **yo:** quien **vetti:** conoce **tattvataḥ:** realmente, en profundidad, a ciencia cierta **so:** ese **avikampena:** firme, estable **yogena:** con el yoga **yujyate:** se une, se conecta **na:** no **atra:** aquí, en esto **saṃśayaḥ:** duda **10.7**

ahaṃ sarvasya prabhavo; mattaḥ sarvaṃ pravartate /
iti matvā bhajante māṃ; budhā bhāvasamanvitāḥ // 10.8

ahaṃ: yo **sarvasya:** de todo **prabhavo:** el origen **mattaḥ:** de mí, a partir de mí **sarvaṃ:** todo **pravartate:** surge, evoluciona **iti:** [comillas] **matvā:** pensando **bhajante:** se hacen partícipes **māṃ:** de mí **budhā:** los sabios **bhāvasamanvitāḥ:** llenos de devoción **10.8**

maccittā madgataprāṇā; bodhayantaḥ parasparam /
kathayantaś ca māṃ nityaṃ; tuṣyanti ca ramanti ca // 10.9

maccittā: con sus mentes en mí **madgataprāṇā:** con su energía vital en mí depositada **bodhayantaḥ:** instruyéndose **parasparam:** mutuamente **kathayantaś:** hablando **ca:** y **māṃ:** de mí **nityaṃ:** siempre **tuṣyanti:** se deleitan **ca:** y **ramanti:** se regocijan **ca:** y **10.9**

teṣāṃ satatayuktānāṃ; bhajatāṃ prītipūrvakam /
dadāmi buddhiyogaṃ taṃ; yena mām upayānti te // 10.10

teṣāṃ: a estos **satatayuktānāṃ:** siempre atentos **bhajatāṃ:** venerando **prītipūrvakam:** con deleite **dadāmi:** doy, otorgo **buddhiyogaṃ:** yoga del intelecto **taṃ:** ese **yena:** mediante el cual, gracias al cual **mām:** a mí **upayānti:** llegan, se acercan **te:** ellos **10.10**

teṣām evānukampārtham; aham ajñānajaṃ tamaḥ /
nāśayāmy ātmabhāvastho; jñānadīpena bhāsvatā // 10.11

teṣām: hacia ellos **eva:** [expletivo] **anukampārtham:** con el objeto de la compasión **aham:** yo **ajñānajaṃ:** que nace de la ignorancia **tamaḥ:** la tiniebla, la oscuridad **nāśayāmy:** destruyo, disipo **ātmabhāvastho:** estando en los estados de la mente **jñānadīpena:** con la lámpara del conocimiento **bhāsvatā:** resplandeciente **10.11**

10.12 arjuna uvāca
arjuna: Arjuna **uvāca:** dijo

paraṃ brahma paraṃ dhāma; pavitraṃ paramaṃ bhavān /
puruṣaṃ śāśvataṃ divyam; ādidevam ajaṃ vibhum // 10.12

paraṃ: supremo **brahma:** el *brahman* **paraṃ:** supremo **dhāma:** la luz **pavitraṃ:** purificador **paramaṃ:** supremo **bhavān:** tú **puruṣaṃ:** la Persona **śāśvataṃ:** eterna **divyam:** luminosa **ādidevam:** el Dios primordial **ajaṃ:** no nacido **vibhum:** que todo lo impregna **10.12**

āhus tvām ṛṣayaḥ sarve; devarṣir nāradas tathā /
asito devalo vyāsaḥ; svayaṃ caiva bravīṣi me // 10.13

āhus: dicen **tvām:** de ti **ṛṣayaḥ:** los sabios **sarve:** todos **devarṣir:** los sabios divinos **nāradas:** Nārada **tathā:** asimismo **asito:** Asita **devalo:** Devala **vyāsaḥ:** Vyāsa **svayaṃ:** tú mismo **ca:** y **eva:** también **bravīṣi:** dices **me:** a mí **10.13**

sarvam etad ṛtaṃ manye; yan māṃ vadasi keśava /
na hi te bhagavan vyaktiṃ; vidur devā na dānavāḥ // 10.14

sarvam: todo **etad:** esto **ṛtaṃ:** por verdad **manye:** tengo, considero **yan:** lo que, cuanto **māṃ:** a mí **vadasi:** dices **keśava:** Kéśava **na:** no **hi:** [expletivo] **te:** tú **bhagavan:** ¡Señor! **vyaktiṃ:** manifestación **vidur:** conocen **devā:** los dioses **na:** no **dānavāḥ:** los demonios **10.14**

svayam evātmanātmānaṃ; vettha tvaṃ puruṣottama /
bhūtabhāvana bhūteśa; devadeva jagatpate // 10.15

svayam: mismo **eva:** [expletivo] **ātmanā:** por ti mismo **ātmānaṃ:** a ti mismo **vettha:** conoces **tvaṃ:** tú **puruṣottama:** Persona Suprema **bhūtabhāvana:** productor de seres **bhūteśa:** Señor de los Seres **devadeva:** Dios de dioses **jagatpate:** soberano de los mundos **10.15**

vaktum arhasy aśeṣeṇa; divyā hy ātmavibhūtayaḥ /
yābhir vibhūtibhir lokān; imāṃs tvaṃ vyāpya tiṣṭhasi // 10.16

vaktum: hablar, describir **arhasy:** deberías **aśeṣeṇa:** completamente, al detalle **divyā:** divinas **hy:** ciertamente, en verdad **ātmavibhūtayaḥ:** tus manifestaciones **yābhir:** con cuyas **vibhūtibhir:** manifestaciones **lokān:** mundos **imāṃs:** estos **tvaṃ:** tú **vyāpya:** impregnando **tiṣṭhasi:** permaneces **10.16**

kathaṃ vidyām ahaṃ yogiṃs; tvāṃ sadā paricintayan /
keṣu keṣu ca bhāveṣu; cintyo 'si bhagavan mayā // 10.17

kathaṃ: ¿Cómo? **vidyām:** conoceré **ahaṃ:** yo **yogiṃs:** yogui **tvāṃ:** te, en ti **sadā:** siempre, constantemente **paricintayan:** pensando **keṣu keṣu:** en qué diferentes **ca:** y **bhāveṣu:** estados **cintyo:** concebible **asi:** eres **bhagavan:** Señor **mayā:** por mí **10.17**

vistareṇātmano yogaṃ; vibhūtiṃ ca janārdana /
bhūyaḥ kathaya tṛptir hi; śṛṇvato nāsti me 'mṛtam // 10.18

vistareṇa: extensamente, con todo detalle **ātmano:** tu **yogaṃ:** poder **vibhūtiṃ:** esplendor **ca:** y **janārdana:** Janārdana **bhūyaḥ:** de nuevo **kathaya:** cuenta, describe **tṛptir:** satisfacción **hi:** pues **śṛṇvato:** escuchando **na:** no **asti:** hay **me:** para mí **amṛtam:** el néctar [de tus palabras] **10.18**

10.19 śrībhagavān uvāca
śrī-: el venerable **-bhagavān:** Señor **uvāca:** dijo

hanta te kathayiṣyāmi; divyā hy ātmavibhūtayaḥ /
prādhānyataḥ kuruśreṣṭha; nāsty anto vistarasya me // 10.19

hanta: ¡ea!, ¡venga! **te:** para ti **kathayiṣyāmi:** narraré, describiré **divyā:** divinas **hy:** **ātmavibhūtayaḥ:** mis manifestaciones **prādhānyataḥ:** en lo principal **kuruśreṣṭha:** ¡oh, tú, el Mejor de los Kurus! **na:** no **asty:** hay **anto:** fin **vistarasya:** desarrollo, expansión **me:** de mí **10.19**

aham ātmā guḍākeśa; sarvabhūtāśayasthitaḥ /
aham ādiś ca madhyaṃ ca; bhūtānām anta eva ca // 10.20

aham: yo **ātmā:** el alma, la esencia **guḍākeśa:** Guḍākeśa **sarvabhūtāśayasthitaḥ:** que reside en el interior de todos los seres **aham:** yo **ādiś:** el principio **ca:** y **madhyaṃ:** el medio **ca:** y **bhūtānām:** de las criaturas, de lo seres **anta:** el fin **eva:** también **ca:** y **10.20**

ādityānām ahaṃ viṣṇur; jyotiṣāṃ ravir aṃśumān /
marīcir marutām asmi; nakṣatrāṇām ahaṃ śaśī // 10.21

ādityānām: entre los *āditya* **ahaṃ:** yo **viṣṇur:** Viṣṇu **jyotiṣāṃ:** entre los astros **ravir:** el sol **aṃśumān:** resplandeciente **marīcir:** Marīci **marutām:** entre los vientos **asmi:** soy **nakṣatrāṇām:** entre los luceros **ahaṃ:** yo **śaśī:** la luna **10.21**

vedānāṃ sāmavedo 'smi; devānām asmi vāsavaḥ /
indriyāṇāṃ manaś cāsmi; bhūtānām asmi cetanā // 10.22

vedānāṃ: entre los Vedas **sāmavedo:** el Veda de las melodías **asmi:** soy **devānām:** entre los dioses **asmi:** soy **vāsavaḥ:** los vāsus **indriyāṇāṃ:** entre los sentidos **manaś:** la mente **ca:** y **asmi:** soy **bhūtānām:** entre los seres **asmi:** soy **cetanā:** la consciencia **10.22**

rudrāṇāṃ śaṃkaraś cāsmi; vitteśo yakṣarakṣasām /
vasūnāṃ pāvakaś cāsmi; meruḥ śikhariṇām aham // 10.23

rudrāṇāṃ: entre los rudras **śaṃkaraś:** Śaṃkara, Śiva **ca:** y **asmi:** soy **vitteśo:** el Señor de la Riqueza **yakṣa-:** entre los genios **-rakṣasām:** y los ogros **vasūnāṃ:** entre los vāsus **pāvakaś:** el fuego **ca:** y **asmi:** soy **meruḥ:** Meru **śikhariṇām:** entre las montañas **aham:** yo **10.23**

purodhasāṃ ca mukhyaṃ māṃ; viddhi pārtha bṛhaspatim /
senānīnām ahaṃ skandaḥ; sarasām asmi sāgaraḥ // 10.24

purodhasāṃ: entre los sacerdotes áulicos **ca:** y **mukhyaṃ:** el principal **māṃ:** me **viddhi:** considera **pārtha:** Pārtha **bṛhaspatim:** Bṛháspati **senānīnām:** entre los generales **ahaṃ:** yo **skandaḥ:** Skanda **sarasām:** entre los receptáculos de agua **asmi:** soy **sāgaraḥ:** el océano **10.24**

maharṣīṇāṃ bhṛgur ahaṃ; girām asmy ekam akṣaram /
yajñānāṃ japayajño 'smi; sthāvarāṇāṃ himālayaḥ // 10.25

maharṣīṇāṃ: entre los grandes sabios **bhṛgur:** Bhṛgu **ahaṃ:** yo **girām:** entre las palabras **asmy:** soy **ekam:** la única **akṣaram:** sílaba **yajñānāṃ:** entre los sacrificios **japa-yajño:** el sacrificio de la recitación **asmi:** soy **sthāvarāṇāṃ:** entre los seres inmóviles **himālayaḥ:** el Himalaya **10.25**

aśvatthaḥ sarvavṛkṣāṇāṃ; devarṣīṇāṃ ca nāradaḥ /
gandharvāṇāṃ citrarathaḥ; siddhānāṃ kapilo muniḥ // 10.26

aśvatthaḥ: la higuera sagrada **sarva-:** entre todos **-vṛkṣāṇāṃ:** los árboles **devarṣīṇāṃ:** entre los sabios divinos **ca:** y **nāradaḥ:** Nārada **gandharvāṇāṃ:** entre los músicos celestiales **citrarathaḥ:** Citraratha **siddhānāṃ:** entre los seres realizados **kapilo:** Kapila **muniḥ:** el asceta **10.26**

uccaiḥśravasam aśvānāṃ; viddhi mām amṛtodbhavam /
airāvataṃ gajendrāṇāṃ; narāṇāṃ ca narādhipam // 10.27

uccaiḥśravasam: Relincho Profundo **aśvānāṃ:** entre los caballos **viddhi:** considera **mām:** me **amṛtodbhavam:** que nace de la ambrosía **airāvataṃ:** Airāvata **gajendrāṇāṃ:** entre los grandes elefantes **narāṇāṃ:** entre los hombres **ca:** y **narādhipam:** el rey, el protector de hombres **10.27**

āyudhānām ahaṃ vajraṃ; dhenūnām asmi kāmadhuk
prajanaś cāsmi kandarpaḥ; sarpāṇām asmi vāsukiḥ // 10.28

āyudhānām: entre las armas **ahaṃ:** yo **vajraṃ:** el rayo **dhenūnām:** entre las vacas **asmi:** soy **kāmadhuk:** la vaca de los deseos **prajanaś:** **ca:** y **asmi:** soy **kandarpaḥ:** Amor, el dios del amor **sarpāṇām:** entre las serpientes **asmi:** soy **vāsukiḥ:** Vāsuki **10.28**

anantaś cāsmi nāgānāṃ; varuṇo yādasām aham /
pitṝṇām aryamā cāsmi; yamaḥ saṃyamatām aham // 10.29

anantaś: Ananta, la serpiente del infinito **ca:** y **asmi:** soy **nāgānāṃ:** entre los ofidios **varuṇo:** Varuṇa **yādasām:** entre los grandes animales acuáticos **aham:** yo **pitṝṇām:** entre los antepasados **aryamā:** Aryaman **ca:** y **asmi:** soy **yamaḥ:** Yama, el dios de la muerte **saṃyamatām:** entre los controladores **aham:** yo **10.29**

prahlādaś cāsmi daityānāṃ; kālaḥ kalayatām aham /
mṛgāṇāṃ ca mṛgendro 'haṃ; vainateyaś ca pakṣiṇām // 10.30

prahlādaś: Prahlāda **ca:** y **asmi:** soy **daityānāṃ:** entre los diablos **kālaḥ:** el Tiempo **kalayatām:** entre los contables **aham:** yo **mṛgāṇāṃ:** entre las bestias **ca:** y **mṛgendro:** el rey de las bestias, el léon **ahaṃ:** yo **vainateyaś:** Vainateya **ca:** y **pakṣiṇām:** entre las aves **10.30**

pavanaḥ pavatām asmi; rāmaḥ śastrabhṛtām aham /
jhaṣāṇāṃ makaraś cāsmi; srotasām asmi jāhnavī // 10.31

pavanaḥ: el viento **pavatām:** entre los que purifican **asmi:** soy **rāmaḥ:** Rāma **śastrabhṛtām:** entre los que llevan armas **aham:** yo **jhaṣāṇāṃ:** entre los peces **makaraś:** Makara (tiburón, delfín, cocodrilo, elefante acuático) **ca:** y **asmi:** soy **srotasām:** entre los ríos **asmi:** soy **jāhnavī:** el Ganges **10.31**

sargāṇām ādir antaś ca; madhyaṃ caivāham arjuna /
adhyātmavidyā vidyānāṃ; vādaḥ pravadatām aham // 10.32

sargāṇām: de las creaciones **ādir:** el principio **antaś:** el fin **ca:** y **madhyaṃ:** el medio **ca:** y **eva:** también **aham:** yo **arjuna:** Arjuna **adhyātmavidyā:** la ciencia del Espíritu **vidyānāṃ:** entre los saberes **vādaḥ:** la razón; el diálogo **pravadatām:** de los que discuten o dialogan **aham:** yo **10.32**

akṣarāṇām akāro 'smi; dvaṃdvaḥ sāmāsikasya ca /
aham evākṣayaḥ kālo; dhātāhaṃ viśvatomukhaḥ // 10.33

akṣarāṇām: entre las letras **akāro:** la letra «a» **asmi:** soy **dvaṃdvaḥ:** copulativo **sāmāsikasya:** del compuesto **ca:** y **aham:** yo **eva:** solo **akṣayaḥ:** inagotable **kālo:** el tiempo **dhātā:** el dispensador, la Providencia **ahaṃ:** yo **viśvatomukhaḥ:** cuya cara mira a todas partes **10.33**

mṛtyuḥ sarvaharaś cāham; udbhavaś ca bhaviṣyatām /
kīrtiḥ śrīr vāk ca nārīṇāṃ; smṛtir medhā dhṛtiḥ kṣamā // 10.34

mṛtyuḥ: la muerte **sarvaharaś:** que todo lo arrebata **ca:** y **aham:** yo **udbhavaś:** el origen **ca:** y **bhaviṣyatām:** de lo que está por venir **kīrtiḥ:** la gloria **śrīr:** el esplendor **vāk:** la palabra, la elocuencia **ca:** y **nārīṇāṃ:** entre las mujeres **smṛtir:** la memoria **medhā:** la inteligencia **dhṛtiḥ:** el esplendor **kṣamā:** la fortaleza **10.34**

bṛhatsāma tathā sāmnāṃ; gāyatrī chandasām aham /
māsānāṃ mārgaśīrṣo 'ham; ṛtūnāṃ kusumākaraḥ // 10.35

bṛhat-: la Bṛhat **-sāma:** melodía **tathā:** asimismo **sāmnāṃ:** entre las melodías védicas **gāyatrī:** la Gāyatrī **chandasām:** entre los versos **aham:** yo **māsānāṃ:** entre los meses **mārgaśīrṣo:** *mārgaśīrṣa* **aham:** yo **ṛtūnāṃ:** entre las estaciones **kusumākaraḥ:** la estación de las flores, la primavera **10.35**

dyūtaṃ chalayatām asmi; tejas tejasvinām aham /
jayo 'smi vyavasāyo 'smi; sattvaṃ sattvavatām aham // 10.36

dyūtaṃ: el juego **chalayatām:** de los tramposos **asmi:** soy **tejas:** la brillantez **tejasvinām:** de los brillantes **aham:** yo **jayo:** la victoria **asmi:** soy **vyavasāyo:** la resolución **asmi:** soy **sattvaṃ:** la magnanimidad **sattvavatām:** de los magnánimos **aham:** yo **10.36**

vṛṣṇīnāṃ vāsudevo 'smi; pāṇḍavānāṃ dhanaṃjayaḥ /
munīnām apy ahaṃ vyāsaḥ; kavīnām uśanā kaviḥ // 10.37

vṛṣṇīnāṃ: entre los Vṛṣṇi **vāsudevo:** Vāsudeva **asmi:** soy **pāṇḍavānāṃ:** entre los Pāṇḍava **dhanaṃjayaḥ:** Dhanaṃjaya, Arjuna **munīnām:** entre los sabios **apy:** también **ahaṃ:** yo **vyāsaḥ:** Vyāsa **kavīnām:** entre los clarividentes **uśanā:** Uśanas **kaviḥ:** el clarividente, el sabio **10.37**

daṇḍo damayatām asmi; nītir asmi jigīṣatām /
maunaṃ caivāsmi guhyānāṃ; jñānaṃ jñānavatām aham // 10.38

daṇḍo: el castigo **damayatām:** de los que gobiernan **asmi:** soy **nītir:** la estrategia **asmi:** soy **jigīṣatām:** de los que desean la victoria **maunaṃ:** el silencio **ca:** y **eva:** [expletivo] **asmi:** soy **guhyānāṃ:** entre los secretos **jñānaṃ:** el conocimiento **jñānavatām:** de los que saben **aham:** soy **10.38**

yac cāpi sarvabhūtānāṃ; bījaṃ tad aham arjuna /
na tad asti vinā yat syān; mayā bhūtaṃ carācaram // 10.39

yac: aquello que **ca:** y **api:** también **sarvabhūtānāṃ:** de todos los seres **bījaṃ:** la semilla **tad:** eso **aham:** yo **arjuna:** Arjuna **na:** no **tad:** eso **asti:** es **vinā:** sin **yat:** que **syān:** sea **mayā:** mí **bhūtaṃ:** ser **cara-:** movible, animado **-acaram:** o inmovible, inanimado **10.39**

nānto 'sti mama divyānāṃ; vibhūtīnāṃ paraṃtapa /
eṣa tūddeśataḥ prokto; vibhūter vistaro mayā // 10.40

na: no **anto:** fin **asti:** hay **mama:** de mis **divyānāṃ:** divinas **vibhūtīnāṃ:** manifestaciones **paraṃtapa:** ¡azote de los enemigos! **eṣa:** ese **tu:** pero **uddeśataḥ:** a modo de ejemplo **prokto:** ha sido descrito **vibhūter:** de la manifestación **vistaro:** el alcance, la expansión **mayā:** por mí **10.40**

yad yad vibhūtimat sattvaṃ; śrīmad ūrjitam eva vā /
tat tad evāvagaccha tvaṃ; mama tejoṃśasaṃbhavam // 10.41

yad yad: cualquier **vibhūtimat:** majestuoso **sattvaṃ:** ser **śrīmad:** hermoso **ūrjitam:** repleto de energía **eva:** [expletivo] **vā:** o **tat tad:** ese mismo **eva:** [expletivo] **avagaccha:** entiende, has de entender **tvaṃ:** tú **mama:** mi **tejoṃśasaṃbhavam:** que tiene su origen en una fracción del esplendor **10.41**

atha vā bahunaitena kiṃ jñātena tavārjuna /
viṣṭabhyāham idaṃ kṛtsnam; ekāṃśena sthito jagat // 10.42

atha vā: en todo caso **bahunā:** tanto **etena:** este **kiṃ:** ¿de qué sirve? [con instrumental] **jñātena:** conocimiento, información **tava:** te **arjuna:** Arjuna **viṣṭabhya:** tras apuntalar **aham:** yo **idaṃ:** este **kṛtsnam:** entero **ekāṃśena:** con una porción **sthito:** permanezco **jagat:** el mundo **10.42**

Capítulo undécimo

11.1 arjuna uvāca
arjuna: Arjuna **uvāca:** dijo

madanugrahāya paramaṃ guhyam adhyātmasaṃjñitam /
yat tvayoktaṃ vacas tena moho 'yaṃ vigato mama // 11.1

madanugrahāya: para favorecerme **paramaṃ:** supremo, sublime **guhyam:** secreto **adhyātmasaṃjñitam:** que versa sobre el espíritu **yat:** lo que, el cual **tvayā:** por ti **uktaṃ:** pronunciado **vacas:** discurso **tena:** por el cual, gracias al cual **moho:** ilusión **ayaṃ:** esta **vigato:** ha desaparecido, se ha disipado **mama:** mi **11.1**

bhavapyayau hi bhūtānāṃ śrutau vistaraśo mayā /
tvattaḥ kamalapatrākṣa māhātmyam api cāvyayam //11.2

bhava-: el origen **-apyaya:** y la disolución **hi:** [expletivo] **bhūtānāṃ:** de los seres **śrutau:** ha sido escuchado **vistaraśo:** con detalle **mayā:** por mí **tvattaḥ:** de ti **kamalapatrākṣa:** de ojos como pétalos de loto **māhātmyam:** grandeza **api:** también **ca:** y **avyayam:** inagotable **11.2**

evam etad yathāttha tvam ātmānaṃ parameśvara /
draṣṭum icchāmi te rūpam aiśvaraṃ puruṣottama // 11.3

evam: así **etad yathā:** tal y como **āttha:** dijiste **tvam:** tú **ātmānaṃ:** a ti mismo **parameśvara:** Supremo Señor **draṣṭum:** contemplar **icchāmi:** deseo **te:** tu **rūpam:** forma **aiśvaraṃ:** majestuosa, poderosa, señorial **puruṣottama:** ¡excelso entre los hombres! **11.3**

manyase yadi tac chakyaṃ mayā draṣṭum iti prabho /
yogeśvara tato me tvaṃ darśayātmānam avyayam //11.4

manyase: consideras **yadi:** si **tac:** eso **chakyaṃ:** es posible **mayā:** por mí **draṣṭum:** ver, contemplar **iti:** que **prabho:** Dios poderoso **yogeśvara:** Señor del Yoga **tato:** entonces **me:** a mí **tvaṃ:** tú **darśaya:** muestra **ātmānam:** tu propio ser **avyayam:** imperecedero **11.4**

11.5 śrībhagavān uvāca
śrī-: el venerable **-bhagavān:** Señor **uvāca:** dijo

paśya me pārtha rūpāṇi śataśo 'tha sahasraśaḥ /
nānāvidhāni divyāni nānāvarṇākṛtīni ca // 11.5

paśya: contempla **me:** de mí **pārtha:** Pārtha **rūpāṇi:** formas **śataśo:** a centenares **atha:** también **sahasraśaḥ:** a millares **nānāvidhāni:** de variados modos **divyāni:** divinas **nānāvarṇākṛtīni:** de colores y apariencias variadas **ca:** y **11.5**

paśyādityān vasūn rudrān aśvinau marutas tathā /
bahūny adṛṣṭapūrvāṇi paśyāścaryāṇi bhārata // 11.6

paśya: contempla **ādityān:** a los adityas **vasūn:** a los vasus **rudrān:** a los rudras **aśvinau:** a los aśvins **marutas:** a los marúts **tathā:** también **bahūny:** múltiples **adṛṣṭapūrvāṇi:** nunca vistas **paśya:** contempla **āścaryāṇi:** maravillosas **bhārata:** Bhárata **11.6**

ihaikasthaṃ jagat kṛtsnaṃ paśyādya sacarācaram
mama dehe guḍākeśa yac cānyad draṣṭum icchasi 11.7

iha: aquí **ekasthaṃ:** en un solo punto **jagat:** el mundo **kṛtsnaṃ:** entero **paśya:** contempla **adya:** ahora **sa-:** junto **-cara-:** lo animado **-acaram:** y lo inanimado **mama:** mío **dehe:** en el cuerpo **guḍākeśa:** el de la espesa cabellera **yac:** lo que **ca:** y **anyad:** otro **draṣṭum:** ver, contemplar **icchasi:** quieras **11.7**

na tu māṃ śakyase draṣṭum anenaiva svacakṣuṣā /
divyaṃ dadāmi te cakṣuḥ paśya me yogam aiśvaram // 11.8

na: no **tu:** pero **māṃ:** a mí **śakyase:** podrás **draṣṭum:** ver **anena:** con **eva:** [expletivo] **svacakṣuṣā:** propio ojo **divyaṃ:** divino **dadāmi:** doy **te:** te **cakṣuḥ:** ojo **paśya:** contempla **me:** mi **yogam:** yoga, despliegue **aiśvaram:** majestuoso **11.8**

11.9 saṃjaya uvāca
saṃjaya: Sáṃjaya **uvāca:** dijo

evam uktvā tato rājan mahāyogeśvaro hariḥ /
darśayām āsa pārthāya paramaṃ rūpam aiśvaram // 11.9

evam: así **uktvā:** tras decir **tato:** entonces **rājan:** ¡Oh, soberano! **mahāyogeśvaro:** el gran Señor del Yoga **hariḥ:** Hari **darśayām āsa:** mostró **pārthāya:** al hijo de Pṛthā **paramaṃ:** suprema **rūpam:** forma **aiśvaram:** majestuosa **11.9**

anekavaktranayanam anekādbhutadarśanam /
anekadivyābharaṇaṃ divyānekodyatāyudham // 11.10

aneka-: con múltiples **-vaktra-:** bocas **-nayanam:** y ojos **aneka-:** con múltiples **-adbhuta-:** maravillosos **darśanam:** aspectos **aneka-:** con múltiples **divya-:** divinos, celestiales **-ābharaṇaṃ:** ornamentos **divya-:** divinos **-aneka-:** con múltiples **udyata-:** levantadas, blandidas **-āyudham:** armas **11.10**

divyamālyāmbaradharaṃ divyagandhānulepanam /
sarvāścaryamayaṃ devam anantaṃ viśvatomukham // 11.11

divya-: divinas, muy excelentes, primorosas **-mālya-:** guirnaldas **-āmbara-:** y vestidos **-dharaṃ:** portando **divya-:** divinos, celestiales **-gandha-:** perfumes **anulepanam:** untado **sarva-:** de toda, de absoluta **-āścarya-:** maravilla **-mayaṃ:** hecho, lleno **devam:** Dios **anantaṃ:** infinito, sin fin **viśvatomukham:** con la cara en todas partes, mirando a todos lados **11.11**

divi sūryasahasrasya bhaved yugapad utthitā /
yadi bhāḥ sadṛśī sā syād bhāsas tasya mahātmanaḥ // 11.12

divi: en el cielo **sūryasahasrasya:** de un millar de soles **bhaved:** fuese **yugapad:** simultáneamente **utthitā:** levantado **yadi:** si **bhāḥ:** el resplandor **sadṛśī:** semejante **sā:** ese **syād:** sería **bhāsas:** resplandor, fulgor **tasya:** suyo **mahātmanaḥ:** del gran ser **11.12**

tatraikasthaṃ jagat kṛtsnaṃ pravibhaktam anekadhā /
apaśyad devadevasya śarīre pāṇḍavas tadā // 11.13

tatra: allí **ekasthaṃ:** en un solo punto **jagat:** el universo **kṛtsnaṃ:** entero **pravibhaktam:** en forma diferenciada **anekadhā:** de diversas maneras, en toda su diversidad **apaśyad:** contempló **devadevasya** del Dios de dioses: **śarīre:** en el cuerpo **pāṇḍavas:** el hijo de Pāṇḍu **tadā:** en ese momento **11.13**

tataḥ sa vismayāviṣṭo hṛṣṭaromā dhanaṃjayaḥ /
praṇamya śirasā devaṃ kṛtāñjalir abhāṣata // 11.14

tataḥ: entonces **sa:** él **vismayāviṣṭo:** lleno de admiración **hṛṣṭaromā:** con el vello erizado **dhanaṃjayaḥ:** el conquistador de riquezas **praṇamya:** inclinando **śirasā:** la cabeza **devaṃ:** ante Dios **kṛtāñjalir:** unidas las palmas de las manos **abhāṣata:** exclamó **11.14**

11.15 arjuna uvāca
arjuna: Arjuna **uvāca:** dijo

paśyāmi devāṃs tava deva dehe; sarvāṃs tathā bhūtaviśeṣasaṃghān /
brahmāṇam īśaṃ kamalāsanastham; ṛṣīṃś ca sarvān uragāṃś ca divyān // 11.15

paśyāmi: veo **devāṃs:** a las divinidades **tava:** tú **deva:** ¡Dios mío! **dehe:** en el cuerpo **sarvāṃs:** todas **tathā:** asimismo **bhūtaviśeṣasaṃghān:** a conjuntos de seres diversos **brahmāṇam:** a Brahmā, al creador **īśaṃ:** soberano **kamalāsanastham:** sentado en el trono de loto **ṛṣīṃś:** a los sabios: **ca:** y **sarvān:** a todas **uragāṃś** las serpientes: **ca:** y **divyān:** celestiales **11.15**

anekabāhūdaravaktranetraṃ; paśyāmi tvā sarvato 'nantarūpam /
nāntaṃ na madhyaṃ na punas tavādiṃ; paśyāmi viśveśvara viśvarūpa // 11.16

aneka-: con innumerables **-bāhu-:** brazos **-udara-:** vientres **-vaktra-:** bocas **-netraṃ:** y ojos **paśyāmi:** veo **tvā:** a ti **sarvato:** por todos lados **anantarūpam:** en tu forma infinita **na:** no, ni **antaṃ:** el fin **na:** no, ni **madhyaṃ:** el medio **na:** no, ni **punas:** de nuevo **tava:** tú **adiṃ:** el principio **paśyāmi:** veo **viśveśvara:** ¡Señor del Universo! **viśvarūpa:** ¡Forma Universal! **11.16**

kirīṭinaṃ gadinaṃ cakriṇaṃ ca; tejorāśiṃ sarvato dīptimantam /
paśyāmi tvāṃ durnirīkṣyaṃ samantād; dīptānalārkadyutim aprameyam // 11.17

kirīṭinaṃ: con la corona **gadinaṃ:** el cetro **cakriṇaṃ:** el disco **ca:** y **tejorāśiṃ:** masa ígnea **sarvato:** por doquier **dīptimantam:** que resplandece **paśyāmi:** veo **tvāṃ:** te **durnirīkṣyaṃ:** difícil de contemplar **samantād:** desde cualquier ángulo **dīpta-:** encendido, ardiente **-anala-:** del fuego **-arka-:** y del Sol **-dyutim:** con el resplandor del, fulgurante **aprameyam:** inmensurable **11.17**

tvam akṣaraṃ paramaṃ veditavyaṃ; tvam asya viśvasya paraṃ nidhānam /
tvam avyayaḥ śāśvatadharmagoptā; sanātanas tvaṃ puruṣo mato me // 11.18

tvam: tú **akṣaraṃ:** imperecedera **paramaṃ:** la trascendencia **veditavyaṃ:** que hay que conocer **tvam:** tú **asya:** de este **viśvasya:** universo **paraṃ:** último **nidhānam:** sustrato **tvam:** tú **avyayaḥ** indestructible: **śāśvatadharmagoptā:** el protector del dharma eterno **sanātanas:** primordial **tvaṃ:** tú **puruṣo:** la persona **mato:** es considerada **me:** por mí **11.18**

anādimadhyāntam anantavīryam; anantabāhuṃ śaśisūryanetram /
paśyāmi tvāṃ dīptahutāśavaktraṃ; svatejasā viśvam idaṃ tapantam // 11.19

anādimadhyāntam: sin principio, medio o fin **anantavīryam:** con vigor infinito **anantabāhuṃ:** con innumerables brazos **śaśisūryanetram:** con el Sol y la Luna como ojos **paśyāmi:** veo **tvāṃ:** te **dīpta-:** encendido **-hutāśa-:** por el fuego (devorador, *āśa*, de ofrendas, *huta*) **-vaktraṃ:** la boca **svatejasā:** con tu propio esplendor **viśvam:** universo **idaṃ:** este **tapantam:** calentando **11.19**

dyāvāpṛthivyor idam antaraṃ hi; vyāptaṃ tvayaikena diśaś ca sarvāḥ /
dṛṣṭvādbhutaṃ rūpam idaṃ tavograṃ; lokatrayaṃ pravyathitaṃ mahātman //
11.20

dyāvāpṛthivyor: entre el cielo y la tierra **idam:** este **antaraṃ:** espacio intermedio **hi:** ya que **vyāptaṃ:** es abarcado **tvayā:** por ti **ekena:** solo **diśaś:** los puntos cardinales **ca:** y **sarvāḥ:** todos **dṛṣṭvā:** contemplando **adbhutaṃ:** maravillosa **rūpam:** forma **idaṃ:** este **tava:** tu **ugraṃ:** terrible **lokatrayaṃ:** los tres mundos **pravyathitaṃ:** tiemblan asustados **mahātman:** ¡Inmenso Ser! **11.20**

amī hi tvā surasaṃghā viśanti; ke cid bhītāḥ prāñjalayo gṛṇanti /
svastīty uktvā maharṣisiddhasaṃghāḥ; stuvanti tvāṃ stutibhiḥ puṣkalābhiḥ // 11.21

amī: este **hi: tvā:** hacia ti **surasaṃghā:** el tropel de dioses **viśanti:** se precipitan **ke cid:** algunos **bhītāḥ:** temerosos **prāñjalayo:** juntan las palmas de las manos **gṛṇanti:** invocan **svasti-:** «¡Salve!» **ity:** [comillas] **uktvā:** pronunciando **maharṣi-:** de sabios excelsos **-siddha-:** y seres realizados **-saṃghāḥ:** grupos **stuvanti:** alaban **tvāṃ:** te **stutibhiḥ:** con himnos **puṣkalābhiḥ:** vibrantes; elocuentes **11.21**

rudrādityā vasavo ye ca sādhyā; viśve 'śvinau marutaś coṣmapāś ca /
gandharvayakṣāsurasiddhasaṃghā; vīkṣante tvā vismitāś caiva sarve // 11.22

rudra-: los rudras **-ādityā:** los ādityas **vasavo:** los vāsus **ye: ca: sādhyā:** los sādhyas **viśve:** los viśvas **aśvinau:** los dos aśvins **marutaś:** los maruts **ca: uṣmapāś:** los uṣmapas **ca:** y **gandharva-:** de *gandharva*, **-yakṣa-:** *yakṣa* **-asura-:** *asura* **-siddha-:** *siddha* **-saṃghā:** los grupos **vīkṣante:** contemplan **tvā:** te **vismitāś:** asombrados **ca:** y **eva:** [explativos] **sarve:** todos **11.22**

rūpaṃ mahat te bahuvaktranetraṃ; mahābāho bahubāhūrupādam /
bahūdaraṃ bahudaṃṣṭrākarālaṃ; dṛṣṭvā lokāḥ pravyathitās tathāham // 11.23

rūpaṃ: forma **mahat:** inmensa **te:** tú **bahu-:** con muchas **-vaktra-:** bocas **-netraṃ:** y ojos **mahābāho:** ¡Mahābāhu! **bahu-:** con muchos **-bāhu-:** brazos **-ūru-:** pechos **-pādam:** y pies **bahu-:** con muchos **-udaraṃ:** vientres **bahu-:** con muchos **-daṃṣṭrā-:** colmillos

-karālaṃ: espantosa **dṛṣṭvā:** contemplando **lokāḥ:** las gentes **pravyathitās:** están estremecidos **tathā:** también **aham:** yo **11.23**

nabhaḥspṛśaṃ dīptam anekavarṇaṃ; vyāttānanaṃ dīptaviśālanetram /
dṛṣṭvā hi tvāṃ pravyathitāntarātmā; dhṛtiṃ na vindāmi śamaṃ ca viṣṇo // 11.24

nabhaḥ-: el cielo **-spṛśaṃ:** tocando **dīptam:** encendida **anekavarṇaṃ:** de múltiples colores **vyātta-:** abierta de par en par **-ānanaṃ:** con la boca **dīpta-:** llameantes **-viśāla-:** con grandes **-netram:** ojos **dṛṣṭvā:** viendo **hi:** [expletivo] **tvāṃ:** tú **pravyathita-:** estremecido **-antarātmā:** con el ser interno **dhṛtiṃ:** la firmeza **na:** no **vindāmi:** encuentro **śamaṃ:** la paz **ca:** y **viṣṇo:** ¡Viṣṇu! **11.24**

daṃṣṭrākarālāni ca te mukhāni; dṛṣṭvaiva kālānalasaṃnibhāni /
diśo na jāne na labhe ca śarma; prasīda deveśa jagannivāsa // 11.25

daṃṣṭrā-: con colmillos **-karālāni:** espantosas **ca:** y **te:** tus **mukhāni:** fauces **dṛṣṭvā:** viendo **eva:** [expletivo] **kālānala-:** a la conflagración del fin del mundo **-saṃnibhāni:** semejantes **diśo:** las direcciones del espacio, la orientación **na:** no **jāne:** reconozco **na:** no **labhe:** encuentro **ca:** y **śarma:** reposo, descanso **prasīda:** sé propicio **deveśa:** ¡Rey de Dioses! **jagannivāsa:** ¡Morada del Universo!**11.25**

amī ca tvāṃ dhṛtarāṣṭrasya putrāḥ; sarve sahaivāvanipālasaṃghaiḥ /
bhīṣmo droṇaḥ sūtaputras tathāsau; sahāsmadīyair api yodhamukhyaiḥ // 11.26

amī: estos **ca:** y **tvāṃ:** en ti **dhṛtarāṣṭrasya:** de Dhṛtarāṣṭra **putrāḥ:** hijos **sarve:** todos **sahā:** juntos **eva:** [expletivo] **avanipāla-:** de reyes [protectores, *pāla*, de la Tierra, *avani*] **saṃghaiḥ:** con grupos, con multitudes **bhīṣmo:** Bhiṣma **droṇaḥ:** Droṇa **sūtaputras:** el hijo de Sūta **tathā:** asimismo **asau:** este **sahā:** junto **asmadīyair:** con nuestros **api:** también **yodhamukhyaiḥ:** principales guerreros **11.26**

vaktrāṇi te tvaramāṇā viśanti; daṃṣṭrākarālāni bhayānakāni /
ke cid vilagnā daśanāntareṣu; saṃdṛśyante cūrṇitair uttamāṅgaiḥ // 11.27

vaktrāṇi: en fauces **te:** tus **tvaramāṇā:** apresurados **viśanti:** ingresan **daṃṣṭrākarālāni:** con colmillos espantosos **bhayānakāni:** terribles **ke cid:** algunos **vilagnā:** pegados **daśanāntareṣu:** a los intersticios de tus dientes **saṃdṛśyante:** aparecen **cūrṇitair:** trituradas **uttamāṅgaiḥ:** con sus cabezas **11.27**

yathā nadīnāṃ bahavo 'mbuvegāḥ; samudram evābhimukhā dravanti /
tathā tavāmī naralokavīrā; viśanti vaktrāṇy abhivijvalanti // 11.28

yathā: al igual que **nadīnāṃ:** de los ríos **bahavo:** innumerables **ambuvegāḥ:** las corrientes impetuosas **samudram:** el océano **eva:** [expletivo] **abhimukhā:** hacia **dravanti:** corren, fluyen **tathā:** del mismo modo **tava:** tus **amī:** estos **nara-:** de los hombres **-loka-:** del mundo **-vīrā:** héroes **viśanti:** entran **vaktrāṇy:** en bocas **abhivijvalanti:** flamígeras **11.28**

yathā pradīptaṃ jvalanaṃ pataṃgā; viśanti nāśāya samṛddhavegāḥ /
tathaiva nāśāya viśanti lokās; tavāpi vaktrāṇi samṛddhavegāḥ // 11.29

yathā: al igual que **pradīptaṃ:** ardiente **jvalanaṃ:** hacia la llama **pataṃgā:** las polillas **viśanti:** entran, se precipitan **nāśāya:** para su destrucción **samṛddhavegāḥ:** raudas **tathā:** del mismo modo **eva:** [expletivo] **nāśāya:** para su destrucción **viśanti:** entran, se precipitan **lokās:** los mundos **tava:** tus **api:** también **vaktrāṇi:** fauces **samṛddhavegāḥ:** raudos **11.29**

lelihyase grasamānaḥ samantāl; lokān samagrān vadanair jvaladbhiḥ /
tejobhir āpūrya jagat samagraṃ; bhāsas tavogrāḥ pratapanti viṣṇo // 11.30

lelihyase: te relames los labios **grasamānaḥ:** mientras devoras **samantāl:** por los cuatro costados **lokān:** mundos **samagrān:** enteros **vadanair:** con tus bocas **jvaladbhiḥ:** llameantes **tejobhir:** con tus llamas **āpūrya:** colmando **jagat:** el universo **samagraṃ:** todo **bhāsas:** rayos **tava:** tus **ugrāḥ:** terribles **pratapanti:** abrasan **viṣṇo:** ¡oh, Viṣṇu! **11.30**

ākhyāhi me ko bhavān ugrarūpo; namo 'stu te devavara prasīda /
vijñātum icchāmi bhavantam ādyaṃ; na hi prajānāmi tava pravṛttim // 11.31

ākhyāhi: di **me:** me **ko:** ¿quién? **bhavān:** [es] usted, [sois] vos **ugrarūpo:** en su forma espantosa **namo:** saludo, honor **astu:** sea **te:** para ti **devavara:** **prasīda:** sé propicio **vijñātum:** conocer **icchāmi:** deseo **bhavantam:** a usted **ādyaṃ:** principio, ser primordial **na:** no **hi:** pues **prajānāmi:** comprendo, entiendo **tava:** tu **pravṛttim:** comportamiento, actuación, funcionamiento **11.31**

11.32 śrībhagavān uvāca
śrī-: el venerable **-bhagavān:** Señor **uvāca:** dijo

kālo 'smi lokakṣayakṛt pravṛddho; lokān samāhartum iha pravṛttaḥ /
ṛte 'pi tvā na bhaviṣyanti sarve; ye 'vasthitāḥ pratyanīkeṣu yodhāḥ // 11.32

kālo: el tiempo **asmi:** soy **loka-:** del universo **-kṣayakṛt:** destructor **pravṛddho:** crecido, madurado, que ha llegado a la sazón **lokān:** los mundos **samāhartum:** aniquilar **iha:** ahora **pravṛttaḥ:** está dispuesto **ṛte:** sin **api:** aun **tvā:** ti **na:** no **bhaviṣyanti:** serían, sobrevivirían **sarve:** todos **ye:** los que **avasthitāḥ:** están presentes **pratyanīkeṣu:** en los ejércitos enfrentados **yodhāḥ:** guerreros **11.32**

tasmāt tvam uttiṣṭha yaśo labhasva; jitvā śatrūn bhuṅkṣva rājyaṃ samṛddham /
mayaivaite nihatāḥ pūrvam eva; nimittamātraṃ bhava savyasācin // 11.33

tasmāt: por lo tanto **tvam:** tú **uttiṣṭha:** levanta **yaśo:** la gloria **labhasva:** alcanza **jitvā:** venciendo **śatrūn:** a los enemigos **bhuṅkṣva:** disfruta **rājyaṃ:** reino **samṛddham:** próspero **mayā:** por mí **eva:** [expletivo] **ete:** estos **nihatāḥ:** han sido abatidos **pūrvam:** antes, de antemano **eva:** [expletivo] **nimittamātraṃ:** solo un instrumento **bhava:** sé **savyasācin:** arquero ambidextro **11.33**

droṇaṃ ca bhīṣmaṃ ca jayadrathaṃ ca; karṇaṃ tathānyān api yodhavīrān /
mayā hatāṃs tvaṃ jahi mā vyathiṣṭhā; yudhyasva jetāsi raṇe sapatnān // 11.34

droṇaṃ: a Droṇa **ca:** **bhīṣmaṃ:** a Bhīṣma **ca:** y **jayadrathaṃ:** a Jayadratha **ca:** y **karṇaṃ:** a Karṇa **tathā:** también **anyān:** a otros **api:** **yodhavīrān:** heroicos guerreros **mayā:** por mí **hatāṃs:** han sido ya abatidos **tvaṃ:** tú **jahi:** mata **mā:** no **vyathiṣṭhā:** no vaciles **yudhyasva:** lucha **jetāsi:** vencerás **raṇe:** en la batalla **sapatnān:** los enemigos **11.34**

11.35 saṃjaya uvāca
saṃjaya: Sáṃjaya **uvāca:** dijo

etac chrutvā vacanaṃ keśavasya; kṛtāñjalir vepamānaḥ kirīṭī /
namaskṛtvā bhūya evāha kṛṣṇaṃ; sagadgadaṃ bhītabhītaḥ praṇamya // 11.35

etac: estas **chrutvā:** tras oír **vacanaṃ:** palabras **keśavasya:** de Kéśava **kṛtāñjalir:** juntado las palmas de las manos **vepamānaḥ:** tembloroso **kirīṭī:** el coronado **namaskṛtvā:** postrándose **bhūya:** una y otra vez **eva:** [expletivo] **āha:** dijo **kṛṣṇaṃ:** a Kṛṣṇa **sagadgadaṃ:** con voz entrecortada **bhītabhītaḥ:** muy austado, transido de terror **praṇamya: 11.35**

11.36 arjuna uvāca
arjuna: Arjuna **uvāca:** dijo

sthāne hṛṣīkeśa tava prakīrtyā; jagat prahṛṣyaty anurajyate ca /
rakṣāṃsi bhītāni diśo dravanti; sarve namasyanti ca siddhasaṃghāḥ // 11.36

sthāne: está en su lugar, es apropiado que **hṛṣīkeśa:** ¡Señor de los Sentidos! **tava:** tú **prakīrtyā:** por alabanza **jagat:** el mundo **prahṛṣyaty:** se alegre **anurajyate:** se regocije **ca:** y **rakṣāṃsi:** los demonios **bhītāni:** despavoridos **diśo:** en todas direcciones, por doquier **dravanti:** corren, huyen **sarve:** todos **namasyanti:** saludan, se inclinan **ca:** y **siddha-:** de seres realizados **-saṃghāḥ:** los grupos **11.36**

kasmāc ca te na nameran mahātman; garīyase brahmaṇo 'py ādikartre /
ananta deveśa jagannivāsa; tvam akṣaraṃ sad asat tatparaṃ yat // 11.37

kasmāc: ¡cómo! **ca:** y **te:** te **na:** no **nameran:** van a venerarte **mahātman:** ¡Espíritu Inmenso! **garīyase:** eres más grande **brahmaṇo:** Brahmā **apy:** incluso que **ādikartre:** creador del origen **ananta:** ¡Infinito! **deveśa:** ¡Señor de los Dioses! **jagannivāsa:** ¡Morada del Mundo! **tvam:** tú **akṣaraṃ:** el imperecedero **sad:** del ser **asat:** el no ser **tatparaṃ:** más allá **yat:** lo que **//:** **11.37**

tvam ādidevaḥ puruṣaḥ purāṇas; tvam asya viśvasya paraṃ nidhānam
vettāsi vedyaṃ ca paraṃ ca dhāma; tvayā tataṃ viśvam anantarūpa 11.38

tvam: tú **ādidevaḥ:** el Dios primordial **puruṣaḥ:** el Espíritu **purāṇas:** perdurable **tvam:** tú **asya:** de este **viśvasya:** universo **paraṃ:** último **nidhānam:** el sustrato **vettā** el conocedor: **asi:** eres **vedyaṃ:** el objeto conocido **ca:** y **paraṃ:** suprema **ca:** y **dhāma:** morada **tvayā:** por ti **tataṃ:** está impregnado **viśvam:** el universo **anantarūpa:** ¡Forma Infinita! **11.38**

vāyur yamo 'gnir varuṇaḥ śaśāṅkaḥ; prajāpatis tvaṃ prapitāmahaś ca
namo namas te 'stu sahasrakṛtvaḥ; punaś ca bhūyo 'pi namo namas te 11.39

vāyur: el viento **yamo:** la muerte **agnir:** el fuego **varuṇaḥ:** el agua **śaśāṅkaḥ:** y la luna **prajāpatis:** el Padre de las Criaturas **tvaṃ:** tú **prapitāmahaś:** el Abuelo **ca:** y **namo:** alabado **namas:** alabado **te:** tú **astu:** seas **sahasrakṛtvaḥ:** un millar de veces **punaś:** de nuevo **ca:** y **bhūyo:** otra vez **api:** también **namo:** alabado **namas:** alabado **te:** tú **11.39**

namaḥ purastād atha pṛṣṭhatas te; namo 'stu te sarvata eva sarva /
anantavīryāmitavikramas tvaṃ; sarvaṃ samāpnoṣi tato 'si sarvaḥ // 11.40

namaḥ: alabado **purastād:** por delante **atha:** asimismo **pṛṣṭhatas:** por detrás **te:** tú **namo:** alabado **astu:** seas **te:** tú **sarvata:** por todos lados **eva:** [expletivo] **sarva:** el Todo **anantavīrya-:** de infinita energía **-amitavikramas:** de valor ilimitado **tvaṃ:** tú **sarvaṃ:** todo **samāpnoṣi:** alcanzas, penetras **tato:** por eso **asi:** eres **sarvaḥ:** el Todo **11.40**

sakheti matvā prasabhaṃ yad uktaṃ; he kṛṣṇa he yādava he sakheti /
ajānatā mahimānaṃ tavedaṃ; mayā pramādāt praṇayena vāpi // 11.41

sakhā amigo **iti:** que **matvā:** pensando **prasabhaṃ:** bruscamente **yad:** que **uktaṃ:** haya dicho **he:** ¡Bah! **kṛṣṇa:** Kṛṣṇa **he:** ¡Bah! **yādava:** Yādava **he:** ¡Bah! **sakhā:** amigo **iti:** **ajānatā:** sin conocer **mahimānaṃ:** grandeza **tava:** tu **idaṃ:** esta **mayā:** por mí **pramādāt:** por descuido **praṇayena:** por familiaridad excesiva **vā:** o **api:** bien **11.41**

yac cāvahāsārtham asatkṛto 'si; vihāraśayyāsanabhojaneṣu /
eko 'tha vāpy acyuta tatsamakṣaṃ; tat kṣāmaye tvām aham aprameyam // 11.42

yac: que **ca:** y **avahāsārtham:** a modo de burla **asatkṛto:** humillado **asi:** eres **vihāra-:** en el juego **-śayyā-:** en el descanso **-āsana-:** sentados **-bhojaneṣu:** en la comida **eko:** estando solos **atha vā:** o **apy:** también **acyuta:** Acyuta **tatsamakṣaṃ:** en compañía **tat:** eso **kṣāmaye:** pido perdón **tvām:** a ti **aham:** yo **aprameyam:** el inescrutable **11.42**

pitāsi lokasya carācarasya; tvam asya pūjyaś ca gurur garīyān /
na tvatsamo 'sty abhyadhikaḥ kuto 'nyo; lokatraye 'py apratimaprabhāva // 11.43

pitā: padre **asi:** eres **lokasya:** del mundo **cara-:** animado **-acarasya:** e inanimado **tvam:** tú **asya:** su **pūjyaś:** objeto de veneración **ca:** y **gurur:** el Maestro **garīyān:** más profundo **na:** no **tvatsamo:** igual a ti **asty:** hay **abhyadhikaḥ:** superior **kuto:** ¿cómo? **anyo:** otro **lokatraye:** en los tres mundos **apy:** incluso **apratimaprabhāva:** de inconmensurable poder **11.43**

tasmāt praṇamya praṇidhāya kāyaṃ; prasādaye tvām aham īśam īḍyam /
piteva putrasya sakheva sakhyuḥ; priyaḥ priyāyārhasi deva soḍhum // 11.44

tasmāt: pues **praṇamya:** saludando **praṇidhāya:** colocando en frente, prostrando **kāyaṃ:** el cuerpo **prasādaye:** apacíguate **tvām:** tu **aham:** yo **īśam:** Señor **īḍyam:** adorable **pitā:** un padre **iva:** como **putrasya:** al hijo **sakhā:** un amigo **eva:** [expletivo] **sakhyuḥ:** al amigo **priyaḥ:** el amante **priyāya:** al amante **arhasi:** deberías **deva:** Dios mío **soḍhum:** soporta **11.44**

adṛṣṭapūrvaṃ hṛṣito 'smi dṛṣṭvā; bhayena ca pravyathitaṃ mano me /
tad eva me darśaya deva rūpaṃ; prasīda deveśa jagannivāsa // 11.45

adṛṣṭapūrvaṃ: lo nunca visto **hṛṣito asmi:** tengo los pelos de punta **dṛṣṭvā:** al ver **bhayena:** por el miedo **ca:** y **pravyathitaṃ:** está turbada **mano:** mente **me:** mi **tad:** esa **eva:**

misma **me:** a mí **darśaya:** muestra **deva:** ¡Oh, Dios! **rūpaṃ:** forma **prasīda:** ¡ten piedad! **deveśa:** Señor de los Dioses **jagannivāsa:** Morada del Universo **11.45**

kirīṭinaṃ gadinaṃ cakrahastam; icchāmi tvāṃ draṣṭum ahaṃ tathaiva /
tenaiva rūpeṇa caturbhujena; sahasrabāho bhava viśvamūrte // 11.46

kirīṭinaṃ: con la corona **gadinaṃ:** con el cetro **cakrahastam:** con el disco en la mano **icchāmi:** quiero **tvāṃ:** te **draṣṭum:** ver **ahaṃ:** yo **tathaiva:** asimismo **tenaiva:** con esa misma **rūpeṇa:** forma **caturbhujena:** con cuatro brazos **sahasrabāho:** de miles de brazos, de extremidades infinitas **bhava:** sé **viśvamūrte:** ¡Forma Universal!**11.46**

11.47 śrībhagavān uvāca
śrī-: el venerable **-bhagavān:** Señor **uvāca:** dijo

mayā prasannena tavārjunedaṃ; rūpaṃ paraṃ darśitam ātmayogāt /
tejomayaṃ viśvam anantam ādyaṃ; yan me tvad anyena na dṛṣṭapūrvam // 11.47

mayā: por mí **prasannena:** satisfecho **tava:** contigo **Arjuna:** Arjuna **idaṃ:** esta **rūpaṃ:** forma **paraṃ:** suprema **darśitam:** he mostrado **ātmayogāt:** mediante mi poder yóguico **tejomayaṃ:** resplandeciente **viśvam:** universal **anantam:** infinita **ādyaṃ:** primordial **yan:** que **me:** mía **tvad:** de ti **anyena na:** nadie **dṛṣṭapūrvam:** antes había visto **11.47**

na vedayajñādhyayanair na dānair; na ca kriyābhir na tapobhir ugraiḥ /
evaṃrūpaḥ śakya ahaṃ nṛloke; draṣṭuṃ tvadanyena kurupravīra // 11.48

na: no **vedayajñādhyayanair:** con los estudios del Veda y de los sacrificio **na:** no **dānair:** con donativos **na:** no **ca:** y **kriyābhir:** con los rituales **na:** no **tapobhir:** con penitencias **ugraiḥ:** terribles **evaṃrūpaḥ:** una forma así **śakya:** puede **ahaṃ:** yo **nṛloke:** en el mundo de los hombres **draṣṭuṃ:** vista **tvadanyena:** a parte de ti, otro que no seas tú **kurupravīra:** ¡Héroe de los kurus! **11.48**

mā te vyathā mā ca vimūḍhabhāvo; dṛṣṭvā rūpaṃ ghoram īdṛṅ mamedam /
vyapetabhīḥ prītamanāḥ punas tvaṃ; tad eva me rūpam idaṃ prapaśya // 11.49

mā: no **te:** te **vyathā:** rindas a la zozobra, vaciles **mā:** no **ca:** y **vimūḍhabhāvo:** seas uno que está confundido **dṛṣṭvā:** viendo, al ver **rūpaṃ:** forma **ghoram:** espantosa **īdṛṅ:** así tan **mama:** mía **idam:** esta **vyapetabhīḥ:** sé uno que se ha desecho del temor **prītamanāḥ:** de mente alegre **punas:** de nuevo **tvaṃ:** tú **tad eva:** esa misma **me:** mía **rūpam:** forma **idaṃ:** esta **prapaśya:** contempla **11.49**

11.50 saṃjaya uvāca
saṃjaya: Sáṃjaya **uvāca:** dijo

ity arjunaṃ vāsudevas tathoktvā; svakaṃ rūpaṃ darśayām āsa bhūyaḥ /
āśvāsayām āsa ca bhītam enaṃ; bhūtvā punaḥ saumyavapur mahātmā // 11.50

ity: así **arjunaṃ:** a Arjuna **vāsudevas:** Vāsudeva **tathā:** así, de esta manera **uktvā:** habiendo hablado, tras dirigirse **svakaṃ:** su propia **rūpaṃ:** forma **darśayām āsa:** mostró **bhūyaḥ:** de nuevo **āśvāsayām āsa:** tranquilizó **ca:** y **bhītam:** aterrorizado **enaṃ:** a él **bhūtvā:** asumiendo **punaḥ:** una vez más **saumyavapur:** su agradable figura **mahātmā:** Gran Ser **11.50**

11.51 arjuna uvāca
arjuna: Arjuna **uvāca:** dijo

dṛṣṭvedaṃ mānuṣaṃ rūpaṃ tava saumyaṃ janārdana /
idānīm asmi saṃvṛttaḥ sacetāḥ p rakṛtiṃ gataḥ // 11.51

dṛṣṭvā: viendo **idaṃ:** esta **mānuṣaṃ:** humana **rūpaṃ:** forma, figura **tava:** tú **saumyaṃ:** agradable **janārdana:** tú que inspiras a los hombres **idānīm:** ahora **asmi:** soy **saṃvṛttaḥ sacetāḥ:** he recobrado la conciencia, he recuperado mi temple **prakṛtiṃ:** estado natural **gataḥ:** he ido **11.51**

11.52 śrībhagavān uvāca
śrī-: el venerable **-bhagavān:** Señor **uvāca:** dijo

sudurdarśam idaṃ rūpaṃ dṛṣṭavān asi yan mama /
devā apy asya rūpasya nityaṃ darśanakāṅkṣiṇaḥ // 11.52

sudurdarśam: extraordinariamente difícil de contemplar **idaṃ:** esta **rūpaṃ:** forma **dṛṣṭavān asi:** has visto **yan:** la cual **mama:** mía **devā:** los dioses **apy:** incluso **asya:** esa **rūpasya:** forma **nityaṃ:** constantemente, siempre **darśanakāṅkṣiṇaḥ:** están deseosos de ver **11.52**

nāhaṃ vedair na tapasā na dānena na cejyayā /
śakya evaṃvidho draṣṭuṃ dṛṣṭavān asi māṃ yathā // 11.53

na: no **ahaṃ:** yo **vedair:** con los Vedas **na:** no **tapasā:** con el ascetismo **na:** con **dānena:** con el donativo, con la caridad **na:** no **ca:** y **ijyayā** con el sacrificio **śakya:** puede **evaṃvidho:** de esta manera **draṣṭuṃ:** verse **dṛṣṭavān asi:** has visto **māṃ:** me **yathā:** como **11.53**

bhaktyā tv ananyayā śakya aham evaṃvidho 'rjuna /
jñātuṃ draṣṭuṃ ca tattvena praveṣṭuṃ ca paraṃtapa // 11.54

bhaktyā: con una devoción **tv:** pero **ananyayā:** exclusiva **śakya:** puede **aham:** yo **evaṃvidho:** de esta manera **arjuna:** Arjuna **jñātuṃ:** conocer **draṣṭuṃ:** ver **ca: tattvena:** en realidad **praveṣṭuṃ:** entrar, penetrar **ca:** y **paraṃtapa:** ¡azote de los enemigos

matkarmakṛn matparamo madbhaktaḥ saṅgavarjitaḥ /
nirvairaḥ sarvabhūteṣu yaḥ sa mām eti pāṇḍava // 11.55

matkarmakṛn: quien realiza mis obras **matparamo:** a mí consagrado **madbhaktaḥ:** siendo mi devoto, **saṅgavarjitaḥ:** libre de apego **nirvairaḥ** sin sentir aversión: **sarvabhūteṣu:** por ser alguno **yaḥ:** el que **sa:** ese **mām:** en mí **eti:** ingresa **pāṇḍava:** ¡oh, Pāṇḍava! **11.55**

Capítulo duodécimo

12.1 **arjuna uvāca**
arjuna: Arjuna **uvāca:** dijo

evaṃ satatayuktā ye; bhaktās tvāṃ paryupāsate /
ye cāpy akṣaram avyaktaṃ; teṣāṃ ke yogavittamāḥ // 12.1

evaṃ: así **satatayuktā:** siempre concentrados **ye:** los que **bhaktās:** devotos **tvāṃ:** te **paryupāsate:** adoran **ye:** los que **ca:** y **apy:** también **akṣaram:** imperecedero **avyaktaṃ:** no manifiesto **teṣāṃ:** de entre ellos **ke:** ¿quiénes? **yogavittamāḥ:** los mejores conocedores del yoga **12.**

12.2 **śrībhagavān uvāca**
śrī-: el venerable **-bhagavān:** Señor **uvāca:** dijo

mayy āveśya mano ye māṃ; nityayuktā upāsate /
śraddhayā parayopetās; te me yuktatamā matāḥ // 12.2

mayy: en mí **āveśya:** absorbiendo **mano:** mente **ye:** quienes **māṃ:** me **nityayuktā:** siempre concentrados **upāsate:** adoran **śraddhayā:** de una fe **parayā:** suprema **upetās:** dotados **te:** esos **me:** para mí **yuktatamā:** los mejores **matāḥ:** son considerados **12.2**

ye tv akṣaram anirdeśyam; avyaktaṃ paryupāsate /
sarvatragam acintyaṃ ca; kūṭastham acalaṃ dhruvam // 12.3

ye: los que **tv:** aun así **akṣaram:** en el imperecedero **anirdeśyam:** indescriptible **avyaktaṃ:** lo no manifiesto **paryupāsate:** adoran; meditan **sarvatragam:** omnipresente **acintyaṃ:** impensable **ca:** **kūṭastham:** trascendente **acalaṃ:** inamovible **dhruvam** firme **12.3**

saṃniyamyendriyagrāmaṃ; sarvatra samabuddhayaḥ /
te prāpnuvanti mām eva; sarvabhūtahite ratāḥ // 12.4

saṃniyamya: controlando **indriyagrāmaṃ:** el conjunto de los sentidos **sarvatra:** en todo momento, en toda situación **samabuddhayaḥ:** con la mente ecuánime **te:** esos **prāpnuvanti:** alcanzan **mām:** a mí **eva:** solo **sarvabhūtahite:** al bienestar de todos los seres **ratāḥ:** entregados **12.4**

kleśo 'dhikataras teṣām; avyaktāsaktacetasām /
avyaktā hi gatir duḥkhaṃ; dehavadbhir avāpyate // 12.5

kleśo: la dificultad **adhikataras:** mucho mayor **teṣām:** para quienes **avyaktāsaktacetasām:** ponen su mente en lo no manifiesto **avyaktā:** lo no manifiesto **hi:** pues **gatir:** el camino **duḥkhaṃ:** con dificultad **dehavadbhir:** por los seres corporales **avāpyate:** se alcanza **12.5**

ye tu sarvāṇi karmāṇi; mayi saṃnyasya matparāḥ /
ananyenaiva yogena; māṃ dhyāyanta upāsate // 12.6

ye: aquellos **tu:** pero **sarvāṇi:** todas **karmāṇi:** las acciones **mayi:** en mí **saṃnyasya:** confían, depositan **matparāḥ:** a mí consagrados **ananyena:** exclusiva **eva:** [expletivo] **yogena:** con una concentración **māṃ:** en mí **dhyāyanta:** meditando **upāsate:** rinden culto **12.6**

teṣām ahaṃ samuddhartā; mṛtyusaṃsārasāgarāt /
bhavāmi nacirāt Pārtha; mayy āveśitacetasām // 12.7

teṣām: de ellos **ahaṃ:** yo **samuddhartā:** el salvador **mṛtyusaṃsārasāgarāt:** del océano de la existencia y la muerte **bhavāmi:** soy, me convierto **nacirāt:** en poco tiempo, rápidamente **pārtha:** Pārtha **mayy:** en mí **āveśitacetasām:** con su mente absorta **12.7**

mayy eva mana ādhatsva; mayi buddhiṃ niveśaya /
nivasiṣyasi mayy eva; ata ūrdhvaṃ na saṃśayaḥ // 12.8

mayy: en mí **eva:** solo **mana:** mente **ādhatsva:** deposita **mayi:** en mí **buddhiṃ:** intelecto **niveśaya:** fija **nivasiṣyasi:** morarás **mayy:** en mí **eva:** con certeza **ata ūrdhvaṃ:** a partir de aquí **na:** no **saṃśayaḥ:** duda **12.8**

atha cittaṃ samādhātuṃ; na śaknoṣi mayi sthiram /
abhyāsayogena tato mām; icchāptuṃ dhanaṃjaya // 12.9

atha: si **cittaṃ:** mente **samādhātuṃ:** concentrar **na:** no **śaknoṣi:** puedes **mayi:** en mí **sthiram:** de un modo estable **abhyāsayogena:** mediante la práctica del yoga **tato:** entonces **mām:** a mí **icchāptuṃ:** intentar alcanzar **dhanaṃjaya:** Dhanañjaya **12.9**

abhyāse 'py asamartho 'si; matkarmaparamo bhava /
madartham api karmāṇi; kurvan siddhim avāpsyasi // 12.10

abhyāse: en la práctica **apy:** también **asamartho:** incapaz **asi:** eres **matkarmaparamo:** uno entregado a la acción para mí **bhava:** sé **madartham:** para mí **api:** también **karmāṇi:** las acciones **kurvan:** haciendo **siddhim:** el éxito **avāpsyasi:** alcanzarás **12.10**

athaitad apy aśakto 'si; kartuṃ madyogam āśritaḥ /
sarvakarmaphalatyāgaṃ; tataḥ kuru yatātmavān // 12.11

atha: y si **etad:** esto **apy:** aun **aśakto:** incapaz **asi:** eres **kartuṃ:** hacer **madyogam:** en mi unión **āśritaḥ:** refugiado **sarvakarmaphalatyāgaṃ:** renuncia a los resultados de todas las acciones **tataḥ:** y entonces **kuru:** haz **yatātmavān:** uno que ha controlado su mente **12.11**

śreyo hi jñānam abhyāsāj; jñānād dhyānaṃ viśiṣyate /
dhyānāt karmaphalatyāgas; tyāgāc chāntir anantaram // 12.12

śreyo: mejor **hi:** **jñānam:** el conocimiento **abhyāsāj:** que la práctica **jñānād:** que el conocimiento **dhyānaṃ:** la meditación **viśiṣyate:** aventaja **dhyānāt:** que la meditación **karmaphalatyāgas:** la renuncia a los frutos de la acción **tyāgāc:** de la renuncia **chāntir:** la paz **anantaram:** acto seguido, al instante **12.12**

adveṣṭā sarvabhūtānāṃ; maitraḥ karuṇa eva ca /
nirmamo nirahaṃkāraḥ; samaduḥkhasukhaḥ kṣamī // 12.13

adveṣṭā: que no odia **sarvabhūtānāṃ:** a todos los seres **maitraḥ:** amigo **karuṇa:** compasivo **eva:** [expletivo] **ca:** y **nirmamo:** libre del sentimiento de lo mío **nirahaṃkāraḥ:** libre del sentimiento del yo **samaduḥkhasukhaḥ:** ecuánime ante el placer y el dolor **kṣamī:** paciente **12.13**

saṃtuṣṭaḥ satataṃ yogī; yatātmā dṛḍhaniścayaḥ /
mayy arpitamanobuddhir; yo madbhaktaḥ sa me priyaḥ // 12.14

saṃtuṣṭaḥ: satisfecho **satataṃ:** siempre **yogī:** yogui **yatātmā:** autocontrolado **dṛḍhaniścayaḥ:** firme en su decisión **mayy:** a mí **arpitamanobuddhir:** con su mente y su intelecto consagrados **yo:** ese que **madbhaktaḥ:** mi devoto **sa:** ese **me:** me **priyaḥ:** es querido **12.14**

yasmān nodvijate loko; lokān nodvijate ca yaḥ /
harṣāmarṣabhayodvegair; mukto yaḥ sa ca me priyaḥ // 12.15

yasmān: a causa de quien **na:** no **udvijate:** se atormenta **loko:** el mundo **lokān:** a casua del mundo **na:** no **udvijate:** se atormente **ca:** y **yaḥ:** él **harṣa-:** excitación **-amarṣa-:** enojo **-bhaya-:** temor **-udvegair:** desasosiego **mukto:** libre **yaḥ:** ese **sa:** él **ca:** y **me:** me **priyaḥ:** es querido **12.15**

anapekṣaḥ śucir dakṣa udāsīno gatavyathaḥ /
sarvārambhaparityāgī yo madbhaktaḥ sa me priyaḥ // 12.16

anapekṣaḥ: independiente **śucir:** puro **dakṣa:** competente **udāsīno:** desapegado **gatavyathaḥ:** libre de ansiedad **sarvārambhaparityāgī:** aquel que ha abandonado toda empresa **yo:** ese **madbhaktaḥ:** mi devoto **sa:** ese **me:** me **priyaḥ:** es querido **12.16**

yo na hṛṣyati na dveṣṭi; na śocati na kāṅkṣati /
śubhāśubhaparityāgī; bhaktimān yaḥ sa me priyaḥ // 12.17

yo: quien **na:** no **hṛṣyati:** se excita **na:** no **dveṣṭi:** se irrita **na:** no **śocati:** se lamenta **na:** no **kāṅkṣati:** desea **śubhāśubhaparityāgī:** abandona lo bueno y lo malo **bhaktimān:** devoto **yaḥ:** ese **sa:** él **me:** me **priyaḥ:** es querido **12.17**

samaḥ śatrau ca mitre ca; tathā mānāvamānayoḥ /
śītoṣṇasukhaduḥkheṣu; samaḥ saṅgavivarjitaḥ // 12.18

samaḥ: igual **śatrau:** con el enemigo **ca:** y **mitre:** con el amigo **ca:** y **tathā:** asimismo **mānāvamānayoḥ:** en el honor y el deshonor **śītoṣṇasukhaduḥkheṣu:** ante el frío y el calor, en el placer y el dolor **samaḥ:** igual, ecuánime **saṅgavivarjitaḥ:** libre de apego **12.18**

tulyanindāstutir maunī; saṃtuṣṭo yena kena cit /
aniketaḥ sthiramatir; bhaktimān me priyo naraḥ // 12.19

tulyanindāstutir: ecuánime ante el elogio y la censura **maunī:** silencioso, discreto **saṃtuṣṭo:** satisfecho **yena kena cit:** con cualquier cosa **aniketaḥ:** sin morada fija **sthiramatir:** de mente estable **bhaktimān:** lleno de devoción **me:** me **priyo:** es querido **naraḥ:** hombre **12.19**

ye tu dharmyāmṛtam idaṃ; yathoktaṃ paryupāsate /
śraddadhānā matparamā; bhaktās te 'tīva me priyāḥ // 12.20

ye: quienes **tu:** pero **dharmyāmṛtam:** la ambrosía del dharma **idaṃ:** este **yathoktaṃ:** tal y como la he enseñado **paryupāsate:** comparten **śraddadhānā:** llenos de fe **matparamā:** a mí consagrados **bhaktās:** devotos **te:** estos **atīva:** mucho, extraordinariamente, en grado sumo **me:** me **priyāḥ:** son queridos **12.20**

Capítulo decimotercero

13.1 **śrībhagavān uvāca**

śrī-: el venerable **-bhagavān:** Señor **uvāca:** dijo

idaṃ śarīraṃ Kaunteya; kṣetram ity abhidhīyate /
etad yo vetti taṃ prāhuḥ; kṣetrajña iti tadvidaḥ // 13.1

idaṃ: este **śarīraṃ:** cuerpo **kaunteya:** ¡Hijo de Kunti! **kṣetram:** el campo **ity:** [comillas] **abhidhīyate:** es llamado **etad:** a este **yo:** el que **vetti:** lo conoce **taṃ:** a ese **prāhuḥ:** llaman **kṣetrajña:** el conocedor del campo **iti:** [comillas] **tadvidaḥ:** los que así lo saben **13.1**

kṣetrajñaṃ cāpi māṃ viddhi; sarvakṣetreṣu bhārata /
kṣetrakṣetrajñayor jñānaṃ; yat taj jñānaṃ mataṃ mama // 13.2

kṣetrajñaṃ: el conocedor del campo **ca:** y [comillas] **api:** también **māṃ:** me **viddhi:** considera **sarvakṣetreṣu:** en todos los campos **bhārata:** ¡oh, Bhārata! **kṣetrakṣetrajñayor:** del campo y del conocedor del campo **jñānaṃ:** el conocimiento **yat:** el cual **taj:** ese **jñānaṃ:** conocimiento **mataṃ:** es considerado **mama:** por mí **13.2**

tat kṣetraṃ yac ca yādṛk ca; yadvikāri yataś ca yat /
sa ca yo yatprabhāvaś ca; tat samāsena me śṛṇu // 13.3

tat: ese **kṣetraṃ:** campo **yac:** lo que **ca:** y **yādṛk:** como es **ca:** y **yadvikāri:** sus transformaciones **yataś:** de donde **ca:** y **yat:** lo que **sa:** eso **ca:** y **yo:** lo que **yatprabhāvaś:** su origen **ca:** y **tat:** eso **samāsena:** brevemente, en forma resumida **me:** de mí **śṛṇu:** escucha **13.3**

ṛṣibhir bahudhā gītaṃ; chandobhir vividhaiḥ pṛthak /
brahmasūtrapadaiś caiva; hetumadbhir viniścitaiḥ // 13.4

ṛṣibhir: por los sabios **bahudhā:** de múltiples maneras **gītaṃ:** ha sido cantado **chandobhir:** con estrofas **vividhaiḥ:** variadas **pṛthak:** distintas **brahmasūtrapadaiś:** con las palabras de los aforismos del *brahman* **ca:** y **eva:** [expletivo] **hetumadbhir:** cargadas de razones **viniścitaiḥ:** precisas **13.4**

mahābhūtāny ahaṃkāro; buddhir avyaktam eva ca /
indriyāṇi daśaikaṃ ca; pañca cendriyagocarāḥ // 13.5

mahābhūtāny: los elementos toscos **ahaṃkāro:** el sentido del yo **buddhir:** el intelecto **avyaktam:** lo no manifiesto **eva:** [expletivo] **ca:** y **indriyāṇi:** los sentidos **daśa:** diez **ekaṃ:** uno **ca:** y **pañca:** cinco **ca:** y **indriyagocarāḥ:** objetos de los sentidos **13.5**

icchā dveṣaḥ sukhaṃ duḥkhaṃ; saṃghātaś cetanā dhṛtiḥ /
etat kṣetraṃ samāsena; savikāram udāhṛtam // 13.6

icchā: el deseo **dveṣaḥ:** la aversión **sukhaṃ:** el placer **duḥkhaṃ:** el dolor **saṃghātaś:** el conglomerado [del cuerpo y los sentidos] **cetanā:** la consciencia **dhṛtiḥ:** base, fundamento **etat:** este **kṣetraṃ:** campo **samāsena:** brevemente **savikāram:** junto con sus modificaciones **udāhṛtam:** explicado, enumerado **13.6**

amānitvam adambhitvam; ahiṃsā kṣāntir ārjavam /
ācāryopāsanaṃ śaucaṃ; sthairyam ātmavinigrahaḥ // 13.7

amānitvam: sencillez, humildad **adambhitvam** falta de ostentación: **ahiṃsā:** no violencia **kṣāntir:** aguante **ārjavam:** rectitud **ācāryopāsanaṃ:** servicio al maestro, **śaucaṃ:** pureza **sthairyam:** estabilidad **ātmavinigrahaḥ:** dominio de sí **13.7**

indriyārtheṣu vairāgyam; anahaṃkāra eva ca /
janmamṛtyujarāvyādhi;duḥkhadoṣānudarśanam // 13.8

indriyārtheṣu: por los objetos de los sentidos **vairāgyam:** indiferencia, desprendimiento, desasimiento **anahaṃkāra:** la falta del sentido del yo **eva:** [expletivo] **ca:** [y] **janma-:** del nacimiento **-mṛtyu-:** la muerte **-jarā-:** la vejez **-vyādhi-:** la enfermedad **-duḥkha-:** el dolor **-doṣa-:** y los defectos **-anudarśanam:** el hecho de contemplar **13.8**

asaktir anabhiṣvaṅgaḥ; putradāragṛhādiṣu /
nityaṃ ca samacittatvam; iṣṭāniṣṭopapattiṣu // 13.9

asaktir: el desprendimiento **anabhiṣvaṅgaḥ:** la falta de apego **putra-:** por los hijos **-dāra** la mujer **-:-gṛhādiṣu:** la casa, etc. **nityaṃ:** constante **ca:** y **samacittatvam:** la ecuanimidad mental **iṣṭa-:** agradables **-aniṣṭa-:** y desagradables **-upapattiṣu:** ante los sucesos **13.9**

mayi cānanyayogena; bhaktir avyabhicāriṇī /
viviktadeśasevitvam; aratir janasaṃsadi // 13.10

mayi: a mí **ca:** y **ananyayogena:** exclusiva **bhaktir:** la devoción **avyabhicāriṇī:** infalible **viviktadeśasevitvam:** residencia en lugares solitarios **aratir:** el fastidio **janasaṃsadi:** en medio de la multitud **13.10**

adhyātmajñānanityatvaṃ; tattvajñānārthadarśanam /
etaj jñānam iti proktam; ajñānaṃ yad ato 'nyathā // 13.11

adhyātmajñāna-: en el conocimiento del *ātman* **-nityatvaṃ:** la constancia **tattva-:** de lo real **-jñāna-:** del conocimiento **-artha-:** de la meta final **-darśanam:** la visión **etaj:** eso **jñānam:** conocimiento **iti:** [comillas] **proktam:** es llamado **ajñānaṃ:** ignorancia **yad:** lo que **ato:** de aquí **anyathā:** es de otra manera **13.11**

jñeyaṃ yat tat pravakṣyāmi; yaj jñātvāmṛtam aśnute /
anādimat paraṃ brahma; na sat tan nāsad ucyate // 13.12

jñeyaṃ: que hay que conocer **yat:** aquello **tat:** eso **pravakṣyāmi:** hablaré **yaj:** lo **jñātvā** conociendo **amṛtam:** la inmortalidad **aśnute:** se alcanza **anādimat:** sin principio **paraṃ:** supremo **brahma:** el *brahman* **na:** no **sat:** ser **tan:** eso **na:** no **asad:** no ser **ucyate:** se dice **13.12**

sarvataḥpāṇipādaṃ tat; sarvatokṣiśiromukham /
sarvataḥśrutimal loke; sarvam āvṛtya tiṣṭhati // 13.13

sarvataḥpāṇipādaṃ: con pies y manos por todos lados **tat:**eso **sarvatokṣiśiromukham:** por todos lados con ojos, cabezas y bocas **sarvataḥśrutimal:** con oídos en todas partes **loke:** en este mundo **sarvam:** todo **āvṛtya:** envolviendo **tiṣṭhati:** permanece, está **13.13**

sarvendriyaguṇābhāsaṃ; sarvendriyavivarjitam /
asaktaṃ sarvabhṛc caiva; nirguṇaṃ guṇabhoktṛ ca // 13.14

sarvendriyaguṇābhāsaṃ: refleja las cualidades de todos los sentidos **sarvendriyavivarjitam:** desprovisto de cualquier sentido **asaktaṃ:** desasido **sarvabhṛc:** el que sustenta a todos los seres **ca:** y **eva:** [expletivo] **nirguṇaṃ:** Sin atributos **guṇabhoktṛ:** el que disfruta de los atributos **ca:** y **13.14**

bahir antaś ca bhūtānām; acaraṃ caram eva ca /
sūkṣmatvāt tad avijñeyaṃ; dūrasthaṃ cāntike ca tat // 13.15

bahir: fuera **antaś:** dentro **ca:** y **bhūtānām:** de los seres **acaraṃ:** inmóvil **caram:** movible **eva:** [expletivo] **ca:** y **sūkṣmatvāt:** por su sutileza **tad:** eso **avijñeyaṃ:** incomprensible **dūrasthaṃ:** estando lejos **ca:** y **antike:** cerca **ca:** y **tat:** eso **13.15**

avibhaktaṃ ca bhūteṣu; vibhaktam iva ca sthitam /
bhūtabhartṛ ca taj jñeyaṃ; grasiṣṇu prabhaviṣṇu ca // 13.16

avibhaktaṃ: indivisible **ca:** y **bhūteṣu:** entre los seres **vibhaktam** dividido**: iva:** como si **ca:** y **sthitam:** estando **bhūtabhartṛ:** sustenta a las criaturas **ca:** y **taj:** eso **jñeyaṃ:** debe ser conocido **grasiṣṇu:** quien las devora **prabhaviṣṇu:** quien las origina **ca:** y **13.16**

jyotiṣām api taj jyotis; tamasaḥ param ucyate /
jñānaṃ jñeyaṃ jñānagamyaṃ; hṛdi sarvasya viṣṭhitam // 13.17

jyotiṣām: de luces **api:** también **taj:** esa **jyotis:** luz **tamasaḥ:** de la oscuridad **param:** más allá **ucyate:** se dice **jñānaṃ:** el conocimiento **jñeyaṃ:** lo cognoscible **jñānagamyaṃ:** lo que se alcanza con el conocimiento **hṛdi:** en el corazón **sarvasya:** de todos **viṣṭhitam:** reside de forma especial **13.17**

iti kṣetraṃ tathā jñānaṃ; jñeyaṃ coktaṃ samāsataḥ /
madbhakta etad vijñāya; madbhāvāyopapadyate // 13.18

iti: de esta manera **kṣetraṃ:** el campo **tathā:** así **jñānaṃ:** el conocimiento **jñeyaṃ:** lo cognoscible **ca:** y **uktaṃ:** ha sido explicado **samāsataḥ:** brevemente **madbhakta:** mi devoto **etad:** esto **vijñāya:** conociendo **madbhāvāya:** mi condición **upapadyate:** se vuelve digno de alcanzar **13.18**

prakṛtiṃ puruṣaṃ caiva; viddhy anādī ubhāv api /
vikārāṃś ca guṇāṃś caiva; viddhi prakṛtisaṃbhavān // 13.19

prakṛtiṃ: la naturaleza **puruṣaṃ:** el espíritu **ca:** y **eva:** [expletivo] **viddhy:** considera **anādī:** no tiene principio **ubhāv:** ambos **api:** incluso **vikārāṃś:** las mutaciones **ca:** y **guṇāṃś:** las energías **ca:** y **eva:** [expletivo] **viddhi:** considera, entiende **prakṛtisaṃbhavān:** que tienen su origen en la naturaleza **13.19**

kāryakāraṇakartṛtve; hetuḥ prakṛtir ucyate /
puruṣaḥ sukhaduḥkhānāṃ; bhoktṛtve hetur ucyate // 13.20

kāryakāraṇakartṛtve: del efecto, el instrumento y la agencia **hetuḥ:** la causa **prakṛtir:** la naturaleza **ucyate:** es llamada, es considerada **puruṣaḥ:** el espíritu **sukha-:** del placer **-duḥkhānāṃ:** y del dolor **bhoktṛtve:** de la experiencia **hetur:** la causa **ucyate:** es llamada, es considerada **13.20**

puruṣaḥ prakṛtistho hi; bhuṅkte prakṛtijān guṇān /
kāraṇaṃ guṇasaṅgo 'sya; sadasadyonijanmasu // 13.21

puruṣaḥ: el espíritu **prakṛtistho:** morando en la naturaleza **hi:** ya que **bhuṅkte:** disfruta **prakṛtijān:** que nacen de la naturaleza **guṇān:** de las energías **kāraṇaṃ:** la causa **guṇasaṅgo:** apego a las energías **asya:** su **sadasadyoni-:** en vientres puros e impuros **-janmasu:** nacimientos **13.21**

upadraṣṭānumantā ca; bhartā bhoktā maheśvaraḥ /
paramātmeti cāpy ukto; dehe 'smin puruṣaḥ paraḥ // 13.22

upadraṣṭā-: testigo interior **anumantā-:** el que autoriza **ca: bhartā:** el sustentador **bhoktā:** el que experimenta **maheśvaraḥ:** el Gran Señor **paramātmā** *ātman* trascendental **iti:** que **ca:** y **apy:** también **ukto:** se ha dicho **dehe** en el cuerpo**: asmin:** este **puruṣaḥ:** la persona **paraḥ:** suprema **13.22**

ya evaṃ vetti puruṣaṃ; prakṛtiṃ ca guṇaiḥ saha /
sarvathā vartamāno 'pi; na sa bhūyo 'bhijāyate // 13.23

ya: quien **evaṃ:** así **vetti:** conoce **puruṣaṃ:** el Espíritu **prakṛtiṃ:** la Naturaleza **ca:** y **guṇaiḥ:** con las energías **saha:** junto **sarvathā:** de cualquier manera **vartamāno:** que se encuentre, que viva, que exista **api:** incluso **na:** no **sa:** ese **bhūyo:** de nuevo **abhijāyate:** renace **13.23**

dhyānenātmani paśyanti; ke cid ātmānam ātmanā /
anye sāṃkhyena yogena; karmayogena cāpare // 13.24

dhyānena: gracias a la meditación **ātmani:** en sí mismo **paśyanti:** contemplan **ke cid:** unos, algunos **ātmānam:** el sí mismo **ātmanā:** por sí mismos **anye:** otros **sāṃkhyena:** del conocimiento **yogena:** mediante el yoga **karmayogena:** el yoga de la acción. **ca: apare:** otros, algunos **13.24**

**anye tv evam ajānantaḥ; śrutvānyebhya upāsate /
te 'pi cātitaranty eva; mṛtyuṃ śrutiparāyaṇāḥ // 13.25**

anye: otros **tv:** aun **evam:** así **ajānantaḥ:** desconociéndolo **śrutvā:** escuchando **anyebhya:** de otros **upāsate:** le adoran; piensan en él **te:** estos **api:** también **ca:** y **atitaranty:** van más allá **eva:** también **mṛtyuṃ:** de la muerte **śrutiparāyaṇāḥ:** consagrados a la enseñanza oral **13.25**

**yāvat saṃjāyate kiṃ cit; sattvaṃ sthāvarajaṅgamam /
kṣetrakṣetrajñasaṃyogāt; tad viddhi bharatarṣabha // 13.26**

yāvat: cuanto **saṃjāyate:** nace **kiṃ cit:** cualquier **sattvaṃ:** ser **sthāvara-:** inanimado **-jaṅgamam:** o animado **kṣetra-:** del campo **-kṣetrajña-:** y del conocedor del campo **-saṃyogāt:** de la unión **tad:** eso **viddhi:** considera **bharatarṣabha:** excelso Bhárata **13.26**

**samaṃ sarveṣu bhūteṣu; tiṣṭhantaṃ parameśvaram /
vinaśyatsv avinaśyantaṃ; yaḥ paśyati sa paśyati // 13.27**

samaṃ: por igual **sarveṣu:** en todos **bhūteṣu:** los seres **tiṣṭhantaṃ:** morando **parameśvaram:** al Señor Supremo **vinaśyatsv:** entre los perecederos **avinaśyantaṃ:** imperecedero **yaḥ:** el que **paśyati: sa:** ese **paśyati:** contempla **13.27**

**samaṃ paśyan hi sarvatra; samavasthitam īśvaram /
na hinasty ātmanātmānaṃ; tato yāti parāṃ gatim // 13.28**

samaṃ: por igual **paśyan:** viendo **hi: sarvatra:** en todas partes **samavasthitam:** residiendo el mismo **īśvaram:** Señor **na:** no **hinasty:** se hiere **ātmanā:** con su mente **ātmānaṃ:** a sí mismo **tato: yāti:** alcanza **parāṃ:** supremo **gatim:** objetivo **13.28**

**prakṛtyaiva ca karmāṇi; kriyamāṇāni sarvaśaḥ /
yaḥ paśyati tathātmānam; akartāraṃ sa paśyati // 13.29**

prakṛtyā: por la naturaleza **eva:** [expletivo] **ca:** y **karmāṇi:** las acciones **kriyamāṇāni:** que son ejecutadas **sarvaśaḥ:** siempre **yaḥ:** quien **paśyati:** ve **tathā:** así **ātmānam:** al *ātman* **akartāraṃ:** no agente **sa:** ese **paśyati:** ve **13.29**

**yadā bhūtapṛthagbhāvam; ekastham anupaśyati /
tata eva ca vistāraṃ brahma; saṃpadyate tadā // 13.30**

yadā: cuando **bhūta-:** de los seres **-pṛthagbhāvam:** el estado de separación **ekastham:** confluye en un solo punto **anupaśyati:** percibe **tata:** de donde **eva:** [expletivo] **ca:** y **vistāraṃ:** la expansión **brahma:** en el *brahman* **saṃpadyate:** se reabsorbe **tadā:** entonces **13.30**

anāditvān nirguṇatvāt; paramātmāyam avyayaḥ /
śarīrastho 'pi Kaunteya; na karoti na lipyate // 13.31

anāditvān: que no tiene principio **nirguṇatvāt:** a causa de no poseer cualidades o atributos **paramātmā:** *ātman* supremo **ayam:** este **avyayaḥ:** imperecedero **śarīrastho:** estando en el cuerpo **api:** aun **kaunteya:** Kaunteya **na:** no **karoti:** ejecuta **na:** no **lipyate:** se contamina **13.31**

yathā sarvagataṃ saukṣmyād; ākāśaṃ nopalipyate /
sarvatrāvasthito dehe; tathātmā nopalipyate // 13.32

yathā: al igual **sarvagataṃ:** omnipresente **saukṣmyād:** por su sutileza **ākāśaṃ:** el espacio **na:** no **upalipyate:** se mancha **sarvatrā:** en todo **avasthito:** establecido **dehe:** el cuerpo **tathā:** del mismo modo **ātmā:** el *ātman* **na:** no **upalipyate:** se mancha **13.32**

yathā prakāśayaty ekaḥ; kṛtsnaṃ lokam imaṃ raviḥ /
kṣetraṃ kṣetrī tathā kṛtsnaṃ; prakāśayati bhārata // 13.33

yathā: al igual **prakāśayaty:** ilumina **ekaḥ:** un único **kṛtsnaṃ:** todo **lokam:** universo **imaṃ:** este **raviḥ:** Sol **kṣetraṃ:** el campo **kṣetrī:** el señor del campo **tathā:** así **kṛtsnaṃ:** entero **prakāśayati:** ilumina **bhārata:** Bhārata **13.33**

kṣetrakṣetrajñayor evam; antaraṃ jñānacakṣuṣā /
bhūtaprakṛtimokṣaṃ ca; ye vidur yānti te param // 13.34

kṣetra-: entre el campo **-kṣetrajñayor:** y el conocedor del campo **evam:** así **antaraṃ:** la diferencia **jñānacakṣuṣā:** con el ojo del conocimiento **bhūtaprakṛtimokṣaṃ:** liberación de la materia primera productora de seres [de la materia primera manifestada] **ca:** y **ye:** aquellos que **vidur:** saben **yānti:** alcanzan **te:** esos **param:** el lugar supremo **13.34**

Capítulo decimocuarto

14.1 **śrībhagavān uvāca**
śrī-: el venerable **-bhagavān:** Señor **uvāca:** dijo

paraṃ bhūyaḥ pravakṣyāmi; jñānānāṃ jñānam uttamam /
yaj jñātvā munayaḥ sarve; parāṃ siddhim ito gatāḥ // 14.1

paraṃ: supremo **bhūyaḥ:** una vez más **pravakṣyāmi:** proclamaré **jñānānāṃ:** de los saberes **jñānam:** el saber **uttamam:** excelso **yaj:** el que **jñātvā:** conociendo **munayaḥ:** los sabios **sarve:** todos **parāṃ:** la más alta **siddhim:** perfección **ito:** a partir de aquí **gatāḥ:** alcanzaron **14.1**

idaṃ jñānam upāśritya; mama sādharmyam āgatāḥ /
sarge 'pi nopajāyante ; pralaye na vyathanti ca // 14.2

idaṃ: este **jñānam:** conocimiento **upāśritya:** recurriendo **mama:** mí **sādharmyam:** similitud de cualidades, comunión **āgatāḥ:** llegados **sarge:** al inicio de la creación **api:** incluso **na :** no **upajāyante:** nace **pralaye:** en el fin del mundo **na:** no **vyathanti:** se atormenta **ca:** y **14.2**

mama yonir mahad brahma; tasmin garbhaṃ dadhāmy aham /
saṃbhavaḥ sarvabhūtānāṃ; tato bhavati bhārata // 14.3

mama: mi **yonir:** matriz **mahad:** el gran **brahma:** sustentador **tasmin:** en él **garbhaṃ:** la semilla **dadhāmy:** deposito **aham:** yo **saṃbhavaḥ:** el origen **sarvabhūtānāṃ:** de todos los seres **tato:** de ahí **bhavati:** se produce **bhārata:** ¡oh, descendiente de Bhárata! **14.3**

sarvayoniṣu kaunteya; mūrtayaḥ saṃbhavanti yāḥ /
tāsāṃ brahma mahad yonir; ahaṃ bījapradaḥ pitā // 14.4

sarvayoniṣu: en todos los vientres **kaunteya:** Kaunteya **mūrtayaḥ:** las formas **saṃbhavanti:** surjen **yāḥ:** que **tāsāṃ:** de ellas **brahma:** Brahma, el sustentador **mahad:** el gran **yonir:** matriz **ahaṃ:** yo **bījapradaḥ:** que dispensa la semilla **pitā:** el padre **14.4**

sattvaṃ rajas tama iti; guṇāḥ prakṛtisaṃbhavāḥ /
nibadhnanti mahābāho; dehe dehinam avyayam // 14.5

sattvaṃ: *sattva* **rajas:** *rajas* **tama:** *tamas* **iti: guṇāḥ:** las energías, los *guṇa* **prakṛtisaṃbhavāḥ:** que nacen de la materia **nibadhnanti:** Encadenan **mahābāho:** ¡oh, tú, de poderosos brazos! **dehe:** al cuerpo **dehinam:** el alma **avyayam:** imperecedera **14.5**

tatra sattvaṃ nirmalatvāt; prakāśakam anāmayam /
sukhasaṅgena badhnāti; jñānasaṅgena cānagha // 14.6

tatra: aquí, en este caso **sattvaṃ:** *sattva* **nirmalatvāt:** por su pureza **nirmalatvāt:** iluminador **anāmayam:** saludable **sukhasaṅgena:** mediante el apego a la felicidad **badhnāti:** ata, encadena **jñānasaṅgena:** el apego al conocimiento **ca:** y **anagha:** ¡oh, impoluto! **14.6**

rajo rāgātmakaṃ viddhi; tṛṣṇāsaṅgasamudbhavam /
tan nibadhnāti Kaunteya; karmasaṅgena dehinam // 14.7

rajo: *rajas* **rāgātmakaṃ:** caracterizado por la pasión **viddhi:** conoce, considera, entiende **tṛṣṇā-:** el deseo **-saṅga-:** y el apego **-samudbhavam:** cuyo origen es **tan:** ese **nibadhnāti:** ata, encadena **kaunteya:** Kaunteya **karmasaṅgena:** mediante el apego a la acción **dehinam:** al alma **14.7**

tamas tv ajñānajaṃ viddhi; mohanaṃ sarvadehinām /
pramādālasyanidrābhis; tan nibadhnāti bhārata // 14.8

tamas: *tamas* **tv:** pero **ajñānajaṃ:** nace de la ignorancia **viddhi:** conoce, considera, entiende **mohanaṃ:** la confusión **sarvadehinām:** de todos los seres **pramāda-:** el descuido **-ālasya-:** la pereza **-nidrābhis:** la somnolencia **tan:** ese **nibadhnāti:** encadena **bhārata:** Bhárata **14.8**

sattvaṃ sukhe sañjayati; rajaḥ karmaṇi bhārata /
jñānam āvṛtya tu tamaḥ; pramāde sañjayaty uta // 14.9

sattvaṃ: *sattva* **sukhe:** para la felicidad **sañjayati:** surge **rajaḥ:** *rajas* **karmaṇi:** para la acción **bhārata:** Bhárata **jñānam:** el conocimiento **āvṛtya:** cubriendo **tu:** pero **tamaḥ:** *tamas* **pramāde:** para la inadvertencia **sañjayaty:** surge **uta:** [expletivo] **14.9**

rajas tamaś cābhibhūya; sattvaṃ bhavati bhārata /
rajaḥ sattvaṃ tamaś caiva; tamaḥ sattvaṃ rajas tathā // 14.10

rajas: *rajas* **tamaś:** *tamas* **ca:** y **abhibhūya:** prevaleciendo **sattvaṃ:** *sattva* **bhavati:** surge **bhārata:** Bhárata **rajaḥ:** *rajas* **sattvaṃ:** *sattva* **tamaś:** *tamas* **ca:** y **eva:** también **tamaḥ:** *tamas* **sattvaṃ:** *sattva* **rajas:** *rajas* **tathā:** asimismo **14.10**

sarvadvāreṣu dehe 'smin; prakāśa upajāyate /
jñānaṃ yadā tadā vidyād; vivṛddhaṃ sattvam ity uta // 14.11

sarvadvāreṣu: en todas las puertas **dehe:** del cuerpo **asmin:** este **prakāśa:** la luz **upajāyate:** surge **jñānaṃ:** el conocimiento **yadā:** cuando **tadā:** entonces **vidyād:** sabrás, conocerás **vivṛddhaṃ:** crecido **sattvam:** *sattva* **ity:** que **uta:** [expletivo] **14.11**

lobhaḥ pravṛttir ārambhaḥ; karmaṇām aśamaḥ spṛhā /
rajasy etāni jāyante; vivṛddhe bharatarṣabha // 14.12

lobhaḥ: la codicia **pravṛttir:** la actividad **ārambhaḥ:** la iniciativa a **karmaṇām:** las acciones **aśamaḥ:** la inquietud **spṛhā:** el anhelo **rajasy:** cuando *rajas* **etāni:**
jāyante: surgen **vivṛddhe:** está crecido, en ascendente **bharatarṣabha:** el Mejor de los Bhárata **14.12**

aprakāśo 'pravṛttiś ca; pramādo moha eva ca /
tamasy etāni jāyante; vivṛddhe kurunandana // 14.13

aprakāśo: la oscuridad **apravṛttiś:** la inactividad **ca:** y **pramādo:** la negligencia **moha:** la confusión **eva:** [expletivo] **ca:** y **tamasy:** cuando *tamas* **etāni:** estos **jāyante:** surgen **vivṛddhe:** está crecido, en ascendente **kurunandana:** ¡hijo de Kuru! **14.13**

yadā sattve pravṛddhe tu; pralayaṃ yāti dehabhṛt /
tadottamavidāṃ lokān; amalān pratipadyate // 14.14

yadā: cuando **sattve:** *sattva* **pravṛddhe:** está en ascendente **tu:** [expletivo] **pralayaṃ yāti:** va a la disolución, muere **dehabhṛt:** el alma, la que sostiene el cuerpo **tadā** entonces: **uttamavidāṃ:** de los que saben lo mejor **lokān:** los mundos **amalān:** impolutos **pratipadyate:** alcanza **14.14**

rajasi pralayaṃ gatvā; karmasaṅgiṣu jāyate /
tathā pralīnas tamasi; mūḍhayoniṣu jāyate // 14.15

rajasi: cuando *rajas* **pralayaṃ gatvā:** yendo a la disolución, muriendo **karmasaṅgiṣu:** entre los apegados a la acción **jāyate:** nace **tathā:** del mismo modo **pralīnas:** disuelto, muerto **tamasi:** cuando *tamas* **mūḍhayoniṣu:** de vientres estúpidos **jāyate:** nace **14.15**

karmaṇaḥ sukṛtasyāhuḥ; sāttvikaṃ nirmalaṃ phalam /
rajasas tu phalaṃ duḥkham; ajñānaṃ tamasaḥ phalam // 14.16

karmaṇaḥ: de la acción **sukṛtasya:** bien hecha **āhuḥ:** dicen **sāttvikaṃ:** sáttvico **nirmalaṃ:** puro **phalam:** fruto **rajasas:** de la rajásica **tu:** pero **phalaṃ:** fruto **duḥkham:** el dolor **ajñānaṃ:** la ignorancia **tamasaḥ:** de la tamásica **phalam:** fruto **14.16**

sattvāt saṃjāyate jñānaṃ; rajaso lobha eva ca /
pramādamohau tamaso; bhavato 'jñānam eva ca // 14.17

sattvāt: del *sattva* **saṃjāyate:** nace **jñānaṃ:** el conocimiento **rajaso:** del *rajas* **lobha:** la codicia **eva:** [expletivo] **ca:** y **pramāda-:** el descuido **-mohau:** y la confusión **tamaso:** del *tamas* **bhavato:** surgen **ajñānam:** la ignorancia **eva:** también **ca:** y **14.17**

ūrdhvaṃ gacchanti sattvasthā; madhye tiṣṭhanti rājasāḥ /
jaghanyaguṇavṛttasthā; adho gacchanti tāmasāḥ // 14.18

ūrdhvaṃ: hacia arriba **gacchanti:** van **sattvasthā:** los que están en el *sattva* **madhye:** en el medio **tiṣṭhanti:** permanecen **rājasāḥ:** los rajásicos **jaghanyaguṇavṛttasthā:** con un comportamiento de ínfima categoría o deleznable **adho:** al fondo **gacchanti:** van **tāmasāḥ:** los tamásicos **14.18**

nānyaṃ guṇebhyaḥ kartāraṃ; yadā draṣṭānupaśyati /
guṇebhyaś ca paraṃ vetti; madbhāvaṃ so 'dhigacchati // 14.19

na: no **anyaṃ:** otro **guṇebhyaḥ:** que los *guṇa* **kartāraṃ:** agente **yadā:** cuando **draṣṭā:** el vidente, el testigo, la consciencia **anupaśyati:** contempla, observa **guṇebhyaś:** de los *guṇa* **ca:** y **paraṃ:** más allá **vetti:** conoce **madbhāvaṃ:** mi condición **so:** ese **adhigacchati:** alcanza **14.19**

guṇān etān atītya trīn; dehī dehasamudbhavān /
janmamṛtyujarāduḥkhair; vimukto 'mṛtam aśnute // 14.20

guṇān: *guṇa* **etān:** estos **atītya:** dejando atrás **trīn:** los tres **dehī:** el alma encarnada **dehasamudbhavān:** que son el origen del cuerpo **janma-:** del nacimiento **-mṛtyu-:** la muerte **-jarā-:** y la vejez **-duḥkhair:** del dolor **vimukto:** liberado **amṛtam:** de la inmortalidad **aśnute:** disfruta **14.20**

14.21 arjuna uvāca
arjuna: Arjuna **uvāca:** dijo

kair liṅgais trīn guṇān etān; atīto bhavati prabho /
kimācāraḥ kathaṃ caitāṃs: trīn guṇān ativartate // 14.21

kair: ¿qué? **liṅgais:** señales **trīn:** los tres **guṇān:** *guṇa* **etān:** estos **atīto bhavati:** ha trascendido **prabho:** Prabhú! **kimācāraḥ:** ¿cómo se comporta? **kathaṃ:** ¿cómo? **ca:** y **etāṃs:** estos **trīn:** tres **guṇān:** *guṇa* **ativartate:** supera **14.21**

14.22 śrībhagavān uvāca
śrī-: el venerable **-bhagavān:** Señor **uvāca:** dijo

prakāśaṃ ca pravṛttiṃ ca: moham eva ca pāṇḍava /
na dveṣṭi saṃpravṛttāni; na nivṛttāni kāṅkṣati // 14.22

prakāśaṃ: la luz **ca:** y **pravṛttiṃ:** la actividad **ca:** y **moham:** la ilusión **eva:** [expletivo] **ca:** y **pāṇḍava:** Pāṇḍava **na:** no **dveṣṭi:** odia, detesta **saṃpravṛttāni:** empezadas, puestas en marcha **na: nivṛttāni:** detenidas, paradas **kāṅkṣati:** desea **14.22**

udāsīnavad āsīno; guṇair yo na vicālyate /
guṇā vartanta ity eva; yo 'vatiṣṭhati neṅgate // 14.23

udāsīnavad: como un indiferente **āsīno:** sentado **guṇair:** por las energías **yo:** ese **na:** no **vicālyate:** es trastornado **guṇā:** las energías **vartanta:** operan **ity:** [comillas] **eva:** [expletivo] **yo:** el que **avatiṣṭhati:** permanece firme **na:** no **iṅgate:** se inmuta. **14.23**

samaduḥkhasukhaḥ svasthaḥ; samaloṣṭāśmakāñcanaḥ /
tulyapriyāpriyo dhīras; tulyanindātmasaṃstutiḥ // 14.24

sama-: igual, ecuánime **-duḥkha-:** ante el dolor **-sukhaḥ:** y el placer **svasthaḥ:** permaneciendo en sí mismo **sama-:** igual, ecuánime **-loṣṭāśma-:** ante un terrón de tierra **-kāñcanaḥ:** o un lingote de oro **tulya-:** igual, ecuánime **-priya-:** ante lo agradable **-apriyo:** y lo desagradable **dhīras:** sabio **tulya-:** igual, ecuánime **-nindā-:** ante la censura **-ātmasaṃstutiḥ:** y la alabanza **14.24**

mānāvamānayos tulyas; tulyo mitrāripakṣayoḥ /
sarvārambhaparityāgī; guṇātītaḥ sa ucyate // 14.25

māna-: ante el honor **-avamānayos:** y el deshonor **tulyas:** igual, ecuánime **tulyo:** igual, ecuánime **mitra-:** del amigo **-ari-:** y el enemigo **-pakṣayoḥ:** en los bandos **sarvārambha-parityāgī:** que ha renunciado a toda empresa **guṇātītaḥ:** que ha trascendido los *guṇa* **sa:** ese **ucyate:** se llama **14.25**

māṃ ca yo 'vyabhicāreṇa; bhaktiyogena sevate /
sa guṇān samatītyaitān; brahmabhūyāya kalpate // 14.26

māṃ: me **ca:** y **yo:** quien **avyabhicāreṇa:** inquebrantable, infalible **bhaktiyogena:** con el yoga de una devoción **sevate:** sirve **sa:** ese **guṇān:** de los *guṇa* **samatītya:** yendo más allá **etān:** de estos **brahmabhūyāya:** de convertirse en *brahman* **kalpate:** se vuelve digno **14.26**

brahmaṇo hi pratiṣṭhāham; amṛtasyāvyayasya ca /
śāśvatasya ca dharmasya; sukhasyaikāntikasya ca // 14.27

brahmaṇo: del *brahman* **hi:** ya que **pratiṣṭhā:** el fundamento **aham:** yo **amṛtasya-:** inmortal **avyayasya:** eterno **ca:** y **śāśvatasya:** perenne **ca:** y **dharmasya:** del dharma **sukhasya:** de la felicidad **ekāntikasya:** absoluta **ca:** y **14.27**

Capítulo decimoquinto

15.1 **śrībhagavān uvāca**
śrī-: el venerable **-bhagavān:** Señor **uvāca:** dijo

ūrdhvamūlam adhaḥśākham; aśvatthaṃ prāhur avyayam /
chandāṃsi yasya parṇāni; yas taṃ veda sa vedavit // 15.1

ūrdhvamūlam: con las raíces arriba **adhaḥśākham:** con las ramas abajo **aśvatthaṃ:** higuera sagrada, **prāhur:** hablan **avyayam:** imperecedera **chandāṃsi:** los versos **yasya:** cuyas **parṇāni:** hojas **yas:** el que **taṃ:** a ese **veda:** conoce **sa:** ese **vedavit:** conoce los *Vedas* **15.1**

adhaś cordhvaṃ prasṛtās tasya śākhā; guṇapravṛddhā viṣayapravālāḥ /
adhaś ca mūlāny anusaṃtatāni; karmānubandhīni manuṣyaloke // 15.2

adhaś: abajo **ca:** y **urdhvaṃ:** arriba **prasṛtās:** extendidas **tasya:** **śākhā:** ramas **guṇa-pravṛddhā:** crecidas o henchidas de energías **viṣayapravālāḥ:** con los tiernos brotes de los objetos **adhaś:** hacia abajo **ca:** y **mūlāny:** las raíces **anusaṃtatāni:** extendidas **karmānubandhīni:** que ocasionan las acciones **manuṣyaloke:** en el mundo de los hombres. **15.2**

na rūpam asyeha tathopalabhyate; nānto na cādir na ca saṃpratiṣṭhā /
aśvattham enaṃ suvirūḍhamūlam; asaṅgaśastreṇa dṛḍhena chittvā // 15.3

na: no **rūpam:** forma **asya:** su **iha:** aquí **tathā:** así **upalabhyate:** se percibe **na:** no **anto:** el fin **na:** no **ca:** y **ādir:** el principio **na:** no **ca:** y **saṃpratiṣṭhā:** el fundamento **aśvattham:** higuera sagrada **enaṃ:** esta **suvirūḍhamūlam:** de raíces bien crecidas **asaṅgaśastreṇa:** la espada del desapego **dṛḍhena:** firme **chittvā:** cortando **15.3**

tataḥ padaṃ tatparimārgitavyaṃ; yasmin gatā na nivartanti bhūyaḥ /
tam eva cādyaṃ puruṣaṃ prapadye; yataḥ pravṛttiḥ prasṛtā purāṇī // 15.4

tataḥ: entonces **padaṃ:** supremo **tatparimārgitavyaṃ:** que hay que buscar ese estado **yasmin:** al cual **gatā:** idos **na:** no [con *bhūyaḥ*] **nivartanti:** regresan **bhūyaḥ:** nunca más [con partícula negativa] **tam:** ese **eva:** mismo **ca:** y **ādyaṃ:** primordial **puruṣaṃ:** Puruṣa **prapadye:** alcanza **yataḥ:** del cual **pravṛttiḥ:** flujo creativo **prasṛtā:** emanó **purāṇī:** el primer **15.4**

nirmānamohā jitasaṅgadoṣā; adhyātmanityā vinivṛttakāmāḥ /
dvaṃdvair vimuktāḥ sukhaduḥkhasaṃjñair; gacchanty amūḍhāḥ padam avyayaṃ tat // 15.5

nirmānamohā: sin orgullo ni quimeras o ilusiones **jitasaṅgadoṣā:** vencido el vicio del apego **adhyātmanityā** en la constante presencia del *ātman* **vinivṛttakāmāḥ:** con los deseos aquietados **dvaṃdvair:** de los opuestos **vimuktāḥ:** liberado **sukha-:** el placer **-duḥkha-:** y el dolor **-saṃjñair:** llamados, conocidos como **gacchanty:** van, alcanzan **amūḍhāḥ:** las personas lúcidas, los que no son necios o ilusos **padam:** el ámbito **avyayaṃ:** lo imperecedero **tat:** eso **15.5**

na tad bhāsayate sūryo; na śaśāṅko na pāvakaḥ /
yad gatvā na nivartante; tad dhāma paramaṃ mama // 15.6

na: no **tad:** esp **bhāsayate:** ilumina **sūryo:** el sol **na:** no **śaśāṅko:** la luna **na:** no **pāvakaḥ:** el fuego **yad:** la cual **gatvā:** al alcanzar **na:** no **nivartante:** regresan **tad:** esa **dhāma:** morada **paramaṃ:** suprema **mama:** mi **15.6**

mamaivāṃśo jīvaloke; jīvabhūtaḥ sanātanaḥ /
manaḥṣaṣṭhānīndriyāṇi; prakṛtisthāni karṣati // 15.7

mama: de mi **eva:** solo **aṃśo:** un fragmento **jīvaloke:** en este mundo vivo **jīvabhūtaḥ:** se convierte en el alma encarnada **sanātanaḥ:** eterno **manaḥṣaṣṭhānīndriyāṇi:** los sentidos cuyo sexto es la mente, los sentidos con la mente como sexto **prakṛtisthāni:** que moran en la naturaleza. **karṣati:** atrae hacia sí **15.7**

śarīraṃ yad avāpnoti yac; cāpy utkrāmatīśvaraḥ /
gṛhītvaitāni saṃyāti; vāyur gandhān ivāśayāt // 15.8

śarīraṃ: cuerpo **yad:** el que **avāpnoti:** adopte **yac:** el que **ca:** y **apy:** también **utkrāmati** abandone **īśvaraḥ:** el Señor **gṛhītvā:** tomando **etāni:** estos **saṃyāti:** emprende su partida **vāyur:** el viento **gandhān:** los olores **iva:** como **āśayāt:** de su sustrato o lugar **15.8**

śrotraṃ cakṣuḥ sparśanaṃ ca; rasanaṃ ghrāṇam eva ca /
adhiṣṭhāya manaś cāyaṃ; viṣayān upasevate // 15.9

śrotraṃ: al oído **cakṣuḥ:** a la vista **sparśanaṃ:** al tacto **ca:** y **rasanaṃ:** al gusto **ghrāṇam:** al olfato **eva:** [expletivo] **ca** y **adhiṣṭhāya:** recurriendo **manaś:** la mente **ca:** y **ayaṃ:** este **viṣayān:** de los objetos **upasevate:** disfruta **15.9**

utkrāmantaṃ sthitaṃ vāpi; bhuñjānaṃ vā guṇānvitam /
vimūḍhā nānupaśyanti; paśyanti jñānacakṣuṣaḥ // 15.10

utkrāmantaṃ: está saliendo **sthitaṃ:** residiendo **vā:** o **api:** también **bhuñjānaṃ:** disfrutando **vā:** o **guṇānvitam:** asociado con los *guṇa* **vimūḍhā:** los ignorantes **na:** no **anupaśyanti:** ven **paśyanti:** ven **jñānacakṣuṣaḥ:** cuyo ojo es el conocimiento **15.10**

yatanto yoginaś cainaṃ; paśyanty ātmany avasthitam /
yatanto 'py akṛtātmāno; nainaṃ paśyanty acetasaḥ // 15.11

yatanto: esforzándose **yoginaś:** los yoguis **ca:** y **enaṃ:** lo **paśyanty** contemplan: **ātmany:** en uno mismo **avasthitam:** residiendo **yatanto:** se esfuercen **apy:** aunque **akṛtātmāno:** sin dominio de sí **na:** no **enaṃ:** lo **paśyanty:** contemplan **acetasaḥ:** los insensatos **15.11**

yad ādityagataṃ tejo; jagad bhāsayate 'khilam /
yac candramasi yac cāgnau; tat tejo viddhi māmakam // 15.12

yad: ese **ādityagataṃ:** que está en el sol **tejo:** resplandor **jagad:** el mundo **bhāsayate:** ilumina **akhilam:** entero **yac:** ese **candramasi:** en la luna **yac:** ese **ca:** y **agnau:** en el fuego **tat:** ese **tejo:** resplandor **viddhi:** conoce, considera **māmakam:** mi propio **15.12**

gām āviśya ca bhūtāni; dhārayāmy aham ojasā /
puṣṇāmi cauṣadhīḥ sarvāḥ; somo bhūtvā rasātmakaḥ // 15.13

gām: en la tierra **āviśya:** penetrando **ca:** y **bhūtāni:** a los seres **dhārayāmy:** sustento **aham:** yo **ojasā:** con energía **puṣṇāmi:** nutro **ca:** y **oṣadhīḥ:** las plantas **sarvāḥ:** todas **somo:** *soma* **bhūtvā:** convertido **rasātmakaḥ:** caracterizado por la savia **15.13**

ahaṃ vaiśvānaro bhūtvā; prāṇināṃ deham āśritaḥ /
prāṇāpānasamāyuktaḥ; pacāmy annaṃ caturvidham // 15.14

ahaṃ: yo **vaiśvānaro:** en Vaiśvānara **bhūtvā:** convirtiendo **prāṇināṃ:** de los seres **deham** en el cuerpo: **āśritaḥ:** residiendo **prāṇa-:** inspiración **-apāna-:** y espiración **-samāyuktaḥ:** dotado de **pacāmy:** digiero **annaṃ:** de comida **caturvidham:** los cuatro tipos **15.14**

sarvasya cāhaṃ hṛdi saṃniviṣṭo; mattaḥ smṛtir jñānam apohanaṃ ca /
vedaiś ca sarvair aham eva vedyo; vedāntakṛd vedavid eva cāham // 15.15

sarvasya: de todos **ca:** y **ahaṃ:** yo **hṛdi:** en el corazón **saṃniviṣṭo:** he penetrado **mattaḥ:** de mí **smṛtir:** el recuerdo **jñānam:** el conocimiento **apohanaṃ:** refutación **ca:** y **vedaiś:** los *Vedas* **ca:** y **sarvair:** de todos **aham:** yo **eva:** [expletivo] **vedyo:** el objeto de conocimiento **vedāntakṛd:** el creador del *vedānta* **vedavid:** el conocedor de los *Vedas* **eva:** [expletivo] **ca:** y **aham:** yo **15.15**

dvāv imau puruṣau loke; kṣaraś cākṣara eva ca /
kṣaraḥ sarvāṇi bhūtāni; kūṭastho 'kṣara ucyate // 15.16

dvāv: dos **imau:** estas **puruṣau:** personas **loke:** en el mundo **kṣaraś:** la perecedera **ca:** y **akṣara:** la imperecedera **eva:** [expletivo] **ca:** y **kṣaraḥ:** la perecedera **sarvāṇi:** todos **bhūtāni:** los seres **kūṭastho:** está en la cúspide **akṣara:** la imperecedera **ucyate:** dicen **15.16**

uttamaḥ puruṣas tv anyaḥ; paramātmety udāhṛtaḥ /
yo lokatrayam āviśya; bibharty avyaya īśvaraḥ // 15.17

uttamaḥ: excelente **puruṣas:** persona **tv:** [expletivo] **anyaḥ:** otra **paramātmā:** el *ātman* supremo **ity:** que **udāhṛtaḥ:** es llamada **yo:** aquel que **lokatrayam:** los tres mundos **āviśya:** habiendo penetrado **bibharty:** sostiene **avyaya:** inagotable **īśvaraḥ:** el Señor **15.17**

yasmāt kṣaram atīto 'ham; akṣarād api cottamaḥ /
ato 'smi loke vede ca; prathitaḥ puruṣottamaḥ // 15.18

yasmāt: puesto que **kṣaram:** de lo perecedero **atīto:** que está más allá **aham:** yo **akṣarād:** a lo imperecedero **api:** incluso **ca:** y **uttamaḥ:** superior **ato:** por lo tanto **asmi:** soy **loke** en este mundo: **vede:** en el Veda **ca:** y **prathitaḥ:** conocido **puruṣottamaḥ:** la Persona Suprema **15.18**

yo mām evam asaṃmūḍho; jānāti puruṣottamam /
sa sarvavid bhajati māṃ; sarvabhāvena bhārata // 15.19

yo: quien **mām:** me **evam:** así **asaṃmūḍho:** libre de ilusión **jānāti:** conoce **puruṣottamam:** Persona Suprema **sa:** ese **sarvavid:** que lo sabe todo **bhajati:** venera **māṃ:** me **sarvabhāvena:** con todo su ser **bhārata:** descendiente de Bhárata **15.19**

iti guhyatamaṃ śāstram; idam uktaṃ mayānagha /
etad buddhvā buddhimān syāt; kṛtakṛtyaś ca bhārata // 15.20

iti: hasta aquí, aquí [fin de narración] **guhyatamaṃ:** la más oculta **śāstram:** ciencia **idam:** esta **uktaṃ:** ha sido explicada **mayā:** por mí **anagha:** ¡impoluto! **etad:** esto **buddhvā:** conociendo **buddhimān:** un conocedor **syāt:** sé **kṛtakṛtyaś:** que ha hecho lo que tenía que hacer, ser realizado **ca:** y **bhārata:** ¡oh, Bhārata! **15.20**

Capítulo decimosexto

16.1 **śrībhagavān uvāca**
śrī-: el venerable **-bhagavān:** Señor **uvāca:** dijo

abhayaṃ sattvasaṃśuddhir; jñānayogavyavasthitiḥ /
dānaṃ damaś ca yajñaś ca; svādhyāyas tapa ārjavam // 16.1

abhayaṃ: ausencia de miedo **sattvasaṃśuddhir:** pureza mental **jñānayogavyavasthitiḥ:** continuidad en el conocimiento y en el yoga **dānaṃ:** liberalidad **damaś:** autocontrol **ca:** y **yajñaś:** sacrificio **ca:** y **svādhyāyas:** estudio **tapa:** austeridad **ārjavam:** rectitud **16.1**

ahiṃsā satyam akrodhas; tyāgaḥ śāntir apaiśunam /
dayā bhūteṣv aloluptvaṃ; mārdavaṃ hrīr acāpalam // 16.2

ahiṃsā: no violencia **satyam** verdad: **akrodhas:** ausencia de cólera **tyāgaḥ:** renuncia **śāntir:** calma **apaiśunam:** falta de malicia **dayā:** compasión **bhūteṣv:** hacia los seres **aloluptvaṃ:** falta de codicia **mārdavaṃ:** amabilidad **hrīr:** decoro **acāpalam:** gravedad **16.2**

tejaḥ kṣamā dhṛtiḥ śaucam; adroho nātimānitā /
bhavanti saṃpadaṃ daivīm; abhijātasya bhārata // 16.3

tejaḥ: brillantez **kṣamā:** aguante **dhṛtiḥ:** firmeza **śaucam:** pureza **adroho:** ausencia de hostilidad **na:** no **atimānitā:** orgullo desmesurado **bhavanti:** son **saṃpadaṃ:** tendencia **daivīm:** divina **abhijātasya:** del nacido **bhārata:** Bhārata **16.3**

dambho darpo 'timānaś ca; krodhaḥ pāruṣyam eva ca /
ajñānaṃ cābhijātasya; pārtha saṃpadam āsurīm // 16.4

dambho: ostentación **darpo:** arrogancia **atimānaś:** orgullo **ca:** y **krodhaḥ:** cólera **pāruṣyam:** dureza **eva:** [expletivo] **ca:** y **ajñānaṃ:** ignorancia **ca:** y **abhijātasya:** del nacido **pārtha:** Pārtha **saṃpadam:** tendencia **āsurīm:** demoníaca **16.4**

daivī saṃpad vimokṣāya; nibandhāyāsurī matā /
mā śucaḥ saṃpadaṃ daivīm; abhijāto 'si pāṇḍava // 16.5

daivī: divina **saṃpad:** las tendencias **vimokṣāya:** a la liberación **nibandhāya:** a la esclavitud **āsurī:** las demoníacas **matā:** **mā:** no **śucaḥ:** sufras **saṃpadaṃ:** con tendencia **daivīm:** divina **abhijāto 'si:** has nacido **pāṇḍava:** Pāṇḍava **16.5**

dvau bhūtasargau loke 'smin; daiva āsura eva ca /
daivo vistaraśaḥ prokta; āsuraṃ pārtha me śṛṇu // 16.6

dvau: dos **bhūtasargau:** la creación de los seres **loke:** en mundo **asmin:** este **daiva:** **āsura:** demoníaca **eva:** [expletivo] **ca:** y **daivo:** divina **vistaraśaḥ:** ampliamente **prokta:** hablado, explicado **āsuraṃ:** demoníaca **pārtha:** Pārtha **me:** me **śṛṇu:** escucha **16.6**

pravṛttiṃ ca nivṛttiṃ ca; janā na vidur āsurāḥ /
na śaucaṃ nāpi cācāro; na satyaṃ teṣu vidyate // 16.7

pravṛttiṃ: la vida activa **ca:** y **nivṛttiṃ:** la vida contemplativa **ca:** y **janā:** las gentes **na:** no **vidur:** conocen **āsurāḥ:** demoníacas **na:** no **śaucaṃ:** pureza **na api ca:** ni tampoco y **acāro:** la buena conducta **na:** no **satyaṃ:** **teṣu:** en ellos **vidyate:** se encuentra **16.7**

asatyam apratiṣṭhaṃ te; jagad āhur anīśvaram /
aparasparasaṃbhūtaṃ; kim anyat kāmahaitukam // 16.8

asatyam: sin verdad **apratiṣṭhaṃ:** sin fundamento **te:** esos **jagad:** el mundo **āhur:** dicen **anīśvaram:** sin Dios **aparasparasaṃbhūtaṃ:** nacido por contacto mutuo **kim:** ¿qué? **anyat:** más **kāmahaitukam:** a causa del deseo **16.8**

etāṃ dṛṣṭim avaṣṭabhya; naṣṭātmāno 'lpabuddhayaḥ /
prabhavanty ugrakarmāṇaḥ; kṣayāya jagato 'hitāḥ // 16.9

etāṃ: esta **dṛṣṭim:** idea **avaṣṭabhya:** aferrándose **naṣṭātmāno:** de mente extraviada **alpabuddhayaḥ:** de poca inteligencia **prabhavanty:** prevalecen, se hacen fuertes **ugrakarmāṇaḥ:** con sus terribles acciones **kṣayāya:** para la destrucción **jagato:** del mundo **ahitāḥ:** gentes perversas **16.9**

kāmam āśritya duṣpūraṃ; dambhamānamadānvitāḥ /
mohād gṛhītvāsadgrāhān; pravartante 'śucivratāḥ // 16.10

kāmam: deseo **āśritya:** recurriendo **duṣpūraṃ:** insaciable **dambha-:** arrogancia **-māna** orgullo **-: -mada-:** furia **-anvitāḥ:** llenos **mohād:** a causa de la ilusión o la ignorancia **gṛhītvā:** asumiendo **asadgrāhān:** falsas ideas **pravartante:** proceden **aśucivratāḥ:** deshonestas **16.10**

cintām aparimeyāṃ ca; pralayāntām upāśritāḥ /
kāmopabhogaparamā; etāvad iti niścitāḥ // 16.11

cintām: ansia **aparimeyāṃ:** infinita **ca:** y **pralayāntām:** que solo termina con la destrucción **upāśritāḥ:** entregados **kāmopabhogaparamā:** cuyo objetivo supremo es el disfrute de los placeres **etāvad:** todo esto, justo esto **iti:** que **niścitāḥ:** la conclusión **16.11**

āśāpāśaśatair baddhāḥ; kāmakrodhaparāyaṇāḥ /
īhante kāmabhogārtham; anyāyenārthasaṃcayān // 16.12

āśāpāśaśatair: por los centenares de lazos de la esperanza, por los lazos innumerables de la esperanza **baddhāḥ:** atados **kāma-:** deseo **-krodha-:** rabia **-parāyaṇāḥ:** entregados, consagrados, sometidos **īhante:** se esfuerzan **kāmabhogārtham:** para el disfrute de los placeres **anyāyena:** por medios ilícitos **arthasaṃcayān:** en acumular riqueza **16.12**

idam adya mayā labdham; idaṃ prāpsye manoratham /
idam astīdam api me; bhaviṣyati punar dhanam // 16.13

idam: esto **adya:** hoy **mayā:** por mí **labdham:** ha sido conseguido **idaṃ:** este **prāpsye:** conseguiré **manoratham:** deseo **idam:** esto **asti:** es **idam:** esto **api:** también **me:** mío **bhaviṣyati:** será **punar:** también **dhanam:** riqueza **16.13**

asau mayā hataḥ śatrur; haniṣye cāparān api /
īśvaro 'ham ahaṃ bhogī; siddho 'haṃ balavān sukhī // 16.14

asau: este **mayā:** por mí **hataḥ:** ha sido eliminado o muerto **śatrur:** enemigo **haniṣye:** mataré, eliminaré **ca:** y **aparān:** otros **api:** también **īśvaro:** el amo **aham:** yo **ahaṃ:** yo **bhogī:** el gozador, el disfrutadir **siddho:** perfecto **ahaṃ:** yo **balavān:** poderoso **sukhī:** feliz **16.14**

āḍhyo 'bhijanavān asmi; ko 'nyo 'sti sadṛśo mayā /
yakṣye dāsyāmi modiṣya; ity ajñānavimohitāḥ // 16.15

āḍhyo: rico **abhijanavān:** bien nacido **asmi:** soy **ko:** ¿quién? **anyo:** otro **asti:** es **sadṛśo:** parecido **mayā:** a mí **yakṣye:** Sacrificaré **dāsyāmi:** haré donaciones **modiṣya:** me regocijaré **ity:** así piensan **ajñāna-:** por la ignorancia **-vimohitāḥ:** confundidos **16.15**

anekacittavibhrāntā; mohajālasamāvṛtāḥ /
prasaktāḥ kāmabhogeṣu; patanti narake 'śucau // 16.16

anekacitta-: por múltiples elucubraciones **-vibhrāntā:** confundidos **mohajāla-:-** por la telaraña de la ilusión **samāvṛtāḥ:** envueltos **prasaktāḥ:** enganchados, adictos **kāmabhogeṣu:** a los placeres del deseo, a los placeres de los sentidos **patanti:** caen **narake:** en un infierno **aśucau:** impuro, inmundo **16.16**

ātmasaṃbhāvitāḥ stabdhā; dhanamānamadānvitāḥ /
yajante nāmayajñais te; dambhenāvidhipūrvakam // 16.17

ātmasaṃbhāvitāḥ: pagados de sí mismos **stabdhā:** obstinados **dhana-:** de riqueza **-māna-:** soberbia **-mada-:** furia **-anvitāḥ:** llenos **yajante:** celebran sacrificios **nāmayajñais:** solo de nombre **te:** eso **dambhena:** en forma ostentosa **avidhipūrvakam:** irregular **16.17**

ahaṃkāraṃ balaṃ darpaṃ; kāmaṃ krodhaṃ ca saṃśritāḥ /
māṃ ātmaparadeheṣu; pradviṣanto 'bhyasūyakāḥ // 16.18

ahaṃkāraṃ: el egoísmo **balaṃ:** la fuerza **darpaṃ:** la insolencia **kāmaṃ:** el deseo **krodhaṃ:** la cólera **ca:** y **saṃśritāḥ:** que se apoyan en, refugiados en, atrincherados **māṃ:** a mí **ātmaparadeheṣu:** en los cuerpos propios o en los ajenos **pradviṣanto:** odian mucho **abhyasūyakāḥ:** gentes maliciosas **16.18**

tān ahaṃ dviṣataḥ krūrān; saṃsāreṣu narādhamān /
kṣipāmy ajasram aśubhān; āsurīṣv eva yoniṣu // 16.19

tān: a estos **ahaṃ:** yo **dviṣataḥ:** odiosos **krūrān:** crueles **saṃsāreṣu:** a lo largo de sus reencarnaciones **narādhamān:** canallas **kṣipāmy:** arrojo **ajasram:** continuamente, una y otra vez **aśubhān:** perniciosos **āsurīṣv:** demoníacos **eva:** [expletivo] **yoniṣu:** en vientres **16.19**

āsurīṃ yonim āpannā; mūḍhā janmani janmani /
māṃ aprāpyaiva Kaunteya; tato yānty adhamāṃ gatim // 16.20

āsurīṃ: demoníaco **yonim:** vientre **āpannā:** alcanzado **mūḍhā:** necios **janmani janmani:** nacimiento tras nacimiento **māṃ:** a mí **aprāpya:** no alcanzando **eva:** [expletivo] **kaun-**

teya: Kaunteya **tato:** a partir de aquí **yānty:** van **adhamāṃ:** más bajo, más hondo **gatim:** destino **16.20**

trividhaṃ narakasyedaṃ dvāraṃ nāśanam ātmanaḥ /
kāmaḥ krodhas tathā lobhas; tasmād etat trayaṃ tyajet // 16.21

trividhaṃ: triple **narakasya:** del infierno **idaṃ:** esta **dvāraṃ:** puerta **nāśanam:** la destrucción **ātmanaḥ:** propia **kāmaḥ:** el deseo **krodhas:** la cólera **tathā:** asimismo **lobhas:** la codicia **tasmād:** por lo tanto **etat:** estas **trayaṃ:** tres **tyajet:** abandona **16.21**

etair vimuktaḥ Kaunteya; tamodvārais tribhir naraḥ /
ācaraty ātmanaḥ śreyas; tato yāti parāṃ gatim // 16.22

etair: de estas **vimuktaḥ:** liberado **kaunteya:** Kaunteya **tamodvārais:** puertas de la oscuridad **tribhir:** tres **naraḥ:** el hombre **ācaraty:** realiza **ātmanaḥ:** para él **śreyas:** lo mejor **tato:** y por eso **yāti:** alcanza **parāṃ:** la suprema **gatim:** meta **16.22**

yaḥ śāstravidhim utsṛjya; vartate kāmakārataḥ /
na sa siddhim avāpnoti; na sukhaṃ na parāṃ gatim // 16.23

yaḥ: quien **śāstravidhim:** los preceptos de las escrituras **utsṛjya:** desechando **vartate:** se comporta **kāmakārataḥ:** a su antojo **na:** no **sa:** ese **siddhim** éxito: **avāpnoti:** alcanza **na:** no **sukhaṃ:** la felicidad **na:** no **parāṃ:** suprema **gatim:** meta **16.23**

tasmāc chāstraṃ pramāṇaṃ te; kāryākāryavyavasthitau /
jñātvā śāstravidhānoktaṃ; karma kartum ihārhasi // 16.24

tasmāc: pues **chāstraṃ:** las escrituras **pramāṇaṃ:** autoridad **te:** **kāryākāryavyavasthitau:** en lo que hay y no hay que hacer **jñātvā:** conociendo, sabiendo **śāstravidhānoktaṃ:** prescrita por las escrituras **karma:** la acción **kartum:** hacer, ejecutar **iha:** aquí **arhasi:** deberías **16.24**

Capítulo decimoséptimo

17.1 **arjuna uvāca**
arjuna-: Arjuna **uvāca:** dijo

ye śāstravidhim utsṛjya; yajante śraddhayānvitāḥ /
teṣāṃ niṣṭhā tu kā kṛṣṇa; sattvam āho rajas tamaḥ // 17.1

ye: aquellos que **śāstravidhim:** las prescripciones de las escrituras **utsṛjya:** abandonando **yajante:** celebran los sacrificios **śraddhayā-:** de fe **-anvitāḥ:** llenos **teṣāṃ:** de ellos **niṣṭhā:** la disposición **tu:** [expletivo] **kā:** ¿cuál? **kṛṣṇa:** Kṛṣṇa **sattvam:** *sattva* **āho:** o **rajas:** *rajas* **tamaḥ:** *tamas* **17.1**

17.2 **śrībhagavān uvāca**
śrī-: el venerable **-bhagavān:** Señor **uvāca:** dijo

trividhā bhavati śraddhā; dehināṃ sā svabhāvajā /
sāttvikī rājasī caiva; tāmasī ceti tāṃ śṛṇu // 17.2

trividhā: triple **bhavati:** es **śraddhā:** la fe **dehināṃ:** de las almas encarnadas **sā:** ella **svabhāvajā:** que nace de su propia naturaleza **sāttvikī:** sáttvica **rājasī:** rajásica **ca:** y **eva:** **tāmasī:** tamásica **ca:** y **iti:** que **tāṃ:** esto **śṛṇu:** escucha, presta atención **17.2**

sattvānurūpā sarvasya; śraddhā bhavati bhārata /
śraddhāmayo 'yaṃ puruṣo; yo yacchraddhaḥ sa eva saḥ // 17.3

sattvānurūpā: que se conforma a su mente **sarvasya:** de todos, de cada uno **śraddhā:** la fe **bhavati:** es **bhārata:** Bhārata **śraddhāmayo:** hecha de fe **ayaṃ:** esta **puruṣo:** persona **yo:** la que **yacchraddhaḥ:** como sea su fe **sa:** esa **eva:** misma **saḥ:** ella**17.3**

yajante sāttvikā devān; yakṣarakṣāṃsi rājasāḥ /
pretān bhūtagaṇāṃś cānye; yajante tāmasā janāḥ // 17.4

yajante: sacrifican **sāttvikā:** las personas sáttvicas **devān:** a los dioses **yakṣa-:** a los genios **-rakṣāṃsi:** y a los ogros **rājasāḥ:** las rajásicas **pretān:** a los espectros **bhūta-:** de espíritus **-gaṇāṃś:** grupos **ca:** y **anye:** otras **yajante:** sacrifican **tāmasā:** las tamásicas **janāḥ** gentes: **17.4**

aśāstravihitaṃ ghoraṃ; tapyante ye tapo janāḥ /
dambhāhaṃkārasaṃyuktāḥ; kāmarāgabalānvitāḥ // 17.5

aśāstravihitaṃ: no prescritas en las escrituras **ghoraṃ:** terribles **tapyante:** practican **ye: tapo:** penitencias **janāḥ:** las gentes **dambha-:** de arrogancia **-ahaṃkāra-:** y de ego **-saṃyuktāḥ:** llenas **kāma-:** deseo **-rāga-:** pasión **-bala-:** prepotencia **-anvitāḥ:** dotadas de, llenas de **17.5**

karśayantaḥ śarīrasthaṃ; bhūtagrāmam acetasaḥ /
māṃ caivāntaḥśarīrasthaṃ; tān viddhy āsuraniścayān // 17.6

karśayantaḥ: torturando **śarīrasthaṃ:** corporales **bhūta-:** de los órganos **-grāmam:** el conjunto **acetasaḥ:** insensatos **māṃ:** a mí **ca:** y **eva:** incluso **antaḥśarīrasthaṃ:** que mora en el interior **tān:** los **viddhy:** consideran **āsuraniścayān:** de disposición demoníaca **17.6**

āhāras tv api sarvasya; trividho bhavati priyaḥ /
yajñas tapas tathā dānaṃ; teṣāṃ bhedam imaṃ śṛṇu // 17.7

āhāras: la comida **tv:** por consiguiente **api:** también **sarvasya:** de todos, de cada uno **trividho:** de tres tipos **bhavati:** es **priyaḥ:** favorita **yajñas:** los sacrificios **tapas:** la austeridad **tathā:** y asimismo **dānaṃ:** las donaciones **teṣāṃ:** sus **bhedam:** diferencias **imaṃ:** estas **śṛṇu:** escucha, observa **17.7**

āyuḥsattvabalārogya;sukhaprītivivardhanāḥ /
rasyāḥ snigdhāḥ sthirā hṛdyā; āhārāḥ sāttvikapriyāḥ // 17.8

āyuḥ-: la duración de la vida **-sattva-:** la inteligencia **-bala-:** el vigor **-ārogya-:** la salud **-sukha-:** el bienestar **-prīti-:** el deleite **-vivardhanāḥ:** que aumenta **rasyāḥ:** suculenta **snigdhāḥ:** oleaginosa **sthirā:** sustanciosa **hṛdyā:** exquisita **āhārāḥ:** la comida **sāttvika-priyāḥ:** favorita de las personas sáttvicas **17.8**

kaṭvamlalavaṇātyuṣṇa;tīkṣṇarūkṣavidāhinaḥ /
āhārā rājasasyeṣṭā; duḥkhaśokāmayapradāḥ // 17.9

kaṭv-: amarga **-amla-:** - ácida **lavaṇa-:** salada **-atyuṣṇa-:** muy caliente **-tīkṣṇa-:** picante **-rūkṣa-:** seca **-vidāhinaḥ:** que produce quemazón **āhārā:** comida **rājasasya:** del rajásico **iṣṭā:** deseada, apetecida **duḥkha-:** dolor **-śoka-:** malestar **amaya-:** enfermedad **-pradāḥ:** que produce **17.9**

yātayāmaṃ gatarasaṃ; pūti paryuṣitaṃ ca yat /
ucchiṣṭam api cāmedhyaṃ; bhojanaṃ tāmasapriyam // 17.10

yātayāmaṃ: medio cruda **gatarasaṃ:** insípida **pūti:** putrefacta **paryuṣitaṃ:** pasada **ca:** y **yat:** la que **ucchiṣṭam:** sobras **api:** también **ca:** y **amedhyaṃ:** insalubre **bhojanaṃ:** la comida **tāmasapriyam:** favorita de las personas tamásicas **17.10**

aphalākāṅkṣibhir yajño; vidhidṛṣṭo ya ijyate /
yaṣṭavyam eveti manaḥ; samādhāya sa sāttvikaḥ // 17.11

aphalākāṅkṣibhir: sin esperar los resultados **yajño:** el sacrificio **vidhidṛṣṭo:** según las prescripciones, de la forma prescrita por las escrituras **ya:** el que **ijyate:** celebrado **yaṣṭavyam:** hay que celebrarlo **eva:** solo **iti:** que **manaḥ samādhāya:** pensando **sa:** ese **sāttvikaḥ:** sáttvico **17.11**

abhisaṃdhāya tu phalaṃ; dambhārtham api caiva yat /
ijyate bharataśreṣṭha; taṃ yajñaṃ viddhi rājasam // 17.12

abhisaṃdhāya: teniendo como objetivo, con miras **tu:** pero **phalaṃ:** al resultado **dambhārtham:** por ostentación **api:** también **ca:** y **eva:** [expletivo] **yat:** lo que **ijyate:** es sacrificado **bharataśreṣṭha:** ¡oh, el Mejor de los Bhárata! **taṃ:** ese **yajñaṃ:** sacrifico **viddhi:** considéralo **rājasam:** rajásico **17.12**

vidhihīnam asṛṣṭānnaṃ; mantrahīnam adakṣiṇam /
śraddhāvirahitaṃ yajñaṃ; tāmasaṃ paricakṣate // 17.13

vidhihīnam: no prescrito [por las escrituras] **asṛṣṭānnaṃ:** sin distribución de comida **mantrahīnam:** exento de mantras **adakṣiṇam:** desprovisto de donativos **śraddhāvirahitaṃ:** carente de fe **yajñaṃ:** sacrificio **tāmasaṃ:** tamásico **paricakṣate:** es declarado **17.13**

devadvijaguruprājña;pūjanaṃ śaucam ārjavam /
brahmacaryam ahiṃsā ca; śārīraṃ tapa ucyate // 17.14

deva-: a los dioses **-dvija-:** a los dos veces nacidos, a los brahmanes **-guru-:** a los maestros **-prājña-:** y a los sabios **-pūjanaṃ:** el culto **śaucam:** la pureza **ārjavam:** la rectitud **brahmacaryam:** la continencia **ahiṃsā:** la no violencia **ca:** y **śārīraṃ:** corporal **tapa:** austeridad **ucyate:** es llamado, es denominado **17.14**

anudvegakaraṃ vākyaṃ; satyaṃ priyahitaṃ ca yat /
svādhyāyābhyasanaṃ caiva; vāṅmayaṃ tapa ucyate // 17.15

anudvegakaraṃ: que no hiere **vākyaṃ:** la frase, el discurso **satyaṃ:** cierto **priya-:** agradable **-hitaṃ:** provechoso **ca:** y **yat:** lo que **svādhyāyābhyasanaṃ:** la práctica del estudio y la recitación **ca:** y **eva:** [expletivo] **vāṅmayaṃ:** hecha de palabra, de palabra **tapa:** austeridad **ucyate:** es llamado, es denominado **17.15**

manaḥprasādaḥ saumyatvaṃ; maunam ātmavinigrahaḥ /
bhāvasaṃśuddhir ity etat; tapo mānasam ucyate // 17.16

manaḥprasādaḥ: la serenidad **saumyatvaṃ:** la amabilidad **maunam:** el silencio **ātmavinigrahaḥ:** el dominio de sí **bhāvasaṃśuddhir:** la pureza de intención **ity:** [comillas] **etat:** esta **tapo:** austeridad **mānasam:** mental **ucyate:** es llamado, es denominado **17.16**

śraddhayā parayā taptaṃ; tapas tat trividhaṃ naraiḥ /
aphalākāṅkṣibhir yuktaiḥ; sāttvikaṃ paricakṣate // 17.17

śraddhayā: con fe **parayā:** suprema, absoluta **taptaṃ:** practicada **tapas:** austeridad **tat:** esta **trividhaṃ:** triple **naraiḥ:** por personas **aphalākāṅkṣibhir:** que no esperan resultados **yuktaiḥ:** concentradas, aplicadas **sāttvikaṃ:** sáttvica **paricakṣate:** es designada **17.17**

satkāramānapūjārthaṃ; tapo dambhena caiva yat /
kriyate tad iha proktaṃ; rājasaṃ calam adhruvam // 17.18

satkāra-: el reconocimiento **-māna-:** el honor **-pūjā-:** la veneración **-arthaṃ:** para, con el objeto de **tapo:** la austeridad **dambhena:** con ostentación **ca:** y **eva:** también **yat:** **kriyate:** es practicada **tad:** esa **iha:** aquí **proktaṃ:** es llamada **rājasaṃ:** rajásica **calam:** movediza, impredecible **adhruvam:** inestable, perecedera, transitoria **17.18**

mūḍhagrāheṇātmano yat; pīḍayā kriyate tapaḥ /
parasyotsādanārthaṃ vā; tat tāmasam udāhṛtam // 17.19

mūḍha: con la errónea **grāheṇa:** idea **ātmano:** a uno mismo **yat:** que **pīḍayā:** para la tortura **kriyate:** es hecha o practicada **tapaḥ:** la austeridad **parasya:** de otros **utsādana-:** la destrucción **-arthaṃ:** para, con el objeto de **vā:** o **tat:** esa **tāmasam:** tamásica **udāhṛtam:** es llamada, es considerada **17.19**

dātavyam iti yad dānaṃ: dīyate 'nupakāriṇe /
deśe kāle ca pātre ca; tad dānaṃ sāttvikaṃ smṛtam // 17.20

dātavyam: hay que dar **iti:** porque **yad:** la que **dānaṃ:** la donación **dīyate: anupakāriṇe:** a quien no va a dar nada a cambio, a quien no puede corresponder **deśe:** en el lugar **kāle:** en el momento **ca:** y **pātre:** al recipiente adecuado **ca:** y **tad:** esa **dānaṃ:** una donación **sāttvikaṃ:** sáttvica **smṛtam:** es recordada, es considerada **17.20**

yat tu pratyupakārārthaṃ; phalam uddiśya vā punaḥ /
dīyate ca parikliṣṭaṃ; tad dānaṃ rājasaṃ smṛtam // 17.21

yat: la que **tu:** pero **pratyupakārārthaṃ:** para una compensación
phalam: un objetivo **uddiśya:** teniendo en mente, pensando en **vā:** o **punaḥ:** también **dīyate:** es dada, es entregada **ca:** y **parikliṣṭaṃ:** con dificultad, a regañadientes **tad:** esa **dānaṃ:** donación **rājasaṃ:** rajásica **smṛtam:** es recordada, es considerada **17.21**

adeśakāle yad dānam; apātrebhyaś ca dīyate /
asatkṛtam avajñātaṃ; tat tāmasam udāhṛtam // 17.22

adeśakāle: en el lugar y el momento inadecuados **yad:** la que **dānam:** la donación **apātrebhyaś:** a quienes no lo merecen **ca:** y **dīyate:** es dada, es entregada **asatkṛtam:** sin el respeto debido **avajñātaṃ:** con desprecio **tat:** esa **tāmasam:** tamásica **udāhṛtam:** es llamada, es considerada **17.22**

oṃ tat sad iti nirdeśo; brahmaṇas trividhaḥ smṛtaḥ /
brāhmaṇās tena vedāś ca; yajñāś ca vihitāḥ purā // 17.23

oṃ: *Om* **tat:** *tat* **sad:** *sat* **iti:** [dos puntos] **nirdeśo:** denominación **brahmaṇas:** del *brahman* **trividhaḥ:** la triple **smṛtaḥ:** es recordada, es considerada **brāhmaṇās:** los *brāhmaṇa* **tena:** por eso **vedāś:** los Vedas **ca:** y **yajñāś:** los sacrificios **ca:** y **vihitāḥ:** fueron instaurados **purā:** en la antigüedad **17.23**

tasmād om ity udāhṛtya; yajñadānatapaḥkriyāḥ /
pravartante vidhānoktāḥ; satataṃ brahmavādinām // 17.24

tasmād: por lo tanto **om:** *Om* **ity:** [comillas] **udāhṛtya:** pronunciando **yajña-:** los sacrificios **-dāna-:** las donaciones **-tapaḥ-:** la austeridad **-kriyāḥ:** las acciones **pravartante:** proceden **vidhānoktāḥ:** de forma prescrita **satataṃ:** siempre **brahmavādinām:** de los seguidores del *brahman* **17.24**

tad ity anabhisaṃdhāya; phalaṃ yajñatapaḥkriyāḥ /
dānakriyāś ca vividhāḥ; kriyante mokṣakāṅkṣibhiḥ // 17.25

tad: *tat* **ity:** **anabhisaṃdhāya:** sin tener como objetivo **phalaṃ:** el fruto, el resultado **yajña-:** los sacrificios **-tapaḥ-:** las austeridades **-kriyāḥ:** las acciones **dāna-:** las donaciones **-kriyāś:** las acciones **ca:** y **vividhāḥ:** de diversas formas **kriyante:** ejecutan **mokṣakāṅkṣibhiḥ:** los que desean la liberación **17.25**

sadbhāve sādhubhāve ca; sad ity etat prayujyate /
praśaste karmaṇi tathā; sacchabdaḥ pārtha yujyate // 17.26

sadbhāve: en el sentido de «existencia» **sādhubhāve:** en el sentido «bondad» **ca:** y **sad:** *sat* **ity:** [comillas] **etat:** este **prayujyate:** se utiliza **praśaste:** meritoria **karmaṇi:** [en el sentido de] acción **tathā:** asimismo **sacchabdaḥ:** la palabra *sad* **pārtha:** Pārtha **yujyate:** se utiliza **17.26**

yajñe tapasi dāne ca; sthitiḥ sad iti cocyate /
karma caiva tadarthīyaṃ; sad ity evābhidhīyate // 17.27

yajñe: en el sacrificio **tapasi:** en la austeridad **dāne:** en la donación **ca:** y **sthitiḥ:** la constancia **sad:** *sat* **iti:** [comillas] **ca:** y **ucyate:** es llamado, es denominado **karma:** la acción **ca:** y **eva:** [expletivo] **tadarthīyaṃ:** que tiene por objeto **sad:** *sat* **ity:** [comillas] **eva:** también **abhidhīyate:** es llamado **17.27**

aśraddhayā hutaṃ dattaṃ; tapas taptaṃ kṛtaṃ ca yat /
asad ity ucyate pārtha; na ca tat pretya no iha // 17.28

aśraddhayā: sin fe **hutaṃ:** ofrecido en sacrificio **dattaṃ:** dado en donación **tapas:** ascetismo, austeridad **taptaṃ:** ejecutado realizado **kṛtaṃ:** hecho, realizado **ca:** y **yat:** lo que **asad:** *asat* **ity:** [comillas] **ucyate:** es llamado **pārtha:** Pārtha **na:** no **ca:** y **tat:** eso **pretya:** partiendo [de este mundo], el más allá **no:** no **iha:** aquí **17.28**

Capítulo decimoctavo

18.1 **arjuna uvāca**
arjuna: Arjuna **uvāca:** dijo

saṃnyāsasya mahābāho; tattvam icchāmi veditum /
tyāgasya ca hṛṣīkeśa; pṛthak keśiniṣūdana // 18.1

saṃnyāsasya: de la renuncia **mahābāho:** ¡oh, tú, de poderosos brazos! **tattvam:** la verdad **icchāmi:** quiero **veditum:** conocer **tyāgasya:** del abandono **ca:** y **hṛṣīkeśa:** ¡Señor de los Sentidos! **pṛthak:** por separado **keśiniṣūdana:** exterminador de Keśin **18.1**

18.2 **śrībhagavān uvāca**
śrī-: el venerable **-bhagavān:** Señor **uvāc:** dijo

kāmyānāṃ karmaṇāṃ nyāsaṃ; saṃnyāsaṃ kavayo viduḥ /
sarvakarmaphalatyāgaṃ; prāhus tyāgaṃ vicakṣaṇāḥ // 18.2

kāmyānāṃ: deseadas, interesadas **karmaṇāṃ:** de las acciones **nyāsaṃ:** la dejación **saṃnyāsaṃ:** la renuncia **kavayo:** los sabios **viduḥ:** saben **sarva-:** de todas **-karma-:** las acciones. **-phala-:** del fruto **-tyāgaṃ:** el abandono **prāhus:** dicen **tyāgaṃ:** el abandono **vicakṣaṇāḥ:** los conocedores **18.2**

tyājyaṃ doṣavad ity eke; karma prāhur manīṣiṇaḥ /
yajñadānatapaḥkarma; na tyājyam iti cāpare // 18.3

tyājyaṃ: debe ser abandonada **doṣavad:** como una lacra **ity:** que **eke:** algunos, ciertos **karma:** la acción **prāhur:** dicen **manīṣiṇaḥ:** sabios **yajña-:** los sacrificios**-dāna-:** las donaciones **-tapaḥ-:** las austeridades **-karma:** la acción **na:** no **tyājyam:** debe ser abandonada **iti:** que **ca:** y **apare:** otros **18.3**

niścayaṃ śṛṇu me tatra; tyāge bharatasattama /
tyāgo hi puruṣavyāghra; trividhaḥ saṃprakīrtitaḥ // 18.4

niścayaṃ: la verdad definitiva **śṛṇu:** escucha, aprende **me:** de mí **tatra:** en cuanto **tyāge:** al abandono **bharatasattama:** ¡oh, el Mejor de los Bhárata! **tyāgo:** el abandono **hi:** ya que **puruṣavyāghra:** tigre entre los hombres, gran hombre, hombre excelente **trividhaḥ:** de tres tipos **saṃprakīrtitaḥ:** es bien conocido **18.4**

yajñadānatapaḥkarma; na tyājyaṃ kāryam eva tat /
yajño dānaṃ tapaś caiva; pāvanāni manīṣiṇām // 18.5

yajña-: los sacrificios **-dāna-:** las donaciones **-tapaḥ-:** las austeridades **-karma:** la acción **na:** no **tyājyam:** debe ser abandonada **karyam:** realizarse **eva:** ciertamente **tat:** esos **yajño:** los sacrificios **dānaṃ:** las donaciones **tapaś:** el ascetismo **ca:** y **eva:** sin falta **pāvanāni:** medios de purificación **manīṣiṇām:** para los hombres sabios **18.5**

etāny api tu karmāṇi; saṅgaṃ tyaktvā phalāni ca /
kartavyānīti me pārtha; niścitaṃ matam uttamam // 18.6

etāny: estas **api:** también **tu:** pero **karmāṇi:** acciones **saṅgaṃ:** el apego **tyaktvā:** abandonando **phalāni:** los frutos, los resultados **ca:** y **kartavyāni:** hay que ejecutar **iti:** que **me:** mi **pārtha:** Pārtha **niścitaṃ:** decisiva, definitiva **matam:** opinión **uttamam:** más elevada **18.6**

niyatasya tu saṃnyāsaḥ; karmaṇo nopapadyate /
mohāt tasya parityāgas; tāmasaḥ parikīrtitaḥ // 18.7

niyatasya: obligatoria **tu:** pero **saṃnyāsaḥ:** la renuncia **karmaṇo:** de la acción **na:** no **upapadyate:** procede **mohāt:** por la ilusión **tasya:** su **parityāgas:** abandono **tāmasaḥ:** tamásico **parikīrtitaḥ:** es considerado **18.7**

duḥkham ity eva yat karma; kāyakleśabhayāt tyajet /
sa kṛtvā rājasaṃ tyāgaṃ; naiva tyāgaphalaṃ labhet // 18.8

duḥkham: penosa **ity:** pensando que **eva:** [expletivo] **yat:** la que **karma:** acción **kāya-:-** del cuerpo, corporal **kleśa-:** a la molestia, a la fatiga **-bhayāt:** por miedo **tyajet:** abandona **sa:** ese **kṛtvā:** haciendo **rājasaṃ:** rajásico **tyāgaṃ:** abandono **na:** no **eva:** en verdad **tyāgaphalaṃ:** el fruto del abandono **labhet:** alcanza **18.8**

kāryam ity eva yat karma; niyataṃ kriyate 'rjuna /
saṅgaṃ tyaktvā phalaṃ caiva; sa tyāgaḥ sāttviko mataḥ // 18.9

kāryam: hay que hacer **ity:** pensando que **eva:** solo **yat:** la que **karma:** acción **niyataṃ:** obligatoria **kriyate:** es ejecutada **arjuna:** Arjuna **saṅgaṃ:** el apego **tyaktvā:** abandonando **phalaṃ:** el resultado **ca:** y **eva:** [expletivo] **sa:** ese **tyāgaḥ:** abandono **sāttviko:** sáttvico **mataḥ:** es considerado **18.9**

na dveṣṭy akuśalaṃ karma; kuśale nānuṣajjate /
tyāgī sattvasamāviṣṭo; medhāvī chinnasaṃśayaḥ // 18.10

na: no **dveṣṭy:** detesta **akuśalaṃ:** desagradable **karma:** acción **kuśale:** agradable **na:** no **anuṣajjate:** se apega **tyāgī:** el renunciante **sattvasamāviṣṭo:** colmado de *sattva* **medhāvī:** clarividente **chinnasaṃśayaḥ:** que ha erradicado la duda **18.10**

na hi dehabhṛtā śakyaṃ; tyaktuṃ karmāṇy aśeṣataḥ /
yas tu karmaphalatyāgī; sa tyāgīty abhidhīyate // 18.11

na: no **hi:** en verdad **dehabhṛtā:** por el ser encarnado **śakyaṃ tyaktuṃ:** puede ser renunciado **karmāṇy:** las acciones **aśeṣataḥ:** completamente **yas:** aquel que, quien **tu:** pero **karmaphalatyāgī:** el que abandona el resultado de la acción **sa:** ese **tyāgī:** renunciante **ity:** [comillas] **abhidhīyate:** es llamado **18.11**

aniṣṭam iṣṭaṃ miśraṃ ca; trividhaṃ karmaṇaḥ phalam /
bhavaty atyāgināṃ pretya; na tu saṃnyāsināṃ kva cit // 18.12

aniṣṭam: deseado **iṣṭaṃ:** indeseado **miśraṃ:** mixto **ca:** y **trividhaṃ:** triple **karmaṇaḥ:** de la acción **phalam:** el resultado **bhavaty:** es **atyāgināṃ:** a los que no han renunciado **pretya:** habiendo partido, tras la muerte **na:** no **tu:** pero **saṃnyāsināṃ:** a los renunciantes **kva cit:** nunca [con partícula negativa] **18.12**

pañcaitāni mahābāho; kāraṇāni nibodha me /
sāṃkhye kṛtānte proktāni; siddhaye sarvakarmaṇām // 18.13

pañca: cinco **etāni:** estos **mahābāho:** ¡oh, tú, de poderosos brazos! **kāraṇāni:** los factores **nibodha:** aprende **me:** de mí **sāṃkhye:** del *sāṃkhya* **kṛtānte:** en la conclusión **proktāni:** enunciados **siddhaye:** para el cumplimento **sarvakarmaṇām:** de todas las acciones **18.13**

adhiṣṭhānaṃ tathā kartā; karaṇaṃ ca pṛthagvidham /
vividhāś ca pṛthakceṣṭā; daivaṃ caivātra pañcamam // 18.14

adhiṣṭhānaṃ: la base, el sustrato **tathā:** asimismo **kartā:** el agente **karaṇaṃ:** instrumentos **ca:** y **pṛthagvidham:** los diferentes tipos **vividhāś:** múltiples **ca:** y **pṛthakceṣṭā:** separados esfuerzos **daivaṃ:** el destino **ca:** y **eva:** [expletivo] **atra:** aquí **pañcamam:** el quinto **18.14**

śarīravāṅmanobhir yat; karma prārabhate naraḥ /
nyāyyaṃ vā viparītaṃ vā; pañcaite tasya hetavaḥ // 18.15

śarīra-: con el cuerpo **-vāṅ-:** la palabra **-manobhir:** o la mente **yat:** aquella que **karma:** acción **prārabhate:** inicia **naraḥ:** el hombre **nyāyyaṃ:** lícita **vā:** o **viparītaṃ:** contraria **vā:** o **pañca:** cinco **ete:** estas **tasya:** sus **hetavaḥ:** causas **18.15**

tatraivaṃ sati kartāram; ātmānaṃ kevalaṃ tu yaḥ /
paśyaty akṛtabuddhitvān; na sa paśyati durmatiḥ // 18.16

tatra: en este caso **evaṃ:** así **sati:** siendo **kartāram:** agente **ātmānaṃ:** el *ātman* **kevalaṃ:** el único **tu:** pero **yaḥ:** ese **paśyaty:** ve **akṛtabuddhitvān:** que no ha cultivado el intelecto **na:** no **sa:** ese **paśyati:** ve **durmatiḥ:** insensato **18.16**

yasya nāhaṃkṛto bhāvo; buddhir yasya na lipyate /
hatvāpi sa imāṃl lokān; na hanti na nibadhyate // 18.17

yasya: aquel cuyo **na:** no **ahaṃkṛto:** sentido del yo **bhāvo:** es **buddhir:** intelecto **yasya:** aquel cuyo **na:** no **lipyate:** se contamina **hatvā:** mate **api:** aunque **sa:** ese **imāṃl:** a estas **lokān:** gentes **na:** no **hanti:** mata **na:** no **nibadhyate:** se encadena **18.17**

jñānaṃ jñeyaṃ parijñātā; trividhā karmacodanā /
karaṇaṃ karma karteti; trividhaḥ karmasaṃgrahaḥ // 18.18

jñānaṃ: el conocimiento **jñeyaṃ:** lo conocido **parijñātā** el conocedor: **trividhā:** de tres tipos **karmacodanā:** el impulso a la acción **karaṇaṃ:** el instrumento **karma:** el objeto **kartā:** el agente **iti:** [dos puntos] **trividhaḥ:** de tres tipos **karmasaṃgrahaḥ:** el conjunto de la acción **18.18**

jñānaṃ karma ca kartā ca; tridhaiva guṇabhedataḥ /
procyate guṇasaṃkhyāne; yathāvac chṛṇu tāny api // 18.19

jñānaṃ: el conocimiento **karma:** la acción **ca:** y **kartā:** el agente **ca:** y **tridhā:** de tres tipos **eva:** solo **guṇabhedataḥ:** según la diferenciación de los *guṇa* **procyate:** se dice

guṇasaṃkhyāne en la enumeración de los *guṇa*: **yathāvac:** tal como, correctamente **chṛṇu:** escucha, aprende **tāny:** esos **api:** también **18.19**

sarvabhūteṣu yenaikaṃ; bhāvam avyayam īkṣate /
avibhaktaṃ vibhakteṣu; taj jñānaṃ viddhi sāttvikam // 18.20

sarvabhūteṣu: en todos lo seres **yena:** por el cual **ekaṃ:** una **bhāvam:** esencia **avyayam:** eterna **īkṣate:** contempla **avibhaktaṃ:** indivisa **vibhakteṣu:** en los seres divididos **taj:** ese **jñānaṃ:** conocimiento **viddhi:** considera **sāttvikam:** sáttvico **18.20**

pṛthaktvena tu yaj jñānaṃ; nānābhāvān pṛthagvidhān /
vetti sarveṣu bhūteṣu; taj jñānaṃ viddhi rājasam // 18.21

pṛthaktvena: de forma separada **tu:** pero **yaj:** aquel **jñānaṃ:** conocimiento **nānābhāvān:** multitud **pṛthagvidhān:** de entidades diversas **vetti:** conoce, percibe **sarveṣu:** en todos **bhūteṣu:** los seres **taj:** ese **jñānaṃ:** conocimiento **viddhi:** considera **rājasam** rajásico: **18.21**

yat tu kṛtsnavad ekasmin; kārye saktam ahaitukam /
atattvārthavad alpaṃ ca; tat tāmasam udāhṛtam // 18.22

yat: aquel **tu:** pero **kṛtsnavad:** como el todo **ekasmin:** a un solo **kārye:** efecto, producto **saktam:** apegado, ceñido **ahaitukam:** sin causa, infundado **atattvārthavad:** que no tiene por objeto la verdad **alpaṃ:** pequeño, limitado **ca:** y **tat:** ese **tāmasam:** tamásico **udāhṛtam:** es ejemplificado **18.22**

niyataṃ saṅgarahitam; arāgadveṣataḥ kṛtam /
aphalaprepsunā karma; yat tat sāttvikam ucyate // 18.23

niyataṃ: necesaria **saṅgarahitam:** libre de apego **arāgadveṣataḥ:** sin placer o aversión **kṛtam:** hecha, ejecutada **aphalaprepsunā:** por alguien que no apetece resultados **karma:** la acción **yat:** que **tat:** esa **sāttvikam:** sáttvica **ucyate:** es llamada, es declarada **18.23**

yat tu kāmepsunā karma; sāhaṃkāreṇa vā punaḥ /
kriyate bahulāyāsaṃ; tad rājasam udāhṛtam // 18.24

yat: que **tu:** pero **kāmepsunā:** por quien busca el placer o por quien busca satisfacer sus deseos **karma:** la acción **sāhaṃkāreṇa:** con ego, con el sentido del nuevo **vā:** o **punaḥ:**

también **kriyate:** es realizada **bahulāyāsaṃ:** gran cantidad de esfuerzo **tad:** esa **rājasam:** rajásica **udāhṛtam:** es ejemplificada **18.24**

anubandhaṃ kṣayaṃ hiṃsām; anapekṣya ca pauruṣam /
mohād ārabhyate karma; yat tat tāmasam ucyate // 18.25

anubandhaṃ: la consecuencia **kṣayaṃ:** el menoscabo **hiṃsām:** la violencia **anapekṣya:** sin tener en cuenta **ca:** y **pauruṣam:** capacidad **mohād:** por confusión, por error **ārabhyate:** se emprende **karma:** la acción **yat:** que **tat:** esa **tāmasam:** tamásica **ucyate:** es llamada, es denominada **18.25**

muktasaṅgo 'nahaṃvādī; dhṛtyutsāhasamanvitaḥ /
siddhyasiddhyor nirvikāraḥ; kartā sāttvika ucyate // 18.26

muktasaṅgo: libre de apego **anahaṃvādī:** que no profesa el egoísmo, que no se pliega al egoísmo **dhṛty-:** de firmeza **-utsāha-:** y entusiasmo **-samanvitaḥ:** lleno **siddhi-:** ante el éxito **-asiddhyor:** y el fracaso **nirvikāraḥ:** imperturbable **kartā:** agente **sāttvika:** sáttvico **ucyate:** es llamado, es considerado **18.26**

rāgī karmaphalaprepsur; lubdho hiṃsātmako 'śuciḥ /
harṣaśokānvitaḥ kartā; rājasaḥ parikīrtitaḥ // 18.27

rāgī: apasionado **karmaphalaprepsur:** ávido del fruto de la acción **lubdho:** codicioso **hiṃsātmako:** violento **aśuciḥ:** impuro **harṣa-:** alegría **-śoka-:** dolor, pena, desconsuelo **-anvitaḥ:** lleno **kartā:** agente **rājasaḥ:** rajásico **parikīrtitaḥ:** es conocido, es designado **18.27**

ayuktaḥ prākṛtaḥ stabdhaḥ; śaṭho naikṛtiko 'lasaḥ /
viṣādī dīrghasūtrī ca; kartā tāmasa ucyate // 18.28

ayuktaḥ: persona que no se aplica, que no practica; que no se concentra, distraída **prākṛtaḥ:** vulgar **stabdhaḥ:** obstinada **śaṭho:** falsa **naikṛtiko:** malvada **alasaḥ:** perezosa **viṣādī:** depresiva **dīrghasūtrī:** procrastinadora **ca:** y **kartā:** agente **tāmasa:** tamásico **ucyate:** es llamada, es considerada **18.28**

buddher bhedaṃ dhṛteś caiva; guṇatas trividhaṃ śṛṇu /
procyamānam aśeṣeṇa; pṛthaktvena dhanaṃjaya // 18.29

buddher: del intelecto **bhedaṃ:** la distinción **dhṛteś:** la resolución **ca:** y **eva:** [expletivo] **guṇatas:** según los *guṇa* **trividhaṃ:** triple **śṛṇu:** escucha, presta atención **procyamānam:**

va a ser explicada **aśeṣeṇa:** completa **pṛthaktvena:** por separada, distintamente, claramente **dhanaṃjaya:** Dhanañjaya **18.29**

pravṛttiṃ ca nivṛttiṃ ca; kāryākārye bhayābhaye /
bandhaṃ mokṣaṃ ca yā vetti; buddhiḥ sā pārtha sāttvikī // 18.30

pravṛttiṃ: la vida activa, acción **ca:** y **nivṛttiṃ:** la vida contemplativa, inacción **ca:** y **kārya- :** entre lo que se debe hacer **-akārye:** y lo que no se debe hacer **bhaya-:** entre el miedo **-abhaye:** y la ausencia de miedo, no temor **bandhaṃ:** la esclavitud **mokṣaṃ:** la liberación **ca:** y **yā:** ese **vetti:** conoce, distingue **buddhiḥ:** el intelecto **sā:** ese **pārtha:** Pārtha **sāttvikī:** sáttvico **18.30**

yayā dharmam adharmaṃ ca; kāryaṃ cākāryam eva ca /
ayathāvat prajānāti; buddhiḥ sā pārtha rājasī // 18.31

yayā: mediante el cual **dharmam:** el dharma **adharmaṃ:** el *adharma* **ca:** y **kāryaṃ:** lo que hay que hacer **ca-:** y **-akāryam:** lo que no hay que hacer **eva:** también **ca:** y **ayathāvat:** incorrectamente **prajānāti:** conoce **buddhiḥ:** el intelecto **sā:** ese **pārtha:** Pārtha **rājasī:** rajásico **18.31**

adharmaṃ dharmam iti yā; manyate tamasāvṛtā /
sarvārthān viparītāṃś ca; buddhiḥ sā pārtha tāmasī // 18.32

adharmaṃ: el adharma **dharmam:** dharma **iti:** que **yā:** el que **manyate:** considera **tamasā-:** en la oscuridad **-āvṛtā:** envuelto **sarvārthān:** todas las cosas **viparītāṃś:** al revés **ca:** y **buddhiḥ:** el intelecto **sā:** ese **pārtha:** Pārtha **tāmasī:** tamásico **18.32**

dhṛtyā yayā dhārayate; manaḥprāṇendriyakriyāḥ /
yogenāvyabhicāriṇyā; dhṛtiḥ sā pārtha sāttvikī // 18.33

dhṛtyā: la firmeza **yayā:** mediante la cual **dhārayate:** se mantiene, se mantiene firme **manaḥ-:** de la mente **-prāṇa-:** los aires vitales **-indriya-:** y los sentidos **-kriyāḥ:** las operaciones **yogena:** del yoga **avyabhicāriṇyā:** que no se desvía, que no se aparta **dhṛtiḥ:** la firmeza **sā:** esa **pārtha:** Pārtha **sāttvikī:** sáttvica **18.33**

yayā tu dharmakāmārthān; dhṛtyā dhārayate 'rjuna /
prasaṅgena phalākāṅkṣī; dhṛtiḥ sā pārtha rājasī // 18.34

yayā: mediante la cual **tu:** pero **dharma-:** el dharma **-kāma-:** el placer **-arthān:** y lo útil **dhṛtyā:** la firmeza **dhārayate:** se mantiene **arjuna:** Arjuna **prasaṅgena:** según el contexto, en cada ocasión **phalākāṅkṣī:** que aspira a los resultados **dhṛtiḥ:** la firmeza **sā:** esa **pārtha:** Pārtha **rājasī** rajásica: **18.34**

yayā svapnaṃ bhayaṃ śokaṃ; viṣādaṃ madam eva ca /
na vimuñcati durmedhā; dhṛtiḥ sā pārtha tāmasī // 18.35

yayā: mediante la cual **svapnaṃ:** al sueño **bhayaṃ:** al miedo **śokaṃ:** la pena **viṣādaṃ:** la tristeza **madam:** la embriaguez **eva:** [expletivo] **ca:** y **na:** no **vimuñcati:** suelta, deja ir **durmedhā:** estúpida **dhṛtiḥ:** la firmeza **sā:** esa **pārtha:** Pārtha **tāmasī:** tamásica **18.35**

sukhaṃ tv idānīṃ trividhaṃ; śṛṇu me bharatarṣabha /
abhyāsād ramate yatra; duḥkhāntaṃ ca nigacchati // 18.36

sukhaṃ: el placer **tv:** [expletivo] **idānīṃ:** ahora **trividhaṃ:** de tres tipos **śṛṇu me:** escúchame, préstame atención **bharatarṣabha:** ¡oh, tú, el Mejor de los Bhárata! **abhyāsād:** en la práctica **ramate:** se deleita **yatra:** allí donde **duḥkhāntaṃ:** a la cesación del dolor **ca:** y **nigacchati:** lleva, conduce **18.36**

yat tadagre viṣam iva; pariṇāme 'mṛtopamam /
tat sukhaṃ sāttvikaṃ proktam; ātmabuddhiprasādajam // 18.37

yat: el que **tadagre:** en su principio **viṣam:** veneno **iva:** como **pariṇāme:** **amṛtopamam:** parecido al néctar **tat:** ese **sukhaṃ:** placer **sāttvikaṃ:** sáttvico **proktam:** es declarado **ātmabuddhiprasādajam:** que nace de la claridad mental del *ātman* **18.37**

viṣayendriyasaṃyogād; yat tadagre 'mṛtopamam /
pariṇāme viṣam iva; tat sukhaṃ rājasaṃ smṛtam // 18.38

viṣayendriyasaṃyogād: del contacto de los sentidos con sus objetos **yat:** el que **tadagre:** en su principio **amṛtopamam:** parecido al néctar **pariṇāme:** en la conclusión, al final **viṣam:** veneno **iva:** como **tat:** ese **sukhaṃ:** placer **rājasaṃ:** rajásico **smṛtam:** es recordado, es considerado **18.38**

yad agre cānubandhe ca; sukhaṃ mohanam ātmanaḥ /
nidrālasyapramādotthaṃ; tat tāmasam udāhṛtam // 18.39

yad: que **agre:** al principio **ca:** y **anubandhe:** en la conclusión **ca:** y **sukhaṃ:** el placer **mohanam:** confusión **ātmanaḥ:** de uno mismo **nidrā-:** del sueño **-ālasya-:** - la pereza **pramāda-:** el descuido **-utthaṃ:** que surge de **tat:** **tāmasam:** tamásico **udāhṛtam:** es ejemplificado **18.39**

na tad asti pṛthivyāṃ vā; divi deveṣu vā punaḥ /
sattvaṃ prakṛtijair muktaṃ; yad ebhiḥ syāt tribhir guṇaiḥ // 18.40

na: no **tad:** eso **asti:** existe **pṛthivyāṃ:** en la tierra **vā:** o **divi:** en el cielo **deveṣu:** entre los dioses **vā:** o **punaḥ:** también **sattvaṃ:** ser **prakṛtijair:** que nacen de la naturaleza primordial **muktaṃ:** libre **yad:** que **ebhiḥ:** estos **syāt:** sea **tribhir:** de los tres **guṇaiḥ:** *guṇa* **18.40**

brāhmaṇakṣatriyaviśāṃ; śūdrāṇāṃ ca paraṃtapa /
karmāṇi pravibhaktāni; svabhāvaprabhavair guṇaiḥ // 18.41

brāhmaṇa-: de los brahmanes **-kṣatriya-:** los guerreros **-viśāṃ:** el pueblo común **śūdrāṇāṃ:** los siervos **ca:** y **paraṃtapa:** ¡azote de los enemigos! **karmāṇi:** los deberes **pravibhaktāni:** están claramente divididos **svabhāvaprabhavair:** que nacen de su propia naturaleza **guṇaiḥ:** según los *guṇa* **18.41**

śamo damas tapaḥ śaucaṃ; kṣāntir ārjavam eva ca /
jñānaṃ vijñānam āstikyaṃ; brahmakarma svabhāvajam // 18.42

śamo: la calma **damas:** el dominio de sí **tapaḥ:** la austeridad **śaucaṃ:** la pureza **kṣāntir:** el aguante **ārjavam:** la rectitud **eva:** [expletivo] **ca:** y **jñānaṃ:** el conocimiento **vijñānam:** la experiencia **āstikyaṃ:** la fe **brahmakarma:** el deber del brahmán **svabhāvajam:** que emana de su propia naturaleza **18.42**

śauryaṃ tejo dhṛtir dākṣyaṃ; yuddhe cāpy apalāyanam /
dānam īśvarabhāvaś ca; kṣatrakarma svabhāvajam // 18.43

śauryaṃ: la valentía **tejo:** el arrojo **dhṛtir:** la fortaleza **dākṣyaṃ:** la destreza **yuddhe:** en la batalla **ca:** y **apy:** incluso **apalāyanam:** la no huida **dānam:** las donaciones, la generosidad **īśvarabhāvaś:** el señorío **ca:** y **kṣatrakarma:** el deber del guerrero **svabhāvajam:** que emanan de su propia naturaleza **18.43**

kṛṣigorakṣyavāṇijyaṃ; vaiśyakarma svabhāvajam /
paricaryātmakaṃ karma; śūdrasyāpi svabhāvajam // 18.44

kṛṣi-: la agricultura **-gorakṣya-:** la ganadería **-vāṇijyaṃ:** el comercio **vaiśyakarma:** los deberes del pueblo común **svabhāvajam:** que emana de su propia naturaleza **paricaryātmakaṃ:** que está caracterizado por el servicio **karma:** el deber **śūdrasya:** del siervo **api:** también **svabhāvajam:** que emana de su propia naturaleza **18.44**

sve sve karmaṇy abhirataḥ; saṃsiddhiṃ labhate naraḥ /
svakarmanirataḥ siddhiṃ; yathā vindati tac chṛṇu // 18.45

sve sve: en sus respectivos, en sus diferentes **karmaṇy:** deberes **abhirataḥ:** complacido **saṃsiddhiṃ:** la perfección **labhate:** alcanza **naraḥ:** el hombre **svakarmanirataḥ:** que se deleita en su deber **siddhiṃ:** el éxito **yathā:** como **vindati:** encuentra **tac:** eso **chṛṇu:** escucha, presta atención **18.45**

yataḥ pravṛttir bhūtānāṃ; yena sarvam idaṃ tatam /
svakarmaṇā tam abhyarcya; siddhiṃ vindati mānavaḥ // 18.46

yataḥ: de quien **pravṛttir:** el origen, la aparición, el surgimiento **bhūtānāṃ:** de los seres **yena:** por quien **sarvam:** todo **idaṃ:** esto **tatam:** está impregnado **svakarmaṇā:** con su propias obra **tam:** lo **abhyarcya:** adorando **siddhiṃ:** la perfección **vindati:** alcanza **mānavaḥ:** el hombre **18.46**

śreyān svadharmo viguṇaḥ; paradharmāt svanuṣṭhitāt /
svabhāvaniyataṃ karma; kurvan nāpnoti kilbiṣam // 18.47

śreyān: mejor **svadharmo:** el propio dharma **viguṇaḥ:** exento de virtud **paradharmāt:** que el dharma ajeno **svanuṣṭhitāt:** bien ejecutado **svabhāvaniyataṃ:** determinada por la propia naturaleza **karma:** la acción **kurvan:** realizando **na:** no **apnoti:** obtiene, incurre **kilbiṣam:** falta, pecado **18.47**

sahajaṃ karma kaunteya; sadoṣam api na tyajet /
sarvārambhā hi doṣeṇa; dhūmenāgnir ivāvṛtāḥ // 18.48

sahajaṃ: el inherente **karma:** deber **kaunteya:** hijo de Kunti **sadoṣam:** imperfecto **api:** aunque **na:** no **tyajet:** debe ser abandonado **sarvārambhā:** todas las tareas **hi:** ya que **doṣeṇa:** por la imperfección **dhūmena:** por el humo **agnir:** el fuego **iva:** como **āvṛtāḥ:** están envueltas **18.48**

asaktabuddhiḥ sarvatra; jitātmā vigataspṛhaḥ /
naiṣkarmyasiddhiṃ paramāṃ; saṃnyāsenādhigacchati // 18.49

asaktabuddhiḥ: con la mente desapegada **sarvatra:** en todo punto **jitātmā:** dueño de sí **vigataspṛhaḥ:** libre de ansia **naiṣkarmyasiddhiṃ:** la perfección de la no acción **paramāṃ:** suprema **saṃnyāsena:** mediante la renuncia **adhigacchati:** alcanza **18.49**

siddhiṃ prāpto yathā brahma; tathāpnoti nibodha me /
samāsenaiva kaunteya; niṣṭhā jñānasya yā parā // 18.50

siddhiṃ: la perfección **prāpto:** ha conseguido **yathā:** como **brahma:** *brahman* **tathā:** del mismo modo **āpnoti:** alcanza **nibodha:** aprende **me:** de mí **samāsena:** en pocas palabras **eva:** [expletivo] **kaunteya:** hijo de Kunti **niṣṭhā:** disposición **jñānasya:** del conocimiento **yā:** esa **parā:** más elevada, suprema **18.50**

buddhyā viśuddhayā yukto; dhṛtyātmānaṃ niyamya ca /
śabdādīn viṣayāṃs tyaktvā; rāgadveṣau vyudasya ca // 18.51

buddhyā: de un intelecto **viśuddhayā:** purificado **yukto:** dotado **dhṛtyā:** con firmeza **ātmānaṃ:** la mente **niyamya:** controlando **ca:** y **śabdādīn:** como el oído, etc. **viṣayāṃs:** los objetos de los sentidos **tyaktvā:** abandonando **rāga-:** el gusto **-dveṣau:** y el disgusto **vyudasya:** desechando **ca:** y **18.51**

viviktasevī laghvāśī; yatavākkāyamānasaḥ /
dhyānayogaparo nityaṃ; vairāgyaṃ samupāśritaḥ // 18.52

viviktasevī: viviendo en soledad **laghvāśī:** comiendo poco **yata-:** controlados, refrenados **-vāk-:** con la palabra **-kāya-:** el cuerpo **-mānasaḥ:** y la mente **dhyāna-:** a la meditación **-yoga-:** y al yoga **-paro:** entregado **nityaṃ:** siempre, constantemente **vairāgyaṃ:** en el desapego **samupāśritaḥ:** refugiado **18.52**

ahaṃkāraṃ balaṃ darpaṃ; kāmaṃ krodhaṃ parigraham /
vimucya nirmamaḥ śānto; brahmabhūyāya kalpate // 18.53

ahaṃkāraṃ: del ego **balaṃ:** la prepotencia **darpaṃ:** la arrogancia **kāmaṃ:** el deseo **krodhaṃ:** la cólera **parigraham:** la posesión **vimucya:** desprendiéndose **nirmamaḥ:** sin sentido de lo mío, libre del sentido de posesión **śānto:** calmado, aquietado **brahmabhūyāya:** de convertirse en *brahman* **kalpate:** se hace digno **18.53**

brahmabhūtaḥ prasannātmā; na śocati na kāṅkṣati /
samaḥ sarveṣu bhūteṣu; madbhaktiṃ labhate parām // 18.54

brahmabhūtaḥ: convertido en *brahman* **prasannātmā:** con la mente clara o tranquila, apacible **na:** no **śocati:** se apena **na:** no **kāṅkṣati:** anhela **samaḥ:** ecuánime **sarveṣu:** ante todos **bhūteṣu:** los seres **madbhaktiṃ:** la devoción hacia mí **labhate:** obtiene **parām:** suprema **18.54**

bhaktyā mām abhijānāti; yāvān yaś cāsmi tattvataḥ /
tato māṃ tattvato jñātvā; viśate tadanantaram // 18.55

bhaktyā: con devoción **mām:** me **abhijānāti:** conoce **yāvān:** lo que, cuanto **yaś:** quien **ca:** y **asmi:** soy **tattvataḥ:** en realidad, realmente **tato:** por lo tanto **māṃ:** me **tatttvato:** en realidad, realmente **jñātvā:** conociendo **viśate:** entra, se absorbe **tadanantaram:** acto seguido **18.55**

sarvakarmāṇy api sadā; kurvāṇo madvyapāśrayaḥ /
matprasādād avāpnoti; śāśvataṃ padam avyayam // 18.56

sarvakarmāṇy: todas las acciones **api:** aunque **sadā:** siempre, constantemente **kurvāṇo:** realizando, ejecutando **madvyapāśrayaḥ:** refugiado en mí **matprasādād:** por mi gracia **avāpnoti:** alcanza **śāśvataṃ:** eterno **padam:** el estado, la condición **avyayam:** imperecedero **18.56**

cetasā sarvakarmāṇi; mayi saṃnyasya matparaḥ /
buddhiyogam upāśritya; maccittaḥ satataṃ bhava // 18.57

cetasā: con la mente **sarvakarmāṇi:** todas las acciones **mayi:** en mí **saṃnyasya:** depositando **matparaḥ:** a mí consagrado **buddhiyogam:** al yoga del intelecto **upāśritya:** recurriendo **maccittaḥ:** uno cuya mente está en mí, que pone su atención en mí **satataṃ:** siempre **bhava:** se **18.57**

maccittaḥ sarvadurgāṇi; matprasādāt tariṣyasi /
atha cet tvam ahaṃkārān; na śroṣyasi vinaṅkṣyasi // 18.58

maccittaḥ: cuya mente está en mí, que pone su atención en mí **sarvadurgāṇi:** todos los obstáculos **matprasādāt:** por mi gracia **tariṣyasi** superarás: **atha cet:** pero si **tvam:** tú **ahaṃkārān:** a causa egoismo **na:** no **śroṣyasi:** escuchas **vinaṅkṣyasi:** perecerás **18.58**

yad ahaṃkāram āśritya; na yotsya iti manyase /
mithyaiṣa vyavasāyas te; prakṛtis tvāṃ niyokṣyati // 18.59

yad: si **ahaṃkāram:** al sentido del yo **āśritya:** ateniendo **na:** no **yotsya:** lucharé **iti:** [comillas] **manyase:** consideras **mithyā:** vana **eṣa:** esa **vyavasāyas:** decisión **te:** tu **prakṛtis:** naturaleza **tvāṃ:** te **niyokṣyati:** empuja, impele **18.59**

svabhāvajena kaunteya; nibaddhaḥ svena karmaṇā /
kartuṃ necchasi yan mohāt; kariṣyasy avaśo 'pi tat // 18.60

svabhāvajena: que emana de tu naturaleza **kaunteya:** hijo de Kunti **nibaddhaḥ:** atado **svena:** por la propia **karmaṇā:** acción **kartuṃ:** hacer **na:** no **icchasi:** quieras **yan: mohāt:** por confusióin, por error **kariṣyasy:** harás, ejecutarás **avaśo:** obligado, forzado **api:** aunque **tat:** eso **18.60**

īśvaraḥ sarvabhūtānāṃ; hṛddeśe 'rjuna tiṣṭhati /
bhrāmayan sarvabhūtāni; yantrārūḍhāni māyayā // 18.61

īśvaraḥ: el Señor **sarvabhūtānāṃ:** de **hṛd-:** del corazón todos los seres **-deśe:** en el espacio del **arjuna:** Arjuna **tiṣṭhati:** reside **bhrāmayan:** hace girar **sarvabhūtāni:** todos los seres **yantrārūḍhāni:** subidos a una noria **māyayā:** con su *māyā* **18.61**

tam eva śaraṇaṃ gaccha; sarvabhāvena bhārata /
tatprasādāt parāṃ śāntiṃ; sthānaṃ prāpsyasi śāśvatam // 18.62

tam: en él **eva:** solo **śaraṇaṃ gaccha:** refúgiate, toma refugio **sarvabhāvena:** con todo el ser **bhārata:** Bhárata **tatprasādāt:** por su gracia **parāṃ:** suprema **śāntiṃ:** la paz **sthānaṃ:** morada **prāpsyasi:** alcanzarás **śāśvatam:** eterna **18.62**

iti te jñānam ākhyātaṃ; guhyād guhyataraṃ mayā /
vimṛśyaitad aśeṣeṇa; yathecchasi tathā kuru // 18.63

iti: así **te:** te **jñānam:** conocimiento, sabiduría **ākhyātaṃ:** ha sido explicado **guhyād:** del secreto, del misterio **guhyataraṃ:** el más secreto **mayā:** por mí **vimṛśya:** reflexionando **etad:** en ello **aśeṣeṇa:** sin restos, completamente, íntegramente **yathā:** como **icchasi:** desees **tathā:** así **kuru:** haz, actúa **18.63**

sarvaguhyatamaṃ bhūyaḥ; śṛṇu me paramaṃ vacaḥ /
iṣṭo 'si me dṛḍham iti; tato vakṣyāmi te hitam // 18.64

sarvaguhyatamaṃ: la más secreta de todas **bhūyaḥ:** de nuevo **śṛṇu:** escucha, presta atención **me:** a mi **paramaṃ:** suprema **vacaḥ:** palabra **iṣṭo:** querido **asi:** eres **me:** me **dṛḍham:** ciertamente **iti:** [comillas] **tato:** por eso **vakṣyāmi:** hablaré **te:** tu **hitam:** bien **18.64**

manmanā bhava madbhakto; madyājī māṃ namaskuru /
mām evaiṣyasi satyaṃ te; pratijāne priyo 'si me // 18.65

manmanā: uno cuya mente está en mí **bhava:** sé **madbhakto:** mi devoto **madyājī:** que me ofrece sus sacrificios **māṃ:** me **namaskuru:** honra, honora **mām:** a mí **eva:** solo

eṣyasi: alcanzarás **satyaṃ:** ciertamente, en verdad **te:** te **pratijāne:** prometo **priyo:** querido **asi:** eres **me:** me **18.65**

sarvadharmān parityajya; mām ekaṃ śaraṇaṃ vraja /
ahaṃ tvā sarvapāpebhyo; mokṣayiṣyāmi mā śucaḥ // 18.66

sarvadharmān: todos los dharmas **parityajya:** abandonando **mām:** en mí **ekaṃ:** solo **śaraṇaṃ:** refugio **vraja:** ve, busca **ahaṃ:** yo **tvā:** te **sarvapāpebhyo:** de todos los pecados o males **mokṣayiṣyāmi:** liberaré **mā:** no **śucaḥ:** te aflijas **18.66**

idaṃ te nātapaskāya; nābhaktāya kadā cana /
na cāśuśrūṣave vācyaṃ; na ca māṃ yo 'bhyasūyati // 18.67

idaṃ: esto **te:** a ti **na:** no **atapaskāya:** a quien no es austero **na:** no **abhaktāya:** a quien no es devoto **kadā cana na:** nunca **ca:** y **aśuśrūṣave:** a quien no tiene espíritu de servicio **vācyaṃ:** debe ser expuesto **na:** no **ca:** y **māṃ:** de mí **yo:** aquel **abhyasūyati:** que habla mal **18.67**

ya idaṃ paramaṃ guhyaṃ; madbhakteṣv abhidhāsyati /
bhaktiṃ mayi parāṃ kṛtvā; mām evaiṣyaty asaṃśayaḥ // 18.68

ya: quien **idaṃ:** este **paramaṃ:** supremo **guhyaṃ:** misterio **madbhakteṣv:** a mis devotos **abhidhāsyati:** declare **bhaktiṃ:** devoción **mayi:** me **parāṃ:** más alta **kṛtvā:** haciendo, ofreciendo **mām:** a mí **eva:**solo **eṣyaty:** alcanzará **asaṃśayaḥ:** sin duda alguna **18.68**

na ca tasmān manuṣyeṣu; kaś cin me priyakṛttamaḥ /
bhavitā na ca me tasmād; anyaḥ priyataro bhuvi // 18.69

na: no **ca:** y **tasmān:** aparte de él **manuṣyeṣu:** entre los hombres **kaś cin:** nadie [con partícula negativa] **me:** me **priyakṛttamaḥ:** el que presta un servicio más querido **bhavitā:** será **na:** no **ca:** y **me:** por mí **tasmād:** aparte de él **anyaḥ:** otro **priyataro:** más querido **bhuvi:** en este mundo **18.69**

adhyeṣyate ca ya imaṃ; dharmyaṃ saṃvādam āvayoḥ /
jñānayajñena tenāham; iṣṭaḥ syām iti me matiḥ // 18.70

adhyeṣyate: estudie **ca:** y **ya:** quien **imaṃ:** este **dharmyaṃ:** sobre el dharma **saṃvādam:** diálogo **āvayoḥ:** de nosotros dos **jñānayajñena:** con el sacrificio del conocimiento **tena:** con este **aham:** yo **iṣṭaḥ:** sacrificado **syām:** soy **iti:** así **me:** mi **matiḥ:** opinión **18.70**

śraddhāvān anasūyaś ca śṛṇuyād api yo naraḥ /
so 'pi muktaḥ śubhāṃl lokān; prāpnuyāt puṇyakarmaṇām // 18.71

śraddhāvān: lleno de fe **anasūyaś:** libre de malicia **ca:** y **śṛṇuyād:** escuche **api:** también **yo:** aquel **naraḥ:** hombre **so:** ese **api:** también **muktaḥ:** liberado **śubhāṃl:** auspiciosos **lokān:** los mundos **prāpnuyāt:** alcanzará **puṇyakarmaṇām:** de los que han obrado meritoriamente **18.71**

kaccid: acaso **etac chrutaṃ pārtha; tvayaikāgreṇa cetasā /**
kaccid ajñānasaṃmohaḥ; pranaṣṭas te dhanaṃjaya // 18.72

kaccid: [partícula interrogativa] **etac:** esto **chrutaṃ:** ha sido escuchado **pārtha:** Pārtha **tvayā:** con tu **ekāgreṇa:** concentrada **cetasā:** mente **kaccid:** [partícula interrogativa] **ajñāna-:** de la ignorancia **-saṃmohaḥ:** la ilusión **pranaṣṭas:** destruido, desvanecido **te: dhanaṃjaya:** Dhanáñjaya **18.72**

18.73 arjuna uvāca
arjuna: Arjuna **uvāca:** dijo

naṣṭo mohaḥ smṛtir labdhā; tvatprasādān mayācyuta /
sthito 'smi gatasaṃdehaḥ; kariṣye vacanaṃ tava // 18.73

naṣṭo: destruido, disipado **mohaḥ:** la ilusión **smṛtir:** la memoria, la atención, la conciencia **labdhā:** obtenido, recobrado **tvatprasādān:** por tu gracia **mayā:** por mí **acyuta:** imperecedero **sthito:** preparado, a punto **asmi:** estoy **gata:** desaparecida, desvanecida **saṃdehaḥ:** la duda **kariṣye:** haré **vacanaṃ:** palabras, discurso **tava:** tus **18.73**

18.74 saṃjaya uvāca
saṃjaya: Sáṃjaya **uvāca:** dijo

ity ahaṃ vāsudevasya; pārthasya ca mahātmanaḥ
saṃvādam imam aśrauṣam; adbhutaṃ romaharṣaṇam 18.74

ity: así pues **ahaṃ:** yo **vāsudevasya:** entre el hijo de Vasudeva **pārthasya:** el hijo de Pṛthā **ca:** y **mahātmanaḥ:** el magnánimo **saṃvādam:** diálogo **imam:** este **aśrauṣam:** escuché **adbhutaṃ:** maravilloso **romaharṣaṇam:** que pone la piel de gallina **18.74**

vyāsaprasādāc chrutavān; etad guhyam ahaṃ param
yogaṃ yogeśvarāt kṛṣṇāt; sākṣāt kathayataḥ svayam 18.75

vyāsa-: de Vyāsa **-prasādāc:** por la gracia **chrutavān:** he escuchado **etad:** este **guhyam:** misterio **ahaṃ:** yo **param:** supremo, profundo **yogaṃ:** yoga **yogeśvarāt:** el Señor del Yoga **kṛṣṇāt:** de Kṛṣṇa **sākṣāt:** directamente **kathayataḥ:** relatándolo **svayam:** el mismo **18.75**

rājan saṃsmṛtya saṃsmṛtya; saṃvādam imam adbhutam
keśavārjunayoḥ puṇyaṃ; hṛṣyāmi ca muhur muhuḥ 18.76

rājan: ¡oh, rey! **saṃsmṛtya saṃsmṛtya:** recordando una y otra vez **saṃvādam** diálogo: **imam:** este **adbhutam:** maravilloso **keśava-:** entre Késava **arjunayoḥ:** y Arjuna **puṇyaṃ:** excelso **hṛṣyāmi:** me deleito **ca:** y **muhur muhuḥ:** una y otra vez, continuamente, siempre **18.76**

tac ca saṃsmṛtya saṃsmṛtya; rūpam atyadbhutaṃ hareḥ
vismayo me mahān rājan; hṛṣyāmi ca punaḥ punaḥ 18.77

tac ca: además **saṃsmṛtya saṃsmṛtya:** recordando una y otra vez **rūpam:** la forma **atyadbhutaṃ:** extraordinaria **hareḥ:** de Hari **vismayo:** asombro **me:** mío **mahān:** grande **rājan:** ¡oh, rey! **hṛṣyāmi:** me deleito **ca:** y **punaḥ punaḥ:** una y otra vez, continuamente **18.77**

yatra yogeśvaraḥ kṛṣṇo; yatra pārtho dhanurdharaḥ
tatra śrīr vijayo bhūtir; dhruvā nītir matir mama 18.78

yatra: allí donde **yogeśvaraḥ:** el Señor del Yoga **kṛṣṇo:** Kṛṣṇa **yatra:** allí donde **pārtho:** Pārtha **dhanurdharaḥ:** el arquero **tatra:** allí **śrīr:** la fortuna **vijayo:** la victoria **bhūtir:** la prosperidad **dhruvā:** firme, duradera **nītir:** el arte del buen gobierno **matir:** opinión **mama:** mí **18.78**